21 世纪全国高校公共课规划教材

新视野大学语文

曹顺庆　主　编

北京大学出版社
PEKING UNIVERSITY PRESS

内 容 简 介

《新视野大学语文》之“新”体现在如下三方面。1．以汉语知识和文学知识为主要的结构方式。2．重点突出对本国语言和文学的学习，贯通古今来编选文学篇目。3．突出语言实践能力的指导和训练。本教材在准确简明地介绍汉语语言知识和文学知识的基础上，选取与知识点密切配合、思想性与艺术性相结合的范文作为例证来加以阐发，使本书具备传输知识、启迪思想、传承传统文化、培育人文素质、激发创新能力的特点，既使学生点面结合地把握文学与文化的概貌，切实提高汉语运用水平，又使他们获得审美快感，感性地培养对中国传统文化的热爱。

本书适合高等院校作为大学语文教材使用，也可以供文学爱好者阅读。

图书在版编目（CIP）数据

新视野大学语文/曹顺庆主编．—北京：北京大学出版社，2008.8
（21 世纪全国高校公共课规划教材）
ISBN 978-7-301-14027-7

Ⅰ．新…　Ⅱ．曹…　Ⅲ．汉语－高等学校－教材　Ⅳ．H1

中国版本图书馆 CIP 数据核字（2008）第 098263 号

书　　　名：新视野大学语文
著作责任者：曹顺庆　主编
责 任 编 辑：桂　春
标 准 书 号：ISBN 978-7-301-14027-7/H・2020
出　版　者：北京大学出版社
地　　　址：北京市海淀区成府路 205 号 100871
电　　　话：邮购部 62752015　发行部 62750672　编辑部 62765013　出版部 62754962
网　　　址：http://www.pup.cn
电 子 信 箱：xxjs@pup.pku.edu.cn
印　刷　者：三河市博文印刷有限公司
发　行　者：北京大学出版社
经　销　者：新华书店
787 毫米×980 毫米　16 开本　18.5 印张　400 千字
2008 年 8 月第 1 版　2014 年 9 月第 8 次印刷
定　　　价：30.00 元

前　　言

文化软实力与大学语文教育

自20世纪末以来，文化作为国家的软实力受到了世界各国的重视。当代国际竞争现状表明，民族的生命力和国家的影响力不仅取决于经济、政治、军事力量，还取决于文化的感召力、影响力。因此，随着中国综合国力的增强和国际地位的提高，中央适时地将提高我国文化软实力作为重要战略任务来加以建设，以更好地为发展经济、增强国力提供精神动力，进一步增强中国的国际竞争力。

汉语及其承载的文化传统是我国文化软实力的重要构成因素。当代“汉语热”在世界各国蓬勃兴起，表明了我国文化软实力正以语言为媒介扩张着其影响力。从这方面看，面向大学非中文专业的“大学语文”公共课，不仅承担着提高大学生汉语水平和人文素质的作用，还具有传承中华文化、激发民族文化创造力、提升国家文化软实力的重要意义。

有鉴于此，我们在借鉴前人编写的《大学语文》教材的基础上，结合过去二十余年教授“大学语文”课程的经验，重新编写了这本《新视野大学语文》。我们希望这本教材为学生提供较为系统的汉语文化知识，同时激发学生对于中国传统文化的热爱，有助于他们培养中国式的精神气质和审美情趣，使传统文化通过年轻一代的修习而继承下去，在世界上发挥更大的作用。

因此，与现有的其他“大学语文”课教材不同，《新视野大学语文》之“新”，具体体现在以下三方面。

一、以汉语知识和文学知识为主要的结构方式。目前很多教材都以各种文体的选篇构成主要内容，以引导学生进行阅读和涵泳名篇的方式来培养他们的语文兴趣和能力。我们认为：阅读学习具体的篇目固然是重要的，但仅仅学习少数的美文，容易使学生限于“见木不见林”的知识状况，不容易帮助学生在有限的时间内对语言文学知识形成系统而全面的印象。考虑到这一点，我们没有将本书编成一个单纯的文学篇章选读和赏析的选本，而是以介绍汉语语言知识和汉语文学知识为主线，采取基本知识介绍与例文阅读赏析相结合的方式来编排教材。我们希望采用本教材的学生以及其他读者通过对本教材的阅读，能够在欣赏美文名篇的同时，掌握关于汉语语言和文学的基本知识。同时也能够以汉语语言和文学的基本知识来指导阅读和掌握经典的篇章。

二、重在突出对本国语言和文学的学习，文学篇目编选贯通古今。我们将“大学语文”公共课的主旨界定于提高本国语言水平与文学修养。因为目前与全世界兴起的“汉语热”形成鲜明对照的，是我国稍嫌过度的“英语学习热”。青年学子们花费大量时间、精力来应付各种英语考试，却无暇顾及对本国语文的修习，致使阅读和书写能力急剧下降，对本国传统文学和文化也缺乏了解。针对这种状况，我们将有限的篇幅和课堂时间专注于汉语语言和文学，希冀学生们在本课程的学习中集中精力提高母语水平。至于外国文学作品，实际上外语能力强的同学可通过直接阅读原文或英译作品来掌握，这样更有助于理解作品涵义。此外，由于汉语语言和文学的发展是动态的过程，所以，我们在内容上兼顾古今，既包括古典文学，也包括现当代文学。这有利于学生建构起对汉语文学的总体认识。

三、突出语言实践能力的指导和训练。语言学习具有很强的实践性特点，特别是对本国语言的学习更应注重实际运用能力的培养和提高。因此，本教材除了介绍基本文学知识、引导学生赏析例文之外，还提供了关于古典文学和现代文学写作的基本常识，目的是使学生在学习了本教材后，初步具备书写和创作各种文体的能力，为今后进一步欣赏文学作品和进行创作奠定基础，也有助于提高他们在生活和工作中运用汉语的能力。

以上是我们在编纂这部教材时所着眼的创新之处。具体而言，本部教材分为四章二十二节。第一章“汉语基本知识”从“汉字的起源”、“汉字的演变”、“汉字的结构”、“汉语语音”、“汉语语法”、“汉语词汇”、“汉语修辞”七个方面来介绍汉语。第二章“中国文学创作基本知识”，结合古代和现代文学的例文和例句，阐释了“声律”、“对仗”、“用典”、“练字”、“比兴”、“叙事”六种主要的文学创作方法。第三章“中国古典文学赏析与写作”和第四章“中国现代语文赏析与写作”，按主要文体来分节叙述，引导学生赏析重要的文章和选段，并提供了写作这些文体的常识。在基本知识的介绍方面，我们力求准确、简短，突出重点；在例文的选择方面，我们选取的是与知识点密切配合、思想性与艺术性相结合的范文，并力图兼顾文体、题材、风格、表现方法的多方面代表性。

总之，我们希望这部教材具备传输知识、启迪思想、传承传统文化、培育人文素质、激发创新能力的多方面特点，既使学生点面结合地把握文学与文化的概貌，切实提高汉语运用水平，又使他们获得审美快感，感性地培养对中国传统文化的热爱。

在我国进入新的历史发展阶段之时来审视大学语文教育和编写大学语文教

材，必须认清汉语文化的新作用、新使命。我们认为汉语文化在新的历史阶段中承担着向世界传递中国形象、让中国走向世界的新任务。因此，《新视野大学语文》的编撰目的是帮助青年学子掌握好汉语和汉语文学，在将来能够让祖国的文化发扬光大，使中国成为名副其实的“文化强国”！

曹顺庆

2008年5月5日

目　　录

第一章　汉语基本知识 …… 1
　第一节　汉字的起源与演变 …… 1
　　一、汉字的起源 …… 1
　　二、汉字的演变 …… 4
　第二节　汉字的结构与语音 …… 9
　　一、汉字的结构 …… 9
　　二、汉字的语音 …… 14
　第三节　汉语语法、词汇与修辞 …… 20
　　一、汉语的语法 …… 20
　　二、汉语词汇与修辞 …… 26
第二章　中国文学创作基本知识 …… 40
　第一节　声律 …… 40
　　一、押韵 …… 40
　　二、声韵 …… 43
　　三、律诗 …… 45
　　四、词 …… 46
　　五、散曲 …… 48
　第二节　对仗 …… 49
　　一、对仗的解释 …… 49
　　二、对仗的一般规则 …… 50
　　三、对仗的种类 …… 53
　　四、对仗的避忌 …… 56
　　五、对仗的运用 …… 57
　第三节　用典 …… 61
　　一、典故 …… 61
　　二、常见用典的方法 …… 63
　第四节　练字 …… 68
　　一、什么是“练字” …… 68

二、“练字”的分类……69
第五节 比兴……76
一、基本定义……76
二、举例与说明……77
第六节 叙事……83
一、春秋笔法……84
二、白描……85
三、章回结构……89
第三章 中国古典文学赏析与写作……93
第一节 古诗……93
一、古诗文体特点及演变……93
二、古体诗欣赏……94
三、古体诗的写作……101
第二节 格律诗……104
一、格律诗赏析……104
二、格律诗的写作……108
第三节 词与散曲……114
一、词的赏析与写作……114
二、曲的赏析与写作……119
第四节 辞赋……124
一、辞赋特点及演变……124
二、辞赋的赏析……125
三、辞赋的写作……130
第五节 对联……132
一、对联的性质与特点……132
二、对联写作的基本技巧……141
三、对联创作中应该注意的事项……147
四、古今难联求对……149
第六节 古文……149
一、古文赏析……149
二、古文的写作……155
第七节 小说……160
一、小说的赏析……161
二、小说的写作……184

第八节 戏曲 ……185
一、戏曲的赏析 ……186
二、剧本的写作 ……195
第四章 中国现代语文赏析与写作 ……198
第一节 现代新诗 ……198
一、何谓“中国现代新诗” ……198
二、如何欣赏中国新诗 ……198
三、中国现代新诗的写作 ……211
第二节 现代散文 ……213
一、散文赏析 ……213
二、散文的写作 ……218
第三节 现代小说 ……222
一、现代小说赏析 ……222
二、现代小说写作 ……229
第四节 应用文 ……231
一、应用文的含义及历史演变 ……231
二、应用文的功能和结构 ……232
三、应用文的特点和分类 ……235
四、应用写作过程的特点 ……237
五、几种常见应用文文体的写作 ……238
第五节 现代学术论文 ……261
一、学术论文的含义、功能和分类 ……261
二、学术论文的特点 ……262
三、学术论文的结构 ……262
四、学术论文的写作 ……276
参考文献 ……279
后记 ……285

第一章　汉语基本知识

第一节　汉字的起源与演变

一、汉字的起源

汉字是中华文化传承的重要媒介和载体之一，也是世界上最古老的文字之一。几千年来，它经历了从起源到发展的漫长演进历程，随着社会和语言的发展，群众性的造字从未中断，从甲骨文时代的4 500个左右，增益到今天的五六万字（《中华大字典》），折射出中华文明进步的影子。文字起源的意义，正如恩格斯在《家庭、私有制和国家的起源》中所说：“由于文字的发明及其应用于文献记录而过渡到文明时代。”那么，汉字是怎样起源的呢？

首先汉字的起源与社会劳动和生活息息相关，是人们日常记事符号美学化的结果。郭沫若在《古代文字之辩证的发展》中说文字“是劳动人民在劳动生活中，从无到有，从少到多，从多头尝试到约定俗成，所逐步孕育、选炼、发掘出来的。它决不是一人一时的产物。它随着社会的发展而发展，有着长远的历程。”我们可以得出这样的规律性认识，汉字的产生与发明是约定俗成的，但需要统治阶级加以规范并使之法律化，然后推广使用。也就是说由广大群众在实践中发明的汉字，经过少数人如远古社会的贞人、巫史等文化人加以规范整理赋予每个符号形、音、义，再由统治集团通过法律手段推广传播。

其次关于汉字起源的历史，首先令人想到殷商晚期的甲骨文。19世纪末发现的甲骨文曾令我国古文字学、历史学发生了翻天覆地的变化，但从甲骨文的形体结构和运用水平看，显然不是草创时期的汉字，但甲骨文已有三千个以上的字汇，包括名词、代名词、动词、助词、形容词等词类，有长达一百七八十个字的记叙文。据《尚书·多士》载：“惟殷先人有典有册，殷革改夏命。”也证明殷商文字成熟到足以形成典册。所以骨甲文不能看作是中国文字的源头。

1. 结绳、契木。汉字的起源应该追溯到结绳记事、契木为文的阶段，这是汉字的起步阶段，还没有出现真正意义上具有形、音、义的文字。远古社会人们为了帮助记事，采用了一些实物记事法，如结绳、契木。《庄子·胠箧》云："昔者容成氏、大庭氏、伯皇氏、中央氏、栗陆氏、骊留氏、轩辕氏、赫胥氏、尊卢氏、祝融氏、伏牺氏、神农氏，当是时也，民结绳而用之。"从庄子的叙述中看出，容成氏至神农氏的十二氏时代都用结绳记事。神农氏是采用结绳的最后时代，神农氏的时代正在黄帝有文字时代之前，可见我国远古时代实有结绳的方法，只是具体方法已不可详考。相传远古记事，大事打大结，小事打小结，各自持执，相互参证，相互制约。《周易·系辞下》说："上古结绳而治，后世圣人易之以书契，百官以治，万民以察。"结绳是一种原始的记事方法，在我国一些少数民族都曾使用。如广西瑶族遇到双方说理，备用一绳，说出一个道理打一个结，以结多取胜。西藏的僜人集会宴请，向亲友送绳，以结数表示宴会几天后举行。有的少数民族以结绳大小表示不同事物。契木则是在木条或竹片上刻痕，用以记数。《列子·说符》云："宋人游于道，得人遗契者，归而藏之，密数其齿。"文中所说的"齿"，就是契木上刻的齿痕。在后世还能见到没有文字的少数民族用结绳、契木的方法记事，如《唐会要》吐蕃条说："无文字，刻木结绳为约。"

2．陶符。陶符是刻划在陶器上面的符号。这是汉字的真正起源阶段，属于有意识的记事符号，郭沫若认为陶符是"汉字的原始阶段"。古文字学家于省吾在《关于古文字研究的若干问题》中也认为陶符"是文字起源阶段所产生的一些简单文字"。这种迄今已确知的最古老的具有表意作用的文字符号，已经有六千余年的历史了。

从结绳、契木到陶符，中间还有文字画阶段。原始图画是古人记事和表达思想的又一种方法，远古时期人们会把生活环境中的物件用图画表达出来。考古证明旧石器时代就有了大量岩画，这种图画艺术性并不十分重要，最重要的是它帮助记忆和表达思想的作用。如在洞穴壁上绘的一头野牛或大象，并不仅仅是单纯的一幅图画，它是一种记事画或表意画，表示这个洞穴曾有野牛或象出没，或画画人曾在这个洞猎获过一头野牛和象，这种简单的原始图画就是文字画。文字画带有极大的狭隘性、游离性、浑沌性，不能具体、正确地记录语言，所以文字画不能表达语言的声音，不能表达词和词序，实际上是一种表意的图画，是象形文字的前身或来源。

陶符出现于新石器时代，新石器时代的陶器符号上世纪三十年代初已有发现。考古学家在龙山文化陶片上发现了一些符号，这些符号比较简单，数目又少，未受到足够重视。新中国成立后在西安半坡的仰韶文化陶器上发现刻画符号一百多例，仰韶文化比龙山文化更早，符号更多，有的刻画较繁，容易和文字联系起来，于是引起古文字学界的重视。西安半坡遗址出土的陶钵口沿上，共有27种刻符，它们笔画简单，是抽象的符号，而不是某种动物、植物的图形，已与文字画有了本质不同。一般一件器物上只有一个刻符，因而可以判定，它们是人们在制作或使用时有意识地刻下的记事符号。到距今4 500年的大汶口文化晚期，出现了复杂图形符号，如山东莒县陵阳河出土的陶尊上刻有象形文字，共发现十几个单字，有的字像工具和兵器，有的字是由单体字组成的复体字，还有的是反映天象的会意文字，其结构与甲骨文、钟鼎上的象形文字十分相近，已具有文字的特征，是一种能够记事表意的简单文字。

3．仓颉造字。这是关于汉字起源的神话传说。在战国末年，诸子开始流行仓颉造字说。《吕氏春秋·君守》说"苍颉作书"，《韩非子·五蠹》说："古者，仓颉之作书也。"以及《荀子·解蔽》、《世本·作篇》都说仓颉造字。关于仓颉的身份，《吕氏春秋·勿躬》说"史皇作书"，认为他是一位古代帝王，把他当作"皇"或"帝"是文字神秘化思想造成的。《世本》认为仓颉是黄帝史官，历史上多数文献都将其当作史官看待。到汉代武帝尊崇《五经》，纬书家便把仓颉神秘化，将他描写成"龙颜侈侈，四目灵光"的奇怪人物。东汉文字学家许慎《说文解字·叙》说，黄帝史官仓颉，看到鸟兽的足迹，知道纹理是可以相互区别的，由此创造出了文字。《春秋元命苞》说仓颉"龙颜侈侈，四目灵光，实有睿德，生而能书。于是穷天地之变，仰观奎星圆曲之势，俯察龟文鸟羽山川，指掌而创文字，天为雨粟，鬼为夜哭，龙乃潜藏。"这部纬书将仓颉描绘为具有超凡入圣的容貌，具有"生而能书"的特异功能，他造字时引起天象异常，风雨大作，鬼泣龙行，给文字的诞生笼罩了神奇可怖的气氛。传说虽然不可信，但是也说明了造字的艰辛过程。

仓颉造字的传说有其神话学和文化学的意义。文字的产生除了生产发展、经济文化交往增多等社会历史条件，以及劳动人民的创造外，还必须有专门人才的整理、改造和创制。符号可以信手划来，只要自己明白就行，而文字却需要社会认可，不可能人人随心所欲。这就需要专门知识人才来定型，仓颉就是这样的专门人才，所以"仓颉造字"的出现是必然，而不是偶然。今天有人推测，上古的"仓颉"的读音近似于"创契"，因此仓颉不是简单的人名，而是与文字创制直接相关联着。仓颉造字的神秘主义传说，尤其东汉谶纬神学的解释，虽不科学，却表现了古代人民对文字的崇敬，对知识分子的尊重，而且以神秘化的面目示人，更有助于汉字形音义的统一和推广使用。

（张起）

二、汉字的演变

汉字的演变，或者说汉字的形体演变，受到时代、社会因素和书写方法及材质等的影响，经历了几千年的变更替换，由甲骨文、金文、篆书（包括大篆和小篆）、隶书、草书、楷书、行书七个大的演变阶段组成。以小篆作为古今文字的分水岭，其前称之为古文字，其后称之为今文字，而古今文字的差别除了形体上具有显著的差异之外，更为重要的特点是，汉字的“具象性”特点是否显著，古文字的具象性特征尤为明显，大部分字可以通过字形本身推断出文字的表意所在，而今文字的“具象性”特征随着文字形体的变化，而逐渐淡化，很多字已经完全不能从字形本身来推断出其表意所在。

1. 甲骨文。甲骨文是“龟甲兽骨文字”的简称，是迄今为止我国所发现的最具系统性的，也是最成熟的文字。甲骨文是殷商时代刻写在龟甲兽骨上面的文字，这些文字主要是盘庚迁殷至殷纣王约计 273 年时间内所使用的文字，随后的西周也延续使用了这种文字，后来在陕西、山西等地也出土了有字甲骨。这些刻在龟甲兽骨上面的文字主要用于占卜之用，因此甲骨刻辞有占卜刻辞和非占卜刻辞之分，这种文字是用契刻的方式记录在龟甲兽骨之上的，因此又称之为契文，因其出土地在今天的河南安阳小屯的殷墟，故又常常冠以“殷墟”称其为“殷墟文字”、“殷墟书契”、“殷墟卜辞”等。自 1899 年王懿荣发现甲骨文至今，甲骨文的研究已经日兴月盛，据统计，卜辞所录单字总数达 4500 余字，而其中已经考释出来的有千余字。

从书写材料来看，殷商时候的书写工具有契刻刀具和笔，在出土的同片甲骨上有用毛笔书写的文字和用契刻刀具契刻的甲骨文，但甲骨文主要是用器具契刻出来的文字，因此其文字的特征具有坚瘦纤细、字体方正的特点。

从六书的角度看，甲骨文中包含象形、会意、指事、形声、假借，其中象形字占很高的比例，约计 80%左右，假借字的数量也很可观。

从字的部件结构组合来看，甲骨文的偏旁部件尚处于不稳定阶段，同一个字，其偏旁部件左右上下可随意调换，点、划等可增可减。

此外，甲骨文是具象性最强的文字，但它有别于图画，甲骨文已经符号化，它表示一个概念并具有固定的读音，而图画是不具有这些特征的。

鱼	牛	羊	龙	虎	口	目	耳	自	齿	止	人	日	月	山	雨	水	木

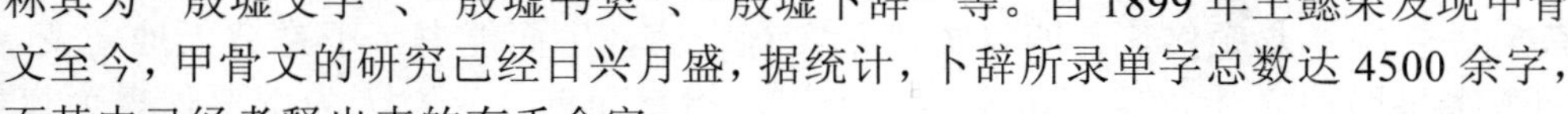

（甲骨文摘自《华东师范大学中国文字研究与应用中心》研究成果）

图片选自《甲骨文合集》
第 4 册 10405 正片

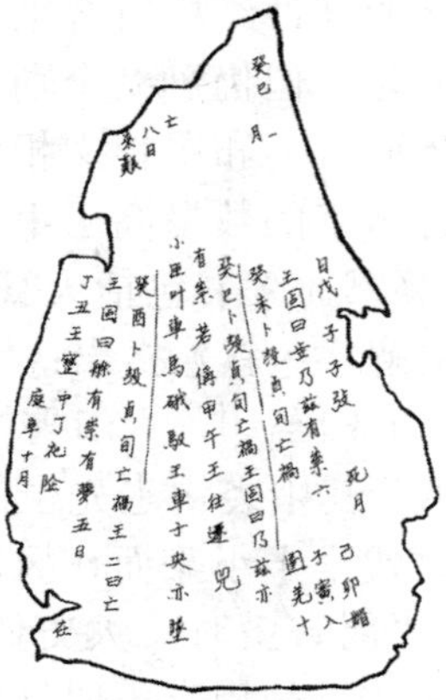

图片依据《甲骨文精華选读》
193 页临摹

2．金文。在殷商时代，青铜技术就很成熟了，河南安阳出土的“司母戊大方鼎”就是殷商晚期的青铜器。在殷代出土的青铜器上铸刻有文字，最早见于殷商早、中期，但其所录文字很少，一二字而已，其后的周代青铜器上铸刻的文字已成段成文，例如，西周最早的青铜器《利簋》所录金文 32 字，而《毛公鼎》则达 497 字。先秦称铜为金，故这种铸刻在青铜器上的文字即称之为“金文”，又名“钟鼎文”、“彝文”、“吉金文字”、“款识”等。这种铸刻在青铜器上的文字，一直从殷商延续到后来的历朝历代，但规模最大最具系统性的金文，还应属殷周金文，而西周金文则更盛。对于金文的研究，在汉代就开始了，东汉许慎《说文解字·叙》中对钟鼎彝器上的铭文有所记述：“郡国亦往往于山川得鼎彝，其铭即前代之古文。”《汉书·郊祀志》说：“张敞好古文字，按鼎铭勒而上议曰：‘此鼎殆周之所以褒锡大臣，大臣子孙铭刻其先功，臧之于宫庙者也。不宜荐见宗庙。’”其后的宋代、清代对金文的研究可谓兴盛一时。据统计，金文单字约计 3 000 余，其中可识之字两千左右。

从其书写材质来看，金文先刻在范母上，因此可以修改成圆润、均匀的字形，字体排列整齐之后，再浇铸在青铜器上，是铸刻而成，因此，其字体具有圆厚雄浑、肥大、匀称的特点。

从六书的角度看，金文中包括象形、会意、指事、形声、假借，其中的形声字的比重明显增加，其数量已经超过了象形字等。但金文中的象形字数量仍然不少，其具象性仍然很明显，但较之甲骨文中的象形字，金文的象形特征整体而言稍显淡化，但个别的象形性因着笔更加细致反而使其具象性增强，例如金文“鱼”字。

从字的部件结构组合来看，和前面的甲骨文相似，但金文的偏旁部件逐渐趋于定型化，但仍可见个别金文具有错位的部件，构成后世所谓的异体字。

总体而言，和甲骨文相比较，金文在构形上较之甲骨文更为繁复，金文中复杂的合体字的数量高于甲骨文。

3．篆书。篆书包括大篆和小篆，笼统而言，都是秦系文字。关于大篆，许慎《说文解字·叙》指出：“秦书有八体，一曰大篆，二曰小篆，三曰刻符，四曰虫书，五曰摹印，六曰署书，七曰殳书，八曰隶书。”后代的学者对它的界定不尽一致，其中裘锡圭先生的意见值得重视，他说：“所谓大篆，本来是指籀文这一类时代早于小篆而作风跟小篆相近的古文字而言的。”另外，《汉书·艺文志》说：“周宣王时，大史作大篆十五篇。”其中的《史籀篇》是一部字书，所录的“籀文”是周宣王时候的文字，是西周时代的字体，它和秦国文字最为相近，后世所谓籀文，也就是属于大篆。

大篆在字体上和金文很相近，它是直接从金文而来，线条匀称、流畅、圆润，但笔画繁复。字体结构整齐对称，偏旁部件更趋于定型化，已经具有方块字的雏形了。

小篆和籀文比较

（小篆字库来自《说文解字全文检索》）

石鼓文

（图片来自“中国硬笔书法在线”网站）

秦灭六国，统一全国之后，秦始皇采纳李斯的建议，罢黜与秦文不合的文字，重新加以规范，在大篆基础上发展而来的小篆则成为官方的规范字，《说文解字·叙》指出："秦始皇帝初兼天下，丞相李斯乃奏同之，罢其不与秦文合者。斯作《仓颉篇》，中车府令赵高作《爰历篇》，太史令胡毋敬作《博学篇》，皆取史籀大篆，或颇省改，所谓小篆者也。"可见，小篆是对大篆的省改而成之文字。

小篆的横竖笔画笔直匀称、弯曲笔画圆润，字体结构均匀美观，讲究对称，偏旁部件大小相当，偏旁部件的形体及位置定型，字体结构紧密规范。在《说文解字》一书中，许慎即以"六书"分析全书所涉九千余个篆文并给"六书"下了定义。

小篆与甲骨文、金文比较，其具象性程度已经大为降低，有的象形字已经不能完全通过其字形来判断其取意所在，字的符号性特征进一步加强。

以上三个阶段的字即古文字，包括甲骨文、金文和篆书，它们一脉相承，很多字都可以从甲骨文、金文再到篆书梳理出其演变的脉络，而篆书之后的隶书则称之为今文字。

4. 隶书。隶书实际上在六国的时候已经产生，只是作为一种俗体存在而已，隶书分为秦隶和汉隶，分别通行于秦代和汉代。秦隶即是在小篆的基础上产生的，又叫"古隶"、"佐书"，是和小篆这种官方字体相对应的民间所常用的俗体，这种字体是对小篆的进一步简化，在书写上更加简便容易，它不像小篆那样要求工整匀称，它是一种更适合日常生活交际使用的字体。汉代通行的汉隶也是小篆的俗体，即我们今天所谓的隶书，它较之秦隶，字体更为随意，书写起来更快捷，又叫"今隶"、"八分"。

隶书将小篆的圆滑的笔画转变为方折笔画，后代汉字的基本笔画在隶书里面已经奠定了基础。

隶书完全打破了古文字的具象性特征，其象形表意特征大大减弱，其象形表意特征已经不能通过文字本身看出来了；隶书对篆书进行了一定程度的省改合并，省去部分字的结构部件，或者进行简化改变，合并了一些偏旁部件笔画。

因此，常常称隶书对篆书的省改为"隶变"，隶变是汉字发展演变历史当中重要的一个转折点，由此汉字全面符号化了，是汉字由繁到简的里程碑，是后来的楷体以及现代汉字的直接基础。

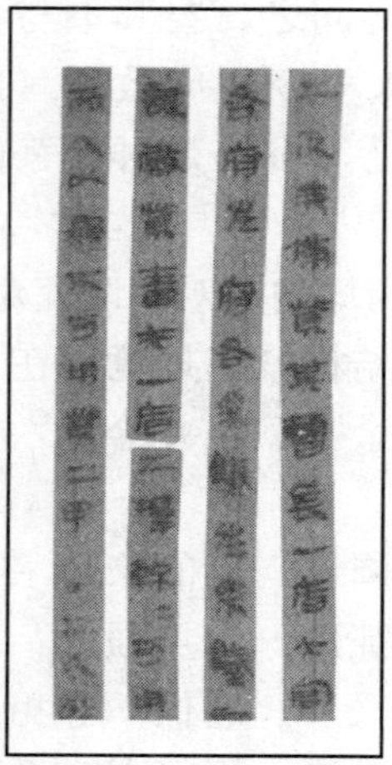

秦隶：睡虎地秦墓竹简

（图片来自《睡虎地秦墓竹简》页 3）

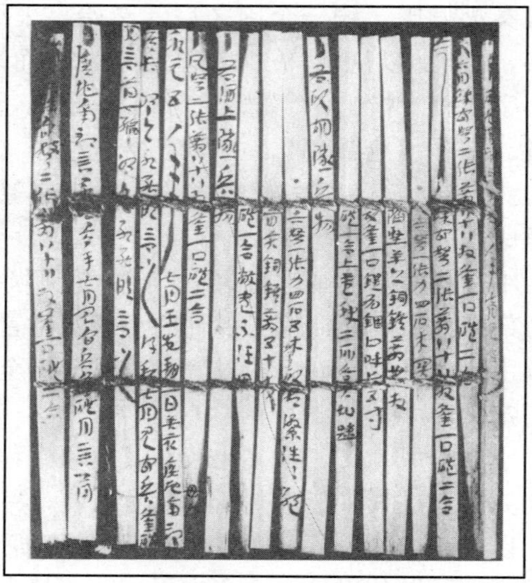

汉隶：居延汉简（甲图版三）

（图片来自《居延汉简甲乙编》上册甲图版三）

5．草书、楷书、行书。最早的草书是秦隶的一种辅助字体，是一种比隶书更为潦草的字体，是在隶书的基础上发展出来的一种字体，汉隶中也有草书，“草”有草创、草率急就之意，书写速度很快，因此在笔画上面会出现连笔、省笔、变笔的现象。草书涉及章草、今草和狂草，章草和今草通行于汉代，今草是对章草的延续，但有所改变，更加重视连笔现象，上下字之间常有勾连，比章草更灵活而快捷；狂草通行于唐代，已经完全脱离了隶书的痕迹，书写快、草、放，所谓“放”更多是出自书写者个人偏好，随其性情可以将原本繁复的字写得简单或者张狂，字间也常常勾连相属，字体大小不一，笔画长短随意，打破了原本稳定对称的字体结构，这样的字更多具有欣赏价值，而从语言交际来看其作用微乎其微。

楷书也是在隶书的基础上发展出来的一种字体，楷书形成于汉末，一直到今天都在使用。楷书又叫真书、正书，其字体架构和隶书基本相同，只是在笔画上进行了改进，横平竖直，去除了隶书的“挑法”、“波势”和“波磔”等，基本笔画包括点、竖、横、撇、捺、提、折、钩等八种，字体方正，楷书完成了对隶书的简化和草书的规范化，成为后来历代官方的规范字体。

行书产生于东汉末年，实际上是一种楷书的一种随体，写得比楷书更随意，部分笔画会连笔，有“行楷”、“行草”，行书书写比隶书和楷书更快捷，字形更舒展、清晰美观。

整体而言，汉字的演变经历了上述七个阶段，从这七个阶段可以看到汉字是具有前后的传承关系的。汉字的形体最终定型方块化，现在我们所使用的官方字体即楷体字，其字形清晰可辨。印刷体还可见宋体、仿宋体、黑体等；汉字的笔画和结构逐渐定型和简化，现在通用的简体字即在繁体字基础上简化而来，但纵观整个汉字的演变，其简化的痕迹是显而易见的；异体字随着时代和社会的更替演变而逐渐减少并予以规范化，假借现象也逐渐减少；汉字的具象性特征由甲骨文到楷体逐渐减退甚至消失，文字的符号性特征不断增强。

（张起、郑春兰）

第二节 汉字的结构与语音

一、汉字的结构

汉字的结构就是汉字的形体构造。

从文化的角度说，汉字是中国传统文化的重要组成部分，了解和掌握汉字的结构对于深入理解和继承中国传统文化具有重要意义。从语言的角度说，汉字是记录汉语的书写符号，每个汉字都以一定的字形来记录汉语中的某种音义，同时汉字属于表意体系的文字，字形与音义之间有着密切的关系，因此了解和掌握汉字的字形结构，对我们识字用字、深入理解词义和准确用词具有重要意义。

分析汉字的结构，是从古到今的人们都非常感兴趣的话题。比如，先秦典籍中就已记有古人分析汉字结构的例子。《左传·昭公元年》："赵孟曰：'何谓蛊？'对曰：'……於文，皿虫为蛊。'"《韩非子·五蠹》："古者苍颉之作书也，自环者谓之厶（私），背厶（私）谓之公。"在现代社会日常生活中，也不乏"古月胡、立早章"这类分析汉字结构的例子。不过我们应该注意，自古以来对汉字结构的分析，既有文化性的、又有语言性的，既有学术性的、又有非学术性的，既有肤浅的、又有深入的，既有正确的、又有错误的。一般来说，从语言的角度作学术性的分析，才最能看出字形的本来面貌，这就需要我们掌握一些语言学上关于汉字结构的理论。

关于汉字形体构造的理论研究，我国从很早的时候就已经开始，其中历史悠久、影响最为深远的当属"六书"说。"六书"这一名称最早见于《周礼》。《周礼·地官·保氏》："保氏掌谏王恶，而养国子以道，乃教之六艺：一曰五礼，二曰六乐，三曰五射，四曰五驭，五曰六书，六曰九数。"根据这一记载，可知“六书”是周代用来教育贵族子弟的六种教学科目之一，不过《周礼》并没有说明其具体内容。到了汉代，学者们才列举出“六书”的内容，其中东汉的许慎在《说文解字·叙》里为“六书”下了定义，并举了例字，成为后世研究汉字形体构造的指导。《说文解字·叙》：“周礼八岁入小学，保氏教国子，先以六书。一曰指事。指事者，视而可识，察而见意，上下是也。二曰象形。象形者，画成其物，随体诘诎，日月是也。三曰形声。形声者，以事为名，取譬相成，江河是也。四曰会意。会意者，比类合谊，以见指撝，武信是也。五曰转注。转注者，建类一首，同意相受，考老是也。六曰假借。假借者，本无其字，依声托事，令长是也。”“六书”不仅是汉代人对已有汉字归纳出的有关汉字字形结构的基本条例，也是后代创制新字、繁衍汉字的规律和法则，对我们正确深入地认识字形结构具有重要意义。

所谓象形，就是通过描绘物体最有代表性的特征部分的形状来构造字形，代表语言中客观物体的名称，即许慎所谓的“画成其物，随体诘诎（“诘、诎”同义连用，都是弯曲的意思。）”。一般说来，象形字代表的词常为语言中客观具体之物的名称。如“日”、“月”，甲骨文、金文作、。“人”、“子”甲骨文、金文作、，分别为侧面站立的人形及襁褓中的小孩之形。可以再看一些例子：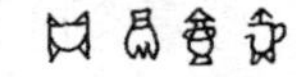，即“鼎”、“鬲”、“壶”、“爵”，分别是这四种容器的特征之形。如果单纯描绘某词所指称对象的形状不够明显时，就连带描绘出与其相关的物体之形，这类字可以看作合体象形。如，分别为“页”、“眉”、“须”、“文”、“果”、“瓜”、“聿”。“页”本义为人头，单纯绘出头形其义不显，于是连带画出人身作为烘托陪衬。“眉”本义为眉毛，在画出眉毛的同时连带画出眼睛作为烘托陪衬。“须”本义为脸颊上的胡须，所以把胡须之形画在“页”旁脸颊的部位上。“文”本指人身上所刺绘的纹身图案，所以把花纹图案画在作为烘托陪衬的人体之形上。“果”指果实，画出树木作为陪衬。“瓜”指瓜果，画出瓜蔓作为陪衬。“聿”本义为笔，仅画出笔则其形不显，所以画出手作为烘托陪衬。

所谓指事，就是通过借用具体物形表达抽象意义、或在具体之形上附加指示性符号、或直接用纯粹的抽象符号示义的方法来构造字形，即许慎所谓的“视而可识，察而见意”。指事字所代表的词，主要是语言中一些较为抽象的词，如“上”、“下”甲骨文字形作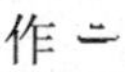、，分别在一画的上面或下面加一短横，指出上、下之意。再如，，即“左”、“右”、“高”、“齐”，这类词比较抽象，难以直接画出具体的图形，于是分别借用左手、右手、亭台和整齐的麦穗之形来表示其义。语言中也有一些意义抽象的词，其字形是纯粹的抽象符号，这些符号可能来源于契刻记号，也可以看作指事字。如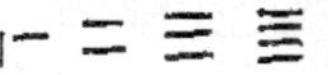，即

“一”、“二”、“三”、“四”；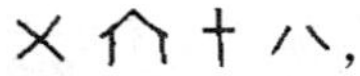，即“五”、“六”、“七”、“八”。

所谓会意，就是利用组合图形或文字的方法来构造字形，即许慎所谓的“比类合谊（“谊”通“义”），以见指□（“指□”即“心意之所指”）”。如“武”，金文字形作“衎”，以“止”、“戈”二形组合而成，表示“征伐示威”之意。“信”，金文字形作，以“人”、“口”二形组合而成，表示“言语真实”之意。再如，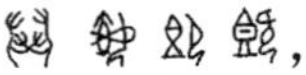，即“斗”、“执”、“即”、“既”，“斗（鬥）”本义为二人相斗，所以用打斗在一起的两个人形表示，“执”本义为捉拿、拘捕，所以用人两手被桎梏绑缚之形表示，“即”本义为走近、靠近，所以用人靠近盛满食物的器具表示，“既”本义为结束、完结，所以用人的嘴巴转向食器的另一边表示饮食已经结束之意。这类组合图形而成的会意字与象形字最大的不同是，其组合的图形表示了一定的事理过程，同时图形构件的位置一般不得变动，如有变动，所会之意也就不同了。比组合图形进一步理性化、抽象化的就是组合已有字形构成新字而成的会意字。如“林”、“森”、“炎”、“焱”、“淼”、“毳（cuì，鸟兽的细毛）”、“鸣”、“吠”、“劣”、“昶（chǎng，白天长）”。

所谓形声，就是利用形旁和声旁组合的方法来构造新字，即许慎所谓的“以事为名，取譬相成（前一句指形旁，后一句指声旁）”。如“江”、“河”，都以“水”作形旁，表示和水流有关，再分别取“工”、“可”为声符（由于语音的演变，声符“工”今天已不能表示“江”的读音），然后形旁与声旁相合构成新字。再如（问），以“口”为形以“门”为声相合而成。（裘），本义为皮衣，以“衣”为形，以“又”为声。形声字在汉字中所占的比重很大，据统计，形声字在汉代《说文解字》中占80%以上，在清代《康熙字典》中占90%左右。对于形声字的声旁和形旁，我们一方面要充分发挥其功用，另一方面也要认识到其局限。形声字声旁的主要作用是表示读音，大约有四分之一的形声字声旁和整个字的读音完全相同，如奂读huàn，以之为声符的“换”、“唤”、“涣”、“焕”、“痪”读音都与其相同。有些形声字虽与声旁读音不同，但也有一定的规律，利用其读音特点可以帮助区别形近易误的字，如“疵”读cī不读pǐ。再如“仑”旁的读lún ，“仓”旁的多有ang音，从而比较容易地区别开“抡”、“抢”、“沦”、“沧”等字。声旁表音作用的局限性主要表现在，由于语音的变化，现代汉字中大约有四分之三的形声字其声旁不能准确地标示出整个字的读音，这也是闹出“认字认半边”这类笑话的原因，如“蹴”读cù不读jiù，“拙”读zhuō不读chū。形声字形旁的主要作用是表示意义范围，如以“忄（心）”为形旁的字常与心理活动有关，象“情”、“愉”、“悦”、“怯”、“懦”，以“扌（手）”为形旁的字常与手的动作有关，如“打”、“扔”、“扛”、“扶”、“搬”。形旁表意作用的局限性主要在于它只能揭示出大致的意义范围而不能准确地标示词义，如“题”

的形旁“页”只能表明其义与“头”有关，而不能准确标示出其本义为“额头”。“江”、“河”的形旁“水”只能说明其义与“水流”有关，而不能准确标示出其本义为“长江、黄河”。

“六书”中的转注，一直是汉字研究中争论最大的一个问题。研究者从不同的角度出发，提出了各种不同的解说。有的说同一部首的字都是转注，有的说转注就是互训，有的说转注就是词义引申。即使许慎本人，除了在《说文解字·叙》里举“考”、“老”两字作为转注的例子外，《说文解字》全书中，在分析字形时再也没有说过哪个字属于转注。对于这样一个长期纠缠不清的问题，我们完全可以采纳当代著名文字学家裘锡圭先生的建议，“在今天研究汉字，根本不用去管转注这个术语。不讲转注，完全能够把汉字的构造讲清楚。……我们完全没有必要卷入到无休无止的关于转注定义的争论中去。”(《文字学概要》)如果一定要拿出点意见，我们可以把汉字的形音义三要素综合起来考虑，从而将许慎为转注下的定义解释为：“建类一首”是指转注字有相同的部首，“同义相受”是指转注字意义相同可以互相注释，同时转注字的读音有相近关系。比如“考”、“老”，二字有相同的部首“耂（lǎo）”，都指“年龄大”，可以互相解释，《说文·老部》：“老，考也。”“考，老也。”（“考”、“攷”字本不同，“考”本义为年龄大，“攷”本义为敲击后简化为“考”。）两字的读音也相近。

“六书”中的假借，是指造字假借，即对于语言中的某个词来说，它有意义、有读音，能在思维和语言交际中运用，但还没有书写记录它的字形符号，当需要把这个词用字形记录下来的时候，没有为这个词另造新字，而是根据它的读音，在已有的汉字中选用与其读音相同或相近的字来记录，这也就是许慎所谓的“本无其字，依声托事”。比如“豆”，甲骨文字形作，本来表示一种盛装食品的器皿，后来语言中出现了豆麦之“豆”，需要有汉字来记录它，这时人们没有为豆麦之豆造新字，而是借用了已有的表示食器的“豆”之字形来表示。再如古汉语中的虚词“其”、“之”也是这样。“其”甲骨文字形作，本义为簸箕，后借这个已有的字形来作为虚词“其”（qí）的书写符号，“之”甲骨文字形作，上面是一只脚，下面一横为出发地，本表示“往”、“到”之义，后来借其作为虚词 zhī 的记录符号。

人们通常根据清代学者戴震提出的“四体二用”说将“六书”分为四种造字法和两种用字法。“四体”即象形、指事、会意、形声，为造字之法；“二用”即转注、假借，为用字之法。所以通常说某字的造字法、某字的形体结构时，只说它是象形、指事、会意、形声中的哪一种。另外需要注意的是，我们今天研究汉字的形体构造，重要的不在于非要将某字归入六书中的哪一种，而在于了解它的间架结构，它是由哪些部分组成和怎样组成的。

从古到今，汉字的面貌发生了巨大的变化，这种变化主要体现在汉字字体从甲骨文演变为楷书，伴随着字体的演进，汉字的字形结构也发生了一些重要的变化，这些变化中有两个方面对我们深入认识汉字结构有比较重要的意义。一是从古到今，汉字字形结构存在由繁到简的发展趋势。如“车”字，其甲骨文、金文字形中不仅有两个车轮还画出了车厢、车辕等，后来删去了车厢等形，只保留了车轴和两个车轮，到小篆字形中又删去了一只车轮，只保留车轴和一个车轮作代表，这是用删除重复多余部分的手段来简化字形的一种方法。再如现代“燈”简化为“灯”、“講”简化为“讲”、“詠”简化为“咏”，这是用形体简单的偏旁替换形体复杂的偏旁，也是汉字简化的一种重要方式。有时也通过改变六书类型的方法来简化字形，如“淚”、“國”简化为“泪”、“国”是由形声变为会意，“繖”简化为“伞”是由形声变为象形。二是从古到今，汉字的字形结构基本上都遵循着一定的规律而发展，始终未曾与原有的造字原理截然脱离联系，如牛、木、大、安、妥、松、柏等，虽然字体发生过很大的变化，有些字也已经失去了原有的图画象形的特征，但整个字形的发展变化仍然有理可循、脉络分明。不过，我们也应该了解到，在字形结构的发展变化中还存在字形脱离原始造字意图、变得和造字本义不相符合的现象。如“射”，甲骨文作，为箭在弓上之形，金文作，增加拉弓的手形，因为甲骨文、金文中的“（弓）”与“（身）”字形相近，所以到小篆中字形就变为从“身”从“矢”的，后又去掉“矢”并讹“又”为“寸”，而成为今天的“射”字。尤其需要注意的是，隶变以后的文字，即隶书、草书、行书、楷书，其字形与六书之旨脱节得更多，许多字形已经根本无法看出造字原理了，所以我们在分析某个汉字的造字意图时应尽可能依据其较早的古文字字形。

掌握一些有关汉字结构的知识，懂得如何科学地分析汉字形体结构，能够帮助我们通过字形弄清本义，加深对词义乃至文意的了解。如《诗经·豳风·七月》“塞向墐户”。“向”是什么意思？查《说文·宀部》：“（向），北出牖也。从宀（mián），从口。”原来，“向”表示朝北的窗户，“宀”像房屋的形状，口就是窗子的形状。“墐”为形声字，义符为土，其义定与土有关，查字典可知，其义为“用泥土涂塞”。李白《送友人》：“挥手自兹去，萧萧班马鸣。”一般的注解只说“班马，离群的马。”“班”为什么有“分”、“离”的意思？我们可以通过分析其字形结构知道答案。《说文·玨部》：“（班），分瑞玉。从玨（jué），从刀。”“玨，二玉相合为一玨。”可见，“班”本表示用刀把合在一起的两块玉分开，“分”、“离”正是由此引申出来的意思。汉字的字形构造中还包含着大量的文化信息，分析汉字的形体结构，常常能够帮助我们更加深入和直观地了解古代社会。如古人认为逆生（难产）的孩子会给父母和家庭带来不幸，所以即使生下来也要将其抛弃。这种观念在汉字中也有反映，如“弃”甲骨文作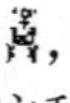，字形正是两只手里拿着簸箕将逆生的孩子抛弃，极其形象地记录了古人的这种观念习俗。了解一些有关汉字结构的知识，可以帮助我们加深对汉字字形的认识，从而正确地使用汉字。如“病入膏肓”还是“病入膏盲”？如果我们知道一般从“目”的字和眼睛有关，而从“月”的字中很大一部分由从“肉”变来。“膏”、“肓”是古人对人体内脏的认识，心尖脂肪为膏、心脏与膈膜之间为肓，作为身体的构成部分，其字形肯定应从“月（肉）”。了解一些有关汉字结构的知识，还可以帮助我们方便地使用那些按照文字学原则来编排部首索引的工具书。如“發（本义为射箭）”、“髮（本义为头发）”、“所（本义为伐木之声）”、“都（本义为大城市）”、“降（本义为下降）”在《说文解字》等书中分别应从“弓”、“髟（biāo）”、“斤”、“邑”、“阜”等部进行查检才能找到。

二、汉字的语音

（一）语音常识

1．什么是语音。语言是人类最重要的交际工具和思维工具，是由语音和语义结合而成的符号系统；可以说，语音是语言的物质载体，语义则是语言的意义内容。

语音就是人类说话的声音，是人类发音器官发出来的、具有一定意义、能起社会交际作用的声音。

2．语音的属性。语音同其他声音一样，有其产生、传递、接收的过程，具有相应的物理属性：音高、音强、音长、音色（音质）。就汉语语音而言，声调体现了不同的音高变化，轻声则与音高和音强都有关系，声母、韵母的差异则是由不同的音色决定的。

语音是由人的发音器官发出的，是生理现象之一，具有相应的生理属性。参与发音的器官可分三个部分。第一部分由肺、气管、胸腔、横膈膜构成，能产生气流成为语音的动力。第二部分由喉头和声带构成，喉头由软骨组成，声带位于喉头的中间，气流通过两片声带之间的声门使声带颤动发出声音。第三部分由咽腔、鼻腔和口腔构成，是共鸣腔，能起扩大声音的作用。

语音不是个人行为，在语言中使用哪些音，什么样的语音形式表达什么样的意思，是使用该语言的全体社会成员约定俗成的，具有相应的社会属性。学习外语（或方言区的人学习普通话）时，往往会遇到一些很难发准确的音，这是因为不同的语言（或方言）语音系统不一样；同样的一个语音，在不同的语言中可能表示不同的意思，例如在说英语时发出[ai]这个音，很可能是表示“I（我）”或者“eye（眼睛）”，在说汉语（普通话）时则很可能表示“爱”“哀”

等；反之，同一个意思，在不同的语言或方言中可能用不同的语音来表示，所以会有交流障碍或根本无法交流。

3．音素。音素是最小的语音单位。它是从音色角度划分出来的，可以分为元音和辅音两大类。

元音是气流颤动声带，在口腔、咽头不受阻碍而形成的音素。元音有单元音和复元音之分，汉语普通话单元音如 a、o、e、i、u、ü 等，复元音如 ai、ei、ui、ao、ou、iu、ia、ie、üe、ua、uo、iao、uai 等。口腔形状和大小的变化以及舌头位置高低前后的变化，决定了元音的音色。

辅音是气流在口腔或咽头受到阻碍而形成的音素，如 b、p、m、f、z、c、s、zh、ch、sh、r 等。辅音的不同是由发音部位和发音方法不同决定的。

发音部位，是指气流受到阻碍的位置。如 b、p、m 发音时由上唇和下唇阻碍气流而形成，所以叫双唇音，而 f 发音时由上齿和下唇接近阻碍气流而形成，所以叫唇齿音。以普通话为例：双唇音（b、p、m），唇齿音（f），舌尖前音（z、c、s），舌尖中音（d、t、n、l），舌尖后音（zh、ch、sh、r），舌面前音（j、q、x），舌面后音（g、k、h）。

发音方法，是指发音时喉头、口腔和鼻腔节制气流的方式和状况。可以从阻碍的方式，声带是否颤动，气流的强弱等三个方面来观察。根据阻碍的方式不同可以分为五类（以普通话为例）：塞音（b、p、d、t、g、k），擦音（f、h、x、sh、r、s），塞擦音（j、q、zh、ch、z、c），鼻音（m、n），边音（l）。根据声带是否颤动，可以分为两类：一类是发音时声带颤动的叫浊音（如英语 b、d、g、m、n、ŋ），一类是发音时声带不颤动的叫清音（如英语 p、t、k、s）。根据气流的强弱，塞音、塞擦音有送气音和不送气音的分别，发送气音时，呼出的气流比较强，如普通话 p、t、k、q、ch、c 等六个；发不送气音时，呼出的气流比较弱，如普通话 b、d、g、j、zh、z 等六个。

4．音节。音节由音素构成，是交谈时自然感到的语音单位。一个音节可以由一个音素构成，也可以由两个或更多音素构成。汉语音韵学传统的字音分析方法，把一个字音（音节）分成前后两段，前段可称为声母，后段可称为韵母，把贯通整个音节的音高变化叫声调。

声母位于音节的前段，由辅音构成。有的音节不以辅音开头，声母部分为零，叫"零声母"。声母和辅音不是一个概念，声母与韵母相对，辅音与元音相对。虽然现代汉语普通话声母全由辅音充当（零声母音节的开头没有辅音实际上也没有声母），但是有的辅音不但可作声母，也可作韵尾，如普通话中的[n]；还有的辅音不作声母，只作韵尾，如普通话中的[ŋ]。

韵母位于音节的后段，由元音或元音加辅音构成。韵母和元音不是一个概念。汉语普通话韵母有的由单元音或复元音构成（参上文“元音”），有的由元音带辅音韵尾构成，如：an、en、in、ang、eng、ing、ong、ian、iang、uan、uang、iong 等。按照韵母开头元音的发音口形，现代汉语的韵母可分四类，即：韵母不是 i、u、ü 和不以 i、u、ü 起头的韵母叫“开口呼”，i 或以 i 起头的韵母叫“齐齿呼”，u 或以 u 起头的韵母叫“合口呼”，ü 或以 ü 起头的韵母叫“撮口呼”，这四大类简称“四呼”。

声调指的是依附在声韵结构中具有区别意义作用的音高变化，如 ma 在普通话中念阴平、阳平、上声、去声时意思不一样。中古时期汉语声调有平声、上声、去声、入声四大类，其中上、去、入可合称“仄声”；现代汉语各方言的声调差异很大，声调数量、种类、音值各不相同；因此，所谓“平仄”在不同时期、不同方言中需要区别对待。

（二）传统注音方式——反切

汉字不是拼音文字，给汉字注音就显得十分重要。历史上最常用的汉字注音方式是反切，反切产生之前，曾有“直音”和“读若”等注音手段。

运用反切的前提是要对汉语的声、韵、调有比较系统的认识。据现有文献资料，大约在东汉后期（即公元二世纪）反切这种注音方法就产生了。

反切用两个字来注另一个字的音，例如“都，当孤切（或当孤反）”，“都”是被注音的字，叫被切字，“当孤”就是“都”的反切，“当”是反切上字，“孤”是反切下字。被切字的声母跟反切上字相同（“都”字声母跟“当”字声母相同，都是 d），被切字的韵母和声调跟反切下字相同（“都”字的韵母和声调跟“孤”相同，都是 u 韵母，都是阴平调）。简言之，用反切给汉字注音时，上字取声母，下字取韵母和声调，拼合起来即得需要的字音；这种方法，比起直音、读若来，要科学得多。历史上出现的众多韵书，如《切韵》、《广韵》、《集韵》等都是以反切为基本材料组成的。

反切的基本原理和方法似乎很简单，但是汉字毕竟不是标音文字，反切上下字的选用并没有统一的规定，不同的人制作的反切各不相同。比如同是表示 d 这个音，反切上字可以用“冬”，可以用“丁”，可以用“多”，可以用“当”，可以用“得”，可以用“德”等，凡是声母为 d 的汉字，都可以拿来作为反切上字。反切下字的情况与此相同。尽管从宋代开始不断有人对反切作出各种改良，它的局限仍然存在，汉字注音需要新的更科学的注音方法。

（三）汉语语音演变

任何一种语言的语音系统都处在不断的变化之中，汉语语音系统也不例外。不同时期的汉语语音各不相同，一般把汉语语音的发展历史分为上古（秦汉以前）、中古（六朝至唐宋）、近代（元、明、清）、现代几个阶段。汉语上古音的状况目前尚难得到确切的系统化的了解，其声、韵、调的面貌还不够清晰；汉语中古音的系统，靠着大量反切资料和以反切为基础的韵书韵图，得以完整保留；认识汉语语音的演变，可以拿中古音同现代音对照，从声母、韵母、声调3 个角度进行比较。

汉语中古音系统主要保存在《切韵》系韵书之中。《切韵》是隋代陆法言所编，唐代孙缅在它的基础上增修而成《唐韵》，北宋陈彭年、丘雍在《唐韵》的基础上增修而成《大宋重修广韵》，简称《广韵》。《广韵》成书后，流传很广，陆法言的《切韵》原本逐渐失传了；这样，《广韵》就成了《切韵》系韵书的代表，被用作中古音研究的主要依据。清代陈澧《切韵考》（实际上以《广韵》为依据）用系联的方法把《广韵》全书所有的反切上字和反切下字进行归类，得出中古时期汉语的语音系统，即《切韵》音系（也可称《广韵》音系）；后来的学者在陈澧的基础上，对《广韵》的声韵系统作了很多研究，使中古语音系统逐渐明晰。

从中古汉语到现代汉语，语音系统在演变过程中有分化，也有合并，总的趋势是合并为主；其结果是，与中古汉语语音系统相比，普通话的语音系统大大简化。

1．声母演变。唐代末年，有个叫守温的和尚以印度梵文的体文（辅音）为参照给汉语创制了表示声母的字母，共三十个字母；到了宋代，人们又在三十字母的基础上增补为三十六个，这就是传统所谓的三十六字母。虽然三十六字母并不等于《广韵》的声母，但是二者大同小异，以三十六字母为参照，有利于把握中古时期汉语的声母系统。

		全清	次清	全浊	次浊	清	浊
牙音		见[k]	溪[k‘]	群[g]	疑[ŋ]		
舌音	舌头	端[t]	透[t‘]	定[d]	泥[n]		
	舌上	知[τ]	彻[τ‘]	澄[d]	娘[η]		
唇音	重唇	帮[p]	滂[p‘]	並[b]	明[m]		
	轻唇	非[f]	敷[f‘]	奉[v]	微[ɱ]		
齿音	齿头	精[ts]	清[ts‘]	从[dz]		心[s]	邪[z]
	正齿	照[tɕ‘]	穿[tɕ‘]	床[dʑ]		审[ɕ]	禅[ʑ]
喉音		影[o]			喻[j]	晓[x]	匣[ɤ]
半舌音					来[l]		
半齿音					日[nʑ]		

中古声母系统到现代汉语普通话声母系统，主要的变化有以下几方面。

第一、从发音方法看，最重要的一条规律是浊音清化。“並、奉、定、澄、从、邪、床、禅、群、匣”等在中古时期为浊音，它们在现代汉语普通话中全部变成了清声母，与相应的原有清声母合并。一般认为浊音清化唐代已经开始，经历了一个较长的过程。

第二、发音部位变化之一，舌上音、正齿音合流，即“知、彻、澄、娘”和“照、穿、床、审、禅”等原本发音部位不同的两组音，在现代汉语普通话中合并成发音部位相同的一组音 zh[tʂ]，ch[tʂ‘]，sh[ʂ]，r[ʐ]。

第三、发音部位变化之二，牙音的一部分字和齿头音的一部分字合流，即“见、溪、群、晓、匣”的一部分字和“精、清、从、心、邪”的一部分字在现代汉语普通话中合并成一组音 j[tɕ]，q[tɕ‘]，x[ɕ]。也就是说，普通话声母为 j[tɕ]、q[tɕ‘]、x[ɕ]的那些字，在中古时期有的原来声母是 g[k]，k[k‘]，h[x]，有的原本声母是 z[ts]，c[ts‘]，s[s]。中古时期声母为 g[k]、k[k‘]、h[x]或 z[ts]、c[ts‘]、s[s]的那些字，如果韵母开口度大（不以 i 和 ü 开头），发音部位不变；如果韵母开口度小（以 i 和 ü 开头），就都变成了舌面前音 j[tɕ]、q[tɕ‘]、x[ɕ]，原本发音部位不同的两组音在变化后合并为一组。有的现代方言中有尖音、团音之分，就是因为这两组音尚未合流或尚未完全合流。

第四、零声母字大量增加。三十六字母中只有“影”母是零声母，现代汉语开、齐、合撮四呼的零声母字比中古时期零声母字的范围扩大了。“喻、微、疑、日”等母的字有不少现在已变成了零声母的字。

附带说说唇音的历史演变。三十六字母中唇音分重唇音和轻唇音两类各 4 个，现代汉语普通话唇音有双唇音 b、p、m 和唇齿音 f 共 4 个。清人钱大昕提出“古无轻唇音”的著名论断，认为上古没有“轻唇音”即“非、敷、奉、微”四母，这四个声母中古时期才分别从“帮、滂、並、明”四母分化出来。一般认为，晚唐五代或唐宋之际，这种分化已经完成。从上古音到中古音再到普通话，汉语的唇音大体经历了一个“简→繁→简”的变化过程。

2．韵母演变。《切韵》《广韵》等被称为“韵书”，因为这类书实际上就是按韵编排的字典。以《广韵》为材料依据，可以归纳出中古汉语的韵母类别和数量。由于这个问题十分复杂，不同的学者确定的韵母的数量和内涵各不相同，甚至同一学者的著述前后也未必一致。尽管如此，人们还是能够认识到汉语韵母系统从中古以来的一些主要演变规律。

第一、中古音有一类韵母以塞音[-p]、[-t]、[-k]为韵尾，这类韵母叫入声韵。以[-p]为韵尾的字如“入、立、及、合、答、盍、涉、辄、叶、协、洽、甲、业、法”等，以[-t]为韵尾的字如“质、吉、结、悉、律、勿、物、乞、竭、月、伐、发、没、骨、滑、割、括、活、刮、八、决、烈、劣、悦、雪”等，以[-k]为韵尾的字如“略、约、缚、各、郭、格、伯、陌、革、获、益、历、击、力、则、得、北、或”等。后来塞音韵尾[-p]、[-t]、[-k]失落，入声韵类全部消失。大量的入声韵字，现代汉语读为单韵母-i[[ɿ、ʅ]、i、u、ü、a、e、o，其次为二合元音uo、ie、ye、ia、ua、ai。

第二、中古音有一类韵母以鼻音[-m]、[-n]、[-ŋ]为韵尾，后来韵尾[-m]变化成[-n]而与原来的韵尾[-n]合流，现代汉语中鼻音韵尾只剩下[-n]、[-ŋ]两个。如“林、含、甘、三、廉、盐、兼、咸、衔、严、凡、感、敢、忝、琰、减、槛、犯、滥、艳、念、剑”等字，中古音均以[-m]为韵尾，今已全变为[-n]韵尾。

第三、韵母系统合并简化。中古时期汉语的韵母系统比较复杂，韵母数量很大。不同的学者研究《广韵》韵母数量得出的结果往往不一致，最少的认为有68个，有的认为有107个、139个、142个、157个，最多的认为有162个。而现代汉语普通话的韵母数量，《汉语拼音方案》确定为35个，数量大大缩减。韵母数量缩简的原因是韵母大量合并，除了入声韵尾消失和[-m]韵尾并入[-n]这两大类变化，介音（韵头）的合流归并也是一个得要原因。

3．声调变化。中古声调有平声、上声、去声、入声四种，现代汉语普通话声调有阴平、阳平、上声、去声四种。汉语声调系统从中古到普通话的变化可以概括成：平分阴阳、浊上变去、入派四声。声母的清浊条件是声调变化的决定因素，图示如下（声母情况代号：A全清和次清 B次浊 C全浊）。

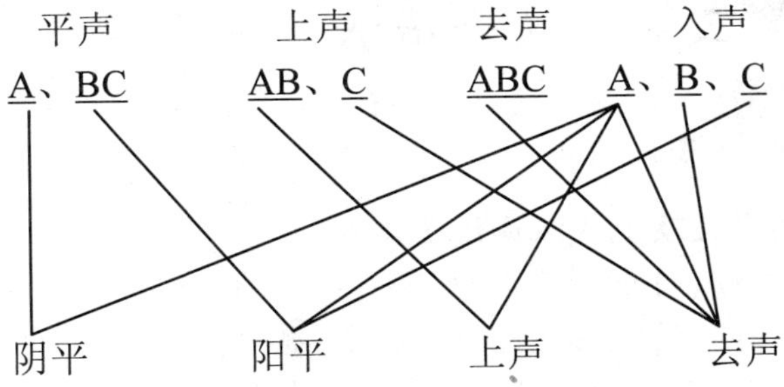

元代周德清《中原音韵》最早记录“入派三声”：全浊入声字归阳平，次浊入声字归去声，清入声字归上声。入声字在普通话里的分布与在《中原音韵》里的分布有所不同。

汉语声母、韵母、声调各自有各自演变的规律，与此同时，声、韵、调的变化是一个整体，三者在变化过程中往往互为前提、互相影响、互作调适、和谐共存。

（四）现代汉语方言

汉语从古至今产生过多种汉语方言，现代汉语各方言大都是经历了漫长的演变过程才逐渐形成的。形成汉语方言的因素很多，人口的迁徙、山川地理的阻隔等是外在因素，而语言本身各要素发展的不平衡性、不同语言之间的相互接触相互影响等则是内在因素。

汉语方言的差异性表现在语音、词汇、语法等各个方面。其中语法差异最小，词汇差异要大些，语音的差异最大；所以，上文所述古今语音演变的规律完全适用于以北京语音为基础的普通话，但并不一定都适用于各地方言。

方言之间的语音差异表现在声母、韵母、声调各个方面。声母方面，比如有无全浊声母、有无平舌音翘舌音之分、尖团之分、唇音和舌音的分合。韵母方面，除元音差异外，比如鼻韵尾[-m]的有无和[-n]、[-ŋ]的分合，入声韵尾[-p]、[-t]、[-k]的有无。声调方面，声调类别的数量从 3 个到 10 个不等，声调数量相同的具体类别不一定相同，声调类别相同的，具体调值不一定相同。不同方言区的人如果各自用自己的方言同对方交流，往往会有障碍甚至完全听不懂。

我国人口数量大，方言比较复杂。从宏观出发，可以把汉语方言分为七大方言：北方方言、吴方言、湘方言、赣方言、客家方言、闽方言、粤方言。各个方言区内大多可以再分出若干方言片区、小片区，直到一个个地点，即“方言点”。

（王彤伟、顾满林）

第三节 汉语语法、词汇与修辞

一、汉语的语法

（一）语法的定义及现代汉语语法特点

语法是语言中词、短语、句子等语言单位的结构规律，包括词的构造、变化规则和组词成句的规则。语法的特点需要在对比中显现，可以是与其他语言的横向对比，也可以是与不同时期的汉语纵向对比。与印欧语系的语言相比，现代汉语在语法方面具有一些明显的特点。

1. 缺乏严格意义的形态变化，语序和虚词是表达语法意义的主要手段。比如，英语中的 write、wrote、written、writing 是同一个词的不同形态，汉语只用“写”这一个形式来表示。这是因为汉语词类具有多功能性，在各种语法环境中大都不改变词形，如动词既可充当谓语，又可充当主语和宾语，形态都不改变。只有部分实词可以重叠，如“看看”、“研究研究”、“漂漂亮亮”、

“个个”等。另外，汉语中也存在“子、儿、头”等少数构词词缀，它们可以看作是广义的形态标记。

语序和虚词是汉语表达语法意义的主要手段。如“大房子”与“房子大”就是通过词序的变换分别构成偏正短语与主谓短语两种不同的结构。虚词也是汉语表达语法意义的常用手段，如“学生和家长”与“学生的家长”就是通过连词“和”与结构助词“的”这两个虚词来区别联合短语与偏正短语两种不同的语法关系，如果去掉这两个虚词，“学生家长”就会产生歧义。

2. 词、短语和句子的构造原则基本一致。汉语的词、短语、句子都有主谓、动宾、联合、偏正、补充等五种基本结构类型。

3. 现代汉语里有十分丰富的量词和语气词。与英语等语言不同，汉语的数词一般不能直接跟名词组合，而通常要先跟量词组合，如“一本书”、“一张纸”等，而且汉语中的很多名词也可以借用作量词，如“一盆水”、“一碗饭”等。

汉语的语气词是一种十分重要的语法手段和表意手段，如“呢”、“吗”、“吧、“啊”等，它们有的可以用来表示疑问语气，有的可以用来表示感叹语气，而这些功能在英语当中通常是运用其他手段来表示。比如，现代汉语里用语气助词“吗”所表示的是非疑问句在英语中一般使用词序倒装或添加助动词等手段来表现的：

他说英语吗？

Does he speak English?

4. 汉语的语法规则还会受到词语音节数目的制约。现代汉语以双音节音步为主，而且汉语的这一节奏韵律特点有时还会打乱一些词语或句子的结构层次，如“一衣带水”的结构层次本是“一衣带//水”，但是我们一般却读作“一衣//带水”这一“2+2”韵律结构模式。同类的例子还有很多，如“力//不从心”、“木//已成舟”这两个成语也经常会按照韵律规则读作“2+2”节奏的“力不//从心”与“木已//成舟”。

受这一韵律特征制约，有些单音节词在使用时要受到一定的限制，如姓名、日期、地名等。如果是双音节形式，通常可以单独用来实现指称或回答问题，如“欧阳”、“淑娟”、“十五”、“南充”等。但如果单音节形式，它们通常要与其他相关成分一起使用，如“姓张”、“张娟”、“初五”、“沙市”等。再如，汉语中有些双音节动词要求带双音节或多音节宾语，我们一般说“阅读图书”、“种植花草”、“浇灌田地”、“收割小麦”等，而很少会说“阅读书”、“种植花”、“浇灌田”、“收割麦”等。此外，“加以”、“进行”、“大力”、“逐步”等词语后面也必须与双音词组合，而不能后接单音词。

（二）古今汉语语法比较

汉语语法从古至今发生了很大的变化，可以从如下4个方面分别进行比较。

1. 词类活用现象明显减少。词类活用是指某些词按照一定的语言习惯在句中临时改变了它的基本职能，充当了别的词类这种语法现象。在现代汉语中词类活用较为少见，而且通常带有较强的修辞色彩，如：

那弹性的胖绅士早在我的空处胖开了他的右半身了。（形容词“胖”活用作动词）

咱们也算夫妻了一场。（名词“夫妻”活用作动词）

然而，在古代汉语中，词类活用的现象相当常见，主要包括以下几种类型。

（1）名词、形容词活用为一般动词。例如：

晋军函陵。 《左传·烛之武退秦师》

假舟楫者，非能水也，而绝江河。 《荀子·劝学》

（2）名词、动词、形容词、数词等的使动用法。通常译为“使（让，叫）……”。例如：

明主不官无功之臣，不赏不战之士。 曹操《论吏士行能令》

公能出我，我必厚谢公。 《史记·范雎蔡泽列传》

君子之学也，以美其身。 《荀子·修身》

霸主将德是以，而二三之，其何以长有诸侯乎？ 《左传·成公八年》

在现代汉语中，只有个别形容词具有使动用法，如巩固国防、繁荣经济、密切关系等。

（3）名词与形容词的意动用法，分别表示主语在主观上“把宾语看作什么”或“认为宾语怎么样”。例如：

扁鹊过齐，齐桓侯客之。 《史记·扁鹊列传》

吾妻之美我也，私我也。 《战国策·邹忌讽齐王纳谏》

需要指出的是，词类活用与词的兼类不同，兼类词是一个词兼属两个以上的词类，它同时具有两种词类的语法功能，如“于是入朝见威王”与“燕赵韩魏闻之，皆朝于齐”中的“朝”就是分别是名词与动词，属于兼类词。词类活用只是一个词的临时性功能，离开了特定的语言环境，这种临时性的功能就不存在了。

2. 语序有所变化。在现代汉语中，宾语一般位于动词之后。但在上古汉语中，否定句、疑问句中的代词宾语通常前置，宾语前置的情况主要有以下几类。

（1）否定句中代词宾语前置。这类宾语前置，要具备两个条件：一是宾语必须是代词；二是必须是由“不”、“未”、“毋”、“莫”等否定词构成的否定句。

例如：

三岁贯汝，莫我肯顾。 《诗经·硕鼠》

（2）疑问句中代词宾语前置。疑问代词“谁”、“何”、“奚”、“安”等作宾语时往往放在动词的前面。例如：

良问曰：“大王来何操？” 《史记·项羽本纪》

（3）介词宾语提前。在文言文中，介词宾语往往置于介词之前，例如：

一旦山陵崩，长安君何以自托于赵？ 《战国策·触龙说赵太后》

（4）用“之”或“是”把宾语提至动词之前，以突出强调宾语。例如：

昭王南征而不复，寡人是问。 《左传·僖公四年》

有时，还可以在前置的宾语前加上一个范围副词“唯”，构成“唯……是……”的格式。“唯命是听”、“唯利是图”等说法就是这种语法格式的保留。

3．词类系统和词类功能有所发展。上古汉语量词为数不多，数词通常与名词直接组合。现代汉语数词一般不能直接修饰名词，而必须先同量词组合，因此现代汉语量词系统日趋完备，还出现了“人次”、“架次”等复合量词。

现代汉语语气词几乎完全更换，如上古汉语的“也”、“矣”、“已”、“耳”、“乎”、“尔”、“焉”、“欤”、“哉”等语气词在现代汉语普通话中都不再使用了，取而代之的是“了”、“吗”、“吧”、“呢”、“啊”等语气词。

此外，现代汉语的代词系统明显简化，动态助词成为常用的词类，介词分工也更加精细。

在词类的语法功能方面，名词发生了很大变化。在现代汉语中，普通名词一般不直接作状语，但在古汉语中名词作状语的现象却很普遍，或者说，作状语是古汉语中名词的基本句法功能之一。例如：

项伯亦拔剑起舞，常以身翼蔽沛公。 《史记·项羽本纪》

君为我呼入，吾得兄事之。 《史记·项羽本纪》

叩石垦壤，箕畚运于渤海之尾。 《愚公移山》

夫以秦王之威，而相如廷叱之。 《史记·廉颇蔺相如列传》

失期，法当斩。 《史记·陈涉世家》

在现代汉语词汇系统当中，也有一些此类用法的遗留，如“土崩瓦解”、“狼吞虎咽”、“风起云涌”、“蚕食”、“鲸吞”、“席卷”、“瓜分”等。

4．句子的结构更加复杂，表意更加严谨精确。现代汉语的句子，特别是书面语句子，短语充当句法成分很常见，附加成分明显增多，还经常出现多重定语或状语，因此长句大量使用，结构趋于复杂、表意也更为精密。

结构复杂的长句增多有两方面的原因，一是语言表达精密化的必然要求，这是内因，二是西方语言影响，这是外因。

新文化运动以来，汉语受西方语言影响而在句法上发生了很明显的变化，人们称之为“欧化语法”，如句子延长、频繁使用连接词、被动语态使用范围扩大等。

在英语等欧洲语言中，所有格，形容词，介词 of，以及各种冠以 that、which、who、when、where 等的定语从句都是中心语的修饰或限定成分，但它们在现代汉语中却通常都要用定语来表达，且大多置于中心语之前，这些限定语层层套合，就会构成很长的句子。尽管这类长句理解起来费力一些，但根据汉语句法规则完全可以准确理解，因为多几个“的”也不过是偏正结构的多重叠加，仍属于汉语自身句法功能的合理拓展。不过，汉语一般句子较短，多重修饰语通常分成几个小句来说，而不是套在一起，因此，翻译外国文献也应该充分考虑汉语的句式特点。

另外，受“欧化语法”影响，关联词语等连接词在现代汉语中的使用也较古代汉语频繁得多，这对于学术著作是十分有益的，因为这种变化增强了汉语的准确性与逻辑性。

（三）现代汉语标点符号使用规范

标点符号是书面语的重要组成部分，是辅助文字记录语言的符号，主要用来表示停顿、语气以及词语的性质和作用。

1. 标点符号的作用。标点符号是书面语的重要组成部分，其作用是辅助文字记录语言，具体地说，主要有 3 个方面。

（1）表示停顿。说话时常常有大小不等的停顿，这些停顿，在书面语中要用标点符号来表示，但如果停顿的位置不同，句子的结构就会不同，表示的意义自然也就不一样。如：

爸爸、妈妈找不到你，一定很着急。

爸爸，妈妈找不到你，一定很着急。

爸爸：妈妈找不到你，一定很着急。（剧本台词）

这三个句子用词完全相同，如果不用标点，句子结构和意义上的差别就无法清楚地表示出来。

（2）表示语气。每句话都有一定的语气，说话时用语调表示，书面语只能用标点符号来表示语调。如：

都来了？　　　　都来了。

两个句子，一问一答，前者用问号，表示句末语调上升，是疑问语气；后者用句号，是陈述语气。

（3）标明词语或句子的性质或作用。文章中有特殊作用的词句要用标点符号标明，如以下三个短语就因是否使用标号以及所用标号位置的不同而具有不同的意义：

鲁迅的故乡　　鲁迅的《故乡》　　《鲁迅的故乡》

可见，标点符号在书面语中具有重要作用，它不仅能够用来表示停顿或语气，帮助读者分清句子的结构，正确地了解文意，而且可以用来表示词语的性质或作用。因此，必须重视标点符号的使用规范。

2．标点符号的种类和书写位置。现行常用标点符号有16种，包括点号和标号两大类。点号有7种，分别是句号（。）、问号（？）、叹号（！）、逗号（，）、顿号（、）、分号（；）、冒号（：）。标号有9种，分别是破折号（——）、括号（（））、省略号（……）、书名号（《》）、引号（“”）、连接号（—或～）、间隔号（·）、着重号（．）、专名号（____）。

一般说来，点号用来表示停顿或语气，标号用来表示词语的性质或作用。有的标号，例如破折号、省略号和间隔号，也兼有表示停顿的作用。

点号占一个字的位置，居左偏下，不出现在一行之首。破折号和省略号占两个字的位置，中间不能断开，连接号和间隔号一般占一个字的位置，这4种标号的位置上下居中。着重号和专名号标在相应的汉字下面。

引号、括号、书名号的前一半不出现在一行之末，后一半不出现在一行之首。引号有单引号和双引号两种形式，一般是外双内单，若单引号之内又有引文，则再用双引号。

3．使用标点符号应注意的问题

（1）合理使用句号，防止一逗到底。一段文章通常由若干句子组成，要注意断句，尽量防止犯一逗到底的毛病。

（2）问号的使用不以疑问代词和“吗、呢、吧”等语气词为依据。比如：

不知道他的意思怎么样。

他还没说什么呢。

（3）避免滥用叹号。有人喜欢连用两三个叹号，以为这样可以表达强烈的感情。其实表达强烈的感情应该依靠选词、语序等综合手段，不宜靠叠用叹号，而且有时滥用叹号反而会失去它应有的作用。

（4）要注意引文末尾标点的使用。当引号和点号连用的时候，如果引文是完整地照录别人的话，引文末尾的点号就放在后引号之前；如果引文作为引用者自己一句话的一部分，点号就放在后引号之后。例如：

张老教导他的学生说：“一定要采取实事求是的态度，‘知之为知之，不知为不知’，不要强不知以为知。”

我们有些同志喜欢写长文章，但是没有什么内容，正是“懒婆娘的裹脚，又臭又长”。

（5）当括号表示文中注释并同点号连用时，只注释句中一部分词语的句内括号紧挨着被注释的词语，它的末尾不用句末点号。注释全句的句外括号放在句子之后，句外括号内如有句末点号则须保留。例如：

他又要所有的草灰（我们这里煮饭是烧稻草的，那灰，可以做沙地的肥料），待我们启程的时候，他用船来载去。

全国各族人民间的大团结万岁！（长时间的鼓掌）伟大的、光荣的祖国万岁！（全场起立。热烈的经久不息的鼓掌，转为欢呼。）

括号还用在次序语的外面，如"（一）"、"（二）"、"（甲）"、"（乙）"等，此时，它的作用相当于顿号，括号后面不能再用顿号。

二、汉语词汇与修辞

（一）汉语词汇

不同的语言有不同的词汇。词汇是一种语言中词和词的等价物（如固定词组）构成的总和。词是最小的、音义结合的、能独立使用的语言单位。语音是词的形式之一，意义是词的形式所表达的内容。

1．词语的形式。词的形式可以从语音形式和构造形式两方面来观察。

（1）汉语词语的语音形式。有研究表明，殷商时代汉语的词汇系统本质上是单音节的；西周早期，复音化（主要是双音化）的各种构词法开始萌芽；春秋战国时期复音化迅速发展；从东汉开始，复音化的步伐大大加快；到了唐代，以复音词为主的词汇系统已经建立；宋元之后，复音化的程度进一步提高；在现代汉语中，复音词完全取代了单音词，在汉语词汇系统中占主体地位。

汉语词语的语音形式由单音词发展为复音词，主要有两类四种情况，第一类是在原单音词的基础上构成复音词，有下面 3 种情况：

① 加原单音词的同义语素。如：

尘——尘埃　　奔——奔走　　艰——艰难　　刚——刚才

② 加原单音词的所属的类别或特征。如：

鲤——鲤鱼　　棍——木棍　　海——大海　　白——白色

③ 在原单音词的基础上加词头词尾。如：

鹰——老鹰　　桃——桃子　　石——石头

第二类是用同义异形的词取代原单音词。如：

与——参加　　师——军队　　股——大腿　　无——没有

（2）汉语词语的构造形式。从构造角度可以把词分为由一个语素构成的单纯词和由两个以上语素构成的合成词两类。

① 单纯词。单音词都是单纯词，部分复音词也是单纯词。复音单纯词虽然有两个音节，但两个音节不能拆开解释，只有合起来才有意义。复音单纯词主要有联绵词、叠音词和音译外来词。

a. 联绵词　是由两个不同音节构成的单纯词，又称“联绵字”或“连语”。联绵词的两个音节之间一般有双声或叠韵关系，也有双声兼叠韵或非双声叠韵关系，不过这两种关系的联绵词较少。例如：

双声联绵词：陆离　参差　憔悴
叠韵联绵词：崔嵬　窈窕　仓庚
双声兼联绵词：辗转　优游
非双声叠韵联绵词：浩荡

b. 叠音词　是由两个相同音节重叠构成的单纯词。如：

桃之夭夭，灼灼其华。(《诗・周南・桃夭》)
歌台暖响，春光融融；舞殿冷袖，风雨凄凄。(唐杜牧《阿房宫赋》)

c. 音译外来词　汉语从汉代就开始出现音译外来词，如“琵琶”、“骆驼”来自匈奴，“琉璃”、“苜蓿”来自西域，“袈裟”、“菩萨”来自印度等。

例中画横线的词都是叠音词，有的描写性状，有的描摹声音，声韵优美，表义生动，有很强的修辞效果。

要注意的是，双声、叠韵中的“声”和“韵”指的是古声母和古韵，如果按今天的声韵来读，有的没有双声或叠韵关系，如“憔悴”、“蟋蟀”无双声关系；“仓庚”无叠韵关系。

② 合成词。古代汉语的合成词多是由两个语素构成的双音节合成词。从两个语素的语法关系来看，有并列式合成词，如人民、踊跃等；偏正式合成词，如黔首、密集等；主谓式合成词，如冬至、年少等；动宾式合成词，如拾遗、出家等；动补式合成词，如养活、长大等；加缀式合成词，如愕然、阿爷等。

双音节并列式合成词中有一种词值得注意。这种词是由两个单音的近义词（包括处于同一语义场的类义词）或反义词作为语素构成的；其中一个语素的意义成为整个合成词的意义，另一个语素不为整个词贡献意义，只是作为陪衬，有人把这种词称为“偏义复词”。如：

a. 房栊灭夜火，窗户映朝光。(南朝梁何逊《嘲刘谘议孝绰》诗)

窗和户是处于“房屋等的开口”这一语义场的类义词，“户”本是“门”的意思，“窗户”是“窗”的意思，“户”没有为词义贡献意义。

但要注意的是，许多词在使用过程中逐渐引申出其他意义，变成了具有多个义位的词，即多义词。“偏义复词”是针对由两个单音的近义词或反义词作为语素构成的并列式合成词的某一个义位而言的，不是针对这个并列式合成词的所有义位而言。像“窗户”只有一个义位，我们说“窗户”是“偏义复词”没有什么问题，但对于很多多义的并列式合成词而言，称它们为“偏义复词”却是不确切的。例如：

b. 相人之形状颜色，而知其吉凶妖祥。(《荀子·非相》)

c. 先生老悖乎？将以为楚国妖祥乎？（《战国策·楚策》）

例 b 中的“妖祥”义为“凶和吉”，例 c 中的“妖祥”偏指“妖”，“祥”无义。因此只有例 c 中的“妖祥”才可称为“偏义复词”。

2. 词语的意义。词义是人们对一定对象的概括反映，除此之外，词义还包括人们对一定对象的主观态度和其他附加色彩。前者一般称作理性意义，后者一般称作非理性意义。

根据词所反映对象的多少，可以确定一个词有多少个意义。如果一个词只反映一类或某一个对象，这个词就只有一个意义；但多数情况下反映的对象都不止一个，那么这个词就有多个意义。每一个意义称为一个义位。

（1）古今词义的异同。随着时代的发展，不仅词的形式在发展变化，词的意义同样也在发展变化。有的词由一个意义发展出多个意义；有的多个意义中的某些意义长期不变，某些意义在缓慢地变化，某些意义变得面目全非。所以，在考察词义的变化时最好从义位着眼去观察。

古今同音[①]同形的词，考察其从古到今意义的发展演变，它们常见的义位之间的关系大体表现为以下几种情况。

① 义位不变。如：天、地、人、牛、羊、东、南、西、北、一、二、三、长、短、生、死等，它们的常见义位从古至今几乎没有变化，它们所指称的仍然是几千年前的同一概念，且概念的外延和内涵既没有扩大也没有缩小。这样的词是属于基本词汇的词。它们的存在是语言稳固性的表现之一。不过，像这种意义几乎没有变化的词在汉语词汇中的数量是非常少的。

② 义位迥别。如：

a. 凡牧民者，必知其疾，而忧之以德，勿惧以罪，勿止以力……昔者天子中立，地方千里，四言者该焉。(《管子·小问》)

① 语音是在不断演变的，此处的“同音”指的是古今音有一脉相承的关系的音。

b. 见善如不及，见不善如探汤。（《论语·季氏》）

c. 天惟时求民主，乃大降显休命于成汤。（《书·多方》）

例 a 中“该”古常见义位是具备，今常见义位是应该；例 b 中“汤”古常见义位是沸水，今常见义位是食物加水煮出的汁液；例 c 中“民主”古常见义位是人民的主宰者，今常见义指人民有参与国事或对国事有自由发表意见的权利，或者不主观独断。

③ 义位微殊。指古今义位差异不大，按今义理解可以勉强讲通，但是并不确切的现象。所以，在阅读古书时要把这样的词义作为重点多加注意，否则并没有真正读懂古书。如：

a. 孟尝君使人给其食用。（《战国策·齐策》）

b. 鬼侯有子而好，故入之于纣，纣以为恶。（《战国策·赵策》）

c. 玉貌歇红脸，长嚬串翠眉。（南朝梁简文帝《妾薄命》诗）

例 a“给”当理解作供给，易理解为今常见义给与；例 b“好”当理解作女子貌美，易理解为今常见义好坏的好；例 c“脸”当理解为面颊，易理解为今天的整个脸面义。

（2）词的本义和引申义。词义的发展都是以词的本义为起点的。词的本义应该是指词最初的那个意义。词义是通过口耳相传或文字记录传之后世的。口耳相传可能会因为种种原因而中断，文字记录是词义传承的重要方式。词的产生远在文字出现之前，在汉字产生之前，远古汉语的词可能还有更原始的意义，但是我们现在已经无从考证。因此，这里所说的词的本义，都是指有上古文献证明的最早的意义。如：

兵　本义是武器、兵器。

古之兵，戈、矛、弓、矢而已矣。（《荀子·议兵》）

取　本义是（捕获到野兽或战俘时）割下左耳。

大兽公之，小禽私之，获者取左耳。（《周礼·夏官·大司马》）

引申义指的是从词的本义发展衍生出来的意义。由于引申义都是由本义衍生出来的，所以引申义和本义之间总有或多或少的联系，引申义和本义都是一个词的义位。如：

梳　《说文》：“梳，理发也。从木，疏省声。”段玉裁注：“器曰梳，用之理发，因亦曰梳。”

a. 无赏罚，是无君，苟欲治之，是犹不畜梳而欲发之理也。（《北堂书钞》

卷一三六引汉崔寔《正论》)[梳，梳子。]

b. 当此之勤，头蓬不暇梳，饥不及餐。(汉扬雄《长杨赋》)[梳，以梳理发。]

c. 蜂屯蚁杂，不可爬梳。(唐韩愈《送郑尚书序》)[梳，整理。]

以上例 a“梳子”是“梳”的本义，其余两例都是“梳”的引申义。引申义与本义之间的关系是：由“梳子”引申到使用梳子的动作——“以梳理发”；“以梳理发”就是整理头发，所以引申出“整理”的意思。又如：

牧

a. 今有受人之牛羊而为之牧之者。(《孟子·公孙丑下》)[牧，放牧牲畜。]

b. 我出我车，于彼牧矣。(《诗·小雅·出车》)[牧，放牧的地方。]

c. 四月，郑人侵卫牧，以报东门之役。(《左传·隐公五年》)[牧，郊外。]

d. 是以群臣居则修身，动则任力，非上之令，不敢擅作疾言诬事，此圣王之所以牧臣下也。(《韩非子·说疑》)[牧，统治。]

e. 尔牧来思，何蓑何笠，或负其餱。(《诗·小雅·无羊》)[牧，牧民。]

f. 今夫天下之人牧，未有不嗜杀人者也。(《孟子·梁惠王上》)[牧，国君或州郡长官。]

g. 是以声人执一，以为天下牧。(马王堆汉墓帛书甲本《老子·道经》)[牧，法度。]

h. 谦谦君子，卑以自牧也。(《易·谦》)[牧，修养。]

以上例 a“放牧牲畜”是“牧”的本义，其余各例都是它的引申义。这些引申义和本义之间的关系大致是：由“放牧牲畜”引申出“放牧的地方”，因放牧的地方不会在比较繁华的地方，所以进而引申出“郊外”。“放牧牲畜”就是管理、统治，所以又引申出“统治”；“放牧牲畜”肯定需要人，所以又引申出放牧的人——牧民；牧民管理牲畜，国君或州郡长官管理、统治人民，二者有相似之处，所以在牧民的基础上引申出“国君或州郡长官”；国君或州郡长官统治国家是需要一定法度的，所以引申出“法度”。放牧本是对牲畜做好管理，人对自身也许需要做好管理，即修养，所以又引申出“修养”。

有一种情况值得注意，那就是不同的字或者同一个字形不同的读音所记录的词义之间可能存在引申关系。这是因为有的引申义距离本义较远，一般人已经意识不到它是某个本义的引申，为了使文字与它所表示的意义的关系更加显豁，就另造一个字或者改变读音来代表它。例如，“籽”就是为“子”的引申义“植物的种子”所造的字，因为引申义“植物的种子”离“子”的本义“子女”有一定的距离，一般人不容易把它们联系在一起，所以另造一个“籽”字。又如，长短的“长”引申为首长的“长”就是引申义距离本义较远改变读音的例子。其引申途径是：草木“滋长”的表现就是形体越来越“长”，草木滋长的“长”引申为长幼的“长”，再引申为首长的“长”。

3．同义词辨析。辨析清楚同义词之间的细微差异，有利于我们正确理解古书。

（1）什么是同义词。同义词指的是在某一历史时期同时存在的、有一个或几个相同义位的两个或两个以上的词。

因此，同义词有这样几个特点：首先，同义词是就词语之间的关系而言的，孤立的词语无所谓同义词。其次，同义词之“同”在于它们有一个或几个相同的义位，而不一定是所有的义位都相同。因为一个词往往包含好几个义位，各个义位都相同的可能性非常小。比如，在古汉语中，“反”有“回来”、“退还”、“反省”等义位，“复”有“回来”、“回复”、“还原”等义位，凭着“回来”这个共同义位，它们成了同义词。最后，同义词必须是在某一历史时期同时存在。比如，“履”和“屦”，今天理解起来都有“鞋子”的意思，但是，它们在战国以前并不是同义词，在当时，“履”是动词，义为“踩踏”；“屦”是名词，义为“鞋子”。战国之后，“履”引申出了“鞋子”的意思，才与“屦”构成同义词。

（2）同义词的辨析。凭着一个或几个相同的义位而具有同义关系的同义词，绝大多数的词语都有一项或几项特征将它们区别开来，将同义词区别开来的特征叫做同义词的区别特征。我们可以通过勤查辞书、详审用例、参看古注，从语义、语法和语用等角度去寻找区别特征，以辨析同义词之间的差异。

① 从语义角度比较辨析。语义上的区别是同义词之间最主要的区别。考察同义词的语义特征，可以通过对同义词相同的义位进行结构分析，得出各自的语义成分，即义素，一般而言，分析每一个义位的结构，得到的义素可以分为两个大类：区别性义素和指称义素，区别性义素即语义区别特征，它显示了同义词之间的差异。如：

“芦”、“苇”、“葭”是一组同义词，都是“芦苇”。

a. 夫雁顺风以爱气力，衔芦而翔以备矰弋。（《淮南子·修务》）东汉高诱注：“未秀曰芦，已秀曰苇。”

b. 七月流火，八月萑苇。（《诗·豳风·七月》）唐孔颖达《五经正义》：“初生为葭，长大为芦，成则名为苇。”

c.《说文》：“葭，苇之未秀者。”

根据古代辞书及古文用例，分析出“芦、苇、葭”的义位结构式分别为：

芦：（长大）+（未开花）+（芦苇）

苇：（长成）+（开花）+（芦苇）

葭：（初生）+（未开花）+（芦苇）

从上面的结构式可以清楚地看到，“芦、苇、葭”的指称义素相同，都指的是“芦苇”；指称义素之外的区别性义素告诉人们这三个词是对不同时段的芦苇的称呼。又如：

“鸣”、“叫”都有“鸣叫”的意思。

a. 猿蜼昼吟，鼯鼠夜叫。（汉马融《长笛赋》）

b. 双双归蛰燕，一一叫群猿。（唐韩愈《晚泊江口》诗）

c. 胡人叫玉笛，越女弹霜丝。（唐李白《九日登山》诗）

d. 鹤鸣在阴，其子和之。（《易·中孚》）

e. 雷填填兮雨冥冥，猨啾啾兮又夜鸣。（《楚辞·九歌·山鬼》）

f. 寒蝉暂寂寞，蟋蟀鸣自恣。（唐韩愈《秋怀》诗之二）

根据古代辞书及古文用例，分析出“鸣、叫“的义位结构式分别为：

鸣：（鸟、兽、昆虫）+（鸣叫）

叫：（禽、兽、能发生的物体）+（鸣叫）

上面结构式中的区别性义素表明，“鸣”、“叫”这组同义词的不同之处在于动作的发出者不完全相同。

② 从语法角度辨析。同义词之间的差异，主要表现在语义上。一般来说，语法因素不属于词汇层面，但有些同义词之间的不同也表现在语法特征或功能上，因此，为了辨析的全面性，还应该关注同义词语法方面的差异。例如：

“宾”、“客”是一组同义词，在西汉时期，除了语义方面的区别外，在能否单独充当句法成分的能力上也有不同。“客”能单独作主语、宾语和中心语；而“宾”单用的情况很少，大多数时候都是与“客”、“主”连用。如：

a. 客有见髡于梁惠王，惠王屏左右，独坐而再见之，终无言也。惠王怪之，以让客曰：“……”（《史记·周本纪》）[第一个“客”作主语，第二个“客”作宾语]

b. 沛中豪桀吏闻令有重客，皆往贺。（《史记·高祖本纪》）[“客”作中心语]

c. 是以驺子重于齐。适梁，惠王郊迎，执宾主之礼。（《史记·孟子荀卿列传》）[“宾”与“主”连用]

d. （秦孝公）下令国中曰："……寡人思念先君之意，常痛于心。宾客群臣有能出奇计强秦者，吾且尊官，与之分土。"（《史记・秦本纪》）["宾"与"客"连用]

又如：

"羞"、"耻"、"辱"都是"耻辱"的意思，但在活用方面有差异。"羞"可以有意动和使动用法，"耻"通常只有意动用法，"辱"通常只有使动用法。如：

a. 始皇自以为功过五帝，地广三王，而羞与之侔。（《史记・秦始皇本纪》）[羞，以……为羞，意动用法]

b. 惠王数败于军旅，卑礼厚币以招贤者。邹衍、淳于髡、孟轲皆至梁。梁惠王曰："寡人不佞，兵三折于外，太子虏，上将死，国以空虚，以羞先君宗庙社稷，寡人甚丑之……"（《史记・魏世家》）[羞，使……蒙羞，使动用法]

c. 及平长，可娶妻，富人莫肯与者，贫者平亦耻之。（《史记・陈丞相世家》）[耻，认为……耻，意动用法]

d. 灵公怨太子出奔，谓（少子）郢曰："我将立若为后。"郢对曰："郢不足，以辱社稷，君更图之。"（《史记・卫康叔世家》）[辱，使……受辱，使动用法]

③ 从语用角度辨析。同义词之同在于有一个或几个义位相同。但是，人们在使用中却是有选择的，比如对同义词附属色彩意义的选择，对同义词适用条件的选择等。因此，还应该从语用角度辨析同义词。如：

"依"、"赖"都有"依仗（靠）"的意思，但是，"依"在使用中无褒贬色彩，指对某种条件的依靠；"赖"有褒义色彩。如：

a. 凡居此者，欲令周务以德致人，不欲依阻险，令后世骄奢以虐民也。（《史记・刘敬叔孙通列传》）["依"，指对险阻环境的依靠，无褒贬色彩]

b. 寡人以眇眇之身，兴兵诛暴乱，赖宗庙之灵，六王咸伏其辜，天下大定。（《史记・秦始皇本纪》）["赖"的对象是"宗庙之灵"，具褒义色彩]

又如：

"妪"、"媪"都是"老年妇女"的意思，但"妪"多用于背称，"媪"既可用于背称又可用于面称。如：

a. 颜夫人者，妪盈女也，国色也。（《公羊传・昭公三十一年》）[妪，背称]——

盈，人名。

b. 老臣窃以为媪之爱燕后，贤于长安君。(《战国策·赵策四》) [媪，面称]

c.（刘邦）父曰太公，母曰刘媪。(《史记·高祖本纪》) [媪，背称]

（杜晓莉）

（二）汉语古今重要修辞格

修辞是修饰文辞以增强语言表达效果的言语实践，运用修辞手法所能达到的最佳表达效果是语言的准确、鲜明、生动和形象。学习一些修辞格，能够帮助我们提高阅读能力，增强言语表达的效果。

1. 古代汉语重要修辞格。古人说话讲究辞令，写文章讲究文采。修辞用得好，能增加文章的文采，增强文章的表达效果，所以古人写文章非常重视修辞手法的运用。了解古汉语的主要修辞方式，有助于提高文言文阅读能力，同时也助于提高我们的言语能力。以下简单介绍几种古汉语中的重要修辞格。

（1）对偶。对偶是用字数相同、结构相似或相同、意义对称的一对短语或句子来表达两个相对或相近意思的修辞方式。这种对称的语言方式，形成表达形式上的整齐和谐以及内容上的相互映衬，具有独特的艺术效果。如：

① 昔我往矣，杨柳依依；今我来思，雨雪霏霏。(《诗经·小雅·采薇》)

(“杨柳依依”与“雨雪霏霏”的情景反衬和“昔往”与“今来”的对举使得诗情跌宕。)

② 落霞与孤鹜齐飞，秋水共长天一色。(唐·王勃《藤王阁序》)

(上句“落霞”、“孤鹜”与下句“秋水”、“长天”各自成对，是格律诗中要求较高的“句中自对”。)

③ 几处早莺争暖树，谁家新燕啄春泥。(唐·白居易《钱塘湖春行》)

(“早莺”和“新燕”相对弥漫浓郁的早春气息，“暖树”与“春泥”互补点染春之色彩。)

（2）互文。互文又称互文见义，即古代诗文的相邻句子中所用的词语互相补充，结合起来表示一个完整的意思。例如：

① 当窗理云鬓，对镜帖花黄。(《木兰诗》)(“当窗”与“对镜”互文，意为“当窗对镜理云鬓，当窗对镜帖花黄”。)

② 风含翠筱娟娟静，雨裛红蕖冉冉香。(唐·杜甫《狂夫》)(上句虽说风，但其中隐含着雨，因经细雨洗涤翠竹才能娟娟静；下句虽说雨，但雨中隐含着风，只有微风吹拂，荷花才能飘散出冉冉香气。)

③ 千门万户曈曈日，总把新桃换旧符。（宋·王安石《元日》）（“总把新桃换旧符”是把一个词分开放在两处，构成互文，应理解为“总把新桃符换

旧桃符”。）

（3）倒置。又叫“颠倒”或“错综”，指不按正常的句式，着意造成词序的颠倒。例如：

① 使人意夺神骇，心折骨惊。（南朝·江淹《别赋》）（“心折骨惊”是“骨折心惊”的倒置。）

② 香稻啄馀鹦鹉粒，碧梧栖老凤凰枝。（唐·杜甫《秋兴》）（本句是“鹦鹉啄馀香稻粒，凤凰棲老碧梧枝”或“香稻鹦鹉啄馀粒，碧梧凤凰棲老枝”的倒置。）

③ 谢公最小偏怜女，自嫁黔类百事乖。（唐·元稹《遣悲怀》）（“谢公最小偏怜女”是“谢公偏怜最小女”的倒置。）

（4）委婉。委婉是不把要表述的思想内容直接说出來，而是有意识地把话说得委婉曲折，含蓄有致的一种修辞格。例如：

① 仆虽疲驽，亦尝侧闻长者之遗风矣。（汉·司马迁《报任安书》）（作者以“仆”自称，以“侧闻”指长者的遗训，以“疲驽”称自己的材质，这些谦退之辞都是委婉格的表现。）

② 一旦山陵崩，长安君何以自托与赵？（《战国策·赵策》）（“山陵崩”是“死”的讳饰之辞，避讳也是委婉格的一种。）

③ 后期年，齐王谓孟尝君曰：“寡人不敢以先王之臣为臣。”（《战国策·冯谖客孟尝君》）（齐王以“不敢以先王之臣为臣”迂回地表达了不想再任用孟尝君的意思，这也是委婉格的运用。）

2．现代汉语的重要修辞格

（1）排比。将结构相同或相似、语气一致、意思密切关联的三个以上的句子或句子成分排列起来，以增强语势和加深感情，这种修辞格即为排比。如：

① 靠西墙是竹丛，下面许多笋，只可惜都是并未煮熟的，还有油菜早经结子，芥采已将开花，小白菜也很老了。（鲁迅《阿 Q 正传》。）

② 一捶起来就发狠了，忘情了，没命了！百十个斜背响鼓的后生，如百十块被强震不断击起的石头，狂舞在你的面前。骤雨一样，是急促的鼓点；旋风一样，是飞扬的流苏；乱蛙一样，是蹦跳的脚步；火花一样，是闪射的瞳仁；斗虎一样，是强健的风姿。黄土高原上，爆出一场多么壮阔、多么豪放、多么火烈的舞蹈哇——安塞腰鼓！（刘成章《安塞腰鼓》。）

③ 荷花已经开了不少了，荷叶挨挨挤挤的，像一个个碧绿的大圆盘。白荷花在这些大圆盘之间冒出来。有的才展开两三片花瓣。有的花瓣全都展开了，露出嫩黄的小莲蓬。有的还是花骨朵，看起来饱胀得马上要破裂似的。（叶圣陶《荷花》。）

（2）比拟。比拟即是借助丰富的想象，把物当成人来写，或把人当成物来写，或把甲物当成乙物来写。比拟可分为拟人和拟物。拟人就是把物当作人来写，或者用表现人的特性的词语描述物，或者直接把物变成人。如：

① 湖水愈发温柔，愈发安详了——它静静地平躺着，安然地享受着晨雾徐徐的、轻柔的爱抚，那神态，真好像母亲怀中含乳憨睡的婴儿呢。（斯妤《北海的早晨》）（将"湖水"比拟作含乳憨睡的婴儿。）

② 当菜花披着黄袍，称霸于绿野时，豆花不曾屈服，依然黑白分明！（刘大白《旧梦·泪痕》）（用"披""称霸"和"屈服"赋予菜花和豆花人性。）

拟物就是把"人"当作"物"来写，使人具有物的动作或情态。如：

① 我到了自家的房外，我的母亲早已迎着出来了，接着便飞出了八岁的侄儿宏儿。（鲁迅《故乡》）（用"飞出"写没有翅膀的侄儿见到"我"的欢快心情。）

② 吴天宝好比一丛大路径上的马兰草，自打发芽那天起，从来没人怜爱他，浇他一滴水，他却有股野生的力量，任凭脚踩，车轱辘轧，一直泼辣辣地长着。（杨朔《三千里江山》）（将吴天宝比作马兰花，并赋予其物性。）

（3）通感。"通感"又叫"联觉"或"移觉"，是把视觉、听觉、嗅觉、味觉、触觉沟通起来的一种修辞方法。如：

① 微风过处，送来缕缕清香，仿佛远处高楼上渺茫的歌声似的。（朱自清《荷塘月色》）（"清香"的嗅觉和"歌声"的听觉构成通感，"渺茫的歌声"的时断时续，隐隐约约的体验与微风飘送的时有时无、如丝如缕的荷花散发的"清香"，能唤起人内心微妙的情感，使两种作用不同的感官知觉，在心理反应上得到了自然地沟通。）

② 我是你河边上破旧的老水车，数百年来纺着疲惫的歌。（舒婷《祖国啊，我亲爱的祖国》）（视觉"老水车"与听觉"疲惫的歌"构成通感，诗歌苍凉的意象将读者带入地老天荒之中去感受心灵的震撼和历史的厚重。）

③ 突然有钟声缓缓飘上来，很重，很古老，很悠久，很轻柔。（陈丹燕《玻璃做的夏天》）（听觉"钟声"与"重"、"古老"、"悠久"和"轻柔"等感觉构成通感。）

其实古汉语中的通感手法运用已较为纯熟，如宋祁《玉楼春》词："红杏枝头春意闹”，单从视觉感受来写红杏，还不能写出春意盎然的可感性，于是就凭借属于听觉感受的“闹”字来表现，使境界为之顿开。

（4）仿拟。仿拟包括仿词和拟句两类。仿词就是仿照已有的词语，通过联想临时仿造出新的词语，比如“默默无蚊”（蚊香广告词）、“请勿痘留”（化妆品广告词）等；拟句则是在现有的诗文名句的基础上，抽换其中的某些词语仿造出新的句子。例如：

① 齐先生的这间陋室嘛，则是“苔痕上墙绿，草色室中青”。（沙叶新《陈毅市长》）（“苔痕上墙绿，草色室中青”仿唐代刘禹锡《陋室铭》“苔痕上阶绿，草色入帘青”句。）

② 在过去的七八十年中……曲曲折折，坎坎坷坷……喜悦与忧伤并驾，失望与希望齐飞，我的经历可谓多矣。（季羡林《赋得永久的悔》）（“喜悦与忧伤并驾，失望与希望齐飞”仿唐代王勃《滕王阁序》“落霞与孤鹜齐飞”句。）

3．古今汉语重要修辞格。下面一些辞格不论在古汉语还是现代汉语中都十分常见且非常重要。

（1）比喻。比喻在古代汉语和现代汉语中都是一种非常常见的修辞格，它是将某一事物比作另一事物，用以描写事物，可使事物生动形象，用以阐发道理，可使道理通俗易懂。比喻有明喻、隐喻（又称暗喻）和借喻之别。

明喻往往用“譬如”、“譬犹”、“譬之”、“犹”、“若”、“如”、“似”等词作喻词，比较好懂。

古汉语中的隐喻（暗喻）不用“譬如”等词，而是直接表述，喻体和本体同时出现。如：

① 如今人方为刀俎，我为鱼肉，何辞为？（汉·司马迁《史记·鸿门宴》）（以“刀俎”喻项羽一方，以“鱼肉”喻刘邦一方，形象地呈现敌强我弱之势。）

② 桑之未落，其叶沃若。于嗟鸠兮，无食桑葚！于嗟女兮，无与士耽！（《诗经·卫风·氓》）（以桑叶之茂盛喻男子情深意盛之时，以鸠多食桑葚容易迷醉喻女子惑于爱情，不思后患。）

现代汉语中的隐喻（暗喻）常用“是”、“成为”、“变成”、“等于”等喻词。如：

③ 那榆阴下的一潭，不是清泉，是天上虹揉碎在浮藻间，沉淀着彩虹似的梦。（徐志摩《再别康桥》）（诗人将清澈的潭水比作天上彩虹，被浮藻揉碎之后，竟变了“彩虹似的梦”，这里运用比喻融情入景，将捉摸不定的梦境描绘得形象

而鲜明。）

古今汉语中的借喻都是所喻之物和喻词均不出现，以比喻代替所喻之物。如：

① 岁寒，然后知松柏之后凋也。(《论语·子罕》)(借松柏经冬不凋的品质比喻经历磨难方显君子本色。)

② 缫成白雪桑重绿，割尽黄云稻正青。(宋·王安石《木末》)(以白雪喻丝，黄云喻麦。)

③ 我似乎打了一个寒噤；我就知道，我们之间已经隔了一层可悲的厚障壁了，我也说不出话。(鲁迅《故乡》)(以“厚障壁”比喻“我”和闰土之间形成的感情距离。)

（2）代称/借代。所谓代称就是不直接指称某一事物，而换以与其具有某种内在联系的称谓代替，现代汉语通常称借代。例如：

① 维桑与梓，必恭敬止。靡瞻匪父，靡依匪母。《诗·小雅·小弁》(“桑梓”指代故里，因古人住宅周围喜欢栽植桑树和梓树而得名，是以物代处所。)

② 亦颇识去就之分矣，何至自沉溺缧绁之辱哉？(汉·司马迁《报任安书》)(“缧绁”是捆绑犯人的绳索，这里用具体指代抽象，是刑罚的代称。)

③ 春天，树木开花了，是晴明暖和的天气，早晨大路上还充满了褴褛的衣服和光赤的脚。(巴金《能言树》)(“褴褛的衣服和光赤的脚”代指穷人。)

（3）夸饰/夸张。夸饰，又叫夸张，是使用极度形容语来增加语言的生动性的一种修辞格。它不同于言过其实的夸大。例如：

① 人生天地间，若白驹之过隙，忽然而已。（《庄子·知北游》）（以白驹过隙形容人生过得之快。）

② 问君能有几多愁？恰似一江春水向东流。(南唐·李煜《虞美人》)(诗人以无涯江水形容愁绪之长之多。)

③ 一个浑身黑色的人，站在老栓面前，眼光正像两把刀，刺得老栓缩小了一半。(鲁迅《药》)(用夸张手法将黑影人凶狠的目光对华老栓所产生的震慑力表现得淋漓尽致。)

（4）引用。引用就是引用他人言语、历史典故及前人诗文中的语句和意象，所谓“据事以类义，援古以证今”，以增强行文气势和说服力。如：

① 谚所谓“辅车相依，唇亡齿寒”者，其虞虢之谓也。(《左传》)(引用谚语。)

② 蛾眉曾有人妒。千金纵买相如赋，脉脉此情谁诉？（宋·辛弃疾《摸鱼儿》）（引用陈皇后长门失宠的典故。）

③ “一年之计在于春”，刚起头儿，有的是工夫，有的是希望。（朱自清《春》）（引用俗语。）

（刘春卉、杜晓莉、张筠）

第二章　中国文学创作基本知识

第一节　声　　律

声律是汉语诗词曲赋类文学作品中声、韵、调等语言材料的一种格式化现象与运用范式。诗歌作为最早期文学体裁，它的出现当在汉字产生之前。随社会文明的进步与发展，那些处于不同社会时期以及不同意识形态的原创诗作，从某种意义上讲，也正是凭借着声律的辅助，甚至是口耳相传的方式流传至今。因此，有人也将声律称之为诗律，认为诗歌是精心地选择和利用了声、韵、调等物质材料，以声律和韵律两大要素为构律依据并借这种格律形式，使诗歌呈现出抑扬顿挫的音调和鲜明的节奏、前呼后应的谐和的音韵词语与句式的整齐的对仗等形音尽美的状态，从而加强它的艺术感染力和表现力。即如南朝齐梁时沈约所言："夫五色相宣，八音协畅，由乎玄黄律吕，各适物宜。"（按：玄黄，指色；律吕，指音。）当然，就诗而言，要做到适物之宜，就得尽人事，研声律，使诗歌在确切的音响效果下呈现出一个情与声会、声情并茂的境界。

在我国诗歌的早期实践活动中，人们已经能较合理的利用语音材料中的字声的对应与平衡，通过韵部及韵式的应用与雕琢来达成诗句在格式上的谐调。随着时代及诗歌的发展，适合作为构成诗律形式的物质材料即一定的构律要素也有了应用上的认识和发展。从古代诗歌尤其是格律诗的一般结构情况看，其构律要素大致可分为押韵和声韵两大方面。

一、押韵

如果我们可以为诗歌找出一个早期的诗律标志，那定非诗句中的用韵莫属。从最早期的《弹歌》："断竹，续竹，飞土，逐肉。"（表现初民制造一种简陋的弹弓去打猎的一首很典型的二言诗。）以及《诗经》中大量作品的文字表现来看，联络诗行的最明显的东西就是字韵。在《诗经》的 305 篇诗作中仅有 7 篇没有韵，且都属于祭祀诗（《周颂》、《商颂》）的范畴。当然，我们所说的押韵不是指相同的韵母（由韵头、韵腹及韵尾组成），而是指韵头不同的字在诗句中的某一适当位置上可以相押而构成诗韵。其韵部的划分与归类因年代和实际语言应用的不同也会有一定的差异。对《诗经》、《楚辞》等上古诗韵的研究与划分，从顾炎武开始把古韵分为 10 部，到段玉裁分为 17 部，江有诰分为 21 部，黄侃分为 28 部，至现代，综合各家意见将先秦古韵划分为 30 部（王力．古代汉语［M］．中华书局出版社，1962.）。

就其韵式来看，《诗经》的表现是比较灵便的，有同韵相押，也有转韵而为；以押句尾为主（俗称韵脚），也时见押于句中的；有句句押，也有隔句押的，或是交叉押的（奇句与奇句押韵，偶句与偶句押韵）。在《诗经》中已有后来诗歌成熟期较常见、也是较规范的隔句押模式，即奇句不押韵，偶句押韵（首句可押可不押）。

而隋代的陆法言根据隋以前诗人作诗押韵的情况，把同韵同调的字归并成类，同类的字可以互相押韵，并算作一个韵部。以这样的思路，他将汉字排成 206 个韵部，集为《切韵》一书。后有人对这样的精细划分觉得很不方便（在唐人的实际运用中规定了近韵可“同用”），至南宋平水人刘渊则干脆把“同用”韵合起来，减为 107 韵，而后又被人减去 1 韵，成为 106 韵的“平水韵”：平声 30 韵，因平声字多，又分为上平和下平两卷，各占 15 韵；上声 29 韵；去声 30 韵；入声 17 韵。（徐洪火．诗词曲律常识［M］．四川人民出版社，1978.）“平水韵”虽然产生在唐代以后，但它产生的过程正好说明它能够反映唐代之前的人写诗用韵的一些具体情况，亦可视为宋代及之后的诗人创作诗词时用韵的标准。

如果从有无较讲究的格律看，我国古代的诗歌又可分为古体诗和近体诗(格律诗)。人们习惯把唐以前的诗歌即汉魏六朝的诗歌称作古体诗。它包括乐府古辞、乐府民歌及此一时期的某些文人创作。这些古诗每句五个字的叫五言古诗，简称“五古”；每句七个字的叫“七言古诗”，简称“七古”；或三、五、七言杂见者称为“杂言诗”，通常可算在“七古”之内。古体诗没有固定的格律，韵字较宽，不讲平仄，韵式自由，少见约束。

近体诗在受到格律上的平仄、对仗等影响之后，用韵表现得更为严谨，多用平声韵，双句隔句押韵，同韵而声的平仄不同不可通押，且不可换别一韵部的韵。

“以文写之为词，以声度之为曲”用韵更宽的宋词，发始于唐，滋衍于五代，而造极于两宋。调有定格，字有定音，人称之为“曲子词”或“诗余”。虽然它在音节和句式长短方面自有一套固定的格式，但在构律的原则上跟诗是基本一致的。其用韵的特点为：（1）依不同的词牌照定式套用。（2）虽也讲究按字韵的平仄入韵（仄韵上、去声可通押）但有的词牌的平仄可以通押（入声独立性强，不在可通押之列），甚至可以转韵，故其用韵较格律诗更宽一些。（3）

韵部的划分更粗放。词韵专籍中较好的是戈戴编的《词林正韵》，分为 19 部，平、上、去共部，入声单独为一部。

【附诗】

蒹葭

（诗经·秦风）

蒹葭苍苍，白露为霜。所谓伊人，在水一方。溯洄从之，道阻且长。溯游从之，宛在水中央。蒹葭萋萋，白露未晞。所谓伊人，在水之湄。溯洄从之，道阻且跻。溯游从之，宛在水中坻。蒹葭采采，白露未已。所谓伊人，在水之涘。溯洄从之，道阻且右。溯游从之，宛在水中沚。

【辨韵】“苍”、“霜”、“方”、“长”、“央”，阳部。“萋”、“湄”、“跻”、“坻”，脂部，“晞”，微部，脂微合韵。“采”、“已”、“涘”、“右”、“沚”，之部。

上山采蘼芜

（汉乐府）

上山采蘼芜，下山逢故夫。长跪问故夫，“新人复何如？”“新人虽言好，未若故人姝。颜色类相似，手爪不相如。”“新人从门入，故人从阁去。”“新人工织缣，故人工织素。织缣日一匹，织素五丈余。将缣来比素，新人不如故。”

【辨韵】这首“五古”，“芜”、“夫”、“如”、“姝”、“如”、“入”、“去”、“素”、“余”、“故”押韵，系一韵到底的平仄通押，其“去、素、故”是仄声。

饮酒（其五）

（晋·陶渊明）

结庐在人境，而无车马喧。问君何能尔，心远地自偏。采菊东篱下，悠然见南山。山气日夕佳，飞鸟相与还。此中有真意，欲辨已忘言。

【辨韵】此诗“喧、偏、山、还、言”押韵，偶数句平声韵，一韵到底。

登高

（唐·杜甫）

风急天高猿啸哀，渚请沙白鸟飞回。无边落木萧萧下，不尽长江滚滚来。

万里悲秋长做客，百年多病独登台。艰难苦恨繁霜鬓，潦倒新停浊酒杯。

【辨韵】“哀”、“回”、“来”、“台”、“杯”同属上平十灰韵。

虞美人（其二）

（五代·李煜）

春花秋月何时了，往事知多少？小楼昨夜又东风，故国不堪回首月明中！雕栏玉砌应犹在，只是朱颜改。问君能有几多愁？恰似一江春水向东流。

【辨韵】以“了”、“少”；“风”、“中”；“在”、“改”；“愁”、“流”转四韵而成篇，且平仄通押。

醉花荫　薄雾浓云愁永昼

（宋·李清照）

薄雾浓云愁永昼，瑞脑消金兽。佳节又重阳，玉枕纱橱，半夜凉初透。东篱把酒黄昏后，有暗香盈袖。莫道不消魂，帘卷西风，人比黄花瘦。

【辨韵】“昼”、“兽”、“透”、“后”、“袖”、“瘦”仄声韵，一韵到底。

二、声韵

声韵是指附着在汉字之上的声调、轻重音、长短音等语音物质以字音的调值所形成的平仄安排诗歌的语音节奏，其影响涉及诗句中的每个字或词在音响上的高低轻重的不同选择，并涉及每行诗句在节奏上的不同配置，因而它是最重要的诗律要素。

声韵的要核在于声调，而汉语声韵结构的特点也正是按音高的抑扬顿挫这种起伏状况来划分的。例如现代汉语按音高的起伏状况划分为阴平、阳平、上声、去声四个调值。古代汉语（元代以前）的声调也是四种，即：平声、上声、去声、入声。古代的四种声调的调值怎样，现在也只能依据古人的描述大致认定其平声为中平调、长调；上声是上升调，去声是降调，入声是短促调。有歌谣如此描述：“平声平道莫低昂，上声高呼猛烈强，去声分明哀远道，入声短促急收藏。”我国古代文人为了构成诗句的节奏，十分重视将声调上的这些不同，即将平调与升降调、长调与短调进行统筹与调整利用，以形成诗句语音上的节奏与变化。并把四种声调分为平声和仄声两类：平声（古代的平声，现代的阴平和阳平）发音高而平展仄声（古代的上声、去声和入声，现代的上声和去声）

发音低而有升降变化。当“平”和“仄”这两种相异的声调交错对举的出现，便形成诗句中以及诗句之间某种明显的节奏。其基本的交错搭配可概括为两句：（1）平仄在本句中是交替的；（2）平仄在对句中是对立的。

这种以字声的平仄来构成声律的结构特点，与其说是由齐梁时代的沈约提出，不如说是先秦时期甚至更早时期的古人们对诗语言的一种集体式发现，正如钱大昕《潜研堂文集·答问·音韵》中所说：“古无平、上、去、入之名，若音之轻重缓急，则自有文字以来，固区以别矣。……三百篇每章别韵，大率轻重相间，则平侧（仄）之理已具。”当然，平、仄开始用于诗歌散文，较早期更多的是表现在如何入韵方面，而经过汉代五言诗的声韵实践，才发展并探索出平仄在诗句中的分布规则，即在第二、四字的位置上安排不同的字声以造成平仄交互应用的特点。将其定型就构成了基本的律句：“平平平仄仄”和“仄仄仄平平”，此后又连同它们的一些变式形成律联，并基本上保证上下两句之间字字异声相对，这成为后来格律诗的声律基础。如：“国破山河在，城春草木深”、“楚汉方龙斗，秦关阵未央”（“仄仄平平仄，平平仄仄平”）等律联。后又经历了从齐、梁到唐的颇为漫长的岁月，最终才真正形成五言、七言律绝近体诗的成熟。因此，可以认为，五言诗的二、四字异声与五言律联的构成是我国古代诗歌声律结构的一个最初的细胞。

古体诗在平仄安排上要灵活得多，属于古风一类的，用调上要求拗涩一些，不能用律诗的格式写，否则格调不高古。歌行体的音节比较流畅，和律诗有近似之处，但可以换韵，而且可以用仄声韵。

【附诗】

行路难（其一）

（唐·李白）

金樽清酒斗十千，玉盘珍馐值万钱。停杯投箸不能食，拔剑四顾心茫然。欲渡黄河冰塞川，将登太行雪满山。闲来垂钓碧溪上，忽复乘舟梦日边。行路难，行路难，多歧路，今安在？长风破浪会有时，直挂云帆济沧海。

【辨韵】七言歌行，用声自然流畅，富节律感。用较宽的平声韵，后换仄韵。

出塞（其一）

（唐·王昌龄）

秦时明月汉时关，万里长征人未还。但使龙城飞将在，不教胡马度阴山。

【辨韵】七言歌行。用声自然流畅，押平声韵。

从军行（其四）

（唐·王昌龄）

青海长云暗雪山，孤城遥望玉门关。黄沙百战穿金甲，不破楼兰终不还。

【辨韵】七言绝句。仄起首句入韵，按律联用声。

三、律诗

律诗是在唐代完成的一种讲究音律、平仄、粘对、对仗的格律严谨的新式诗体，又称“近体诗”，而此前的诗习惯上则称之为“古诗”或“古体诗”。

律诗，顾名思义就是按照一定的格律写成的诗，每首由八句构成。每句五字称作“五律”，共四十字；每句七字则称作“七律”，共五十六字。五律和七律，不仅每句有严格的平仄、用韵要求，而且还对句子的对仗有一定要求。“绝句”又称“截句”，有截取律诗之一半的说法，是律诗中的一种。按句中字数分为“五绝”和“七绝”。除不要求对仗外，其他的格律要求与律诗同。有一种超过八句的律诗，称“长律”，也叫“排律”。

【附诗】

春望

（唐·杜甫）

国破山河在，城春草木深。感时花溅泪，恨别鸟惊心。
烽火连三月，家书抵万金。白头搔更短，浑欲不胜簪。

【辨律】五言律诗，仄起首句不入韵，押下平十二侵韵。前三联对仗。

秋兴（其一）

（唐·杜甫）

玉露凋伤枫树林，巫山巫峡气萧森。江间波浪兼天涌，塞上风云接地阴。丛菊两开他日泪[4]，孤舟一系故园心。寒衣处处催刀尺，白帝城高急暮砧。

【辨律】七言律诗。仄起首句入韵，押下平十二侵韵。颔联、颈联为对仗。

书愤

（宋·陆游）

早岁哪知世事艰，中原北望气如山。楼船夜雪瓜洲渡，铁马秋风大散关。塞上长城空自许，镜中衰鬓已先斑。出师一表真名世，千载谁堪伯仲间。

【辨律】七言律诗。仄起首句入韵，押上平十五删韵。颔联、颈联为对仗。

七律·长征

（毛泽东）

红军不怕远征难，万水千山只等闲。五岭逶迤腾细浪，乌蒙磅礴走泥丸。金沙水拍云崖暖，大渡桥横铁索寒。更喜岷山千里雪，三军过后尽开颜。

【辨律】现代七言律诗。平起首句入韵，押上平十四寒、十五删韵。此诗以现代语音为依据，对古代律诗邻韵不可通押的规定有所突破。这在古今语音有所不同的条件下写格律诗，大致按现代语音来押韵是可行的。颔联、颈联为对仗。

四、词

词，一般认为是起源于隋唐时期的燕乐，是从乐词演变、发展而来的一种合乐可歌、句式长短不齐的特殊诗歌形式。唐五代时期称“曲”、“曲子”、“杂曲”、“曲词”、“曲子词”。自宋代开始，又有“诗余”、“长短句”、“乐府”（注意与汉乐府的区别）、雅词等多种称呼。词是一种合乐的文学，它与一般意义上的诗又有所不同。由于这种体裁在形式上“调有定格，句有定数，字有定声”，是倚谱填词，因此，一般不称为“作词”而是说“填词”或“倚声”。尽管最早的诗也是合乐的，但那是先有诗而后配乐，情况还是有所不同。

词一般都有一个固定的曲调名称，以相互区别，这种以示区分的曲调名称人们就叫它为“词牌”。每个词牌代表着不同的曲调，不同曲调的词在句数、字数、平仄、用韵等方面的要求也是不一样的，也就有了各自的体式要求。（但也存在同调异名或同调异体的情形。）

词是配合音乐的，所以有些词是分段落的，一个段落即是音乐已经唱完了一遍。人们给词的这种“段落”也起了个名字，叫“叠”或“片”（遍）。只有一段的词，叫“单调”；两段构成的词，称“双调”（为词中最常见段式）。其上下段落可分别称为“上片”、“下片”，或叫“上阕”、“下阕”。

词以内容长短可分为“小令”、“中调”和“长调”，有人曾规定58字以内为小令，59～90字为中调，91字以上为长调。但是否一定要这样分，其科学性仍有商榷的余地。或许我们可以考虑进一些音乐及情绪内容等因素，以便有更好的理解认识。

词发展到后来，随着乐谱的逐渐佚失，渐渐地也就脱离了音乐。后人填的词，大多是依照前人遗留的文字作品来揣度某一词牌所用字的声调、韵律等确定出来的文字词谱，因而，曲子之词最终也就顺理成章地成为一种讲究声韵、格律的文字之诗了。从某种意义上讲，词就是一种形式特殊的格律诗。

由于词的用韵较宽，因此头绪及变化也较多，填词者只需照不同的词牌押上即可。其声韵和平仄与唐代近体诗相差无几，大多符合近体诗字声平仄交替特点，句式与五、七言律诗句子相当，且多为律句。当然，词也有对仗，但与律诗的对仗不同，它并非词律本身的规定，而只是一种修辞上的需要，位置不固定，对仗的两句中其平仄可以相对，也可以不相对。

【附词】

定风波·莫听穿林打叶声

（宋·苏轼）

三月七日，沙湖道中遇雨。雨具先去，同行皆狼狈，余独不觉。已而遂晴，故作此。

莫听穿林打叶声，何妨吟啸且徐行。竹杖芒鞋轻胜马，谁怕？一蓑烟雨任平生。料峭春风吹酒醒，微冷，山头斜照却相迎。回首向来萧瑟处，归去，也无风雨也无晴。

【辨韵】双调。七言为主，间以二言，穿插有度，意趣环生。以“声、行、生、醒、冷、迎、晴”平仄通押，上片“马、怕”，下片“处、去”换仄韵。

西江月·夜行黄沙道中

（宋·辛弃疾）

明月别枝惊雀，清风半夜鸣蝉。稻花香里说丰年，听取蛙声一片。

七八个星天外，两三点雨山前。旧时茅店社林边，路转溪桥忽见。

【辨韵】双调，以六言为主，音韵和谐流畅，平仄通押。片中各有对仗。

五、散曲

元代，文学的主要形式是曲，俗称“元曲”。当词和音乐日渐疏远并最后脱离关系，也成就了曲的日渐发展，并最后取代词而成为可以弦歌的韵文文学式样。元曲包括杂剧和散曲，前者用以敷演故事（有动作、道白和唱词唱调），后者只将它用于清唱。散曲一般分为两类：“小令”（单支的歌曲，多来自民间小调）和“套数”（数支不同调式的曲子组合）。散曲的产生主要以前代民间乐曲为基础，结合其他音乐元素，成了元代韵文的主要形式（一种有固定曲调的诗），且因为语音差异和所用乐曲的不同而有“北曲”、“南曲”之分。南曲的曲文形式与词接近，仅有少量衬字（衬字的存在，可以看成是元曲中的杂剧因通俗和大众化的演出需求，而对散曲词句的一种影响），声调中四声俱存；北曲无定板，大量衬字增加了曲子的灵动而可尽声文之美，尤其是当时的北方语系中已有“入派三声”的变化，在建立一个新的现实音韵范式方面，北曲以实际语音为根据定声选曲，对整个元曲的发展贡献巨大。

元曲在声律上依不同的曲牌而异，每句的字声基本遵循着近乎诗词的平仄相间的规则，其主要特点为：（一）于仄声之中取消了入声以反映当代的实际语音，而对同属仄声的上声和去声予以严格的划分（一般是在句末两个仄声相连时，其中一个用上声，另一个用去声）；（二）属于仄声的上声时常可以跟平声字互替，即平、上声可合一，去声自成一类。这也许成为曲律在平仄安排上多有违反诗词字律中的“平仄相间”规则的一个合理解释。

元曲的用韵是以当时的音韵学家周德清所编《中原音韵》为准的曲律，其韵部共分为十九类。跟诗词的用韵一样，一般要求本韵相押，不应出韵。但是，与词的押韵情况相似，平声韵也可以跟仄声韵通押，故较诗韵为宽。在韵式上，不必偶句末字押韵，而由每种曲牌自定。通常用韵句较多。

【附曲】

双调·夜行船

秋思（元·马致远）

百岁光阴如梦蝶，重回首往事堪嗟。今日春来，明朝花谢。急罚盏夜阑灯灭。

〔乔木查〕想秦宫汉阙，都做了衰草牛羊野。不恁渔樵无话说。纵荒坟横断碑，不辨龙蛇。

〔庆宣和〕投至狐踪与兔穴，多少豪杰。鼎足三分半腰折，魏耶？晋耶？

〔落梅风〕天教富，莫太奢。无多时好天良夜。看钱奴硬将心似铁，空辜负锦堂风月。

〔风入松〕眼前红日又西斜，急似下坡车。晓来清镜添白发，上床与鞋履相别。莫笑鸠巢计拙，葫芦提一向装呆。

〔拨不断〕名利竭，是非绝。红尘不向门前惹，绿树偏宜屋角遮，青山正补墙头缺，竹篱茅舍。

〔离亭宴煞〕蛩吟一觉方宁帖，鸡鸣万事无休歇。争名利，何年是彻？密匝匝蚁排兵，乱纷纷蜂酿蜜，闹攘攘蝇争血。裴公绿野堂，陶令白莲社。爱秋来那些：和露摘黄花，带霜烹紫蟹，煮酒烧红叶。人生有限杯，几个登高节？嘱咐俺顽童记者：便北海探吾来，道东篱醉了也。

【辨律】全曲押车遮韵，不重韵，无衬字，用韵虽险而无病。 其中韵字多为已入平或入上或入去的入声，平仄通押，无一字不妥。

山坡羊·潼关怀古

（元·张养浩）

峰峦如聚，波涛如怒，山河表里潼关路，望西都，意踟躇。伤心秦汉经行处，宫阙万间都做了土。兴，百姓苦；亡，百姓苦！

【辨律】押鱼模韵。仄声通押，带重韵。

（李共力）

第二节 对 仗

在中国古代的文学文本中，有一种美来自于语言句式的整齐匀称，这种美普遍存在于律诗和骈文中，它就是修辞手法——对仗的美。在现代生活中，除了文学作品依然在追求这种美外，汉语运用的其他每个角落都渗透着它。打开各种媒体，广告新闻用语中对仗频频出现，漫步街头，从大型商场到茶楼酒肆门楹上的一幅幅对联在竞相攀比。学习对仗是我们学习中国文学基本知识无法回避的一课。

一、对仗的解释

结构相同或基本相同、字数相等、意义上密切相连的两个短语或句子，对称地排列，现代汉语把这种辞格叫做对偶。对仗就是指旧体诗文中的对偶，亦称俪词，也就是在两个句子中用相同的字数和笔法来构成的华美词句，加强语言效果，形成整齐的美。因为古代的仪仗队是两两相对的，这大概是“对仗”这个术语的来历。互为对仗的两句话，可以称为“出句”和“对句”，也可以称为“上联”和“下联”。

二、对仗的一般规则

对仗是严格的对偶，不但要求词语互为对仗，还要求句式互为对仗，在骈文和律诗中要求更严，还有声韵等要求。

（一）词语互为对仗

即要求出句与对句的各个词语词性相对、词义相对、词的平仄相对和词语结构相对。

1. 词性相对　也就是要求出句与对句中相对的词语词性要相同。实词对实词，虚词对虚词，名词与名词、动词与动词、形容词与形容词、副词与副词相对，而不能是实词对虚词，名词对动词或者形容词。

掌握词的类别是学习对仗的基础。在现代汉语中，实词可分为名词、动词、形容词、区别词、数词、量词、副词、代词、象声词、叹词10类，象声词、叹词是特殊的实词；虚词可分为介词、连词、助词、语气词4类。（参见黄伯荣、廖序东主编的《现代汉语》（增订版）下册，高等教育出版社1991年版。）但在古人具体运用的对仗中，可见其将词大体分为这样几类：名词、代词、动词、形容词、副词、虚词、数量词、颜色词、方位词、联绵词。

（1）名词：名词是一个大类，前人将名词又分为很多门类，王力先生曾归并成14小类：

① 天文类——天、空、日、月、风、云、雨、雪、阴、阳、气、烟、星、斗……

② 时令类——春、夏、秋、冬、年、月、日、时、节、昼、夜、晨、昏、晓……

③ 地理类——地、山、水、江、河、川、海、城、峰、田、石、桥、泥、岭……

④ 宫室类——房、庐、楼、室、门、巷、街、墙、井、栏、庙、店、殿、庭……

⑤ 器物类——舟、车、钟、鼓、枕、剑、炉、杯、樽、尺、帆、香、瓶、灯……

⑥ 衣饰类——衣、裳、襟、领、袖、巾、冠、钗、簪、扇、杖、靴、袍、环……

⑦ 饮食类——酒、茶、饼、药、丹、餐、茗、酿、浆、饭、肴、菜、羹、蜜……

⑧ 文具类——笔、墨、纸、砚、印、书、剑、琴、棋、萧、卷、轴、册、毫……

⑨ 文学类——诗、书、赋、章、句、经、论、字、信、篇、歌、画、文、编……

⑩ 草木类——树、花、草、藤、枝、条、根、茎、叶、柳、禾、萼、蒂……

⑪ 鸟兽虫鱼——马、牛、鸡、犬、鸿、雁、禽、猿、骏、蝇、凤、鱼、鸦……

⑫ 形体类——身、心、肌、肤、发、骨、眼、耳、鼻、颊、魂、声音……

⑬ 人事类——功、名、恩、怨、愁、喜、妆、醉、梦、辞、爱、憎、谈……

⑭ 人伦类——父、母、兄、夫、妻、儿、女、姑、农、将、鬼、仙、贤……

名词分为更小的类后，对仗时最为讲究，要求用来对仗的名词必须是同门类的词语或者义类相近的词语。但在具体的对仗的使用中，没有明确的界限，可以在小门类中相对，叫工对，有时也可以跨门类相对，如天文和地理类的相对，“天”和“地”、“风”和“浪”不属于一个门类，对仗却也算工整。但专有名词只对专有名词，最好人名对人名，地名对地名。

禾黍青山外，桑麻绿水边。　——陆简《耕乐》

【析】“禾黍”、“桑麻”同为草木类相对，“山”、“水”同为地理类相对。

国破山河在，城春草木深。　——杜甫《春望》

【析】“山河”属于地理，“草木”属于植物，也能相对。

（2）形容词　表性质的：软硬苦甜冷热好坏……表状态的：长短大小粗细快慢……

春蚕到死丝方尽，蜡炬成灰泪始干。　——李商隐《无题》

大漠孤烟直，长河落日圆。　——王维《使至塞上》

【析】“尽”和“干”，“直”与“圆”是表示事物性质状态的形容词相对。

（3）动词　表行为、心理活动的：走坐听看爱恨……表存在、变化的：在有变亡……表能愿的：能会愿肯敢要……表趋向的：上下进出来回去开过起……表判断的：是谓……

竹喧归浣女，莲动下渔舟。　——王维《山居秋暝》

【析】“喧”对“动”，动词与动词相对。

（4）副词　限制、修饰动词、形容词，表示程度、范围、时间等意义。如：忽渐才乍已将（将要）欲（想要）拟（打算）即皆（共同）俱（一同）岂空徒（徒然）枉（枉自）频屡每亦（也）却休（别、不要）莫不只（zhǐ）……

晓镜但愁云鬓改，夜吟应觉月光寒。　——李商隐《无题》

【析】“但”和“应”相对，都是表设想语气的副词。

（5）代词　人称代词：朕、予、余、我、吾、汝、尔、而、乃、若、戎、之、其、厥、彼、夫……

指示代词：是、斯、此、兹、彼、夫、之、其、他、各、每、或、莫、若、尔、然、焉、诸……

疑问代词：谁、孰、何、胡、奚、曷、安、恶（音乌）、焉……

谁家今夜扁舟子？何处相思明月楼？　——张若虚《春江花月夜》

几处早莺争暖树，谁家新燕啄春泥。——白居易《钱塘湖春行》

【析】“谁”与“何”，“几”与 “谁”同为疑问代词相对。

（6）虚词　包括介词、连词和叹词等。如：与和共同并且于而则因为之乎也……

（7）自成一类的词：数量词、颜色词、方位词和连绵词是自成一类的词，一般不与别的词类相对。连绵词只与连绵词相对，而且只有相同的词性的连绵词才能相对。

数量词——一、二、三、四、五、六、七、八、九、十、百、千、万、两、双、孤、独、数（读 shuò，屡次）、几、半、再、群、诸、众……

颜色词——红、白、朱、紫、青、绿、黄、黑……

方位词——东、西、南、北、中、内、外、里、边、侧、前、后、左、右、上、下……

联绵词——指两个音节连缀成义而不能拆开来讲的词。按音韵分为双声联绵词、叠韵联绵词、非双声叠韵联绵词和叠音词四种。按词性分（名词联绵词）鸳鸯、翡翠、鹦鹉、玻璃……（形容词联绵词）逶迤、磅礴……（动词联绵词）徘徊、踌躇、踊跃、踟躇……

杀气三时作阵云，寒声一夜传刁斗。——高适《燕歌行》

【析】“三”与“一”同为数量词而相对。

白日依山尽，黄河入海流。——王之涣《登鹳雀楼》

【析】“白”与“黄”同是表示颜色的词相对。

回乐烽前沙似雪，受降城下月如霜。——李益《夜上受降城闻笛》

【析】“前”与“下”同为方位词而相对。

鸳鸯瓦冷霜华重，翡翠衾寒谁与共。——白居易《长恨歌》

五岭逶迤腾细浪，乌蒙磅礴走泥丸。——毛泽东的《长征》

田园寥落干戈后，骨肉流离道路中。——白居易《望月有感》

风尘荏苒音书绝，关塞萧条行路难。——杜甫《宿府》

庄生晓梦迷蝴蝶，望帝春心托杜鹃。——李商隐《锦瑟》

【析】以上几联皆有联绵词相对。词性相同，但并非一定是双声对双声、叠韵对叠韵或者非双声叠韵与非双声叠韵相对。

比较而言，虚词的对仗比实词要求得宽些。比如有时介词可与副词相对，这不仅因为虚词类的汉字相对少些，更主要原因在于这部分字、词本身词性就很复杂，往往一个字包容几种词性。比如“为”可以做动词，也可以做介词、副词、助词，有时还可以做连词。“向”可以做名词，也可以做介词、动词、副词、连词等。所以通常人们对虚词要求得就不很严格了，能做到虚词对虚词也就可以了。但叹词、助词、象声词却很少与介词、副词、连词相对。

既窈窕以寻壑，亦崎岖而经丘。　——陶渊明《归去来兮辞》

【析】“既”与“亦”，“以”与“而”同为连词，虚词相对。

2. 词义相对（相反、相似或相关）　即上下句相对的词语的意思或相反或相似或相关。

（1）词义相反：如“悲”和“喜”、“善”与“恶”……

（2）词义相似：如“天长”与“地久”、“父慈”对“子孝”……

慈母手中线，游子身上衣。　——孟郊《游子吟》

【析】“慈母”与“游子”词义相似相对。

（3）词义相关：如“江风”对“海雾”、“狂风”与“骤雨”……

3. 平仄相对　即以平对仄或者以仄对平，一句中平仄相间，上下句平仄相对，使不同声调的字形成音高的错落美。平仄相对在骈文和古诗词中没有明确要求，但在近体诗中对平仄的要求较为严格。

海内存知己，天涯若比邻。　——王勃《送杜少府之任蜀川》

【析】上句为仄仄平平仄，下句为平平仄仄平。

4. 结构相对：即词的组成形式一样。单字词与单字词相对，双字词与双字词相对，三字词与三字词相对。单纯词对单纯词，合成词对合成词。

木欣欣以向荣，泉涓涓而始流。　——陶潜《归去来兮辞》

风萧萧而异响，云漫漫而奇色。　——江淹《别赋》

【析】其中“木欣欣”对“泉涓涓”，“风萧萧”对“云漫漫”，“异响”对“奇色”。

（二）句式互为对仗

即要求出句与对句的句子结构相同。如主谓短语对主谓短语，动宾短语对动宾短语。

闺中风暖，陌上草薰。　——江淹《别赋》

【析】上下句同为主谓结构。

攀桃李兮不忍别，送爱子兮沾罗裙。　——江淹《别赋》

登东皋以舒啸，临清流而赋诗。　——陶潜《归去来兮辞（并序）》

【析】上下句同为动宾结构。

三、对仗的种类

对仗的种类从不同角度、按不同标准划分有很多种，下面介绍几种常见的种类，划分标准并不统一，但称谓较为广泛。

（一）工对

凡词性、结构对得非常工整的。通常人们把以下情况称为工对：①名词分为小类，同一小类的词相对。②名词虽非小类，但是在语言中经常平列，如天地、诗酒、花鸟等。③反义词相对。④句中自对后上下两句又相对。⑤在一联中，多数字对得工整。

日下壁而沉彩，月上轩而飞光。 ——江淹《别赋》

【析】同类工对。“日”、“月”同为天文类，“壁、轩”同为宫室类，“沉”与“飞”相对，“彩”与“光”一类。

却看妻子愁何在，漫卷诗书喜欲狂。 ——杜甫《闻官军收河南河北》

感时花溅泪，恨别鸟惊心。 ——杜甫《春望》

【析】异类工对。“妻子”对“诗书”是人对物，属不同类相对，但都在物这个大类中。“花”与“鸟”不属于同一小类，但经常并列使用，也算工对。

（二）宽对

相对于工对来说的，它是一种不很工整或半对半不对的对仗，一般只要句型相同、词性相同，即可构成对仗。若是工对，意义上应当是天文对天文，地理对地理，颜色对颜色；如果是宽对，天文对时令，地理对宫室，颜色对方位，或者更宽点，名词对名词、动词对动词等，就算对仗。

黄鹤一去不复返，白云千载空悠悠。 ——崔颢《黄鹤楼》

【析】下联尾是重叠的联绵词，而上联尾却是两个声母相同的字，对仗就不太工整，但意思很好，仍不失为千古名句。

（三）借对

一个词有两个意义，诗人在诗中用的是甲义，但是同时借用它的乙义来与另一个词互为对仗，这叫借对。有时是借音，多见于颜色。

竹叶于人既无分，菊花从此不须开。 ——杜甫《九日》

【析】此句“竹叶”属于借义。从内容的角度来看，“竹叶”显然是指酒，今天也还有“竹叶青”这种酒名。与此同时，作者还借用“竹叶”这个词所具有的植物学意义，与下句的“菊花”构成工整的对仗，“竹叶”在这里是身兼二职，它给人一种灵动、巧妙的审美感受。

此日六军同驻马，当时七夕笑牵牛。 ——李商隐《马嵬》

【析】此对中“牛”属于借义，借“牛马”之“牛”义与“马”相对。

根非生下土，叶不坠秋风。 ——张乔《月中桂》

【析】此对中“下”谐音“夏”，属于借音与下句“秋”相对，同为时令类。

沧海月明珠有泪，蓝田日暖玉生烟。 ——李商隐《锦瑟》

【析】此对中“沧”谐音“苍”，属于借音与下句“蓝”相对，同为色彩类。

（四）流水对

对仗一般是平行的两句话，他们各自具有独立性。但是，也有一种对仗是一句话分成两句话说，其实两句话是一个整体，出句独立起来没有意义，至少意义不全。这叫流水对，又叫串对。上下对仗的两句中，字面是相对的，意思却是相承的，词序不能颠倒。

唯将终夜长开眼，报答平生未展眉。——元稹《遣悲怀》

【析】上下两句相当于一个单句。

欲穷千里目，更上一层楼。——王之涣《登鹳雀楼》

【析】表示假设关系的流水对。

即从巴峡穿巫峡，便下襄阳向洛阳。——杜甫《闻官军收河南河北》

【析】表示空间承接关系的流水对。

野火烧不尽，春风吹又生。——白居易《赋得古原草送别》

【析】表示因果关系的流水对。

（五）正对

从两个角度、两个侧面说明同一事理，表示相似、相关的关系，在内容上是相互补充的，上下句为并列关系。简单说是用词性相同，词义相同或相近的词形成的对仗。但同义词相对，似工而拙。刘勰《文心雕龙》说：“反对为优，正对为劣。”因而同义词相对比一般正对在内容上更容易出现合掌，是对仗的大忌。但只要合理地运用，正对也可以在意义表达上起到渲染、烘托和加强的作用，并不一定都逊于反对。

诵“明月”之诗，歌“窈窕”之章。——苏轼《前赤壁赋》

【析】“诵”与“歌”、“诗”与“章”意义相近。“明月”指诗经陈风中的《月出》篇，“窈窕”指《月出》篇中有“舒窈纠兮”的句子。“窈纠”同“窈窕”。上下句表达的意思相近，又叫互文。

落霞与孤鹜齐飞，秋水共长天一色。——王勃《滕王阁序》

【析】美景与美景相对，一般也称之为正对。

（六）反对

上下联表示一般的相反关系和矛盾对立关系，借正反对照、比较以突出事物的本质。简单说就是用词义相反或相违的词形成的对仗。

晓战随金鼓，宵眠抱玉鞍。——李白《塞下曲》

【析】“晓战”对“宵眠”，上下句意思相反。

日下壁而沉彩，月上轩而飞光。——江淹《别赋》

【析】“日下”和“月上”，“沉彩”和“飞光”表达的是相反的意思。

（七）自对

又叫句中对、当句对、就句对或互成对。在一联中，不但上句与下句相对，而且一句中的词组各自成对。

吴楚东南坼，乾坤日夜浮。——杜甫《登岳阳楼》

【析】“吴”与“楚”，“东”与“南”，“乾”与“坤”“日”与“夜”是句中自对，同时上下句中“吴楚”与“乾坤”，“东南”与“日夜”，“坼”与“浮”又形成上下句对。

风急天高猿啸哀，渚清沙白鸟飞回。——杜甫《登高》

【析】句中“风急”对“天高”，“渚清”对“沙白”，同时上下句又相对。

（八）错综对

就是在上下两句中形成对仗的字或词错了位。这主要是为了平仄相对的需要。

两岸青山相对出，孤帆一片日边来。——李白《望天门山》

【析】“两岸青山”应以“一片孤帆”来对，但为了平仄改为“孤帆一片”，因而上下句相对的词就错位了。

碧玉妆成一树高，万条垂下绿丝绦。——贺知章《咏柳》

【析】“碧玉妆”应与“绿丝绦”，“一树”对“万条”，都错开了。

四、对仗的避忌

1．纤巧：过分注意对仗的工整，而把内容和意境放在一边，追求工对而损害了思想内容。一般来说，宋诗的对仗比唐诗纤巧，但是，宋诗的艺术水平反而比较低。

2．合掌：出句和对句所用的词意义基本相同或者完全相同。

马上逢寒食，途中属暮春。——宋之问《初到黄梅》

【析】纪昀在《瀛奎律髓刊误》中评论说：“途中、马上、暮春、寒食，未免合掌。”

3．同字：律诗中使用对仗还要避免上下两句中出现同一个字。但在辞赋中没有严格要求。

或红如丹砂，或黑如点漆。——杜甫《北征》

【析】“红”对“黑”，“丹砂”对“点漆”都比较工整，但上下句同位置出现“或”、“如”就犯忌了。这是在杜甫的五言古体长诗中出现的，在律诗对仗中是不能出现的。

五、对仗的运用

对仗的运用比较广泛，诗、词、曲、赋、文、对联中都有运用，但有些是作为一种修辞手法，可用可不用，有些是作为文的体制，必须运用且有严格要求。如“古体诗”（包括《诗经》、古乐府、乐府民歌以及以前文人所写的杂言诗）中的对仗，比较随便，可有可无，可少可多，不讲究平仄，对句可以出现同字。后来的词（文体）在运用对仗时也是自由的，非词律所规定，也没有固定的位置，当相连的两句字数相等时，可以对仗也可以不用对仗，即使由于修辞的需要和人们模仿的习惯要使用对仗，也不限于平仄相对、不避同字，只要词性相对。而“近体诗”和骈文以及对联对对仗就有严格要求了，下面就对仗在律诗和骈文以及对联中的具体运用分别举例论述。

1．律诗的对仗：近体诗（包括律诗、绝句、排律）对对仗有严格的规定，“律诗”的中间两联必须对仗，首联和尾联可对可不对；绝句的对仗可对可不对；排律首联可不对，尾联不对，中间各联都要对仗。律诗的对仗除了位置固定，句式相对，词语相对，还要求出句和对句平仄要相对，不能出现同字，又避“合掌”。

【附】

秋兴八首（其一）

（唐·杜甫）

玉露凋伤枫树林，巫山巫峡气萧森。
江间波浪兼天涌，塞上风云接地阴。
丛菊两开他日泪，孤舟一系故园心。
寒衣处处催刀尺，白帝城高急暮砧。

【析】《秋兴八首》是代宗大历元年（766）秋杜甫流寓夔州时所作。八首诗脉络贯通，首尾呼应，组织严密，格律精工，是杜甫晚年律体诗代表作。此选其一首。

【附】

登高

（唐·杜甫）

风急天高猿啸哀，渚清沙白鸟飞回。

无边落木萧萧下，不尽长江滚滚来。
万里悲秋常作客，百年多病独登台。
艰难苦恨繁霜鬓，潦倒新停浊酒杯。

【析】此诗约代宗大历二年（767 年）杜甫流寓夔州时重九登高所作。以其意境和对仗工整代表了杜甫律诗的最高成就。四联句句押韵，皆为工对，且首联两句，又句中自对，可谓“一篇之中，句句皆律，一句之中，字字皆律。”明代胡应麟《诗薮》说：“此诗自当为古今七言律第一，不必为唐人第一也”。

2．骈文的对仗：骈文是散文逐渐趋于骈俪化的产物，起源于汉、魏，形成于南北朝，全篇以双句（俪句、偶句）为主，讲究对仗、声律和藻饰。

骈文由辞赋发展而来。汉代人通常把辞和赋统称为辞赋。辞因产生于战国楚地而叫楚辞，以屈原《离骚》为代表，故又称骚体。这类作品富于抒情成分和浪漫气息；篇幅、字句较长，形式也较自由，并多用“兮”字以助语势。赋，班固《两都赋序》说：“赋者，古诗之流也。”《汉书・艺文志》则说：“不歌而诵谓之赋。”最早以《赋》名篇的一般认为是战国荀卿的《赋篇》。到汉代形成一种特定的体制，讲究文采、韵节，兼具诗歌与散文的性质，在当时颇为盛行。赋虽继承了“楚辞”一些形式上的特点，但较多运用散文的手法，与辞已有不同。后来赋或向骈文方向发展，或进一步散文化。接近于散文的为文赋，接近于骈文的为骈赋、律赋。在骈赋中不但通篇都是骈偶句式，而且还要讲究韵律协调。骈赋始于魏晋，到南北朝而形体大备。骈赋进一步格律化就是律赋，或称为试帖赋，是科举考试的产物。它的格律首要条件是全用对仗工整的骈偶句，其次是平仄协调，还有用韵的字数的要求。唐宋古文运动兴起后，严重地冲击了赋的骈俪和铺张，更打破了赋的格律形式，而加入了质朴的散文气息，形成文赋。文赋是一种类似散文的赋，因与一般文章区别不大，故称“文赋”。文赋主要特点是趋向散体化，不讲骈偶，但仍保留一些汉赋余风，也夹有一些整齐的句式。

【附】

归去来兮辞

（晋・陶潜）

归去来兮，田园将芜胡不归？既自以心为形役，奚惆怅而独悲？悟已往之不谏，知来者之可追。实迷途其未远，觉今是而昨非。舟遥遥以轻飏，风飘飘而吹衣。问征夫以前路，恨晨光之熹微。

乃瞻衡宇，载欣载奔。僮仆欢迎，稚子候门。三径就荒，松菊犹存。携幼入室，有酒盈樽。引壶觞以自酌，眄庭柯以怡颜。倚南窗以寄傲，审容膝之易安。园日涉以成趣，门虽设而常关。策扶老以流憩，时矫首而遐观。云无心以出岫，鸟倦飞而知还。景翳翳以将入，抚孤松而盘桓。归去来兮，请息交以绝游。世与我而相违，复驾言兮焉求？悦亲戚之情话，乐琴书以消忧。农人告余以春及，将有事于西畴。或命巾车，或棹孤舟。既窈窕以寻壑，亦崎岖而经丘。木欣欣以向荣，泉涓涓而始流。善万物之得时，感吾生之行休。

已矣乎！寓形宇内复几时？曷不委心任去留？胡为乎遑遑兮欲何之？富贵非吾愿，帝乡不可期。怀良辰以孤往，或植杖而耘耔。登东皋以舒啸，临清流而赋诗。聊乘化以归尽，乐夫天命复奚疑！

【析】抒情小赋。魏晋南北朝是抒情小赋勃兴的时期，是汉大赋的发展和转机。这篇赋，就内容而言是抒情小赋，就形式而言又属于骈赋。全篇还是以四字、六字骈偶句为主，对仗工整，音韵和谐。

【附】

《别赋》节选

（南北朝·江淹）

黯然销魂者，唯别而已矣！况秦吴兮绝国，复燕宋兮千里。或春苔兮始生，乍秋风兮暂起。是以行子肠断，百感凄恻。风萧萧而异响，云漫漫而奇色。舟凝滞于水滨，车逶迟于山侧。棹容与而讵前，马寒鸣而不息。掩金觞而谁御，横玉柱而沾轼。居人愁卧，恍若有亡。日下壁而沉彩，月上轩而飞光。见红兰之受露，望青楸之离霜。巡层楹而空掩，抚锦幕而虚凉。知离梦之踯躅，意别魂之飞扬。

故别虽一绪，事乃万族。

至若龙马银鞍，朱轩绣轴，帐饮东都，送客金谷。琴羽张兮箫鼓陈，燕、赵歌兮伤美人，珠与玉兮艳暮秋，罗与绮兮娇上春。惊驷马之仰秣，耸渊鱼之赤鳞。造分手而衔涕，感寂寞而伤神。

乃有剑客惭恩，少年报士，韩国赵厕，吴宫燕市。割慈忍爱，离邦去里，沥泣共诀，抆血相视。驱征马而不顾，见行尘之时起。方衔感于一剑，非买价于泉里。金石震而色变，骨肉悲而心死。

……

是以别方不定，别理千名，有别必怨，有怨必盈。使人意夺神骇，心折骨惊，虽渊云之墨妙，严乐之笔精，金闺之诸彦，兰台之群英，赋有凌云之称，辨有雕龙之声，谁能摹暂离之状，写永诀之情者乎？

【析】骈赋。全篇除了一些段落间的连接词如“是以”、“故”、“至若”、“乃有”“又若”等外，中间几乎全是四字、六字的骈偶句，音韵和谐。不像律诗的对仗，它可以出现同字，如“而”、“之”、“兮”等助词。

【附】

《吊古战场文》节选

（唐·李华）

……

吾想夫北风振漠，胡兵伺便，主将骄敌，期门受战。野竖旄旗，川回组练。法重心骇，威尊命贱。利镞穿骨，惊沙入面。主客相搏，山川震眩。声析江河，势崩雷电。至若穷阴凝闭，凛冽海隅，积雪没胫，坚冰在须；鸷鸟休巢，征马踟蹰；缯纩无温，堕指裂肤。当此苦寒，天假强胡，凭陵杀气，以相剪屠。径截辎重，横攻士卒；都尉新降，将军覆没；尸填巨港之岸，血满长城之窟。无贵无贱，同为枯骨，可胜言哉！鼓衰兮力尽，矢竭兮弦绝，白刃交兮宝刀折，两军蹙兮生死决。降矣哉，终身夷狄！战矣哉，骨暴沙砾！鸟无声兮山寂寂，夜正长兮风淅淅。魂魄结兮天沉沉，鬼神聚兮云幂幂。日光寒兮草短，月色苦兮霜白。伤心惨目，有如是耶！

吾闻之：牧用赵卒，大破林胡；开地千里，遁逃匈奴。汉倾天下，财殚力【痡】；任人而已，其在多乎？周逐猃狁，北至太原，既城朔方，全师而还。饮至策勋，和乐且闲，穆穆棣棣，君臣之间。秦起长城，竟海为关；荼毒生灵，万里朱殷。汉击匈奴，虽得阴山，枕骸遍野，功不补患。苍苍蒸民，谁无父母？提携捧负，畏其不寿。谁无兄弟？如手如足；谁无夫妇？如宾如友。生也何恩？杀之何咎？其存其没，家莫闻知；人或有言，将信将疑；悁悁心目，寝寐见之。布奠倾觞，哭望天涯。天地为愁，草木凄悲。吊祭不至，精魂无依。必有凶年，人其流离。呜呼噫嘻，时耶命耶？从古如斯。为之奈何？守在四夷。

【析】骈赋。以四字对仗为主，音韵和谐。

【附】

《前赤壁赋》节选

（宋·苏轼）

……

苏子愀然，正襟危坐，而问客曰：“何为其然也？”客曰：“‘月明星稀，乌鹊南飞’，此非曹孟德之诗乎？西望夏口，东望武昌，山川相缪，郁乎苍苍；此非孟德之困于周郎者乎？方其破荆州，下江陵，顺流而东也，舳舻千里，旌旗蔽空，酾酒临江，横槊赋诗，固一世之雄也，而今安在哉？况吾与子渔樵于江渚之上，侣鱼虾而友麋鹿，驾一叶之扁舟，举匏樽以相属。寄蜉蝣于天地，渺沧海之一粟。哀吾生之须臾，羡长江之无穷；挟飞仙以遨游，抱明月而长终。知不可乎骤得，托遗响于悲风。”

苏子曰：“客亦知夫水与月乎？逝者如斯，而未尝往也；盈虚者如彼，而卒莫消长也。盖将自其变者而观之，而天地曾不能一瞬；自其不变者而观之，则物与我皆无尽也，而又何羡乎！且夫天地之间，物各有主，苟非吾之所有，虽一毫而莫取。惟江上之清风，与山间之明月，耳得之而为声，目遇之而成色。取之无禁，用之不竭，是造物者之无尽藏也，而吾与子之所共适。”

客喜而笑，洗盏更酌，肴核既尽，杯盘狼藉。相与枕藉乎舟中，不知东方之既白。

【析】文赋。该篇是文赋较高成就的代表。散体化的文风中保留着汉赋的基本特色，夹杂着整齐句式的对仗。

3．对联的对仗：对联，又叫对子，原本是为了写好古体诗文中的对仗句而练习的内容，后来发展成为一种独立的文学样式。对联的基本规则与格律诗的对仗规定相同，也要求符合这样几个条件：①字数相等；②词性相同；③句法结构相同；④平仄协调。也存在工对、宽对、正对、反对、流水对等方式。

解经以理，校字如仇。

【析】上下联字数相等。“解”对“校”是动词对动词，“经”对“字”是名词对名词，“以”对“如”是虚词对虚词……词性皆相同。从句法结构看，上下句都是动宾。上句是仄平仄仄，下句是仄仄平平，符合一句中平仄要相间，上下联平仄要相对，上联末字必须用仄声，下联末字必须用平声的条件。

（赵修翠）

第三节 用 典

一、典故

在中国文学史上，关于典故的内在含义有着不少的争议。比较权威和公认的说法是 1979 年 5 月由上海辞书出版社出版的《辞海》（修订本，词语分册[上]）所指内容：“典故指典制和掌故，也指诗文中引用的古代故事和有来历出处的词语。”作者在诗文中引用古书中的故事或有来历出处的词句，都可以把它叫做典故。

我国关于典故一词的最早记载见于《后汉书·东平宪王苍传》，文中有“亲屈至尊，降礼下臣，每赐宴见，辄兴席改容，中宫亲拜，事过典故”等话语。典故的形成主要依赖于古人的言论或历史上发生的生动故事，这些都成为典故的重要来源。典故以其艺术化的方式，将古人的一些言论或生动故事浓缩成精炼的语言，以简短的字句将故事里的人物、事件、相关背景等蕴含其中。在历代的诗文创作中，典故被人们在不同的内容和意境中反复运用，已由最初的富有形象感和故事性的单纯语言符号慢慢地积淀了越来越深厚的内涵和意蕴，产生出了很多新的、引申的意义。恰如其分地用典往往能在非常有限的篇幅里表现丰富而复杂的内容，扩大诗文作品的内涵，使本来难以明言的情意得以顺畅地表达，也能使诗文作品显得更加典雅。由于典故能形成古今意的对比，所以也能引起阅读者丰富的联想，并唤起对同类情感的情绪体验，使作品的艺术感染力增强。

古人论说运用典故的最早记录见于《北史·邢邵传》，文中有“每公卿会议，事关典故，邵援笔立成，证引赅洽。”在我国，关于用典的说法多样，如称“事类”、“用事”、“引事”、“事义”等，尽管说法不一，但所指内容大致相同。刘勰称用典为“事类”，《文心雕龙·事类篇》有“事类者，盖文章之外，据事以类义，援古以证今者也。”“据事以类义”是说“举人事以徵文”，即援用事例来证明文意；“援古以证今”是说“引成辞以明理”，即借助过去的事情来表达现在的思想。钟嵘在《诗品·序》里称用典为“用事”，萧绎在《内典碑铭集林序》里称之为“引事”，颜之推在其《颜氏家训》的《勉学》篇和《文章》篇中称“事义”（或简称为“事”）。现代修辞学则称为引用，即通过引用古人的事例或言语来说明事理、表情达意。从本质上说，用典就是指在诗文创作中，援引古人事例或言语以类比的方式来说明道理、证明自己观点的一种修辞手段，是作者为了一定的修辞目的，在作品中使用的一种遣词造句的方式。

“文家用古事以达今意，后世谓之用典，实乃修辞之法。”（刘永济《文心雕龙校释》）用典作为一种传统的修辞手段，在我国古代的诗、词、散文、骈赋等各种文体中被广泛运用。其用典缘由为：一是受文章篇幅字数和格律的限制，要求以最少的字数和词语概括反映出最大的容量。用典既可使其语言精炼，又可增加内容的丰富性。二是通过用典，可含蓄、生动地抒发出作者自己想表达而不愿（或不能）直说的思想情感。因此，用典就是作者将历史、传说、故事及前人诗文等巧妙地融合到自己的作品中，以少量的文字含蓄婉转地表达复杂的事物和思想感情的修辞手法。

二、常见用典的方法

可分为正用、反用、明用、暗用等几种方式。

1. 正用。所谓正用，即指所用典故与其作品的题旨两相吻合，即典故本身的意义与作者诗文中所表达的思想一致。《史记·陈涉世家》载“陈涉少时，尝与人佣耕，辍耕之垄上，怅恨久之，曰：‘苟富贵，无相忘。’庸者笑而应曰：‘若为庸耕，何富贵也！’陈涉太息曰：嗟乎！燕雀安知鸿鹄之志哉！”语出的典故就有“鸿鹄志”、“忘鸿鹄”、“陇上嗟”、“无忘耕垄时”、“燕雀”、“富贵不相忘”等不同说法并被后世引用。黄庭坚《寄陈适用》：“富贵不相忘，寄声相慰藉。”王令《秋日感愤》：“蛟龙不是池中物，燕雀焉知陇上嗟。”李商隐《大卤平后移家到永乐县居》：“逸志忘鸿鹄，清香披蕙兰。”凡此种种，均正引此典故以明心迹。

又如宋代王安石的咏史诗《贾生》：

一时谋议略施行，谁道君王薄贾生？
爵位自高言自废，古来何啻万公卿！

诗中提到的人物“贾生”，即指汉初的政治家贾谊。据《史记·屈原贾生列传》载，贾谊因推行改革政制，被大臣周勃等排斥打击，谪为长沙王太傅，后孝文帝思之，复征还。王安石正用此典，借以抒发自己力主改革却屡遭排斥的感受，表明自己的心志。

辛弃疾的词以用典著称，吴衡照在《莲子居词话》称其用典取材之博：“别开天地，横绝古今，《论》、《孟》、《诗小序》、《左氏春秋》、《南华》、《离骚》、《史》、《汉》、《世说》、选学、李杜诗，拉杂运用，弥见其笔力之峭。”如《永遇乐·京口北固亭怀古》：

千古江山，英雄无觅孙仲谋处。舞榭歌台，风流总被雨打风吹去。斜阳草树，寻常巷陌，人道寄奴曾住。想当年，金戈铁马，气吞万里如虎①。

元嘉草草，封狼居胥②，赢得仓皇北顾③。四十三年，望中犹记，烽火扬州路。可堪回首，佛狸祠下，一片神鸦社鼓。凭谁问，廉颇老矣，尚能饭否④？

在这首词里，辛弃疾多处正用典故。如①处：引南朝宋武帝刘裕（字德舆，小名寄奴）于晋安帝义熙五年（409年）、十二年（416年），两次统率晋军北伐，先后灭南燕、后秦，收复洛阳、长安等地之事。②处：狼居胥，一名狼山，在今内蒙古自治区西北部。《史记·霍去病传》载：“骠骑将军霍去病追击匈奴单于至狼居胥，封山而还。”此处封狼居胥表示要北伐立功。③处：借元嘉北伐失败事作为针砭。元嘉年间，宋文帝刘义隆（刘裕的儿子）草率出兵，想建立战功，结果大败而归，北顾追兵，仓皇失措。《宋书·王玄谟传》：“玄谟每陈北侵之策，上（宋文帝）谓殷景仁曰：‘闻玄谟陈说，使人有封狼居胥意。’”又《南史·宋文帝纪》载元嘉二十七年（公元450年），王玄谟北伐失败后，“十二月庚午，魏太武帝率大众至瓜步，声欲渡江。都下震惧，咸荷担而立。壬午，内外戒严，沿江六七百里，舳舻相接。始议北侵，朝士多有不同。至是，帝登烽火楼极望，不悦，谓江湛曰‘北伐之计，同议者少，今日士庶劳怨，不得无慙。贻大夫之忧，在予过矣。’”《宋书·索虏传》载宋文帝诗有“北顾涕交流”语。仓皇北顾，指此。南宋此时正韩侂胄当国，企图伐金以巩固自己的地位，但匆促从事，准备不足。④处：据《史记·廉颇蔺相如列传》载，赵国名将廉颇，晚年被人陷害出奔魏国。后秦攻赵，赵王想起用他，派使者探询。“廉颇为之一饭斗米、肉十斤，被甲上马，以示尚可用”。使者接受了廉颇仇人郭开的贿赂，回赵后谎报说，“廉将军虽老，尚善饭；然与臣坐，顷之，三遗矢矣。”赵王听了便不召用。此处作者以廉颇自比。

辛弃疾在词中正用典故，通过怀念古代的英雄孙权、刘裕等人，感叹如今“英雄无觅”，暗讽统治者无能，并以廉颇自比，表达了老当益壮的报国之心。用典增强了作品的回味性和感染力。

2．反用。所谓反用，即指反其意而用之，指有意反用原典之意以抒发自己的某种思想感受。如唐代诗人薛能《杂咏》诗两句：“当年诸葛成何事？只合终身作卧龙。”

诸葛亮为三国时期著名的政治家、军事家，备受后人崇敬，历代诗人多有缅怀颂赞之作。而在此诗中，薛能反用原典之意表达了与世人相反的观点，并借机抒发出自己微妙的内在情感。

王勃《滕王阁序》有“落霞与孤鹜齐飞，秋水共长天一色”之佳句，后世人在诗文创作中，依照不同的情绪体验用此典故，产生出了不同的内在意蕴。如卢挚散曲[沉醉东风]《秋景》中就有“挂绝壁松枯倒倚，落残霞孤鹜齐飞”语句，“落残霞孤鹜齐飞”就套用并改造了王勃的佳句，从而写出了秋天傍晚江上明丽的景色，别有一番情趣。而白朴则在[双调·得胜令]中写到：“红日晚，残霞在，秋水共长天一色。寒雁儿呀呀的天外，怎生不捎带个字儿来？”这首小令能看出王勃诗句的影子，但用王勃《滕王阁序》典，其意却有翻新。白朴构筑的画面虽然很美，但却让人有了一种落寞之情。在这里，“落霞”为“残霞”，“孤鹜”变成了“寒雁”，由原来单纯的写景变成了一种思秋怀人的意境。

元代散曲经常使用典故来抒发情怀，通过运用广为流传的名词佳句，能够获得更多读者的共鸣，不仅能增强曲文的亲和力，而且有利于曲的传咏流行，还能使曲文古风斐然，韵味淳厚。如张养浩的[殿前欢]《对菊自叹》：

可怜秋，一帘疏雨暗西楼。黄花零落重阳后，减尽风流。对黄花人自羞。

花依旧，人比黄花瘦。问花不语，花替人愁。

曲中“人比黄花瘦”，典出李清照[醉花阴]中的词句。张养浩一改原词感伤慨叹的感情基调，使之巧合文意，产生出一种俏皮与自嘲的韵味。

3．明用。所谓明用，即是对典故作较为明显的概括或引述，并借过去的人或事，来表达不便直说或受格律诗字数限制，不能用很多话说出来的感情。如辛弃疾《南乡子·登京口北固亭有怀》：

何处望神州？满眼风光北固楼。千古兴亡多少事？悠悠，不尽长江滚滚流。

年少万兜鍪，坐断东南战未休。天下英雄谁敌手？曹刘。生子当如孙仲谋。

词中下阕的用典直接而明显，“年少”指孙权，他继承孙策为吴国之主时年方十九，但已统率着数万军队，割据东南一方，连年抗击着敌人的进攻。“天下英雄谁敌手？曹刘”，典出《三国志》，曹操曾对刘备说：“今天下英雄，唯使君与操耳”，指只有号称天下英雄的曹刘才是孙权的对手。“生子当如孙仲谋”，《三国志·吴帝孙权传》注引《吴历》云：“公（曹操）见舟船器仗军伍整肃，喟然叹曰：‘生子当如孙仲谋，刘景升儿子若豚犬耳！’”这里直接取其原典意义而用。

又如钱起《归雁》：

潇湘何事等闲回？水碧沙明两岸苔。

二十五弦弹夜月，不胜清怨却飞来。

湘灵（舜妃）鼓瑟是诗中之意象。潇湘水畔弹夜月，意指“湘水女神”，典出屈原诗《远游》：“使湘灵鼓瑟兮，令海若舞冯夷”语句。“二十五弦”指古乐器瑟，典出《史记·孝武本纪》：“泰帝使素女鼓五十弦瑟，悲，帝禁不止，故破其瑟为二十五弦。于是……作二十五弦及箜篌瑟自此起。”诗人明用两个典故，借与雁的问答披露了对春夜的某种感受，在婉转流利的形式中寄寓了自己的深长情思。

如李商隐《锦瑟》：

锦瑟无端五十弦，一弦一柱思华年。

庄生晓梦迷蝴蝶，望帝春心托杜鹃。

沧海月明珠有泪，蓝田日暖玉生烟。

此情可待成追忆，只是当时已惘然！

诗中四句各用了一典。“庄生晓梦迷蝴蝶”一句引用了庄生梦蝶的故事。《庄子·齐物论》里有“昔者庄周梦为蝴蝶，栩栩然蝴蝶也。……俄然觉，则蘧蘧然周也！不知周之梦为蝴蝶与，蝴蝶之梦为周与？”后多以之喻生命、命运之变幻无常。作者用这个典故，表现了一种人生如梦、恍惚迷离的感觉；“望帝春心托杜鹃”一句引用《十三州志》中蜀王杜宇死后化为杜鹃，每到春天便悲啼不止，直至出血的故事。《十三州志》云：“独杜宇称帝于蜀”，号曰望帝，“使鳖泠凿巫山治水，有功。望帝自以德薄，乃委国禅鳖泠，号曰开明，遂自亡去，化为子规（即杜鹃，又名杜宇）。”作者用此典故，意在表现一种苦苦追求而又毫无结果的悲哀和世事坎坷，壮志难申，怨情唯托杜鹃的悲苦心理；“沧海月明珠有泪”一句引用了晋代张华《博物志》中“海中鲛人泣泪成珠”的故事：“南海水有鲛人，水居如鱼，不废织绩，其眼能泣珠。”《文选注》“月满则珠全，月亏则珠阙。”明珠被遗弃不被用而暗自垂泪，作者以此喻自己的怀才不遇；“蓝田日暖玉生烟”一句，蓝田在今陕西长安县东南三十里，其山产美玉，日照则玉气上腾。中唐人戴叔伦曾以“蓝田日暖，良玉生烟”形容一种可望而不可即的诗景，作者以此喻自己的文采才华不会埋没，终能表于后世。

全诗句式整饬，情感反复渲染，通过明用典故，达到了言简意丰的效果，也使李商隐那迷惘、悲苦、伤感、虚幻、希冀的情绪体验被充分地表达了出来。

4．暗用。所谓暗用，即指把典故融化在诗句中，几乎看不出是在用典，也有称之为“化用”。颜之推在《颜氏家训·文章》中云：“邢子才常曰：‘沈侯文章，用事不使人觉，若胸臆语也。’深以此服之。”颜之推所“深服之”的正是已化为“胸臆语”的用典。已用典而不着痕迹，这正是中国古代修辞学对用典的最高要求。

晚唐诗人李商隐是一位用典高手，其用典成癖，在唐代诗歌创作中独树一帜。黄彻《䂬溪诗话》称其“一篇之中，用事者十七八”。他以清新明丽的语言，创造出优美的意境，并善于融化典故，运用自如，对唐诗的发展作出了重要的贡献。如《昨夜》：

不辞鶗鴂，妒年芳，但惜流尘暗烛房。昨夜西池凉露满，桂花吹断月中香。

诗中连用几个典故，但却与作品语句巧妙连为了一体，也可以说，典故已融化在作者所表述的情感之中。“不辞鶗鴂，妒年芳”一句源于屈原《离骚》中“恐鹈鴂之先鸣兮，使夫百草为之不芳”。“鹈鴂”指杜鹃鸟，以杜鹃的鸣叫使百花凋落，来比喻小人的嫉妒贤能，这里暗喻作者受到政治牵连的悲苦，也是对自己才华被蔽，事业无成的慨叹。“但惜流尘暗烛房”一句暗用潘岳《悼亡》诗中“床空委清尘”的意思，借以哀悼妻子的早死。“桂花吹断月中香”一句，借用月中有桂树的神话，风折桂树，比喻作者经受的一系列不幸与打击，又衬托出“凉露满”的悲凉氛围与心境。

又如其《无题》诗：

相见时难别亦难，东风无力百花残。
春蚕到死丝方尽，蜡炬成灰泪始干。
晓镜但愁云鬓改，夜吟应觉月光寒。
蓬山此去无多路，青鸟殷勤为探看。

此诗最后一联用了两个典故，“蓬山”一句：《后汉书·窦章传》称东观为“道家蓬莱山”。蓬山是蓬莱山的省称，东观是藏秘书的地方。唐朝人用蓬山来指翰林院。而“蓬莱山”也可指仙山，这里是代表对方的住处，指可望而难以企及的地方。“青鸟”一句：最早的出处在《山海经·大荒西经》，后来在《汉武故事》中变成西王母的信使：“七月七日，忽有青鸟飞集殿前。东方朔曰：‘此西王母欲来。’”后来人们就把使者称为“青鸟”。把对方的住处称为“蓬山”，既有仰慕之意，也有可望而不可即的怅惘，让青鸟去探望，既表示一种殷切之情，也增添出一种浪漫情怀。

王勃《滕王阁序》中“落霞与孤鹜齐飞，秋水共长天一色。”是我们熟知的经典佳句。此二句，本身就化用庾信《三月三日华林园马射赋并序》中的语句而来。王应麟《困学记闻》卷十七：“庾信《马射赋》云：‘落花与芝盖齐飞，杨柳共春旗一色。’王勃仿其语。”王勃的观察角度和句子结构与庾信的虽没有差别，但内容却与庾信文中的语句毫无关联。而与庾信的原句相比较，可看出王勃的语言使用和生成的意境更为优美，更耐人寻味。

宋代的王安石为诗文大家，主张为文“巧且华不必适用”，“适用亦不必巧且华”。但就是这样，也有在文中化用典故的实例。如《桂枝香·金陵怀古》：

登临送目，正故国晚秋，天气初肃。千里澄江似练，翠峰如簇。归帆去棹斜阳里，背西风，酒旗斜矗。彩舟云淡，星河鹭起，画图难足。

念往昔、繁华竞逐，叹门外楼头①，悲恨相续。千古凭高，对此漫嗟荣辱。六朝旧事如流水，但寒烟衰草凝绿②。至今商女，时时犹唱，《后庭》遗曲③。

《桂枝香》词调，首见于王安石此作。此词为登临怀古之作，上片描绘金陵的壮丽景色，下片通过怀古，感叹六朝因“繁华竞逐”而相继灭亡，寓有伤时之感，为当时传诵的名篇。其精妙的用典主要见于下阙三处，①处“门外楼头”句：杜牧《台城曲》有“门外韩擒虎，楼头张丽华。”意谓隋朝大将韩擒虎已经领兵来到京城门外，陈后主还在楼头与宠妃张丽华寻欢作乐。②处“六朝”二句：《全唐诗》二七一卷窦巩《南游感兴》诗：伤心欲问前朝事，惟见江流去不回。日暮东风春草绿，鹧鸪飞上越王台。”此处化用其意。③处“至今”三句：商女：指歌女。《后庭》：即陈后主作的《玉树后庭花》歌曲的简称，是历史上著名的亡国之音。杜牧《夜泊秦淮》诗有：“商女不知亡国恨，隔江犹唱《后庭花》。”

用典方式的选用在文学创作中并没有严格的限制，同一部作品，既可正用、反用，亦可明用、暗用，具体要依照作者本身和作品的思想情感表现灵活而定。

总之，用典是我国文学创作尤其是诗词创作中常用的技巧和手法，成功地用典不仅能使文字简练，使作品中被叙说或被描写的对象显得典雅，而且能使作品显得委婉含蓄，甚至可取得隐晦朦胧的效果，也还能使作品的寓意深刻化，从而增强文章的说服力。缪钺在《论宋诗》中就称颂了用典的好处："除此字本身之意义外，尚可思及其出处词句之意义，多一层联想。"王骥德《曲律》又云"曲之佳处不在用事，亦不在不用事。好用事，失之堆积，无事可用，失之枯寂。要多读书，多识故实，引得的确，用得恰当。"用典，指的是不仅要说出典故，而且还要使典故与当下要表明的事理或要描述的对象联系起来。用典的目的往往是以典故代替自己要说的话或用来作自己观点的论据。正因为中国古典诗词大多篇幅短小，特别是近体诗及词、曲更受格律的限制而不能任由作者随意挥洒，需要在有限的篇幅中尽可能地表现丰富的情感与深刻的内容，因此用典自然而然地成为文人们所共同采用的一大手段，用典也是中国古典诗文赏析中最值得玩味的内容之一。

（武小军）

第四节 练　　字

一、什么是"练字"

在中国悠久的诗文写作传统中，古人十分重视选择合适的汉字来表情达意。一篇优秀的诗文之所以具有生动传神、脍炙人口的效果，往往来自于作者对文字千锤百炼的功夫。所谓"吟安一个字，捻断数茎须"（卢廷让《苦吟》）、"吟成五字句，用破一生心"（方干《贻钱塘县路明府》）就是古人执著追求精美字句的夫子自道。这种选择锤炼恰当的字、词来属文缀诗，以达到最佳的语言表达效果的行为，文论家称之为"练字"（也作"炼字"）。

古人重视练字的历史由来已久。南朝齐梁时代的文论家刘勰，在其巨作《文心雕龙》中，特辟"练字"一篇，专门讨论诗赋写作中的用字艺术技巧。刘勰认为，应当依循根据古今兴废之变，结合文章表达效果来对文字进行取舍。自唐以后，随着文体的增加和写作的发展，越来越多人热衷探讨、品评文学创作的技巧，尤其是练字的艺术。古代诗论中常提及的"诗眼"、"句眼"、"一字眼"等，指的就是通过精心选择而使诗句产生无穷韵味的单字或词。

一般而言，练字是练形、练声和练意的结合。

关于"练形"，主要是指诗文中字形的搭配达到作家所设想的效果。以刘勰的《文心雕龙·练字》篇中的观点最为全面、具体。刘勰提出"言亦寄形于字"。一部作品的优劣高下，取决于作者是否恰当选择古字和今字，是否恰当使用繁复和简单的字形。他认为，恰当使用字形的四个原则为：一是避免使用稀奇古怪的冷僻字；二是不可为了炫耀博学而一味堆砌偏旁相同的字；三是衡量同字重复的必要性；四是要调剂使用笔画繁简的字。这些观点主要是针对魏晋文坛上充斥的堆砌辞藻、罗列珍奇、炫耀学问的文风而提出来的。为了纠正不良文风，刘勰指出用字的标准应当是为了文章整体的效果，而不是为了单纯的用字而用字。那种割裂了单个的字和整体行文联系的做法，只会降低文章的可读性，破坏文章的审美效果。

关于“练声”，是指字的声、韵、调与字意相配合，在构成诗文时达到作家所设想的效果。例如宋朝江西诗派的宗师黄庭坚，主张“宁律不谐，不使句弱”，从而师法唐朝杜甫，用拗体、变调来写律诗，使拗体诗占了他所创作的七律的一半以上。他因此形成奇峭劲挺、格韵高绝的独特诗风。又如宋朝著名女词人李清照，认为填词不仅要推敲平仄四声，还要讲究发音部位，辨明清、浊、轻、重。其创作正符合她提出的这些理念。如《声声慢》一词，开头的七组叠词“寻寻觅觅，冷冷清清，凄凄惨惨戚戚”，其中的五组叠词（寻寻、清清、凄凄、惨惨、戚戚）都是齿音。这使读者读起来具有清细而悲凄的感觉，从而通过语音来成功地传达出字面的意义。

关于“练意”，指的是根据诗文题旨、内容情境来选择语意两工的字。如清代戏剧家李渔说的：“琢句炼字，虽贵新奇，亦须新而妥，奇而确。妥与确总不越一‘理’字。”又如清代沈德潜所说：“古人不废炼字法，然以意胜，而不以字胜。故能平字见奇，常字见险，陈字见新，朴字见色。”故练字不是单纯地追求艺术形式，而是与诗文意义紧密结合在一起，服务于描摹物状、达意传神的总体目的。假如仅仅将精力集中于单字的新奇、奇特之上，而忽略字与句、字与篇的关系，则无法使所用之字获得精简含蓄、优美生动的效果，更无法如画龙点睛般使所用之字提升全句或全篇的审美境界。

练形、练声与练意共同构成了古人的“练字”艺术。在这三者中，犹以“练声”和“练意”最为重要。本书“声律”一章专讲古典诗文的声音艺术，故本章着重从“练意”的角度来介绍“练字”的类别和特点。

二、“练字”的分类

“练字”可分为练实词和练虚词两个类别。其中，练实词又包括：练动词、练形容词、练数量词。以下结合古典诗词的例子分而述之。

（一）练实词

1．练动词。动词是一个句子中表示人或事物的动作、存在、变化的词，起到表达主语情态的作用。在一个诗句中，动词用得好，能够赋予描写对象以生动飞扬的形态，给读者留下鲜明的印象。因此，动词的选择，是中国古典诗词创作的重要内容，诗人们常常为了一个动词的选用而绞尽脑汁。中国古典诗词中蕴含着大量的动词用得好的诗句。

【例 1】

采菊东篱下，悠然见南山。((晋)陶潜《饮酒》)

陶潜的《饮酒》一诗表现了诗人远离俗世、沉醉于大自然的情景。“采菊东篱下，悠然见南山”被历代评论家传为佳句。该句中的“见”字，表现的是客体——南山自然而然地映入眼帘的情景，体现了人与自然一体、人和自然和谐的境界。如用动词“望”，就突出了主体——人的动作，表达了人有意识的、主动地去观望南山的行为。这样，人与自然的关系，就是分离的关系，是看与被看的关系。而“见”字能更好地与“悠然”搭配，传达人物恬淡、从容的内心状态。

【例 2】

星垂平野阔，月涌大江流。((唐)杜甫《旅夜抒怀》)

杜甫的《旅夜抒怀》一诗描写了作者在从成都返家途中所见的宏大无垠的夜景，并由所见之景，抒发了深沉滞重的情怀。“星垂平野阔，月涌大江流”中的“垂”和“涌”是对星星和月亮的异乎寻常的描述，但又十分符合诗中的整体情境。当人们在宽阔的原野上眺望夜空时，远方夜空中的星星垂吊下来，仿佛与地平线交接，故用一“垂”字来表现“野阔星低”的景象。当月亮从江边升起的时候，给人的视觉错觉是从江水中升起；并由于江水汹涌澎湃，月亮自水中出来并不是平缓地浮出来，而是仿佛被江水急流“涌”上来，故用一“涌”字表现了江水激荡的特点。明代谢榛的《四溟诗话》评此诗“句法森严，‘涌’字尤奇”。

【例 3】

春风又绿江南岸，明月何时照我还。((宋)王安石《泊船瓜州》)

王安石的《泊船瓜洲》一诗是作者在奉诏进京的途中，泊船瓜洲之时，由所见之景而抒发的思乡情感。“春风又绿江南岸”一句的“绿”字，是形容词用作带使动意味的动词。据清朝洪迈在《容斋续笔》记载，在作者原稿中，“又绿江南岸”最初为“又到江南岸”；后来作者圈去“到”字，注曰“不好”，改为“过”；之后又圈去“过”，改为“入”、“满”等。这样换了十余字，才定为“绿”

字。最终定稿的“绿”字，表现了春天万物复苏的景象，使江南大地从枯转绿、生机勃勃的状貌形象生动地呈现在读者眼前。

【例4】

云破月来花弄影。((宋)张先《天仙子》)

张先的《天仙子》一词抒发的是伤春之情。下阕的“云破月来花弄影”是千古传诵的名句。该句七字，用三个动作连接起四种景物，且前后相成，构成一个连续性的画面。“云破月来”描绘的是云散月出的景象，但词人用一“破”字，显示了月亮从云中出现的突然和月华初照的明亮瞬间；“来”字用拟人的手法表明月亮“来临”于世、将月光洒向人间的情态。正由于月光出现，月下之“花”便开始“弄影”。带有玩耍、逗引意味的“弄”字，同样采用拟人手法活生生地体现了花顾影自怜、摇摆自盼的形态。联系上下文看，我们知道这里的花应是即将凋谢的残花。连残花都尚且惜时弄影、眷恋春光，何况人乎？作者通过传神的景物描写，抒发了郁结于胸的怅惘情怀。

【例5】

红杏枝头春意闹。((宋)宋祁《木兰花》)

宋祁的《木兰花》一词上阕描写生机勃发、风光明媚的春天景色；下阙则抒发时光飞逝、人生如梦的喟叹。反映出珍惜春光、流连美景、及时寻乐的思想。词中“红杏枝头春意闹”一句，借描绘争芳斗艳的红杏来展示烂漫无边的春光。其中，“闹”字的采用，以拟人手法将红杏盛开之艳、春意之浓淋漓尽致地表现出来。作者因此而名垂于世，被世人称为“红杏尚书”。

2．练形容词。形容词是表示人或事物状态或性质的词语，起到绘景摹状的作用。在古典诗词中，形容词用得好，不但能生动地表现书写对象的状貌，使人透过文字如见其景，如历其境，还能通过对景物的表现来抒发情感，达到情景交融。

【例6】

日落江湖白，潮来天地青。((唐)王维《送邢桂州》)

王维的《送邢桂州》一诗，描写诗人王维在江边送别友人时，目睹船帆远去的情景。“日落江湖白，潮来天地青”一句中的“白”与“青”是表颜色的形容词，用在此处既描绘了景物的色彩，又含有动词的意味。“日落江湖白”，表现黄昏的太阳正落下时，阳光映到水面上，江水一片白茫茫的景象；“潮来天地青”，描写潮水上涨，仿佛充塞天地，使天地之色瞬间变青。因此，“白”字既表示落日的颜色，又表示江湖之水因白日相映而“变白”；“青”字既表示潮水之色，又表现天地景色因潮水涌起而“变青”。这一联诗句对仗工稳，两个形容词的使用刻画简洁有力，赋予景物以鲜明的色彩和宏大的气势。

【例7】

大漠孤烟直，长河落日圆。((唐)王维《使至塞上》)

王维的这首五言诗描写雄浑奇特的塞外风光。其中“大漠孤烟直，长河落日圆”一联，被王国维称为“千古壮观”的名句。这两句诗中的“直”和“圆”本是十分普通的形容词，但用在此处，却被诗人化平常为神奇，贴切而令人深刻地表现了塞外大漠中的辽阔意境。“孤烟”，本是轻盈缥缈的状貌，但用一“直”字，就赋予其挺拔、刚劲的形态。在单调、广漠的沙漠地带，升起一股挺拔而刚劲的孤烟，不免使人感到景物的壮阔。下句写“落日”之“圆”，虽然也是实实在在地描写太阳的形状，但“圆”字却将本来象征着没落、伤感的落日，凸显得浑厚而苍劲。如此浑圆的落日与远处长长的黄河相映衬，同样使人感到壮丽辽阔之美。此外，上句之“直”和下句之“圆”，表现了两种形状相对的几何图形，两相映衬，有力地表现了塞外寂寥、宏伟的奇观，给人以深刻的印象。

【例8】

两个黄鹂鸣翠柳，一行白鹭上青天。((唐)杜甫《绝句》)

杜甫的这首七言绝句是诗人杜甫描写在成都居住时所见的日常之景。“两个黄鹂鸣翠柳，一行白鹭上青天”两句，连用四个表颜色的形容词——黄、翠、白、青，既鲜明又和谐，将初春景色调配得鲜艳明丽、美好动人，千百年来为广大读者所喜爱。

【例9】

寥落古行宫，宫花寂寞红。
白发宫女在，闲坐说玄宗。

((唐)元稹《行宫》)

这首绝句以寥寥二十字，浓缩了一个年老色衰的宫女盛极而衰的一生，以及透过她的生平折射出来的一个时代的沧桑。“宫花寂寞红”一句是我国古典诗歌中“以乐景写哀”(王夫之)的典型表现。“红”字，本是形容花朵正在灿烂地盛开，刻画了一种热闹的气氛和欢乐的情绪。但在此处，红花在冷清衰败的行宫中盛开，只是徒增了行宫的寥落。同时，花儿之红艳又与下文宫女之白发相映衬，越发突出了时光易逝、红颜易老的哀情，强化了时移世迁、由盛而衰的变迁之感。

此外，该句中的“红”，与例 7 的“白”、“青”二字、例 8 的“直”、“圆”二字，都是形容词用于句末的范例。这种用法以表颜色或形状的形容词收束全句，能起到突出景物状貌的作用，还往往具有言有尽而意无穷的韵味。

【例 10】

南浦凄凄别，西风袅袅秋。((唐)白居易《南浦别》)

白居易的《南浦别》是一首送别诗。诗中“凄凄”和“袅袅”是形容词叠用的用法。“凄凄”叠用，表现了诗人和朋友告别之时的凄凉和感伤。“袅袅”指的是秋风吹拂、植物摇曳之态；诗人以此微微的摆动之态，形容秋日的苍凉和惨淡。这两个形容词的叠用把那一份惜别之情表现得格外凝重。

3．练数量词。数词和量词连用合称数量词。就其本来的作用而言，数量词仅仅起到传达对象数量多寡的作用。因此，与动词、形容词比起来，数量词在文学创作中的承担的任务并不突出。但是，也有一些诗人将精心择练的数量词嵌于诗句中，使之产生意味深长的效果。

【例 11】

白发三千丈，缘愁似个长。((唐)李白《秋浦歌》)

李白的《秋浦歌》抒发了诗人内心的愁绪。首句“白发三千丈”劈空而来，以不近情理的描写造成一种令人惊异的印象。第二句“缘愁似个长”才解释了作者是用三千丈的白发来形容愁思的多。在这里，无形的愁思外化为有形的三千丈白发，使人形象地体会到诗中描写的那种郁积于心、无可排解的愁闷。故“三千丈”是采用数量词来进行夸张描绘的创作方法。

【例 12】

烽火连三月，家书抵万金。((唐)杜甫《春望》)

杜甫的《春望》写于唐朝安史之乱期间，描绘了战乱造成的破败景象，抒发了眷念家人的真挚情感。“烽火连三月，家书抵万金”写出了在战火连绵的时期，因家人消息隔绝而相互担忧的心情。“三月”指的是春深三月，“万金”表示家信珍贵，家人企盼音讯的急切心理。诗人用这两个数量词表达出了战争延续时间之长、亲人亲情之深切，自然真挚，故为千古传诵。

【例 13】

故国三千里，
深宫二十年。

一声《何满子》，

双泪落君前。

((唐)张祜《宫词》)

张祜的《宫词》是一首宫怨诗，刻画了远离家乡和亲人的宫女的悲怨之情。全诗四句，每句都运用了一个数量词。“故国三千里”的“三千里”是表示空间距离的数量词，意味着家乡遥远；“深宫二十年”的“二十年”表示时间长久，指宫女入宫时间之长；“一声《何满子》，双泪落君前”的“一声”表达的是意在欢乐的歌唱，“双泪”却意味着悲伤的哭泣。这首诗连用四个数量词却不使人觉得枯燥，因为诗人将具体的数字化为时空的久远和宫女的悲情，从而使数字与诗情融为一体。

【例14】

春色满园关不住，一枝红杏出墙来。((宋)叶绍翁《游园不值》)

叶绍翁的《游园不值》记叙的是诗人游园受阻，却意外在园外发现春意的情致。“春色满园关不住，一枝红杏出墙来”化用了陆游的“杨柳不遮春色断，一枝红杏出墙头。”(《马上作》)，但前者比后者表现得更为有力。两位诗人都有意将浓郁的春意凝聚在“一枝红杏”上，使得这“一枝”饱含了高度的象征意蕴和生命力度。但在叶句中，对这“一枝”的烘托十分深沉、曲折：一方面以“满园”来对应“一枝”，使“一枝”的象征意味更为具象、饱满；另一方面以“关”字来烘托这“一枝红杏”的“出墙”，体现出一种春色蓬勃、生命昂扬的精神情态。相较之下，陆句显得较为平缓，不如叶句动人。

【例15】

桃李春风一杯酒，江湖夜雨十年灯。((宋)黄庭坚《寄黄几复》)

黄庭坚的《寄黄几复》是一首关于友情、别离和人生沉浮的诗。“桃李春风一杯酒，江湖夜雨十年灯”以过去好友欢聚的美好时光对应于后来流落江湖的凄凉历程，精警新奇。张耒评之为“真奇语”，魏庆之列其为“宋朝警句”。该句中，“一杯酒”与“桃李春风”的乐景相配，渲染了轻快、欢乐的情致；“十年灯”与“江湖夜雨”的哀景相连，传达出沉重、凄苦的心境。在这里，“一杯”和“十年”两个数量词相对，表达了昔与今、快意与久别的强烈反差，令人印象深刻。

(二)练虚词

虚词指的是不能单独成句，意义比较抽象，有帮助造句作用的词。在古典诗词中，虚词使用得当，可疏通文气，顿宕气势，增添情韵，使诗词达到变化开合、婉转委曲的效果。

【例 16】

映阶碧草自春色，隔叶黄鹂空好音。((唐) 杜甫《蜀相》)

杜甫的《蜀相》是诗人探访成都武侯祠之后写下的一首怀古诗。颔联“映阶碧草自春色，隔叶黄鹂空好音”，描写了草深树茂、黄鹂鸣叫的春景。诗句中“自”和“空”的运用，表明碧草和黄鹂自由自在生长欢乐的景象，引起了诗人对人事变迁的感怀。这两个虚词的使用，反衬了祠堂荒凉冷清的意味和诗人追思先人的情怀。

【例 17】

宫女如花满春殿，只今唯有鹧鸪飞。((唐) 李白《越中览古》)

李白的《越中览古》是诗人游览越中（唐越州，治所在今浙江绍兴）时所作的怀古诗，勾画了春秋时期吴越争霸的事件。该诗前三句想象了越王勾践败吴返回的盛况，最后一句通过“只”和“唯”两个副词引出一副意义相反的画面：昔日热闹繁华的王城，今天就只是一个飞着鹧鸪的荒凉古迹。“只”和“唯”两个虚词起到了意义转折的作用，将今昔对比之意表达得淋漓尽致。

【例 18】

春花秋月何时了？往事知多少！
小楼昨夜又东风，故国不堪回首月明中。
雕栏玉砌应犹在，只是朱颜改。
问君能有多少愁？恰似一江春水向东流。

((南唐) 李煜《虞美人》)

这首词是南唐李后主亡国后、被囚时写的词，表达了怀念昔日生活、不堪今日被囚的苦闷心境。“小楼昨夜又东风”的“又”字，表明春风吹拂的情景多次出现，但作者享受春光的时日已经过去，现在一次次地感受到春风到来，只是徒增烦恼而已。“雕栏玉砌应犹在，只是朱颜改”，“犹”和“只”表示了意思的转折，表明物是人非的凄凉之感。

【例 19】

过春风十里，尽荠麦青青。自胡马窥江去后，废池乔木，犹厌言兵。

((宋) 姜夔《扬州慢》)

《扬州慢》是姜夔的自度曲。这首词记叙的词人回忆宋高宗在位期间、金兵两次入侵对扬州城的严重破坏景象，抒发悲痛伤感的情怀。词中“尽荠麦青青”描绘了扬州城中荒凉无人、荠麦蔓延的场景，虚词“尽”字总领着这幅荒凉的画面。“废池乔木，犹厌言兵”表达的是“废池乔木”尚且以谈论战事为厌，何况人呢？“犹”字以退一步言之的意味，表达出了词人对战争的深深厌恶之情。清人陈廷焯认为“犹厌言兵”四字“包括无限伤乱语，他人累千百言，亦无此韵味。”（《白雨斋词话》）

（匡宇）

第五节 比 兴

一、基本定义

“比兴”作为传统的文学创作手法，往往与“赋”有着十分密切的关系。赋、比、兴是前人从《诗经》抒情叙事艺术中概括出来的三种表现方法。最早的记载见于《周礼·春官》“大师……教六诗：曰风，曰赋，曰比，曰兴，曰雅，曰颂。”《毛诗序》的作者又将“六诗”称之为“六义”：“故诗有六义焉，一曰风，二曰赋，三曰比，四曰兴，五曰雅，六曰颂。”唐代孔颖达《毛诗正义》对此解释说：“风、雅、颂者，《诗》篇之异体；赋、比、兴者，《诗》文之异辞耳。……赋、比、兴是《诗》之所用，风、雅、颂是《诗》之成形。用彼三事，成此三事，是故同称为义。”今人普遍认为“风、雅、颂”是指《诗经》内容的分类；“赋、比、兴”则是指它的表现方法。

“赋、比、兴”之说提出后，从汉代开始两千多年来，历代都有学者对此进行研究和论述，但在具体的认识和解说上，一直存在着分歧意见，其中对后世产生了较大影响的是汉代的郑众和郑玄。郑众说：“比者，比方于物……兴者，托事于物。”（《毛诗正义》引）他把“比兴”的手法与外在世界的物象联系起来，认为“比”是修辞学中以此物比彼物的比喻手法；“兴”是“起”也，即托诸“草木鸟兽以见意”的一种艺术手法。论述虽然简单，但抓住了“比兴”这一艺术思维和表现手法的特点。郑玄的解释则为：“赋之言铺，直铺陈今之政教善恶。比，见今之失，不敢斥言，取比类以言之。兴，见今之美，嫌于媚谀，取善事以喻劝之。”（《周礼·大师》注）郑众、郑玄以后，魏晋南北朝时期的刘勰和钟嵘，唐代的皎然，宋代的朱熹、甚至近代学者朱自清、徐复观等人都从不同的角度做了阐释。但迄今为止，关于“赋、比、兴”的含义，学术界较为通行的是朱熹的解释：“赋者，敷陈其事而直言之也”，“比者，

以彼物比此物也”，“兴者，先言他物以引起所咏之词也。”（《诗集传》）

赋、比、兴三种手法，在文学创作中，往往交相使用，共同抒发作者的情感，创造艺术的形象与境界。赋是基础，重在叙事，比兴则缘事抒情。比兴手法的运用，既是《诗经》艺术特征的重要标志，也是后世文学创作常见的艺术手法。

二、举例与说明

1．赋。赋，用朱熹的解释是“敷陈其事而直言之也”，即在表现某一事物时不加任何雕饰，朴实道来，是一种白描式的记事、状物、抒情、表意手法。白描见心，直言见情，亦有强烈的艺术感染力。赋常常需要铺叙，铺叙有多种构成方法，其中按时间顺序铺写的最为常见。如《诗经》中的《豳风·七月》：

七月流火，九月授衣。一之日觱发，二之日栗烈。无衣无褐，何以卒岁！三之日于耜，四之日举趾。同我妇子，馌彼南亩。田畯至喜。

……

全诗八章，基本上按季节的先后，以农夫的口吻，逐月叙述自己在一年十二个月中的农事劳动与生活，就是采用“赋”的手法直接铺叙，在铺叙中客观真实地展示了农夫生活的艰辛。

在文学创作中，赋的手法运用得十分广泛，可以叙事描写，也可以议论抒情。如《诗经》中《王风·君子于役》抒发思妇的思念之情，便以“鸡栖于埘，日之夕矣，羊牛下来。”数句直接铺写农家傍晚的情景，以牛羊归圈的温馨场景，渲染思妇向往丈夫归家团聚的情怀。《诗经》以后的叙事诗如汉乐府中《孔雀东南飞》、北朝民歌《木兰诗》、唐诗中杜甫的《石壕吏》、白居易的《卖炭翁》等，都是以“赋”法而表现出浓郁的抒情色彩。有的以抒情为主的诗歌，也有不依赖其他艺术手法烘托和渲染，直用“赋”法抒写胸臆的。如李白的《早发白帝城》，诗人的感情也如诗中描绘的急水行舟，一泻千里。现代诗人郭小川的《祝酒歌》：“舒心的酒，千杯不醉；知心的话，万言不赘；今儿晚上啊，咱这是瑞雪丰年祝捷的会。……斟满酒，高举杯！一杯酒，开心扉；豪情，美酒，自古常相随”。赋的手法使感情质朴真挚，别具感人心魄的艺术魅力。

2．比。“比者，以彼物比此物也”（朱熹《诗集传》）。它大体含有比喻和比拟两种修辞手法。比喻，亦作“譬喻”，指利用性质不同的事物在某一方面的相似打比方，比喻在形式上应包括本体、喻体和比喻词三要素，根据这三要素的异同和隐现，比喻可分为以下几种手法。

明喻，指比喻的本体、喻体都出现，二者之间用“如”、“像”、“仿佛”、“好比”一类喻词连系。如《卫风·淇奥》:“有匪君子，如切如磋，如琢如磨。” 其中“切磋”、“琢磨”指精心加工的象牙和美玉，这里以此比喻君子文雅与高贵的资质。《卫风·硕人》在描写庄姜美貌时说:“手如柔荑，肤如凝脂，领如蝤蛴，齿如瓠犀，螓首蛾眉。”以日常生活中常见的事物，分别喻写了庄姜的手指、肌肤、脖颈、牙齿、额头和眉毛，这一连串的比喻使艺术形象格外生动鲜活，作品亦具有很高的艺术魅力。

暗喻，又叫隐喻，指本、喻体同时出现，它们之间在形式上是相合的关系，说甲（本体）是（喻词）乙（喻体)。喻词常由“是”、“成为”、“变成”等表判断的词语充当。如雷抒雁《小草在歌唱》:

她是太阳，
离开了地平线，
却闪耀在天上!

又如余光中的《乡愁》:

小时候
乡愁是一枚小小的邮票
我在这头
母亲在那头

再如陕南有一首民歌:

妹是天上月一轮，郎是月边伴月星，
乌云过来一下灭，乌云去了一下明。

借喻，指不说出本体，把喻体直接用在本体应该出现的地方，以喻体代替本体，也不用喻词，但能突出本体某种特征。其中有用一、两个词的，也有用全句全段的，甚至还有整首诗都只吟咏喻体，而本体并不出现的，这被称为比体诗。如《诗经》中《魏风·硕鼠》，全诗通过对贪婪的老鼠的谴责，表达诗人对剥削者的厌恶之情。在汉乐府民歌中，也有不少诗作通篇用“比”的比体诗，如《怨歌行》（新裂齐纨素）通篇以扇子喻女子，以秋扇见弃比喻女子被负心的男子无情抛弃。唐代诗人朱庆馀的《闺意献张水部》更是一首出色的比体诗。

洞房昨夜停红烛，待晓堂前拜舅姑。
妆罢低声问夫婿，画眉深浅入时无?

全诗通篇用“比”，将作者的作意表达得委婉含蓄而又明白自然。作为“闺意”，这首诗已十分完美动人了，但作者的本意却在彼而不在此。唐代应试文人有向名人行卷的风气，以希望名人向主持考试的官员称扬和介绍自己，诗人朱庆馀正是一名准备应试的士子，此诗投赠的对象，是官水部郎中的张籍，张籍当时以擅长文学而又乐于提拔后进闻名。朱庆馀平日向他行卷，已经得到他的赏识，临到要考试了，还怕自己的作品不一定符合主考官的要求，因此写下了这首诗。诗中以新妇自比，以新郎（夫婿）比张籍，以公婆（舅姑）比主考，委婉地征求张籍的意见，所以这首诗又题为《近试上张水部》。由于朱庆馀呈献的这首诗用比体写成，张籍的答诗亦用此法，他写道：

越女新妆出镜心，自知明艳更沉吟。
齐纨未足时人贵，一曲菱歌敌万金。

——张籍《酬朱庆馀》

诗中，张籍将朱庆馀比作一位采菱姑娘，相貌既美，歌喉又好，因此，必然受到人们的赞赏，暗示他不必为这次考试担心。朱、张二人的赠与答都用“比”的手法，问得巧亦答得妙，珠联璧合，千百年来一直是诗坛盛传不衰的佳话。

3．兴。“兴者，先言他物以引起所咏之词也”（朱熹《诗集传》）。通俗地讲，“兴”即起兴，又名起调。它常常用在作品的开头（或诗节的开头），托物发端，引出所要歌咏的事物。“兴”同“比”一样，是起于一事物对它事物的联想，也是构建诗歌意象，创造诗歌意境的重要手段。

绝大多数的“兴”句（或“兴”象）都和正文有意义上的联系。这种联系，主要是营造一种诗的意境和气氛，引起读者对所咏事物的联想，如《诗经》中《郑风·风雨》是女子怀人之作，运用“兴”的句子是“风雨凄凄，鸡鸣喈喈”、“风雨萧萧，鸡鸣胶胶”、“风雨如晦，鸡鸣不已”，以风雨交加和鸡鸣之声衬女主人公夜不成寐之无聊。“兴”在这里就起到了渲染凄凉气氛，烘托抒情女主人公相思之情的作用。又如《秦风·蒹葭》中的“蒹葭苍苍，白露为霜”，渲染一片萧瑟、凄婉的氛围，与诗中所表达的伤感基调融为一体。《周南·桃夭》以“桃之夭夭，灼灼其华”开头，既烘托出一片热烈的喜庆氛围，又是出嫁女子青春妙龄的象征。“兴”的手法自《诗经》开始，就在历代诗歌创作中广泛运用。甚至在新诗和民歌中都还随手可拈，如李季的《王贵与李香香》：

山丹丹开花红姣姣，香香人才长得好。

又如四川巴山民歌《望红军》：

太阳落坡四山黄，犀牛望月姐望郎。

前者由红艳艳的山丹花联想到美丽如花的香香，“兴”的意义十分明显。后者由“太阳落坡”联想到月亮要出来了，进一步由“犀牛望月”联想到“姐望郎”，“太阳落坡”和“犀牛望月”都是借助之物，“姐望郎”（“盼望红军回来”）才是所咏之词。

尽管“兴”的手法在文学创作中用得十分普遍，但也有研究者发现，在一些作品中“兴”句（或“兴”象）与作品的正文并无多大联系，有的只是诗人触物为之，在诗歌开头起确定节奏和韵脚的作用。还有的作品所使用的“兴”句（或“兴”象）则让人难以把握它蕴涵的深意。例如，《诗经》中《秦风·黄鸟》的“交交黄鸟”，“止于棘”、“止于桑”、“止于楚”，与下文为秦穆公殉葬的子车氏的三位大夫没有联系。可见，“兴”的手法及其内涵在艺术创作中的作用是十分丰富和复杂的。钟嵘《诗品序》说“兴”的特点是“文已尽而意有余”。刘勰《文心雕龙·比兴》有“比显兴隐”说。皎然《诗式》亦认为“取象曰比，取义曰兴。义即象下之意。”他们都强调“兴”的含蓄蕴藉和寄托作者思想的文学功能。近人徐复观则认为：“‘兴’是一个较为复杂的概念。”朱熹对“兴”的解释，只“说明了‘兴’的局部特点，并不能完全概括‘兴’的内涵。”他认为“兴”的意象和诗歌的主题有一种隐约的象征关系。这种象征的关系可能与原始的宗教、图腾的鸟兽有一种内在的联系（参见徐复观《中国文学精神》），这在学术界也是一说。

4．比兴。赋、比、兴虽然是三种不同的表现方法，但事实上，三者之间是不能截然分开的，大量的优秀作品都是赋比兴兼而有之并相得益彰。

首先，“赋”就不仅是一个“铺陈其事”的问题，还必须和“言情”结合起来，把作者的情感和客观的物象表现得淋漓尽致、惟妙惟肖。如长篇叙事诗《孔雀东南飞》，除发端两句起“兴”外，几乎通篇全用“赋”体，而叙述之情景交融，形神兼备恰如沈德潜所说：“淋淋漓漓，反反覆覆，杂述十数人口中语，而各肖其声音面目，岂非化工之笔！”（《古诗源》）。长诗起“兴”二句：“孔雀东南飞，五里一徘徊”，初看与后来的故事并无意义上的联系，但我们读完全诗，掩卷回味，就能体味到它深含的寓意。陈祚明《蔌堂古诗选》说此二句是“兴彼此顾恋之情”，形象地指出它一方面表现了一种徘徊顾恋的情韵；另一方面，又给全诗定下了悲凉的基调。另外，长诗在叙述中常有精妙的比喻，如用沉重不能移动的磐石和柔韧不能折断的蒲苇比喻刘兰芝、焦仲卿之间爱情的坚贞；用树木和庭兰遭到寒风和严霜的侵袭，比喻刘、焦二人所受到的封建礼教的迫害等，也增强了诗歌的形象性。所以钟嵘指出“赋”、“比”、

“兴”三义各有特点，各有所长。他说：“文已尽而意有余，兴也；因物喻志，比也；直书其事，寓言写物，赋也。”同时他又指出三者不能割裂：“若专用比兴，患在意深，意深则词踬。若但用赋体，患在意浮，意浮则文散，嬉成流移，文无止泊，有芜漫之累矣。”因此，他要求兼采三者之长：“闳斯三义，酌而用之，干之以风力，润之以丹彩，使味之者无极，闻之者动心，是诗之至也。”（《诗品序》）即真正的好诗，既不能单用“比兴”以致“意深”晦涩，又不能单用“赋”法以致“意浅”，只有兼采三者之长，酌情运用，才能“使味之者无极”。钟嵘的这一见解无疑是正确的。写诗要把事情写清楚，为读者所了解，就少不了要用“赋”的手法，同时，诗歌要抒发情思，驰骋想象，感染读者，耐人寻味，就又少不了要用“比兴”的手法。

其次，“比兴”本来包含“比”和“兴”两种修辞手法，但人们谈论诗歌和民歌时常“比兴”连及，说明二者经常合用，且都能使作品更具有含蓄凝练的韵味或象征的意义。这种手法在《诗经》中比比皆是，如《周南·关雎》：

关关雎鸠，在河之州。窈窕淑女，君子好逑。

这是一首爱情诗，诗歌欲写所思之“女”，先以雎鸠起兴，“关关雎鸠，在河之洲”两句既是兴，又是比，雎鸠天性温顺，可比淑女之娴静；雎鸠是“河洲”之鸟，能使人联想起河边采荇之女；“关关”则是雎鸠雌雄唱和之音，可起“君子”思“逑”之情。可见，“比”、“兴”连用更具托寓、象征、联想的作用，为读者理解提供更大的想象空间。“比兴”的传统一经确立，便对后世的文学创作产生了深远的影响，形成了中国古代文学创作与批评的一大特色。如《诗经》以后《楚辞》的“比兴”发展为以“香草美人”寄托诗人的情操和审美理想；以“男女情爱”比喻君臣关系，使诗意更加含蓄曲折。又如曹植的《野田黄雀行》：

高树多悲风，海水扬其波。
利剑不在掌，结友何须多！
不见篱间雀，见鹞自投罗。
罗家得雀喜，少年见雀悲，
拔剑削罗网，黄雀得飞飞，
飞飞摩苍天，来下谢少年。

这首诗是曹植的好友丁仪兄弟被曹丕杀害之后，他无力营救，为抒发心中的悲愤而写的。开篇由“高树多悲风，海水扬其波”引起对朋友遭遇的联想，同时以“风波”比喻环境的险恶，既是兴又是比。第三、四句用“利剑”比喻权力。第五、六句用雀投罗比喻朋友遭难，因见景而联想到人，又是借物起兴，比中含兴。最后四句用少年削罗救雀，假想朋友得救，则运用了象征的手法。清沈德潜在《古诗源》中评价曹植说：“陈思王最工起调”。所谓起调，就是托物起兴。曹植的这首诗，托“风波”起兴，通篇用比，比兴结合，虽不直抒悲愤而悲愤之情却浸透字里行间。

再如唐代诗人秦韬玉的《贫女》

蓬门未识绮罗香，拟托良媒益自伤。
谁爱风流高格调，共怜时世俭梳妆。
敢将十指夸针巧，不把双眉斗画长。
苦恨年年压金线，为他人作嫁衣裳！

全诗表面上以贫女的口吻，倾诉她不能及时婚嫁的苦闷。而本质上正如俞陛云所说“语语皆贫女自伤，而实为贫士不遇者写牢愁抑塞之怀。”(《诗境浅说》)“蓬门未识绮罗香”既是“兴”又是“比”，比喻寒士出身微贱、无人举荐的处境；夸指巧而不斗眉长，隐喻着寒士内美修能、超凡脱俗的孤高人格；“苦恨年年压金线，为他人作嫁衣裳”，更是一语双关，既是贫女的遭遇，又是那些长年为上司捉刀献策，却久屈下僚的读书人的真实写照。比兴手法的运用，巧妙地寄托着封建社会贫寒士人不为世所用的愤懑和不平，又使作品的艺术境界格外深邃。

比兴寄托的手法不仅在诗中常用，在优秀的词人那里也运用自如。如辛弃疾词的抒情名篇《摸鱼儿》：

更能消、几番风雨？匆匆春又归去。惜春长怕花开早，何况落红无数。春且住，见说道，天涯芳草无归路。怨春不语。算只有殷勤，画檐蛛网，尽日惹飞絮。

长门事，准拟佳期又误。蛾眉曾有人妒。千金纵买相如赋，脉脉此情谁诉？君莫舞，君不见、玉环飞燕皆尘土！闲愁最苦。休去倚危栏，斜阳正在，烟柳断肠处。

此词作于淳熙六年（1179）春。时年辛弃疾四十岁，他一直期待自己收复失地的策略会被采纳，但事与愿违，自己不仅长期得不到朝廷重用，反被一再打击。这次，他由湖北转运副使调官湖南仍然是去担任主管钱粮的小官，而不是奔赴他日夜向往的国防前线，现实与他恢复失地的热望愈来愈远。行前，同僚王正之在山亭摆下酒席为他送别，作者触景生情，以表面的春残花落，蛾眉遭妒的感慨寄托自己深沉的忧国之情。此词运用比兴寄托的手法，归纳起来有三点与众不同：一是以强烈的情感呼唤起笔，表现对春的珍惜，对生命的热爱，对国事深重的忧患意识；二是从自然过渡到史实，拟人化的手法与典故的运用相得益彰，前片全用比兴抒情，后片化用典故自比。比兴之法可以暗喻象征，化用典故可以借古讽今；三是继承屈原《离骚》的传统，用男女之情比喻君臣关系与政治斗争。整个词风表面婉约，实际上却极哀怨极沉郁。

在现代诗歌中，比兴的手法也常常连用。如贺敬之《回延安》：

羊羔羔吃奶眼望着妈，小米饭养活我长大。

第一句感物起兴，同时含有比的意思，用羊羔羔与妈妈的关系比喻“我”与用小米饭养活了自己的延安人民的关系。兴中含比，比中含兴的艺术手法，形象地描绘了延安母亲对延安儿女的养育之恩，同时也写出了延安儿女对延安母亲的眷恋之情，贴切自然又让人回味无穷。

（张帆）

第六节　叙　　事

叙事，通俗地说就是讲故事；作为一种文学手法，叙事是与抒情相对的艺术手段。中国汉语文学的主要叙事传统可追溯到先秦时期的史传作品。《春秋》、《左传》等典籍依托于真实的历史，或简或繁地记述了一个个历史事件，并通过不同形态的叙事手段和阐释来表达对特定历史事件的看法。这些叙事手段和历史观念被汉代《史记》等“二十四史”继承下来，形成了中国丰富的历史叙事传统。宋元时期，随着市民文化的发展，以正史为依据、杂以野史稗闻的“讲史”艺术逐渐发达起来，随后，在口头艺术的基础上，形成了半真实半虚构的话本和章回小说。

因此，受到历史著述和“讲史”艺术影响的汉语叙事艺术，往往依托史实，以刻画人物为核心，通过白描、春秋笔法等手段来暗寓褒贬，传达特定的历史道德观念；这些叙事手法渗入后来的想象性作品中去，扩展至小说的人物塑造和诗词中的景物描写，形成平实而深刻的汉语叙事艺术。

一、春秋笔法

春秋笔法是指源自《春秋》的寓褒贬评判于曲折文笔之中的写作手法。《春秋》是鲁国的编年史，相传为孔子所修，记叙了起于鲁隐公元年，终于鲁哀公十四年的242年的历史，涉及周王朝、鲁国及其他各国的事件。《春秋》的叙事，言简意赅，基本上是对事件的直接呈现，而不旁蔓至因果、过程以及评判。《左传》将这种叙事方式总结为“微而显，志而晦，婉而成章，尽而不汙，惩恶而劝善”，史称“春秋五例”。

“春秋五例”是对春秋笔法的最早阐释。“微而显”指的是“文见于此，而起义在彼”。如《春秋》僖公十九年：“梁亡。”此处不说秦国灭掉梁国，而是说梁国灭亡，意指责梁君虐待人民，故梁国“自取灭亡”。因此，“微而显”意即用词不多但含义明显的叙事方式。“志而晦”指“约言示制，推以知例”。如《春秋》宣公七年：“公会齐侯伐莱。”此处用“会”暗示鲁国出兵的方式：事先未能参与谋划而迫于压力不得不出兵，称为“会”。因此，“志而晦”指用词简约而含义隐微。“婉而成章”指“曲从义训，以示大顺”。如《春秋》桓公元年：“郑伯以璧假许田。”这里本来记录的是郑国以枋田来交换鲁国的许田，但是这两块地都是周天子所赐，按照周礼不能互换，所以文中记为郑国用璧来借用鲁国的许田。因此，“婉而成章”就是指通过委曲之辞来达到避讳目的。“尽而不”，指“直书其事，具文见意”。如《春秋》庄公二十三年：“秋，丹桓公楹。”这里表现的是齐桓公违例用朱漆漆宫内的柱子。因此“尽而不”的意思是直书其事，直接表明违礼的事。“惩恶而劝善”指“求名而亡，欲盖而章”。如有卫国之卿名齐豹者，忿卫侯之兄而杀之，欲求不畏强御之名。按照《春秋》体例，卿应当书其名氏，但此处为惩创恶人，不记其名，以“盗”代之，记为“盗杀卫侯之兄絷”。这样的叙事方式即惩恶劝善。

随着《春秋》作为儒家经典的地位的确立，围绕着“春秋笔法”还延伸出了一系列相关的语汇，如：微言大义，一字褒贬，笔则笔、削则削，不赞一词等。微言大义的意思是包含在精微语言里的深刻道理。一字褒贬指《春秋》笔法严谨，一字即寓含褒贬之意。笔则笔、削则削和不赞一词都出自《史记》：“至于为《春秋》，笔则笔，削则削，子夏之徒，不能赞一辞”。意思是说孔子作《春秋》，在史料的取舍、在记录与不录之间大有深意，别人不能多添一个字。

综上所述，春秋笔法的特点是：文字委婉，行文曲折而有深意，作者的评判立场透过精微的语言表达间接反映出来。如：

郑伯克段于鄢。(《春秋》)

这句话反映的史实是：鲁隐公三年，郑国国君之弟公叔段，谋划夺取哥哥郑庄公的君位，庄公采取欲擒故纵的手段，诱使共叔段得寸进尺，然后在鄢地打败了公叔段，使他“出奔”。这六个字的字面意思即为：郑伯在鄢地打败了共叔段。根据《左传·隐公元年》的阐释：“段不弟，故不言弟。如二君，故曰克。称郑伯，讥失教也：谓之郑志。不言出奔，难之也。”这里揭示了四层“不写之写”意思：(1)文中不称叔段为“弟”，因为叔段做了弟弟所不该做的事情(“不弟”)，应该受到谴责；(2)兄弟俩如同两个国君一样争斗，所以用“克”字，而不用诸如“平叛”这样的词；(3)不称郑庄公是“公爵”，而把他贬称为“郑伯”，是谴责他对弟弟失于管教；(4)叔段逃走到共国，但《春秋》不写“出奔”，是因为要揭露郑庄公的本意是要赶走和杀害自己的弟弟，这么处理含有责难郑庄公的意思。

因此，《春秋》中这句话，表面上是对事实的纯客观记录；但短短的6个字，却以对兄弟二人的特殊称呼、对“克”字的选择，以及“讳书”公叔段出奔共国，来表达了作者对郑庄公和公叔段失之兄弟之仪强烈不满和批判。这是“春秋笔法”的典型例子。

二、白描

白描，在古代又称“白画”，原是中国画的一种传统技法，指纯用墨线勾勒、画面不着颜色的绘画方法。这一术语引用到文学评论中，指作家在表现人物或事物时，较少使用细致的修饰，仅用俭省的笔墨来勾画，而能达到传神地表现对象特征的文学表达手法。

白描作为文学评论术语，最早见于清朝金圣叹对《水浒传》第九回《林教头风雪山神庙，陆虞侯火烧草料场》的点评。对于这一回中描写雪景的文字，金圣叹批道：“‘寻着踪迹’四字，真是绘雪高手。龙眠白描，庶几有此。”这是对“白描”技法的偶尔提及。此后，张竹坡在评点《金瓶梅》时，一共使用了29次“白描”字眼，包括“白描”、“白描入骨”、“白描入化”、“白描勾挑”等，指的是通过对人物一个动作或一句话的简约刻画，而使得人物活现于纸上。这是中国文学批评史上第一次对“白描”术语的大量使用，奠定了这一概念的重要地位。在近代以来，鲁迅是深得白描之真味的作家。他不但在小说创作中典范性地使用这一手法，还总结了白描的“秘诀”：“有真意、去粉饰、少做作、勿卖弄”。鲁迅所强调的是一种追求语言质朴、简约传神的创作风格。

“白描”作为一种文学创作手法在叙事文学中运用广泛。它不仅大量运用于小说描写中，还运用于散文、诗词的创作中。不管是用于刻画人物，还是交代环境、描写事物，“白描”的特点都是抓住对象的突出特征，用简练的笔墨进行逼真的描写。如：

《金瓶梅》第一回：西门庆热结十弟兄 武二郎冷遇亲哥嫂

……（西门庆）一面走到厅上来，只见应伯爵头上戴一顶新盔的玄罗帽儿，身上穿一件半新不旧的天青夹绉纱褶子，却下丝鞋净袜，坐在上首。下首坐的便是姓谢的谢希大。见西门庆出来，一齐立起身来，连忙作揖道：“哥在家，连日少看。”西门庆让他坐下，一面唤茶来吃，说道：“你们好人儿！这几日我心里不耐烦，不出来走跳，你们通不来傍个影儿。”伯爵向谢希大道：“何如？我说哥哥要说哩！”因对西门庆道：“哥，你怪的是。连咱自也不知道成日忙些什么。自咱们这两只脚，还赶不上一张嘴哩！”西门庆因问道：“你这两日哪里来？”伯爵道：“昨日在院中李家，瞧了个孩子儿，就是哥这边二嫂子的侄女儿，桂卿的妹子，叫做桂姐儿。几时儿不见他，就出落的好不标致了！到明日成人的时候，还不知怎的样好哩。昨日他妈再三向我说：‘二爹千万寻个好子弟梳笼他。’敢怕明日还是哥的货儿哩。”西门庆道：“有这等事！等咱空闲了去瞧瞧。”谢希大接过来道：“哥不信，委的生得十分颜色。”西门庆道：“昨日便在他家，前几日却在那里去来？”伯爵道：“便是前日，卜志道兄弟死了，咱在他家帮着乱了几日，发送他出门。他嫂子再三向我说，叫我拜上哥，承哥这里送了香楮奠礼去，因他没有宽转地方儿，晚夕又没甚好酒席，不好请哥坐的，甚是过不意去。”西门庆道：“便是我闻得他不好，得没多日子就这等死了。我前日承他送我一把真金川扇儿，我正要拿甚答谢答谢，不想他又作了故人！”

成书于明朝的《金瓶梅》是借《水浒传》“武松杀嫂”的题材发展起来的章回小说。这部小说以一个带有浓厚市井色彩的豪绅西门庆从发迹到暴亡的故事为主线，描写了明代权贵地主、帮闲狎客和各式女性的日常生活，展现了生动的社会现实图景和丰富的人物形象。此处的节选文字出自“崇祯本”系统的第一回“西门庆热结十弟兄　武二郎冷遇亲哥嫂”，记叙的是西门庆的酒肉兄弟应伯爵、谢希大上门拜访西门庆的情景。

两段节选文字都突出了应伯爵的老于世故和机巧善变。应伯爵是追随在西门庆身边的一个重要帮闲人物，是小说塑造得最丰满和成功的角色之一。在西门庆去世前的第一回至第七十九回中，应伯爵几乎是如影随形地伴随着西门庆，不时地插科打诨，取笑逗乐，出谋划策，使西门庆的故事异常生动，摇曳多姿。对于这样一个重要而生动的角色，作者的主要刻画手法就是“白描”。张竹坡在第一回的回目上批道：“描写应伯爵处，纯是白描，追魂摄影之笔。”这是说，作者通过对应伯爵的语言和动作的描写，活生生地反映了人物的性格和内心世界。

选段的前文交代了西门庆和一群帮闲狎客花天酒地胡混，引起大房月娘的不满。月娘评论这些酒肉兄弟的虚伪的话，使西门庆不免产生了些疑心。果然，应伯爵和谢希大上场之后，他一开口便质问应伯爵等“通不来傍个影儿”。这时，“伯爵便向谢希大道：‘何如？我说哥哥要说哩。’”这一句“何如”云云，表面上是应伯爵向旁人说明西门庆的态度在意料之中，但其意图中真正的听众并非谢希大，而是西门庆。这句话意在西门庆面前表明：他时刻关心着西门庆的感受，他甚至还和别的朋友（谢希大）讨论过西门庆可能有的反应；他们既有先见之明，那么，这段时间对西门庆的冷落就是大有缘由的了。之后，应伯爵以退为进，承认西门庆“你怪的是”，又说“连咱自也不知道成日忙些什么！自咱们这两只脚，还赶不上一张嘴哩。”这主动的认错加上生动幽默的夸张说法立即减少了西门庆的责怪之情，还逗引了他的好奇之心。接下来，应伯爵立即投西门庆所好，先说昨日见到一个“好不标致”的桂姐儿，“敢怕明日还是哥的货儿哩”。西门庆果然被激起了兴致，转怒为喜。但还不忘进一步追问应伯爵等前几日的去向。应伯爵解释是帮着他们故去的兄弟家里料理丧事，由这丧事说起，又特意强调死者家属对西门庆送去的奠礼的谢意——或许这些致谢是无中生有或夸大之词，但显得合情合理，又入西门庆之耳。至此，西门庆原本的一些疑心和不满便烟消云散了。

从《金瓶梅》第一回来看，对应伯爵的塑造，主要采取了对其语言进行白描的手法。这就是通过勾勒应伯爵的语言来呈现此人的性格特点。如选文表现出来的那样，应伯爵的特点是：机智、圆滑、幽默、善于迎合奉承。这个角色就像小说中的润滑剂，使人物之间的关系变得舒展松弛，使情节运转得更生动有趣。

对人物进行语言白描，需要注意以下 3 点。第一是要善于突出描写对象的语言特点和个性。如选文中应伯爵所说的话生动、幽默，突出了应伯爵的急智和有趣。第二是寓主观心理活动于客观叙事的呈现。作为叙事的一种手法，白描的特点是叙述多于抒情和描绘。选文中应伯爵的语言几乎全是“叙述某件事情”，通过应伯爵对事情的叙述来表现其特别的生活态度和视角，虽没有让其口直接道出富有主观性的话语，但读者可从其语言叙述中直接看到其主观的内心活动。第三要注意的是白描须质朴简洁，点到为止，以留下更多的空白让读者去体会。如张竹坡在“伯爵向希大道：‘何如？我说哥要说哩！’”一处批道：“妙。纯是白描，却是放重笔拿轻笔法，切须学之也。”这是说，西门庆的质问和应伯爵的应答之间应当是感情强度较大的一次冲突，但作者没有去渲染应伯爵的情感反应，而是让这个角色先宕开去说了一句轻松和自嘲的话，从侧面强调了事件的重要性，也使人物的个性巧妙地得到展现。《金瓶梅》便是这样通过大量的白描手法把应伯爵塑造得丰满而生动，使他在书中的重要地位仅次于西门庆和潘金莲。

又如苏轼《六月二十七日望湖楼醉书》：

黑云翻墨未遮山，
白雨跳珠乱入船。
卷地风来忽吹散，
望湖楼下水如天。

这首七绝为宋神宗熙宁五年（1072）六月二十七日，苏轼在杭州西湖边望湖楼里所写的五首绝句之一。该诗仅有四句二十八字，却具有巨大的包容量，生动地展现了西湖山雨欲来到雨后初晴的全过程。这首诗之所以具有丰满的表现力，就是因为诗人采取了白描的手法，简洁而迅速地推进了场景的变换。

诗的第一句表现了暴雨来临前天空中的景象：乌云翻滚，仿佛倾洒的墨汁弥漫在空中，远方的景物变得朦朦胧胧，依稀可见远处的山巅。第二句笔锋一转，描写骤雨忽来，雨点像白色的珍珠乱溅，大颗大颗地打在船上。而正当人们观赏着壮观的雨景时，一阵狂风席地卷来，吹散了乌云和骤雨。最后描写云开日出，望湖楼下水面水天一色，波澜不起，仿佛什么都没有发生过一样。

这首纯写景的诗笔法简洁，画面富有动作感和戏剧性。诗人依循视线“上一下一上一下”转换的顺序，一一勾勒了“阴云逼近”、“急雨降临”、“风吹雨散”、“雨过天晴”的四幅画面。用笔坚决果断，衔接浑然天成。作者对每幅画面的着墨虽不多，但善于突出景物特征（如“翻墨”、“跳珠”），故给人深刻印象，完美地表现了夏雨来去迅速和波澜壮阔，体现了自然的变化莫测。这是以白描手法写景的典范之作。

再如李清照的《声声慢》：

寻寻觅觅，冷冷清清，凄凄惨惨戚戚。乍暖还寒时候，最难将息。三杯两盏淡酒，怎敌他、晚来风急！雁过也，正伤心，却是旧时相识。满地黄花堆积，憔悴损，如今有谁堪摘！守着窗儿，独自怎生得黑！梧桐更兼细雨，到黄昏、点点滴滴。这次第，怎一个愁字了得！

这首长调是李清照的晚年作品，也是她的代表作之一。历来以开篇叠词运用之奇隽、对日常生活和愁情表现之深切而为历代评家赞赏。在被比为“公孙大娘舞剑手”（张端义《贵耳集》）的三句叠词之后，作者以朴素的白描手法，依次叙写了晚风、飞雁、黄花、梧桐、秋雨等日常景物，记叙了饮酒、独坐、听雨等日常行为，流露出百转千回、驱之不散的愁情。整首词无一用典，极少修饰，以明白如话的语言描述诗人黄昏独坐之时，感受到的从外部侵入内部、又从内心折射于外物的凄清和悲苦。作者写作该词之时，已痛失亲人，历尽沧桑，故将痛切的体会倾注在平凡的生活中，通过对平凡生活的白描，“浅显而又深沉”、“寻常而又精警”（程千帆、吴新雷《两宋文学史》）地表达出了内心的伤感。

三、章回结构

章回结构是中国古代长篇小说的特殊形式，指的是长篇小说分章叙事、分回标目的结构。这种形式起源于宋元的讲史话本，如《三国平话志》、《五代史平话》、《宣和遗事》等。话本乃是以说话艺人所讲述的历史或故事为蓝本而整理的文学记录本。讲史或故事往往要分若干次说完，所以，艺人们每次只说一个相对完整的故事，这就相当于后来章回小说中的一回；在进入故事内容之前，要用题目向听众揭示主要内容，这后来发展成章回小说的回目。

经过宋、元两代的民间长期流传和说话艺人的完善，又经过作家的加工改写，至元末明初出现了一批章回小说，如《三国志通俗演义》、《残唐五代史演义》、《平妖传》、《水浒传》等。这些小说文本在体裁上保持着“讲史”的痕迹，如分节标目，经常出现“话说”、“看官”等提示着故事讲述套话的字样。但它们的功用不再是说书人的记录本，而是供给读者阅览使用；因此它们的情节比话本更为复杂，记叙描写也更为丰富。

到了明清时代，出现了不以话本故事为基础、而由作家独立创作的章回小说，如《金瓶梅》、《红楼梦》、《儒林外史》等。这些小说的题材从原来的国家、战争等宏大故事，转向了日常生活和家庭琐事；人物从英雄豪杰到寻常的平民百姓；故事由原来的板块式、单线式发展为网状结构，情节更为精巧细腻。

章回结构作为我国古代长篇小说重要的也是唯一的体裁形式，其特点是每章回内部的故事相对独立、完整，章回与章回之间相互照应而又前后勾连，多个章回构成一个有机而完整的故事。早期的章回小说往往在章回之间衔接生硬、裂隙较多。到了明清时期，如《红楼梦》这样的优秀小说已经超越了早期的粗糙形式，在结构上显得尤为精致、统一，如作者常常在前文伏下巧妙的“草蛇灰线”，暗示着后面情节的发展，这表明作者对于小说布局和人物命运有着整体的考虑，故能将故事组织得首尾连贯、有机圆满。本处以元末明初的两部具有较高成就的章回小说《三国演义》和《水浒传》为例，具体说明章回小说的叙事特征。

1.《三国演义》的叙事特征

历史小说《三国演义》是我国第一部成熟的章回小说。三国故事最迟从晚唐开始流传于民间，宋元时期大量艺人在书场里说唱三国故事，在舞台上表演三国剧目，使三国故事更为流行。在史书和民间传说的基础上，罗贯中创作完成的《三国演义》描写了公元 184 年到 280 年间的历史故事。其基本思想与民间故事中“拥刘反曹”的倾向一致；中心情节是魏、蜀、吴三大军事政治集团的斗争，表现了诸葛亮等人杰出的才能和智慧。

受到民间“说话”体裁的影响，一百二十回的《三国演义》首次形成了规范的章回结构形式，在叙事上形成独特的美学特征。

首先，经《三国演义》而基本定型的章回结构，形成了以“章回”为单位的规范性的小说叙事。罗贯中写定的《三国演义》沿用了“说话”的话语模式，分回设节，并以“欲知后事如何，且听下回分解”来形成章回的结尾，以此在章回与章回之间搭建环环相扣的桥梁。经过清康熙年间毛宗岗的修改，将一回中的两节故事合并起来，又将两节的节目合并为两句回目，“每回必以二语对偶为题，务取精工，以快阅者之目。”（毛宗岗《三国志演义·凡例五》）这样，《三国演义》的章回结构就在外在形式上更为完善。罗贯中初创的这种整体统一、分回（节）叙述的章回结构，奠定了我国古代长篇小说特殊美学形式的基础。

其次，《三国演义》的章回结构采取线性的时间线索，按照事件发生的先后顺序来安排情节，使故事的发生、发展、高潮和结局脉络清晰，首尾连贯。值得注意的是，小说虽以真实的历史事实为创作蓝本，以时间顺序构成叙事结构，但《三国演义》的情节比例并非完全对应于历史性的时间阶段。如小说涉及的时间总跨度是 97 年，前 50 年的故事占了全书的 105 回，后 47 年仅仅占了 15 回的篇幅。这是因为小说以蜀汉集团的发展为情节中心，而在蜀汉集团中又突出诸葛亮的作用；所以，当诸葛亮死后，虽然离晋统一还有 47 年的时间，但余后的故事与小说的高潮已然没有太大的关系，于是作者对此采取了略写的手法。总的来说，以时间为主线来编织情节的手法，使小说叙事有条不紊，事件轮廓分明。

最后，在以时间为线索的整体架构基础上，《三国演义》还采取了板块化叙事的结构。小说中有三大板块结构，即三个军事集团对抗中的三大战役：官渡之战、赤壁之战和彝陵之战。作者用这三大战役发生的先后顺序，来串联起三国强弱势力相互消长的历史，串联起围绕它们而展开的大小斗争和各种人物。如从第四十三回“诸葛亮舌战群儒，鲁子敬力排众议”到第五十回“诸葛亮智算华容，关云长义释曹操”的“赤壁之战”，描写了孙刘联盟、周瑜、曹操斗智、蒋干中计、孔明借箭等情节，错综交织地表现敌我矛盾和内部矛盾，突出了孔明的聪明、周瑜的才大量小、曹操的刚愎自用、蒋干的自作聪明、鲁肃的敦厚老实等。故占据八回篇幅的赤壁之战，就全书的结构而言，是使得南北方势力发生转化、三国鼎立局面初见端倪的重要事件。而这个故事本身又是一个凝聚了三大集团内外几十个大小人物、几十桩事件的一大板块结构。这种分板块设置情节的方法，使得故事层层相扣，戏里套戏，既有追本溯源、推波助澜之妙，又不至于使情节变成一盘散沙，失之琐碎。

总之，作为由话本而发展成的长篇小说开山之作，《三国演义》承续了“说话”艺术的固有模式，并将按时间顺序、分板块、分章回讲故事的形式较成熟地固定下来，为后世的长篇小说形式提供了艺术的借鉴。

2.《水浒传》的叙事特征

元末明初，与《三国演义》同时出现的章回体小说还有《水浒传》。《水浒传》是一部以现实主义笔法创作的小说，其历史根据是北宋末年以宋江等 36 人为代表的梁山水泊农民起义。

《水浒传》的叙事结构既不同于之前的《三国演义》，也不同于其后的《西游记》。《水浒传》的出现，标志着中国古典长篇小说在结构形态上的革新，它完满地将章回结构叙事与人物性格塑造结合在一起。

首先，《水浒传》采用章回体分卷分目，每一回集中重点描写一到二个主要人物或故事。纵观小说全局，作者有意识地在中心人物的身上着墨甚多。这一点体现在小说的章回结构安排上，就表现为章回的多寡取决于中心人物的重要程度。比如对宋江、卢俊义、武松、鲁智深、林冲等角色的刻画描写，都占据十个章回。与此形成鲜明对比的，小说中的次要人物，如李逵、柴进、杨志、杨雄等人物所占的章回就较少。这种结构安排能突出中心人物，在具体的叙事中充分表现其人物的语言风格、性格特征、行为等方面内容，从而塑造出一个个生动鲜活的典型环境中的典型人物。《水浒传》在重点对中心人物进行叙事描写的同时，巧妙地涉及次要人物的出场。比如在宋江的故事中就串联出了李逵、花荣、戴宗、张顺等英雄。这种写法由点及面，主次分明，读之如行山道中，主要景观令人印象深刻，而沿途风景又层出不穷。

其次，《水浒传》的叙事发展，往往是以人物为中介，通过对典型人物的塑造，采取中心人物转换的手法推动情节的展开，从而达到丝丝入扣的艺术效果。比如对宋江与武松这两个中心人物的描写就是穿插进行的。先写宋江义助晁盖诸兄弟、怒杀阎婆惜之后，与武松偶遇。紧接下来，小说就转入到武松的叙事：打虎景阳冈、与兄重逢、仇杀潘金莲和西门庆，刺配孟州、快活林醉打蒋门神、血溅鸳鸯楼等故事，一直到在孔家庄再遇宋江，小说就转折到宋江的情节去了。

第三，《水浒传》在各章回之间常有悬念的出现，每一回往往是在剧情发展到高潮时或在情节转折处就戛然而止，充分激发读者的好奇心。而这一悬念的解开，要在下一回的叙事开头才得到化解。这种悬念式断章分回的写法，带有明显的早期话本小说的痕迹。这种叙事手法的大量灵活运用，避免了叙事的平铺直叙，也使得读者始终处于阅读的兴奋和快感当中，从而保持了小说内部的强大叙事张力。

《水浒传》的章回结构，有机地将故事情节与人物的塑造紧密结合，人物性格的展开充分为小说叙事结构的拓展提供了内在依据和动力。从这个意义而言，《水浒传》在中国古典长篇小说的历史上起着继往开来的作用。

（梁昭）

第三章　中国古典文学赏析与写作

第一节　古　　诗

一、古诗文体特点及演变

诗体的分类，是一个复杂的问题。现在，就一般的看法，简单谈谈古体诗。

一般认为，古体诗包括两大部分，一是唐以前除楚辞以外的"古诗"，如《诗经》、"汉魏乐府古辞"、"南北乐府民歌"以及该时期的文人诗；唐以后的诗体，从格律上看，大致分为"近体诗"和"古体诗"两类。"近体诗"又叫"今体诗"，它有一定的格律。唐以后的"古体诗"是相对"近体诗"而言，一般又叫"古风"，它依照"古诗"的写法而作。由此可见古体诗包括唐以前的"古诗"和唐以后的"古体诗"。

古体诗有三言、四言、五言、六言、七言、杂言等类，基本体式为四、五、七言。特点是长短不拘，字数不限，不讲究平仄对仗，押韵比较自由。押韵可用本韵，可用邻韵；可押平声韵，也可押仄声韵；可以句句押韵，也可隔句押韵；可以重复押韵，也可中途换韵。"歌"、"行"、"吟"、"谣"、"引""弄""操""曲"等题名是古体诗常见的标志。如李白的《梦游天姥吟留别》、杜甫的《茅屋为秋风所破歌》、白居易的《琵琶行》等。

古体诗的发展经历了以下几个时期：西周到春秋的《诗经》，汉魏六朝诗，唐以后的古体诗。下面，对不同时期的古体诗做一综述。

《诗经》是我国迄今发现最早的诗歌总集，共收诗 305 篇，分"风"、"雅"、"颂"3 部分，其中的诗都能配乐吟唱，后来乐曲失传，只剩下文字。《诗经》中的诗具有强烈的时代感和现实意义，是我国现实主义文学的宗源。其句式以四言为主，多用叠章，赋、比、兴的艺术表现手法对后代文学影响深远。《诗经》无论是内容还是艺术形式都开启了中国诗歌乃至文学的先河。

汉代诗歌，以乐府和古诗十九首为代表。"乐府"，原指音乐机构，乐府歌辞是由乐府机构采集，并为其配上乐谱，以便歌唱的。《文心雕龙·乐府》篇说："凡乐辞曰诗，诗声曰歌。"可见，诗指的是诗人所作的歌辞，歌指的是和诗相配合的乐曲，"乐府"则兼指二者而言。汉乐府分贵族创作、文人创作和民歌三部分。民歌是乐府的精华，它的“感于哀乐，缘事而发”的创作方式与《诗经》一脉相承，风格朴实且情感真挚，句式上突破四言格式，以五言、杂言为主。《江南》、《孔雀东南飞》是其优秀的代表作品。《古诗十九首》是东汉时期的作品，由一批下层文人为抒发离愁别绪、人生无常和抱负无法施展的情感而创作。由于它表达了人类共同的情感，再加上其较高的艺术成就，成为中国古代五言抒情诗的代表。

汉末魏初，社会动荡，民不聊生，诗歌一改“经学附庸”的创作传统。一些诗歌作品，从现实出发，反映了战乱、徭役给人民带来的疾苦；另一些作品，抒发了个人理想、抱负。这一时期，形成了慷慨仕气、悲凉壮美的诗歌风格，史称“建安风骨”（建安是东汉末汉献帝年号），以“三曹”父子、王粲、“建安七子”为代表人物，其中，曹丕的纯粹七言诗《燕歌行》二首，为中国诗学开一新纪元。

魏晋之交，社会动荡，政治黑暗，玄学盛行。文学远离现实，诗歌创作崇尚老庄思想，清谈玄理，与“建安风骨”相比，虽更有文采，但刚气不足且曲折隐晦，史称“正始之音”。阮籍、嵇康是正始诗歌的代表人物。

南北朝时期。南朝诗歌经历了元嘉诗歌、永明体诗歌和宫体诗三个阶段，总趋势是沿着重艺术特质、重抒情和重娱乐方向发展，尤其重视诗歌艺术形式技巧的追求。杰出的代表有谢灵运，他创作的以山水为审美对象的诗歌，奠定了山水诗写作雏形。鲍照对七言诗发展作出了巨大贡献，他对七言诗句式和用韵的改革对后世有直接的影响。北朝诗歌秉承汉诗之风，重政教、尚写实、崇朴野，杰出的诗人有庾信、王褒。他们的诗歌融合了南方清绮和北方刚劲之风。南北朝乐府民歌因其独特的文学魅力，在诗坛占有重要的地位。《西洲曲》和《木兰辞》被视为南北朝诗歌的双壁。南北朝诗在诗歌形式的变革上，除鲍照对七言的改革外，永明体和宫体诗人开始对诗歌声律进行研究，但由于其规定过于琐细，在诗歌创作中并未严格遵守，不过，其研究成果，为唐格律诗的形成奠定了基础。

唐代产生了近体诗，但诗人们仍然模仿前人，创作了大量不受格律束缚的古体诗。这些诗或反映社会现实、或抒己之怀、或描山范水，其中不乏优秀作品，李白、白居易都是古体诗高手，留下了许多传世之作。

二、古体诗欣赏

西北有高楼

《古诗十九首》为东汉末年的作品，最早见于萧统的《文选》，作者姓名不详，非一人一时而作，估计是汉代下层文人作品。内容多表现游子思妇的羁旅愁怀，或寒门文士的失意彷徨。艺术上语言浅近却寓意无穷，情景交汇而浑然圆融。情感上虽稍显伤感、消极，却是人类共有之体验。所以能超越时空，影响深远。且多用五言，是五言诗已达到成熟的标志。

《西北有高楼》是《古诗十九首》的第五篇。

【原文】

西北有高楼，上与浮云齐。交疏结绮窗，阿阁三重阶。上有弦歌声，音响一何悲！谁能为此曲？无乃杞梁妻。清商随风发，中曲正徘徊。一弹再三叹，慷慨有余哀。不惜歌者苦，但伤知音稀。愿为双鸿鹄，奋翅起高飞。

【赏析】

“西北有高楼，上与浮云齐。交疏结绮窗，阿阁三重阶。”开篇横空出世，气象千云，写出了高楼的孤远、峻伟、幽深和精美。西北方向有一楼阁，窗子交疏结绮，楼的四面飞檐走阁，高耸入云。诗人借“孤远、幽深”的高楼，为后面写弦歌声和弦歌者之悲苦作一个铺垫，以烘托出相应的氛围。元曲大家马致远的《天净沙》用“枯藤、老树、昏鸦”，“古道、西风、瘦马”等景象烘托远在天涯的断肠人悲苦心情的手法与此诗有同功之妙。

“上有弦歌声，音响一何悲！谁能为此曲？无乃杞梁妻。”此 4 句描写了歌声的悲伤、凄凉和孤独。弦歌声从远处云遮雾绕的高楼上飘来，使作者驻足谛听。“音响一何悲”，表明听者逐渐被歌声感染，对歌声中所表现出的如此的悲伤和凄凉感到惊讶，从而发生联想：谁能作出这样的悲歌，莫非是杞梁妻吗？作者一开始并没有对弦歌声展开具体的描写，而是描写对歌声的心灵感受。这种避实就虚的手法，大大扩充了艺术表现的空间和深度。同时，借古喻今，通过一生遭遇悲惨的杞梁妻的典故，一方面将弦歌之悲具体化，另一方面，给读者留下大量的想象空间，以感受歌者的性别、遭遇和心境。

“清商随风发，中曲正徘徊。一弹再三叹，慷慨有余哀。”此四句描写了弦歌者完整的奏曲过程。开始，哀怨的清商曲随风飘来；曲中，凄凉悲婉的旋律萦绕迟回；曲终一弹三叹，哀怨声中寓有激越之音，感情不是宣泄无遗，而是余哀未尽，歌者的悲伤积愤之情可见一斑。“曲由心生，心由境生”，通过这 4 句，一个深居幽阁，孤苦寂寞，充满痛苦和艰辛而无人同情与理解的“佳人”形象跃然纸上。这里“佳人”既是喻他，更是喻己。

“不惜歌者苦，但伤知音稀。愿为双鸿鹄，奋翅起高飞。”“不惜歌者苦”不是歌者之苦不值得痛惜，主要是要逼出“但伤知音稀”这句，意思是说弦歌者之苦固然值得痛惜，但更让人伤心的是歌者无人理解，没有知音。正是这种同情和“知音难觅”的感怀，诗人内心迸发出“愿为双鸿鹄，奋翅起高飞。”的理想追求，堪称奇思妙想、出神入化的点睛之笔。

这是一首抒写由闻弦歌而产生知音难觅的悲慨，以及觅到知音后的共鸣与倾慕之情。诗中以声、情、景为描写对象，声与情本是非常抽象的，再加上歌者始终是“可想而不可见”的，表现难度自然很大。但作者以听歌者的心理活动为主线，以空中传声送情为纽带，采用象征手法，从空际着笔，将歌者与听者联系起来，把感情表现得十分真挚而婉转，其表现手法之成熟、圆融堪称幻甚，奇甚，与《古诗十九首》中其他诗歌的白描写法有所不同，清人吴淇称，“《古诗十九首》中，唯此首最为悲酸。”

步出夏门行

曹操（155—220），字孟德，中国历史上杰出的政治家、军事家和文学家。汉献帝时，官拜丞相、大将军，封魏王，“挟天子以令诸侯”。他执政时期，政治开明，擅用人才，重视文学。他开启的以乐府写时事的诗歌创作方式，在当时蔚然成风，影响深远。曹操一生立志天下，所以他的诗气魄雄伟、情感深沉、格调苍凉，成为建安文学的典范。

【原文】

东临碣石，以观沧海。水何澹澹，山岛竦峙。树木丛生，百草丰茂。秋风萧瑟，洪波涌起。日月之行，若出其中；星汉灿烂，若出其里。幸甚至哉，歌以咏志。

【赏析】

建安十二年，曹操挥师北征袁绍残余，大捷而归，途经碣石山，登山观海，感慨万千，写下此诗。

诗前八句写现实之景。“东临碣石，以观沧海。”登上碣石山，放眼一望，海天一色，一览无余。“水何澹澹，山岛竦峙。”烟波荡漾，在辽阔无垠的海面上，山岛耸立。“树木丛生，百草丰茂。”写出山岛上树木苍翠，百草茂盛，一片生机盎然的景象。“秋风萧瑟，洪波涌起。”此处由“静”而“动”，伴随着瑟瑟秋风，巨浪汹涌，涛声震耳，大海巨大的能力充塞天地。

随后四句写曹操胸中之景。“日月之行，若出其中；星汉灿烂，若出其里。”面对汹涌的大海，在诗人看来，天地间最宏伟的日、月、星辰都显得如此的渺小，他们都在波涛汹涌的大海中吐出衔入。如此气吞山河，震撼魂魄的写景，非曹公，无人能为。它并非矫饰造作，空穴来风，只有具有曹操这样抱负和成就的“野心家”，才能写得如此气势宏大，它是曹操政治抱负、雄心壮志、乐观气度注入自然景观的杰作，是情景交融的肺腑之言。

此诗是曹操《步出夏门行》四章中的第一章，它是文学史上第一首以自然景观为描写对象的诗歌。看似平常的“大海”，“山岛”，“树木”，“百草”，经励精图治，欲霸天下的曹操的诠释，显得大气磅礴，蔚然壮观。人们从诗歌中看到的不只是壮美景色，更读到了一代枭雄的雄心壮志。所以，此诗虽然是第一首写景诗，却因深沉、豪迈的情感，情景交融的描写手法，和雄奇苍劲的艺术风格，成为“建安文学”的代表之作和我国古体诗的经典名篇。

读《山海经》（其一）

陶渊明（365—427），字元亮，别号五柳先生。浔阳柴桑（今江西九江附近）人。出身没落地主家庭。早年，受其曾任东晋大司马的曾祖陶侃影响，有“大济苍生”之抱负，二十七岁出仕，先后任江洲祭酒、镇军、参军和彭泽令等小官。终因不满官场黑暗和自身“任真自得”的天性，于四十一岁辞官归隐，走上了自由躬耕的田园生活。

陶渊明是我国文学史上有着深远影响和重要地位的诗人。他独特的人格魅力和人生态度是后人称颂的对象。特别是他创作的以归隐田园生活为题材的诗歌，无论其超凡脱俗的思想境界还是平和冲淡的艺术风格，都成为历代文人竞相仿效的典范。

【原文】

孟夏草木长，绕物树扶疏。众鸟欣有托，吾亦爱吾庐。既耕亦已种，时还读我书。穷巷隔深辙，颇回故人车。欢然酌春酒，摘我园中蔬。微雨从东来，好风与之俱。泛览周王传，流观山海图。俯仰终宇宙，不乐复何如？

【赏析】

《山海经》是一部记述古代神话传说及海内外山川异物的书，共十八卷。晋代郭璞为其作注。《读〈山海经〉》共十三首，此诗为第一首。全诗可分三段。

前四句为一段，写隐居的环境。“孟夏草木长，绕屋树扶疏。”短短两句把暮春四月，花期刚过，草肥叶茂，绿荫蔚然，极富乡村气息的陶居环境勾画于读者眼前。“众鸟欣有托，吾亦爱吾庐。”此两句用赋的表现手法表面上写众鸟“欣有托”，实写作者十几年官场痛苦惶惑，终于在回归自然后的得以解脱。一切物境皆心境，草木扶疏，百鸟争鸣，欣欣向荣的大自然正是陶翁任真自由，心与道泯的人生境界的体现。

中间八句写“吾”在“吾庐”的耕读之乐和人事关系。“既耕亦已种，时还读我书。”写出了陶渊明农闲之余，读书的快乐。“深巷隔深辙，颇回故人车。”

作者借此表达对造访者的态度：随性自然，毫无勉强。“欢然酌春酒，摘我园中蔬。微雨从东来，好风与之俱。”前两句借好友相聚，畅饮春酒，品尝时蔬，写出了田园生活的自在惬意，妙趣横生。后两句作者故意从叙事转而荡开写景，“好风”、“微雨”看似平淡却写出了春天风的和煦、雨的曼妙。“从东来”、“与之俱”毫不经意间写出了饮酒人兴致的浓厚，行为的消散。和前面的“吾亦爱吾庐”更是前后照应，相映成趣。此两句写来看似平和冲淡却韵味无穷。被后人传为写景佳句。

“泛览周王传，流观山海图。“泛览”、“流观”是五柳先生“好读书，不求甚解……”的读书方法的最好注脚。同时我们也看到劳动之余，在美丽大自然中读书的陶渊明完全陶醉在审美愉悦之中。“俯仰终宇宙，不乐复何如？”作者“俯仰”宇宙得到的快乐可从三个层面来理解：一是作者随书中故事遨游古今，沉醉于书中宇宙是何其快乐。二是作者回归自然，躬耕自给，沉醉于天地宇宙是何其快乐。三是作者摆脱尘世桎梏，心灵得到自由释放，陶醉心中宇宙是何其快乐。此两句是全诗的总结。不仅写出陶渊明泛览图书的乐趣，更是作者归依自然，委运任化，安贫乐道，达观通透的人生态度的写照。

登幽州台歌

陈子昂（695—700）唐朝梓州射洪人。24 岁得中进士，官至右拾遗。陈子昂是一个有政治远见和才能的文人，他敢于直谏，对武后朝廷的不少弊政，常常提出批评，始终不被武则天采纳，并一度因“逆党”案株连而下狱。终因与当政者政见不和，被解职还乡，后被射洪县令诬陷入狱，含冤而逝。陈子昂在诗歌创作中倡导恢复汉魏风骨、风雅兴寄的传统，提出了“骨气端翔，音节顿挫，光英朗练。”的诗歌审美理想。陈子昂的理论主张和诗歌创作开启了盛唐一代诗风，对唐诗变革具有关键性意义。

【原文】

前不见古人，后不见来者。念天地之悠悠，独怆然而涕下。

【赏析】

696 年，契丹来犯，陈子昂随武攸宜北上征讨，在其幕府中担任参谋。武出生亲贵，不晓军事，为人轻率而少谋略。次年兵败，情况紧急，陈子昂多次明谏，不被听取，反被降为军曹。失意的陈子昂登上蓟北楼（即幽州台，遗址在今北京市），抚今思昔，慷慨悲吟，写下此诗。

“前不见古人，后不见来者。”这里的“古人”指的是古代能够礼贤下士的圣主明君。《登幽州台歌》与作者的另一组诗《蓟丘览古赠卢居士藏用七首》是同时之作，其内容可作资证。从《蓟丘览古》七首来看，应指燕昭王和燕太子丹礼遇臣下，重用人才的历史。作者怀古，无非是对现实的失望和不满。思昔抚今，自己空有一腔抱负，满腹才华无处施展，于是，他发出了后世明君今何在，只恨此生未逢时的慷慨悲叹。

"念天地之悠悠，独怆然而涕下。"登台远眺，北方苍凉的原野辽阔无垠，诗人感念：天地无穷而时光短暂，岁月蹉跎却报国无门，一种空前的孤独感和巨大的沧桑感涌上心头，百感交集，泪流满面。

本诗是抒发文人怀才不遇的情怀，中国文学史上同类题材的诗歌层出不穷，唯陈子昂四句小诗《登幽州台歌》影响最大。这是由于陈子昂强烈的时代使命感加上政治上屡遭排斥的压抑感和理想不能实现的失意感汇集内心多时，在独自登楼时俯仰苍茫天地，终于喷发而出，一泻无余。正因为如此，《登幽州台歌》显得由为真实感人，震撼心灵。非"为赋新词强说愁"之辈能企及。句式上本诗采用了长短参差的楚辞体句法。上两句每句五字，三个停顿（前//不见//古人，后//不见//来者，）音节比较急促，后两句每句六字，四个停顿（念//天地//之//悠悠，独//怆然//而//涕下！）音节比较舒缓，分别传达了作者生不逢时、抑郁不平和无可奈何、曼声长叹的心情。此诗内容和形式和谐统一，共同体现作者倡导的慷慨任气，古朴苍凉的建安文学之风格。

春江花月夜

张若虚，生卒不详，一说（660—720），初、盛唐之交的一位诗人。扬州人，中宗时"以文词俊秀"闻名长安，又与贺知章、张旭、包融并称"吴中四杰"。生平事迹不详。其作品大都散失，存诗仅两首，但凭这首《春江花月夜》，"孤篇横绝，竟为大家"。

【原文】

春江潮水连海平，海上明月共潮生。滟滟随波千万里，何处春江无明月！
江流宛转绕芳甸，月照花林皆似霰；空里流霜不觉飞，汀上白沙看不见。
江天一色无纤尘，皎皎空中孤月轮。江畔何人初见月？江月何年初照人？
人生代代无穷已，江月年年只相似。不知江月待何人，但见长江送流水。
白云一片去悠悠，青枫浦上不胜愁。谁家今夜扁舟子？何处相思明月楼？
可怜楼上月徘徊，应照离人妆镜台。玉户帘中卷不去，捣衣砧上还复来。
此时相望不相闻，愿逐月华流照君。鸿雁长飞光不度，鱼龙潜跃水成文。
昨夜闲潭梦落花，可怜春半不回家。江水流春去欲尽，江潭落月复西斜。
斜月沉沉藏海雾，碣石潇湘无限路。不知乘月几人归，落月摇情满江树。

【赏析】

诗篇的题目首先就令人心驰神往，“春”、“江”、“花”、“月”、夜”，把五种最能引发人们神思遐想的事物汇聚在一起，既点明主题，又充满诗情画意。

全诗分为三个部分，开篇八句，描写春、江、花、月、夜的美景，接下来的八句由景引入对人生、宇宙的思考、感悟，剩下部分，抒写游子思妇的离愁别恨。

开篇八句，作者由大到小，由远及近，勾画出一幅春江花月夜的壮丽画面：浩瀚如海的江面上，一轮明月共潮涌升，皓月当空，波光潋滟，万物都沐浴在月色清辉之中；江水弯弯，饶过花草丛生的原野，月光泻在花树上，好像撒上了一层洁白的雪，世间的五光十色在皎洁的月色下荡然无存，所以“流霜不觉飞，白沙看不见。”万物都沉浸在梦幻般的银辉下，使春江花月夜显得分外幽美恬静，仿佛一个神话般的境界。

接着八句，作者面对如此空灵纯净的月色美景，引发了充满诗意的哲理思考。“江畔何人初见月？江月何年初照人？”这是诗人面对清明澄澈的宇宙，而产生的神思遐想，这种探索，古而有之，如阮籍《咏怀》“人生如尘露，天道邈悠悠”，曹植《送应氏》：“天地无终极，人命若朝霜”等，大都感慨人生苦短，但作者却写出了新意：“人生代代无穷已，江月年年只相似。”个人生命虽然短暂，而人类却是绵延不绝的，所以能和江月一样天长地久。“哀而不伤”，是本诗的基调，诗人虽然感伤人生的短暂，但并不颓废和绝望，这是源于诗人对人生的追求与热爱，对社会发展充满信心，是初盛唐时期的时代回音。“不知江月待何人，但见长江送流水。”江月有恨，流水无情，作者由此句引出下面游子思妇的离愁别恨。

余下十二句由人生哲理思考转向美好爱情的讴歌。“白云一片去悠悠，青枫浦上不胜愁。谁家今夜扁舟子？何处相思明月楼？”悠悠的白云，如行踪飘浮的“扁舟子”，青枫浦本是地名，但“枫”、“浦”二字在诗中常作为离愁别绪的寓情之物。这四句，用“白云”、“青枫浦”、“扁舟子”和“明月楼”表现了游子与思妇的相互思念。从“可怜楼上月徘徊”到“鱼龙潜跃水成文”一段，是写思妇对游子的思念。诗篇不是直抒胸臆，而是借月光、鸿雁、鱼龙、妆镜台、玉户帘、捣衣砧来叙写。不见悲泪，而悲泪自出。卷不去、拂还来几句，更是写出月光有情，而思妇无心反被月恼的复杂心情。从“昨夜闲潭梦落花”至结束写游子思归之情，与前面一样，仍是借用落花、流水、残月来烘托。“江水流春去欲尽”，江水日夜流淌，像江水一样一去不返的还有游子的青春、幸福和憧憬。碣石、潇湘喻游子、思妇天各一方，难以想见。结句“不知乘月几人归，落月摇情满江树”是全诗的中心句，诗人感慨：不知有多少人能乘月回到亲人的身旁！那无着无落的离情，伴随着一轮残月，撒满在江边的树上。

《春江花月夜》本是乐府旧题，但作者却赋予它全新的内容。本诗紧扣春、江、花、月、夜的背景，而又以月为主线，诗情随着月的升起→高悬→西斜→落下而变化。开篇用“春”、“江”、“花”、“月”逐字吐出，结尾用“春”、“江”、“花”、“月”逐字收拢，前后照应，浑然一体。诗中以明月、江水、天空、原野、花林、飞霜、沙滩、白云、扁舟、高楼、镜台、砧石、鸿雁、鱼龙、闲潭、流水、游子、思妇等意象组成一个和谐、清幽、空明、澄澈、伤感的意境。在这个意境中除了幽美的画面，还有情感的流动，哲理的思考。其艺术造诣远远超过前人单纯的摹山范水的写景诗。《春江花月夜》被闻一多称为“诗中之诗，顶峰上的顶峰。”实在是当之无愧。

三、古体诗的写作

《馀师录》曰：“文不可无者有四：曰体，曰志，曰气，曰韵。”作诗亦然。体贵正大，志贵高远，气贵雄浑，韵贵隽永。四者之本，非养无以发其真，非悟无以入其妙。现从体裁、用韵、意象三个方面谈谈古体诗的创作。

（一）体裁

古体诗篇幅长短不限，句子有四言、五言、六言、七言和杂言诸体。

四言诗在近体诗中已经不存在了，虽不加“古”字，但不言而喻，就知道是古体诗。《诗经》中收集的上古诗歌以四言诗为主。两汉、魏、晋仍有人写四言诗，曹操的《观沧海》、陶渊明的《停云》都是这一时期四言诗的典型例子。

五言和七言古体诗作较多，简称五古、七古。五古最早产生于汉代。《古诗十九首》都是五言古诗。汉代以后，写五言古诗的人很多。南北朝时的诗大都是五言的，唐代及其以后的古体诗中五言的也较多。而七古的产生可能早于五古。但在唐代以前不如五古多见。到了唐代，七古大量出现，唐人又称七古为长句。

杂言诗也是古体诗所独有的。诗句长短不齐，有一字至十字以上，一般为三、四、五、七言相杂，而以七言为主，故习惯上归入七古一类。《诗经》和汉乐府民歌中杂言诗较多。汉魏以来乐府诗配合音乐，有歌、行、曲、辞等。唐人乐府诗多不合乐。唐宋时代的杂言诗形式多种多样：有七言中杂五言的，如张籍的《行路难》；有七言中杂三言的，如张耒的《牧牛儿》；有七言中杂三、五言的，如李白的《将进酒》；有七言中杂二、三、四五言至十言以上的，如杜甫的《茅屋为秋风所破歌》；有以四、六、八言为主杂以五、七言的，如李白的《蜀道难》。

此外，古绝句在唐时也有作者；都属古体诗范围。唐代一部分古诗有律化倾向，乃至古体作品中常融入近体句式。但也有些古诗作者有意识与近体相区别，多用拗句，间或散文化来避律。

（二）押韵

古体诗用韵较宽，其用韵的规则主要有以下7种。

1．句句用韵。《诗经》、《楚辞》里的多数篇章，都是句句押韵的。如《国风·豳风·鸱鸮》第四章："予羽谯谯，予尾翛翛。予室翘翘，风雨所飘摇。予维音哓哓。"先秦两汉时期的七言古诗一般都是句句用韵的。相传汉武帝曾筑柏梁台，与群臣联句赋七言诗，句句用韵。后人把这种句句用韵的诗体称为"柏梁体"。东汉时张衡的《四愁诗》，三国时魏曹丕的《燕歌行》都是句句用韵的。

2．隔句用韵。《诗经》里就有隔句用韵的诗作，如《邶风·静女》："静女其姝，俟我于城隅。爱而不见，搔首踟蹰。静女其娈，贻我彤管。彤管有炜，说怿女美。"汉代的乐府诗隔句用韵的如《陌上桑》："日出东南隅，照我秦氏楼。秦氏有好女，自名为罗敷。"汉代的古诗隔句用韵的如《古诗十九首》："行行重行行，与君生别离。相去万余里，各在一天涯。道路阻且长，会面安可知？胡马依北风，越鸟巢南枝。"曹操的四言诗隔句用韵的如《步出夏门行》："东临碣石，以观沧海。水何澹澹，山岛竦峙。树木丛生，百草丰茂。秋风萧瑟，洪波涌起。日月之行，若出其中。星汉灿烂，若出其里。幸甚至哉，歌以咏志。"

3．可用平声韵。如李白的《古风（其十九）》："西上莲花山，迢迢见明星"；也可用仄声韵，如诸葛亮的《梁甫吟》。

4．三句一韵。古体诗当中，还有特殊情况，即每隔两句用一次韵，也就是三句一韵。如李斯的《会稽刻石》："皇帝休烈，平一宇内，德惠修长。卅有七载，亲巡天下，周览远方。遂登会稽，宣省习俗，黔首斋庄。群臣诵功，本原事迹，追首高明。秦圣临国，始定型名，显陈旧章。初平法式，审别职任，以立恒常。"这是一首纪功的碑文，是以诗的形式来写的，早期以四言诗体为主，碑铭四言，与诗体无异，后来五言诗兴盛，人们撰写碑铭时，为了朴拙质实与庄重严肃，故用四言体，而减少了古代四言诗抒情的成分，碑铭与诗歌才有了明确的区分。

5．交错用韵。即俗话说的马蹄韵，有似马行蹄迹。《诗经》中就有马蹄韵，如《诗经·周南·兔罝》："肃肃兔罝，椓之丁丁。赳赳武夫，公侯干城。"其中"罝"与"夫"同韵，"丁"与"城"同韵。

6．换韵。曹操的《短歌行》是换韵之作："对酒当歌，人生几何？譬如朝露，去日苦多。慨当以慷，幽思难忘。何以解忧，有杜康。青青子衿，悠悠我心。但为君故，沉吟至今。呦呦鹿鸣，食野之苹。我有嘉宾，鼓瑟吹笙。明明如月，何时可辍？忧从中来，不可断绝。越陌度阡，枉用相存。契阔谈宴，心念旧恩。月明星稀，乌鹊南飞。绕树三匝，何枝可依？山不厌高，海不厌深。周公吐哺，天下归心。”这首诗共三十二句，每四句一韵，共八次换韵。又如李白的《乌夜啼》：“黄云城边乌欲栖，归飞哑哑枝上啼；机中织锦秦川女，碧纱如烟隔窗语；停梭怅然忆良人，独宿空房泪如雨。”全诗六句，前两句押两韵，后四句押三韵，之所以不觉头重脚轻，在于它的第五句未入韵。

7. 韵脚后加语气词。这种用韵方式，在早期的诗歌中常有出现，而在五言诗成熟以后，就用得很少了，只是在骚体的诗歌中还有所运用。《诗经》中就有这样用韵的例子，如《诗经·齐风·鸡鸣》：“鸡既鸣矣，朝既盈矣。匪鸡则鸣，苍蝇之声。东方明矣，朝既昌矣。匪东方则明，月出之光。”又《楚辞·橘颂》：“后皇嘉树，橘徕服兮。受命不迁，生南国兮。深固难徙，更壹志兮。绿叶素荣，纷其可喜兮。”

（三）“意”与“象”

中国传统审美意识认为“象”是达意的，《周易·系辞上》：“圣人立象以尽意，设卦以尽情伪，系辞焉以尽其言。”一般认为“意”即创作主体之情感、志意；“象”即形象、物象。“意象”是心意与物象的统一，无形与有形的统一，所谓“意中之象，象中之意”。

自《诗经》起，中国诗歌的传统就是去寻找一种与“意”互为对应的“象”以达“意”。经汉将诗歌文人化之后，以“象”藏“意”、以“象”传“意”的审美追求更成了一种自觉规范。在古体诗歌的写作中，除了关注体裁、押韵之外，语言及思想情感的锤炼尤其重要。如果诗歌的遣词造句、传情达意无简约之风，无古典之意，或者说无古汉语的语言素材和意象素材，写出来的也不过就是现代诗或者打油诗。

怎样做到写出古诗神髓呢？首要的是语言体验。即识记古诗，掌握单音节词的语法特点和修辞手段。对一些古典意象要认真体会。学会通过语言深入古人或拙朴、或疏淡、或沉郁、或雄放等多姿而相对纯粹的情、意语境。其次，要做到“辞不害意”。诗歌乃“情动于中而形于外”的自然、真情之作，如果不是心有所感、情发于中，即便是押韵了、有古典语言功底了，其诗也必为无味的矫伪之作，算不得真正的诗歌了。

（詹放）

第二节 格 律 诗

一、格律诗赏析

格律诗形成于唐代，又叫近体诗或今体诗。它在句数、平仄、押韵、对仗、句式上都有严格的要求。

1．句数。格律诗根据句数的不同，可以分为绝句和律诗两大类。其中，绝句每首四句。律诗一般是每首八句。律诗每两句构成一联，其中，第一二句称为首联；第三四句称为颔联；第五六句称为颈联；第七八句称为尾联。每联的上句称为出句，下句称为对句。超过八句的律诗叫排律或长排，但其句数必须为双数。

2．平仄。平声，是指古汉语四声中的上平声和下平声；仄声，是指古汉语四声中的上、去、入三声。平仄交互使用是格律诗最重要的特色。

格律诗每句诗的平仄都是根据相间的原则组织而成的。如五言律诗的句子有四种基本类型：

A．仄仄仄平平　　B．仄仄平平仄

C．平平仄仄平　　D．平平平仄仄

由这四种句式交互变化，就构成五言律诗的四种格式。

七言律诗的平仄是在五言律诗的句子前面增加两个与五言律诗起头两字相反的平声或仄声字。即：

A．平平仄仄仄平平　　B．平平仄仄平平仄

C．仄仄平平仄仄平　　D．仄仄平平平仄仄

整首格律诗的平仄是按照“粘”、“对”的原则将各诗句组接起来的。所谓“对”，是指每联对句的平仄应当与出句相对立。如李白《送友人》：“青山横北郭，白水绕孤城”这一联中，出句的平仄是：平平平仄仄，对句的平仄就是：仄仄仄平平，出句与对句的平仄恰好相反。所谓“粘”，是指后一联出句中的第二字的平仄必须与前一联对句中第二字的平仄相同。如杜甫《登高》：“风急天高猿啸哀，渚清沙白鸟飞回。无边落木萧萧下，不尽长江滚滚来。万里悲秋常作客，百年多病独登台。艰难苦恨繁霜鬓，潦倒新停浊酒杯。”其中的“清”与“边”都是平声字；“尽”与“里”都是仄声字；“年”与“难”都是平声字。如果不符合“对”的规则，叫“失对”，不符合“粘”的规则叫“失粘”。

律绝、排律的平仄格式都是按照“粘”、“对”的原则，通过上述律诗的几种基本句子的平仄类型组合而成。所以，只要记住律诗句子的基本类型，然后根据“粘”、“对”规则组接各句，就能推出整首诗的平仄。如平起式：

（1）首句入韵式：

平平仄仄仄平平
仄仄平平仄仄平
仄仄平平平仄仄
平平仄仄仄平平
平平仄仄平平仄
仄仄平平仄仄平
仄仄平平平仄仄
平平仄仄仄平平

（2）首句不入韵式：

平平仄仄平平仄
仄仄平平仄仄平
仄仄平平平仄仄
平平仄仄仄平平
平平仄仄平平仄
仄仄平平仄仄平
仄仄平平平仄仄
平平仄仄仄平平

仄起式：

（1）首句入韵式：

仄仄平平仄仄平
平平仄仄仄平平
平平仄仄平平仄
仄仄平平仄仄平
仄仄平平平仄仄
平平仄仄仄平平
平平仄仄平平仄
仄仄平平仄仄平

（2）首句不入韵式：

仄仄平平平仄仄
平平仄仄仄平平
平平仄仄平平仄
仄仄平平仄仄平
仄仄平平平仄仄

平平仄仄仄平平
平平仄仄平平仄
仄仄平平仄仄平

通过“粘”、“对”规则的运用，诗歌平仄的安排更富于变化之美：由于“对”的使用，出句和对句的平仄不会雷同；由于“粘”的运用，前后两联的平仄不会雷同。这样，一首格律诗的平仄会有起伏回环，从而产生抑扬顿挫的节奏感和音乐美。

3．押韵。格律诗只押平声韵，且要求一韵到底，中间不能换韵。押韵的位置固定在第二、四、六、八句，绝句则是第二、四句押韵。首句可以入韵，也可以不入韵。一般来说，五言律诗的首句以不入韵为常见，七言律诗的首句以入韵为常见。

格律诗采用的韵部与今天不同。隋朝陆法言所著《切韵》共分206韵，分部太细，不便押韵。所以唐初规定相近的韵可以同用。南宋对原有韵书的韵目进行了一些归并、调整，被称为“平水韵”，“平水韵”主要是把唐以来就规定可以“同用”的一些韵目正式合并起来，这样，206韵就减并成了106韵。这也就成了格律诗所用之韵。

平水韵把汉字列为上平声、下平声、上声、去声、入声，共五大部分。其中的上平声、下平声的分别，只是因为平声字多，分为上、下两卷来写罢了。上平声相当于平声上卷，下平声相当于平声下卷。其中，上平声15韵，下平声15韵，上声29韵，去声30韵，入声17韵。现列举106韵目如下：

上平声：一东、二冬、三江、四支、五微、六鱼、七虞、八齐、九佳、十灰、十一真、十二文、十三元、十四寒、十五删

下平声：一先、二萧、三肴、四豪、五歌、六麻、七阳、八庚、九青、十蒸、十一尤、十二侵、十三覃、十四盐、十五咸

上声：一董、二肿、三讲、四纸、五尾、六语、七雨、八荠、九蟹、十贿、十一轸、十二吻、十三阮、十四旱、十五潸、十六铣、十七筱、十八巧、十九皓、二十哿、二十一马、二十二养、二十三梗、二十四迥、二十五有、二十六寝、二十七感、二十八俭、二十九槛

去声：一送、二宋、三绛、四真、五未、六御、七遇、八霁、九泰、十卦、十一队、十二震、十四愿、十五翰、十六谏、十七霰、十八啸、十九效、二十号、二十一个、二十二杩、二十三漾、二十四敬、二十五径、二十六宥、二十七沁、二十八勘、二十九艳、三十陷

入声：一屋、二沃、三觉、四质、五物、六月、七曷、八黠、九屑、十药、十一陌、十二锡、十三职、十四缉、十五合、十六叶、十七洽

如李白《赠孟浩然》：

吾爱孟夫子，风流天下闻。红颜弃轩冕，白首卧松云。

醉月频中圣，迷花不事君。高山安可仰，徒此揖清芬。

这首诗的韵脚，即“闻”、“云”、“君”、“芬”四字都属于上平声的十二“文”这一韵部中的字，所以我们说这首诗押文韵。

又如杜甫《春望》：

国破山河在，城春草木深。感时花溅泪，恨别鸟惊心。

烽火连三月，家书抵万金。白头骚更短，浑欲不胜簪。

这首诗的韵脚，即“深”、“心”、“金”、“簪”四字都属于下平声的十二“侵”这一韵部中的字，所以我们说这首诗押侵韵。

4. 对仗格律诗一般要求中间两联用对仗，首联可以用对仗，也可以不用。排律的中间各联全都要用对仗，尾联一般不用对仗，以便结束。律绝一般是截取律诗的首尾两联，即全都不用对仗。但也有截取律诗后两联的情况，这就要求前一联用对仗。。格律诗的对仗一般要求结构相同、词性相当，且受平仄格律的规定，总是平声字与仄声字互为对仗。在对仗中，还要避免同字相对。

如：

终南山

王 维

太乙近天都，连山到海隅。
白云回望合，青霭入看无。
分野中峰变，阴晴众壑殊。
欲投人处宿，隔水问樵夫。

【赏析】 这首诗中间两联的对仗十分标准。

八阵图

杜 甫

功盖三分国，名成八阵图。
江流石不转，遗恨失吞吴。

【赏析】 这是一首前一联使用对仗的例子。

5. 句式。从格律诗的句式情况来看，一般是两个音节构成一个节奏单位。且多以三个字结尾，后三字虽然可以再分为二一式或一二式，但这三个字基本构成一个整体。所以，五律常是前两字与后三字构成两个较大的节奏；七律则是前四字与后三字构成两个较大的节奏。如：

天意∥怜∥幽草，人间∥重∥晚晴。（李商隐《晚晴》）

白云∥回望∥合，青霭∥入看∥无。（王维《终南山》）

无边∥落木∥萧萧∥下，不尽∥长江∥滚滚∥来。（杜甫《登高》）

映阶∥碧草∥自∥春色，隔叶∥黄鹂∥空∥好音。（杜甫《蜀相》）

二、格律诗的写作

（一）律诗的写作

格律诗的写作一般要遵循一定的章法，即谋篇布局的具体方法，这就是人们常说的起、承、转、合。它们分别体现在首联、颔联、颈联、尾联四联中。下面分别加以简单介绍。

1．起：即开头。首联要迅速进入话题，切入主题，以便引出以下各联的内容。

2．承：即承接。颔联要承接首联的话题，并继续展开，要起到承上启下的作用。

3．转：即转折变化，制造波澜。颈联要转换写作的角度，尽量体现出与前两联不同的内容或表达方式，以便形成变化。比如颔联写远景，颈联就可以改写近景；颔联写眼前的情事，颈联就可以追忆往昔；颔联出以虚写，颈联就可以写实；颔联的笔法阔大粗犷，颈联就可以改为具体细致；颔联写景，颈联就可以是因景而产生的某种情感。

4．合：即结束全文。尾联要照应全诗，做出总结。

以下结合具体诗例加以说明。

【例1】

蜀　相

杜　甫

丞相祠堂何处寻？锦官城外柏森森。（起）
映阶碧草自春色，隔叶黄鹂空好音。（承）
三顾频烦天下计，两朝开济老臣心。（转）
出师未捷身先死，长使英雄泪满襟。（合）

【赏析】这是一首七言律诗。记叙杜甫于成都寻访诸葛亮武侯祠之际的所见所感。首联和颔联借景抒情，颈联和尾联借事抒情。

第一联一问一答，“丞相祠堂何处寻”七字开门见山，直接切入主题，“柏森森”三字既是回答，也是对武侯祠的环境交代。这是“起”。

第二联继续承接“寻”字而下，进一步摹写周围景物。同时，“自”、“空”两字又写出内心的情感：绿草萋萋，无人欣赏，徒自装扮春色；声声黄鹂，传送好音，却无奈自吟自鸣。在这“自”、“空”两字的背后，隐含着杜甫的万千感慨和无限伤心。这一联既承接第一联对武侯祠的环境描写，又暗中为下一联的“转”为叙事抒情做好准备，从而完成了它所担负的承上启下的作用。这是“承”。

第三联由写景转到叙事抒情上来，直接推出蜀相诸葛亮的功业，慨叹于君臣相得之不易：刘备求贤诚恳，知人善任；诸葛亮鞠躬尽瘁、死而后已。这一联与前面的侧重于写景不同，直指“蜀相”的核心内容。这是“转”。

第四联将前面因景与事而兴发的感慨聚合在一起：诸葛亮六出祁山，身死五丈原，其壮志未酬之痛，使天下英雄为之泪沾衣襟。这一联由诸葛亮而及于天下英雄，就杜甫本人来说，他忠心爱国，许身稷契，其实也正是这样的英雄之人。这样，全诗就把人与己、诸葛亮与天下英雄关联起来，作者的思想情感极为清晰。这是“合”。

【例 2】

赋得古原草送别

白居易

离离原上草，一岁一枯荣。
野火烧不尽，春风吹又生。
远芳侵古道，晴翠接荒城。
又送王孙去，萋萋满别情。

【赏析】　这是一首咏物送别的五言律诗，全诗以春草关合别情。“赋得”是指作诗时的题材、题目是限定了的。

第一联紧扣“古原草”而起，“一岁一枯荣”赞叹其生生不已、蓬勃旺盛的生命。这是“起”。

第二联是对第一联的具体延伸。“野火”与“春风”相对仗，展现出“原上草”面对的两种相反的环境；“烧不尽”与“吹又生”相对仗，揭示出“原上草”坚韧的生命力，从而把“一岁一枯荣”的意味写足、写满。

第三联由“原上草”转到“送别”之意上。“远芳”、“晴翠”既是对“原上草”的具体描绘，也是送别的环境所在；而“古道”、“荒城”则自然逗出“送别”之情。这是“转”。

第四联暗用《楚辞·招隐士》之“王孙游兮不归，春草生兮萋萋”的诗意，明确推出“送”、“别”二字。至此，“萋萋”的春草与送行的离情浑融为一，完成了题意。这是“合”。

【例3】

左迁至蓝关示侄孙湘

韩　愈

一封朝奏九重天，夕贬潮州路八千。
欲为圣明除弊事，肯将衰朽惜残年！
云横秦岭家何在？雪拥蓝关马不前。
知汝远来应有意，好收吾骨瘴江边。

【赏析】 唐宪宗元和十四年（819），韩愈上书力谏宪宗迎佛骨，触怒龙颜，由刑部侍郎贬为潮州刺史。这首诗就作于赴贬所的途中。左迁，即下迁，贬官。蓝关，在今陕西蓝田县南，《读史方舆纪要》云：“蓝田县：秦岭在县东南，即南山别出之岭，凡入商、洛、汉中者，必越岭而后达。”韩湘是韩愈的侄孙。

第一联开门见山，用叙述的笔法交代“左迁”的缘由，“朝奏”、“夕贬”写出获罪之快。这是“起”。

第二联承上而来，表明自己对“左迁”的态度，塑造出韩愈忠直刚正的形象。“弊事”，指韩愈《论佛骨表》所云：“今闻陛下令群僧迎佛骨于凤翔，御楼以观，舁入大内，又令诸寺递迎供养。”“焚顶烧指，百十为群；解衣散钱，自朝至暮。转相仿效，惟恐后时，老少奔波，弃其业次。若不即加禁遏，更历诸寺，必有断指脔身以为供养者。伤风败俗，传笑四方，非细事也。”

第三联的情感急转直下，凄黯的景色与悲酸的心情相互映衬。“家何在”、“马不前”写尽一腔悲楚。这是“转”。

第四联再次回应“左迁”之事，借用《左传》僖公三十二年所载蹇叔哭师所言：“必死是间，余收尔骨焉”的话语，把忠而获罪的不平和前途未卜的酸楚融合为一。这是“合”。

【例4】

书　愤

陆　游

早岁那知世事艰，中原北望气如山。

楼船夜雪瓜洲渡，铁马秋风大散关。
塞上长城空自许，镜中衰鬓已先斑。
出师一表真名世，千载谁堪伯仲间。

【赏析】 此诗作于宋孝宗淳熙十三年（1186）春，这时陆游退居在山阴家中。陆游一生念念不忘恢复故国，所谓“丈夫不虚生世间，本意灭虏救山河”（《楼上醉书》）。但南渡以后，和议已成，陆游也只能发出“报国欲死无战场”（《陇头水》）的悲叹。

第一联因“愤”而起。追述“壮岁”的心境，而当年收复故国的豪情壮志恰好成为今日悲愤的根由。这是“起”。

第二联再承上联“气如山”的豪情而来，通过几组名词的排列，进一步展示当年火热的战争场面，将“气如山”三字具体化。前一句写的是宋高宗绍兴三十一年（1161）冬，金主完颜亮南犯，宋将刘锜、虞允文在瓜洲、采石一带大败之，完颜亮被杀，金兵溃退。后一句指陆游于宋孝宗乾道八年（1172）在南郑参加王炎军幕，曾筹划进兵关中，以至恢复中原之事：“我曾从戎清渭侧，散关嵯峨下临贼。铁衣上马蹴坚冰，有时三月不火食。”（《江北庄取米到作饭香甚有感》）瓜洲，在今江苏邗江县南长江之滨，是南宋的江防要地。大散关，在今宝鸡西南，南宋与金国西面以大散关为界。

第三联由追忆往昔一笔转入眼前。“空”字与“已”字下得沉痛，壮志未酬，岁月空逝的悲愤油然而兴。“塞上长城”，用南朝刘宋名将檀道济事，据《宋书·檀道济传》记载，檀道济因遭疑忌被宋文帝所杀，临死前怒叱曰：“乃坏汝万里长城！”

第四联聚合前三联的内容，总写“愤”之内涵。通过对诸葛亮《出师表》的赞叹来抒发自己的情感。蜀汉后主建兴五年（227），诸葛亮率军北驻汉中，准备出师北伐，临行前上《出师表》以明心志。《出师表》中有“北定中原”，“兴复汉室，迁于旧都”的话语，而这又正是陆游一生的心事所在，可惜却永无实现之日，这当然会使他百感交集，忧愤难平。“伯仲间”，指可以相提并论。

（二）绝句的写作

由于绝句的篇幅短小，不宜写得过细过尽，必须围绕最精彩的一点展开，以言简意赅、含蓄精妙见长，贵在意韵绵长，回味不尽。

绝句的章法与律诗的章法有许多相同之处，它们都是由起、承、转、合四个部分组成的。只是律诗每一联两句话承担其中的一个部分；而绝句则各由一句承担，即首句起，第二句承，第三句转，第四句合。第三句的“转”依然承担着制造波澜的作用。当然，这里所说的波澜，既可以是感情的起伏变化，也还可以是场面、色彩、声调、动静的交互转换。

以下结合具体诗例加以说明。

【例 1】

出塞（其一）

王昌龄

秦时明月汉时关，万里长征人未还。
但使龙城飞将在，不教胡马度阴山。

【赏析】 这是王昌龄边塞诗的代表作之一。清人沈德潜《说诗晬语》云："'秦时明月'一章，前人推奖之而未言其妙。盖言师劳力竭而功不成，由将非其人之故。得飞将军备边，边烽自熄，即高常侍《燕歌行》归重'至今人说李将军'也。防边筑城，起于秦汉，明月属秦，关属汉，诗中互文。"这段话对于我们理解此诗有很大的帮助。

第一句从战争时间的漫长落笔。"秦"、"汉"二字下得沉重，明月、关山四字渲染出边塞特有的苍茫荒寒之境。这是"起"。

第二句承上而来，从空间着眼。"万里"状战士与家人距离之遥远，"人未还"，见出战争的永无休止，而两地无尽的思念亦可想见。这是"承"。

第三句从忧伤无奈的情绪一转而为盼望期待，呼唤李广这样英勇善战的将领保卫国家的安宁，也暗含着对当时将领的失望之意。"龙城飞将"指李广。汉武帝时，李广曾任右北平太守，匈奴不敢侵犯，称之为"汉之飞将军"。"右北平"是汉郡名，大致相当于后来的营州，营州旧治龙城（今辽宁省朝阳县）。这是"转"。

第四句总括全诗，借叙事抒情，写出世世代代人们的共同心愿。这样就完满了题意。这是"合"。阴山，在今内蒙古自治区境内，是古代中国北方的天然屏障。在汉代，匈奴常常据之扰汉。

【例 2】

登鹳雀楼

王之涣

白日依山尽，
黄河入海流。
欲穷千里目，
更上一层楼。

【赏析】　这首诗写诗人登楼远眺所见到的壮丽景色，阐明站得高才能看得远的道理。据《清一统志》记载，鹳鹊楼的旧址在山西蒲州（唐时为河中府，今永济县）西南。沈括《梦溪笔谈》称“河中府鹳鹊楼三层，前瞻中条，下瞰大河。唐人留诗者甚多”，且在众多留诗中，“惟李益、王之涣、畅当三篇，能状其景。”

第一句紧扣题目而起，描绘登楼远望所见壮丽的景色。其着眼点在“白日”、远山之上，为全诗布设了一个开阔远大的境界。这是“起”。

第二句承上继续展示壮丽的景色，聚焦于奔腾咆哮的黄河。本来作者身在鹳鹊楼上，不可能目送黄河入海，但通过想象，却使眼前实有之景与纵目所望产生的意想融合为一，进一步增添了诗歌雄浑奔放的气势。这是“承”。

第三句宕开，由写景转为即景议论，由实写转入虚写，使诗歌的境界得到升华。这是“转”。

第四句总括前面三句，并紧接第三句而作结，展示出诗人高瞻远瞩的阔大胸襟，也自然而然地揭示出站得高才能看得远的哲理。这是“合”。

【例3】

夜雨寄北

李商隐

君问归期未有期，
巴山夜雨涨秋池。
何当共剪西窗烛，
却话巴山夜雨时。

【赏析】　这首诗是李商隐滞留巴蜀时写给妻子的。“北”一作“内”。姚培谦《李义山诗集笺注》曾用白居易的思归诗与李商隐的这首诗作对比说：“‘想得家中夜深坐，还应说着远行人’（见白居易《邯郸冬至夜思家》），是魂飞到家里去。此诗则又预飞到归家后也，奇绝！”全诗仅仅二十八个字，“巴山夜雨”却两度出现，连接起此地与彼地、眼前与未来、分离与相聚的两个方面，构思极为巧妙。

第一句以问答的方式扣合“寄北”的题面，羁愁无奈之情已经隐含其间。这是“起”。

第二句紧承“未有期”而来，借眼前的景物渲染羁旅难归的愁情。这是“承”。

第三句撇开眼前的景与情，一笔转到将来的团聚上。正如徐德泓《李义山诗疏》所说：“翻从他日而话今宵，则此时羁情，不写而自深矣。”“何当”，犹言何时，是对未来欢聚的真情期盼。这是“转”。

第四句虚拟将来剪烛共话的温馨场面，与今日的凄冷孤寂形成鲜明的对比。今日与将来的交织更进一步表现了作者对妻子的深厚情感。这是“合”。

（陈忻）

第三节 词与散曲

一、词的赏析与写作

（一）词的赏析

要能够正确地阅读和欣赏词，必须首先对词的体式特征有一个基本了解。在唐宋时期，词是一种合乐可歌的音乐文学。如果分开来说，“以文写之则为词，以声度之则为曲”（清宋翔凤《乐府余论》）。正因为词与音乐最初是合二而一的，所以词又被称为“曲子”、“曲子词”、“倚声”、“乐府”、“乐章”、“歌曲”等。词与近体诗相比，句式长短参差不齐，所以词也叫“长短句”。词的另一个名称是“诗余”，对此，前人有多种理解。一般认为，在唐宋时期，诗人在写诗作文之外，以余兴填词，故曰“诗余”。与诗相比，词最基本的特征是遵词牌、重比兴、写真情。

所谓遵词牌，即每一首词，如〔忆秦娥〕、〔浣溪沙〕、〔菩萨蛮〕、〔雨霖铃〕等，都遵守着相应词牌（或称词调）的格律规范。在词的音乐失传以后，这种格律规范表现为每个词牌有一定的句数，每句有一定的字数，每字有一定的声调，即所谓“调有定句，句有定字，字有定声”。作者标明使用了某个词牌，大体上就是遵循某个词牌的句数、字数、声调和韵位的要求来填写的。一般说来，一首词分为上、下两片，偶尔也有单片或三片的词调。因为与音乐紧密相关的缘故，所以词牌中有令、引、近、慢等称名，如〔调笑令〕、〔太常引〕、〔好事近〕、〔扬州慢〕等。前人也有根据字数多少，把众多词牌分为小令、中调、长调等类别的。

所谓重比兴，是相对于诗歌来说，词更加重视比兴手法的运用。这是因为，词在晚唐五代时作为娱宾遣兴的工具，以写儿女之情为主，从李煜以来，渐渐有人把自己家国身世的感慨寄托到词体之中，于是很自然地形成词重比兴的传统。相对说来，词就比诗显得更精炼集中，更委婉含蓄，更深沉悠远。尤其以欧阳修、秦观、周邦彦、李清照等人为代表的婉约派词更是如此。

所谓写真情，即相对于诗歌来说，词更加重视抒发作者个人的真实情怀。

在晚唐及宋初，人们大多把词看成是不登大雅之堂的“小道末技”，因此，在文学创作中，人们很自然地对诗词做了分工，即把一些比较庄重的有关国计民生的内容写进诗中，而把那些有关个人生活的情事写到词里。所以人们常说“宋诗言理”、“宋词言情”。

总之，诚如王国维所言：“词之为体，要眇宜修。能言诗之所不能言，而不能尽言诗之所能言。诗之境阔，词之言长。”（《人间词话》）。

【例 1】

八声甘州

柳　永

对潇潇暮雨洒江天，一番洗清秋。渐霜风凄紧，关河冷落，残照当楼。是处红衰翠减，苒苒物华休。惟有长江水，无语东流。不忍登高临远，望故乡渺邈，归思难收。叹年来踪迹，何事苦淹留？想佳人、妆楼顒望，误几回、天际识归舟。争知我、倚阑干处，正恁凝愁！

【赏析】　词牌〔八声甘州〕，是从唐代教坊大曲〔甘州〕中截取一段改制而成的。因全词前后片共有八韵，故名“八声”。全词 97 字，上片 46 字，下片 51 字，上下片各九句四平韵。上片“秋”、“楼”、“休”、“流”，下片“收”、“留”、“舟”、“愁”等为韵字。

作者柳永（987？—1053），原名三变，后改名永，字耆卿。祖籍河东（今山西永济），徙居崇安（今属福建）。科场失意后遍游荆楚吴越。仁宗景祐元年（1034）登进士第，后历任推官、著作郎、太常博士等。皇祐中迁屯田员外郎，人称柳屯田。柳永生当宋初经济繁荣、官民歌舞升平之际，他凭着高超的词艺受到妓女、乐工的追捧，由此成为当时最负盛名的词人。

柳永的词是以通俗著称的，因为俗，曾经受到世人的批评，但他这首〔八声甘州〕却是比较雅致的，并且得到了苏轼的赞扬：“世言柳耆卿曲俗，非也。如〔八声甘州〕云：‘霜风凄紧，关河冷落，残照当楼。’此语于诗句不减唐人高处。”（宋赵令畤《侯鲸录》卷七引）近人王国维更将其与苏轼的〔水调歌头〕相媲美，认为这两首词皆“格高千古，不能以常调论也”。（《人间词话》）由此可见它在词史上的重大影响。

柳永这首传颂千古的名作，通过描写羁旅行役之苦，抒发了强烈的思归情绪。开头由“对”字领起的两句写深秋雨后之江天清澄如洗，并展示出登临送目、望极天涯的辽阔境界。自“渐霜风”句起，以一“渐”字领起三句，写深秋雨过，凉风忽至，山河寂寥，直令游子有凄然冷落之感，而“当楼”之“残照”，更映衬出无限衰煞的情景。其后“是处红衰翠减，苒苒物毕休”二句，则顺着一“残”字写来，将深秋之萧条衰煞渲染到极致。最后由“江水”“无语东流”收结上片，江水意象的延伸，正象征着离愁的悠远无尽。上片写江天秋景，以凄景映衬悲情，意境辽阔苍茫，萧条冷落。

此词上片写景，下片则转入抒情。“不忍登高临远”一句照应开篇“对”字且总收上片之写景，将萧条衰煞之秋景引向羁旅愁情的抒写。其后“望故乡”两句，以及由“叹”字令起的两句，皆正面描写他乡飘零的羁愁旅恨。“想佳人”两句则推己及人，由自己登临怀乡，遥想闺中佳人高楼望远，因怀盼心切以致一次又一次“误识归舟”。可谓翻空出奇，虚想得妙。篇末三句埋怨佳人不知“我”飘零思归之愁，实则将满怀无可告语的愁情表现得更为曲折动人。

这首词章法结构细密，以铺叙见长。全词八韵，即为八层，写景抒情融为一体，其思乡怀人的愁绪，得到了尽情铺展。其铺叙的技巧，白描的手法，通俗的语言，三者相得益彰，使此词成为千年词史上的名篇。

【例 2】

鹊桥仙

秦　观

纤云弄巧，飞星传恨，银汉迢迢暗度。金风玉露一相逢，便胜却人间无数。

柔情似水，佳期如梦，忍顾鹊桥归路。两情若是久长时，又岂在朝朝暮暮。

【赏析】 据《风俗记》载：“七夕，织女当渡河，使鹊为桥。”词牌〔鹊桥仙〕，当出于这一牛郎织女的民间传说故事。全词 56 字，四仄韵；上、下片各五句、28 字，二仄韵。

作者秦观（1049－1100），字少游，号淮海居士，扬州高邮人。宋神宗元丰八年（1085）进士。秦观颇有才情，少时见苏轼于徐州，苏轼以为有屈宋才，遂得入苏门，为“苏门四学士”之一。但他的词作能转益多师，多凄婉清丽之风。向来被推为婉约派代表作家之一。词集有《淮海居士长短句》。

借牛郎织女的故事表现人间的悲欢离合，《古诗十九首》中的“迢迢牵牛星”，曹丕的《燕歌行》等已开其端。在北宋词人中，柳永、张先、欧阳修、苏轼等人也都曾吟咏过这一题材，虽然其构思命意各有不同，但都因袭着别多会少、欢娱短暂的传统主题，其格调哀婉凄凉。秦观此词，却独出机杼，立意高远，非同凡响。上片写佳期相会的柔情蜜意。开篇二句写“纤云”、“飞星”，先为牛、女的一年一会渲染气氛，并牵出离恨。“银汉”句用“暗度”一词写牛郎织女渡河赴会的特别场景。“金风玉露”二句由叙述转为议论，对牛郎织女富有诗情画意的“一相逢”便“胜却人间无数”的珍贵爱情表现出由衷的赞美。下片转写依依惜别的深情。“柔情似水”句，就眼前银汉取譬，形容牛郎织女缠绵之情犹如天河之水悠远无尽；“佳期如梦”句，既点出欢会短暂，又写出久别重逢后如梦如幻的激动与兴奋。此二句照应上片“一相逢”二句，写足“胜却人间无数”的挚爱与缠绵。“忍顾鹊桥归路”，尽管“归路”不忍回顾，但离别无可回避。其后所接“两情若是”二句，则转为对牛郎织女的深情慰勉：只要两情至死不渝，又何必贪求卿卿我我的朝欢暮乐呢！这一振聋发聩之笔，使全词的思想境界得到崇高的升华，歌颂了天长地久的忠贞爱情。古老的题材经作者妙笔点化，遂迸发出耀眼的思想火花，给千秋万代的离人以无尽的启迪与鼓舞。这首词将抒情、写景、议论融为一体。构思奇巧，意境新颖。既自然流畅而又委婉蕴藉，余味无穷。

【例 3】

清平乐

辛弃疾

茅檐低小，溪上青青草。醉里吴音相媚好，白发谁家翁媪？
大儿锄豆溪东，中儿正织鸡笼。最喜小儿无赖，溪头卧剥莲蓬。

【赏析】　词牌〔清平乐〕，唐教坊曲名。最初或为祈求海内清平之乐曲。此调为平仄转换格。全调 46 字，上片四句，22 字，用四仄韵；下片四句，24 字，转用三平韵。

作者辛弃疾（1140—1207），字幼安，号稼轩，历城（今山东济南）人。高宗绍兴三十一年（1161）组织义兵抗金，后率部归耿京义军，为掌书记。归宋后，虽曾担任地方长官，并卓有政绩。但其卓越的政治、军事才能始终未得施展。淳熙八年（1181）被劾，落职。卜居上饶城北之带湖，自号稼轩居士。在辛弃疾的词集《稼轩居士长短句》中，以写壮志难酬的悲愤且风格豪放的作品最引人注目，因而被推为豪放派的代表，与北宋的苏轼并称“苏辛”。

此词是辛弃疾写农村的代表词作之一。作者描绘了江南农村的秀丽风光，展现了农家生活的安乐和淳朴。上片起首二句写茅屋、溪水，先勾画了恬静秀丽的环境。三四两句写酒后操着吴侬软语的一对老年夫妇正闲话家常，其安乐闲适的情景灿然可见。下片描写老年夫妇三个儿子的不同作为。尤其将小儿的天真活泼、顽皮可爱的性格刻画得栩栩如生，并与大儿、中儿的辛勤劳作形成鲜明对比，又与上片所写老年夫妇醉后闲话的安乐相互照应，从而表现了江南农村生活的恬静闲适。字里行间洋溢着词人对农村生活的喜爱之情。此词纯用口语白描，但画面感极强，生活气息极浓，有一种清新自然之美。

（二）词的写作

任何一种文体，真正知道了该怎样读，就知道该怎样写，词亦复如是。除了像诗文一样讲究构思立意之外，词还有一些特殊的讲究。

一是选词牌。所选词牌不同，其句式结构，平仄韵位等便有不同。不同的句式结构与平仄韵位，便表现出不同的声情特征。比如〔贺新郎〕、〔六州歌头〕、〔满江红〕等词牌，多为短句，适宜于表现激越豪迈之情；如〔浣溪沙〕、〔临江仙〕、〔风入松〕等以长句为多，比较适合表现委婉缠绵之情。这是就一般情况而言的，凡事不可绝对化。选定了某个词牌，要知其确切的句读、平仄和韵位，可以参考有关的词谱著作，比较简明扼要者，有龙榆生所著《唐宋词格律》。如手边没有词谱，则可以仿照唐宋名家名篇的句读、平仄和韵位来填写。比如想作一首〔鹊桥仙〕，就可以仿照秦观〔鹊桥仙〕词的句读、平仄和韵位来填写。其格式为："平平仄仄，平平平仄，平仄平平仄仄（韵）。平平仄仄仄平平，仄仄仄平平平仄（韵）。平平仄仄，平平平仄，仄仄平平平仄（韵）。平平仄仄仄平平，仄仄仄平平仄仄（韵）。"选其他调式，亦可按此法操作。

二是明句法。句子对于语言艺术有着基石般的意义。词由长短句构成，句式参差变化多端是其基本特征。少则一言、二言，多则八言、九言，而以三言至七言句为多。需要指出的是，词中七言句的音节有时与近体诗是不同的。近体诗的七言句，一般都是二、二、三的节奏，而词中有时会出现三、二、二的节奏。例如："惊粉重/蝶宿/西园，喜泥润/燕归/南浦。"（史达祖〔绮罗香〕）这种三、二、二的节奏，在近体诗中是罕见的。除了句子参差不齐外，词还有一些特殊的句式，此择其要者介绍于后。

叠字句。有一字叠，如陆游〔钗头凤〕："一怀愁绪，几年离索。错！错！错"；二字叠，如李清照〔如梦令〕："知否？知否？应是绿肥红瘦"；三字叠，如李白〔忆秦娥〕："秦娥梦断秦楼月。秦楼月，年年柳色，霸陵伤别"；四字叠。如辛弃疾〔丑奴儿〕："欲说还休，欲说还休，却道天凉好个秋"。

领字句。即常用一字（常用虚字，也有用实字的）或数字领起一句或数句的，这种句子叫做领字句。以一字领一句者："怅客里光阴虚掷"（周邦彦〔六丑〕）；以一字领两句者："对潇潇暮雨洒江天，一番洗清秋"（柳永〔八声甘州〕）；以一字领三句者："渐霜风凄紧，关河冷落，残照当楼"（柳永〔八声甘州〕）。此外，还有以二字或三字领的，如："可堪分袂又经秋，晚风斜日不胜愁"（张泌〔浣溪沙〕)；“更那堪冷落清秋节”(柳永〔雨霖铃〕)。

对仗句。与近体诗比较，词的对仗形式多种多样，比较自由，也更丰富多彩。其一，有两句对。这与近体诗相同，要求结构相同，字数相等，词性相对；不同之处在于近体诗对仗一般为五言、七言，而词则从三言到七言的对仗均俯拾即是。其二，有三句对，即鼎足对。由三句字数、词性、结构相同的句子组成对仗，这是近体诗所没有的。如：“千古兴亡，百年悲笑，一时登览”(辛弃疾〔水龙吟〕)。其三，隔句对（又名扇对）。如：“叹半妆红豆，相思有分；两分青镜，重合难期”(程垓〔洞庭春色〕)。

三是辨韵格。宋词用韵无专书。人们基本上依照诗韵填词，但较诗韵宽松。直到明清时代，专门的词韵之书才先后问世，如戈载《词林正韵》等。《词林正韵》将词韵分为19部，与近体诗遵奉的《平水韵》106个韵部相比，词韵的韵部大大减少，每个韵部的字则大大增加，因此词在用韵上的自由度比诗要大得多。然而，相对近体诗来说，词的用韵格式又相对复杂。近体诗一般用平韵，且一韵到底，而词的用韵格式则多种多样，主要类型有：平韵格，一韵到底用平韵，如〔忆江南〕、〔江城子〕、〔浣溪沙〕、〔临江仙〕等；仄韵格，一韵到底用仄韵，如〔卜算子〕、〔醉花阴〕、〔贺新郎〕、〔鹊桥仙〕等（须注意的是，词中入声韵往往单独使用，如〔忆秦娥〕、〔满江红〕、〔念奴娇〕、〔雨霖铃〕等）；平仄通押格，即打破平仄界限，同属一个韵部的平、仄声通叶（但何处押平，何处押仄却有定规）如〔西江月〕、〔渡江云〕、〔醉翁操〕、〔戚氏〕等；平仄转换格，与平仄通押的转声而不转韵相比，平仄韵转换格则是既转声，又转韵，如〔菩萨蛮〕、〔虞美人〕、〔更漏子〕、〔清平乐〕等；平仄交错格，即不仅转声、转韵，而且出现交错押韵，如〔荷叶杯〕、〔定风波〕、〔长相思〕、〔忆王孙〕等。正是因为种种复杂多变的押韵格式和疏密不同的韵位，造就了词体抑扬顿挫的声情之美，同时也为情感的表达提供了不同形式的选择。

至于如何开篇，如果过渡，如何照应，如何收结等章法技巧方面的内容，限于篇幅，这里就从略了。

二、曲的赏析与写作

（一）曲的赏析

就曲的体式特征而言，如果与词相比，其所同者，在于同为长短句，同是合乐可歌的音乐文学，同样需要根据牌调来写作。所不同者，在于词的句式比较严谨规范，而曲的句式相对宽松；词一般分上、下两片，而曲一般为单只独曲；词一般为雅言，曲多用俗语；词重委婉含蓄，曲重直白率真。下面根据这几点稍做展开。

词之句定，曲之句变。唐宋词流行之日，正当格律诗大盛之时，如白居易、刘禹锡、温庭筠、欧阳修、秦观、苏轼等人，既作律诗，也写歌词，所以词调在他们手中，很快律化，形成“调有定句，句有定字，字有定声”的格律化之词。而元曲流行之日，恰是一大批文人沦落瓦肆勾栏，放弃格律诗词的写作而为歌儿舞女作歌之时，如关汉卿、王和卿、马致远、张可久、乔吉等人，几乎专作曲（辞），多以合乐可歌为原则，所以同一曲牌，句式字数时有出入。试举一例：

四块玉·别情

关汉卿机

自送别，
心难舍，
一点相思几时绝。
凭阑袖拂杨花雪。
溪又斜，
山又遮，
人去也。

四块玉·叹世

马致远

两鬓皤，
中年过，
图甚区区苦张罗。
人间宠辱都参破。
种春风二顷田，
远红尘千丈波，
倒大来闲快活。

【赏析】

以上关汉卿和马致远用同一个曲牌〔四块玉〕所作曲词，马作与关作，除前四句句式字数相同而外，后三句之句式与字数则完全不同，明清人的曲谱著作，往往用“衬字”去解释这一现象。其实，在元曲合乐可歌的时代，所谓“正字”、“衬字”的区分是没有多大意义的。只是当曲乐渐渐失传，人们在作曲（辞）时无乐谱可依，必须按文字谱来填，再加上一些人欲以词绳曲，这才开始在同一曲牌而句式字数不同的曲（辞）中分出正衬来。

词一般为双调，曲多为独曲。前已有述，词一般分为上、下两片（双调），只有极少数词牌为单片或三片；而曲则一般为单片，只有极个别曲牌（如〔喜春来〕、〔鹦鹉曲〕）为上、下两片。当然，说曲为单片，这是就小令而言的。在曲的体式中，除了小令一体之外，还有套数与带过曲。词中之套数，是联合两首以上的若干只曲而成的组曲，少则两三只，多则二三十只，这些联合多曲而成的套数，必须用同一宫调去演唱。比如马致远的〔双调·夜行船〕《秋思》，便是由〔夜行船〕、〔乔木查〕、〔庆宣和〕、〔落梅风〕、〔风入松〕、〔拨不断〕、〔离亭宴煞〕等七只曲子组成的套数，这七只曲子都要用〔双调〕（表示调高调式的宫调名称）去演唱。必须指出的是，套数中的曲牌组合，孰前孰后，是有定规的，决不可随心所欲，任意而为。曲中之带过曲，是介于小令与套数之间的一种特殊体式，一般由两三只（最多三只）曲子组成，如〔雁儿落带得胜令〕、〔骂玉郎带感皇恩采茶歌〕等。

词一般为雅言，曲多用俗语。词最初流行于民间时，原本也多用俗语，当其被文人律化之后，其用语便雅化了；而曲即使进入文人之手，但因为文人所作之曲要由歌儿舞女面对市民演唱，所以在整个元代，曲基本保持了使用俗语的传统。如上引关汉卿和马致远的〔四块玉〕，其语言都十分通俗自然，基本上是口语化的词汇与句式，这一点，是与诗词显著不同的，可谓曲之为曲的最根本特征。当然，词中亦有俗曲，曲中也有雅调，但就整体而言，是词雅曲俗的。曲体之"俗"，不仅表现在语言方面，而且还表现在题材内容方面。由题材内容和语言的"俗"，便形成了曲特有的"趣"。这种由"俗"引起的"趣"，是元曲以大俗为大雅的一种特有的谐趣——前人称为"蛤蜊"、"蒜酪"之味。

词重委婉含蓄，曲重直白率真。词重委婉含蓄，与词格外重视比兴手法有关，前已有述，不赘。而曲重直白率真，与曲盛行于市井勾栏，要面对文化修养不高的市民演唱有关，这与曲必须使用俗语也是有紧密联系的。因为面对市民演唱，要使用通俗自然之语，因此，对所写情事，也都重明白晓畅，具有民歌口头文学的特性。作者追求的是歌儿一出口，听众便能得其声而晓其意的演唱效果，所以，曲文学直白率真的风格特征的形成是必然的。如：

一半儿·题情

关汉卿

碧纱窗外静无人，跪在床前忙要亲，骂了个负心回转身。
虽是我话儿嗔，一半儿推辞一半儿肯。

【赏析】　此曲写一位性格泼辣的女子的爱情生活。首句先描绘恋人幽会的环境，次句写男子幽会时急不可待的求欢举动。第三句情势陡转，女子不仅拒绝，而且转身责骂。眼看欢会无望，不想女子最后却半推半就，答应了男子的求欢要求。与诗词描写爱情重在含蓄雅驯和缠绵婉转相比，曲则重在直白爽辣，此曲可为典型代表。这首曲子纯以口语白描，着墨虽然不多，但人物形象极鲜明，场景极生动。男子的鲁莽和急不可待，女子的不满和矫情，均在尺幅之间被表现得活灵活现。在看似粗俗的举动中蕴涵着真情，在看似寻常的表达中呈现着谐趣。

又如：

天净沙·秋思

马致远

枯藤老树昏鸦，小桥流水人家，古道西风瘦马。夕阳西下，断肠人在天涯。

【赏析】这首曲子是马致远的代表作，历来享有“秋思之祖”的美誉。作者一连铺写了10种景物，这些景物都是作者眼前身边极易见到的，可它们在作者笔下却很自然地形成一幅淡雅凄清、疏朗有致的水墨图画。首先是枯藤老树上的晚鸦，接着是地面上的小桥、流水、人家，然后是远处古道秋风中夕阳下的瘦马。由上到下，由近到远，层次清晰，极有韵致。这一幅萧瑟凄凉的秋景图，拨动着无数羁旅在外的游子的心弦，催落了一代代漂泊者的思归泪，不愧为秋思之祖的美誉。需要指出的是，这类曲子在元曲中已经属于雅化的作品，它比较雅洁的语言，严谨的句式，整饬的节奏，都接近于词体的风格，只有在表意的显豁明朗上，还保存着元曲的基本特征。

（二）曲的写作

曲的写作，需要注意的有以下几点。

一是定曲牌。这与词的写作一样，首先也要选定一个牌调。不同的曲牌，在句数、句式、字数、平仄、韵位等方面也都有不同的要求。大致说来，在句式、字数方面，曲较词为宽松，但基本的平仄韵式，却与词一样的严格。初学写作，不宜作套数，应先学写小令。需要注意的是，曲中小令，有不少专用曲牌，如〔青玉案〕、〔快活年〕、〔大德歌〕、〔黑漆弩〕等，大约有30余调；而如〔青杏子〕、〔愿成双〕、〔文如锦〕、〔黄莺儿〕等约60调是专用于套数的曲牌，不能用作小令。绝大多数曲调，如〔蟾宫曲〕、〔沉醉东风〕、〔红绣鞋〕、〔醉太平〕、〔普天乐〕、〔天净沙〕等，可以令、套通用。有些曲牌还有一些特殊格式，如前引〔一半儿〕，在末尾一句必须重复“一半儿”，成为“一半儿××一半儿×”这样的句式；又如〔叨叨令〕，在倒数第二、三句必须重复使用“也么哥”三字，成为“×××也么哥，×××也么哥”这样的句式；又比如〔醉太平〕，第五、六、七三句必须使用鼎足对，如张可久〔醉太平〕：“文章糊了盛钱囤，门庭改做迷魂阵，清廉贬入睡馄饨”，无名氏〔醉太平〕：“官法滥刑法重黎民怨，人吃人钞买钞何曾见，贼做官官做贼混愚贤”等。选定某个曲牌后，就要遵守某个曲牌的句数、句式、字数、平仄和韵位等规范。其方法，与填词同，既可以仿照前代名家名篇来作，也可以按照曲谱著作的标示来作，比如明代朱权的《太和正音谱》，便是诸多曲谱中比较简明实用的一种。

二是知用韵。本来，曲牌一旦选定，句数、句式、字数、平仄、用韵等格式便可一并解决，但曲的用韵，有许多特别的地方，所以有必要专门论及。首先，就韵部而言，曲不能转韵，无论套数与小令，皆须一韵到底，“东钟”便“东钟”到底，“江阳”便“江阳”到底，中间概不转韵。其次，就韵式而言，曲有通首皆押平韵者，如〔人月圆〕、〔后庭花〕、〔庆元贞〕等；也有通首皆押仄韵者，如〔叨叨令〕、〔塞鸿秋〕、〔秦楼月〕等；但绝大多数曲牌是平仄通押的。正因为曲的平仄通押比较普遍，所以不少人以为曲的押韵可以不分平仄，其实，可以平仄通押的曲牌，在何处押平，何处押仄，却是有定规的。如〔水仙子〕一曲，凡八句，共用七韵，其七个韵字的平仄一般为“平平仄仄平平平”和“平平仄平平平平”，除此而外，还有多种变化，但无论怎样变，其第一、第五两个韵位始终押平韵，而第三韵始终押仄韵，这三处极少例外。又如〔醉太平〕，凡八句八韵，最常见的韵式是“仄平平仄仄仄平平”，此外也还有多种变化，但第二、第三、第七这三个韵位一定是用平韵，而第五、第六这两个韵位又一定是用仄韵。又如〔天净沙〕，凡五句五韵，其韵式为“平平仄仄平”，即第一、二、五句一般押平韵，而第三、四句一般押仄韵，极少例外。因此，如果认为曲的押韵可以不讲平仄，则是非常错误的。

三是知造语。曲的语言，以自然通俗为尚。但太俗不行，太雅也不行。太俗便近于粗俗或庸俗，遂与打油诗无异；太雅便近于庄雅与华雅，又与诗词无别。曲的造语所要追求的最佳效果，便是周德清在《中原音韵》中提出的“文而不文，俗而不俗”。这个分寸的恰当把握，是十分重要的。曲之语言，除尚自然通俗而外，还追求尖新峭拔。如王和卿〔寿阳曲〕《题情》：“情粘骨髓难揩洗，病在膏肓怎疗治”；白朴〔阳春曲〕《知几》：“不因酒困因诗困，常被吟魂恼醉魂”；邓玉宾〔叨叨令〕《道情》：“为儿女使尽些拖刀计，为家私费尽些担山力”；马致远〔双调·夜行船〕《秋思》：“看密匝匝蚁排兵，乱纷纷蜂酿蜜，急攘攘蝇争血”；张养浩〔水仙子〕：“黄金带缠着忧患，紫罗襕裹着祸端，怎如俺藜杖藤冠”；无名氏〔水仙子〕：“退毛鸾凤不如鸡，虎离岩前被兔欺，龙居浅水虾蟆戏”；无名氏〔醉太平〕：“鹌鹑膆里寻豌豆，鹭鸶腿上劈精肉，蚊子腹内刳脂油”等等，皆尖新峭拔之语，曲中有此等语一二句，曲体谐趣之风便可得以凸现了。

（赵义山）

第四节 辞 赋

一、辞赋特点及演变

辞赋是楚辞与赋的合称，在汉代人看来，这两者在文体上没有差别，故后人合称为辞赋。

楚辞，是战国时以屈原的创作为代表的新诗。这种诗体具有浓郁的地域文化色彩，如宋人黄伯思所说，“皆书楚语，作楚声，纪楚地，名楚物”（《东观余论》）。西汉时，刘安、刘向等先后辑录屈原、宋玉等人及汉代一些文人以屈原口气模仿这种诗体的作品，编成《楚辞》一书。这是继《诗经》之后我国又一部具有深远影响的诗歌总集。由于屈原的《离骚》是楚辞的代表作，所以楚辞又被称为“骚”或“骚体”。汉代人还普遍把楚辞称为“赋”，《汉书·艺文志》中有“屈原赋”、“宋玉赋”等名目。

就形式而言，楚辞打破了《诗经》的四言格式，创造了一种以六言为基础，句法参差、韵散结合的新诗歌形式，较之《诗经》，扩大了结构，增加了容量，更有利于表达丰富复杂的思想内容和热烈奔放的感情；大量采用楚地方言（如：羌、蹇等）和联绵词（如：陆离、婵媛、逍遥、委蛇等）、迭词（如：冉冉、岌岌、邈邈等）以及对偶等语言形式，增强了诗歌的节奏感、音乐美，具有浓郁的地方色彩；多以“兮”字置于句尾，隔句一用，极富抒情味和感染力。就内容而言，炽热缠绵的情怀，绚丽的神话传说与历史素材，丰富执著的思想使楚辞几乎成为古代诗歌的绝唱。

楚辞的代表人物是屈原、宋玉。南宋朱熹《楚辞集注》以东汉王逸《楚辞章句》为依据，定屈原作品25篇为《离骚》类：《离骚经》、《九歌》（11篇）、《天问》、《九章》（9篇）、《远游》、《卜居》、《渔父》；定宋玉以下拟作为《续离骚》类：《九辩》、《招魂》（以上宋玉）、《大招》（景差）、《惜誓》、《吊屈原》、《鵩鸟赋》（以上贾谊）、《哀时命》（庄忌）、《招隐士》（淮南小山）。朱熹又有《楚辞后语》6卷，录战国荀子《成相》至北宋吕大临《拟招》等52篇作品，可见楚辞在各代皆有拟作。

赋本是《诗经》的一种表现手法，后来发展成为一种介于诗文之间的文体。赋产生于战国末期，到汉代，在诗经、楚辞、纵横家说辞等影响下最后形成。明徐师曾的《文体明辨》把赋分为古赋、俳赋、律赋、文赋四种。

古赋：赋体的一类。指先秦两汉时的赋。古赋产生于春秋战国时期，今存最早以赋名篇的是《荀子·赋篇》。楚国宋玉发展了赋体文学，到汉代赋体进入成熟阶段，风格形式多样。包括骚体赋、散体大赋、抒情小赋。句子比楚辞进一步散文化；以四言、六言为主，杂以三言、五言、七言、八言；不讲究对仗、声律；取消了骚体习用的“兮”字；大赋多采用主客对话形式成文。

汉赋有三个特点：往往采用虚设的人物对话形式结构成篇，人物夸说所赋事物的大段独白构成赋文的主要内容；以体物为基本倾向，重点在张扬物色，力求对所赋事物做详尽的铺排描写，使别人无以复加；就作赋用意说乃在进行讽喻。

汉初骚体赋的代表作家有：陆贾、贾谊、枚乘、严忌、淮南王刘安及其门客；西汉中后期汉大赋的代表作家有司马相如、东方朔、枚皋、王褒、扬雄等；东汉抒情小赋的代表作家有张衡、蔡邕、赵壹、祢衡、王粲等。

俳赋：在齐梁之间成立，当时叫“今体”。俳赋又叫骈赋、骈四俪六、俪体、骈俪文、骈文、四六文。这种文，是与散句古文相对立而言。根据日本青木正儿总结，骈文至少有五个特点：其一，多对句；其二，四六字为基本；其三，音调谐和；其四，繁典故；其五，文辞华美。

典型的骈赋盛行于南北朝时期，谢庄《月赋》、谢惠连《雪赋》、鲍照《芜城赋》、江淹《别赋》、《恨赋》、庾信《小园赋》、《枯树赋》、《哀江南赋》等都是脍炙人口的骈赋佳作。

律赋：是由骈赋演变来的，为唐宋科举考试所采用。对偶工整，于音律、押韵有严格规定。有的于题目之外，另出数字（通常为八字）为韵脚。律赋与骈赋的主要区别在于限韵。唐宋时期的律赋作者有李程、徐寅、田锡、文彦博、范仲淹、欧阳修等。明代，则律赋与八股文大兴，实为骈文支流与变体，而杰作则已罕见。

文赋：即相对骈文而言的用古文写的赋，也即相对俳赋而言的不拘骈偶的赋。唐宋时期文赋的繁盛与唐宋古文运动的深入是相辅相成的。杜牧的《阿房宫赋》，欧阳修的《秋声赋》、苏轼的前后《赤壁赋》等都是文赋的名作。

“七”体、连珠、“移文”、“书”、“序”等亦属骈文之列，至于历代公文文书、司法判词也多用骈文写作，帝王诏令直至清末一直以骈文行之。

二、辞赋的赏析

【例 1】

湘夫人

《九歌》是屈原受江南民间祭祀乐歌影响创作，寄托个人幽思情怀的组诗，共有 11 篇。与屈原其他作品的幽愤风格不同，或许是因为属于屈原早期的作品，

《九歌》写得清新凄艳，幽渺情深，可以说是略为轻快的格调中又笼罩着淡淡的惆怅。

本篇是以祭湘水神为寄托的诗歌，和《湘君》是姊妹篇。全篇仍如《九歌》其他各篇，以诗中甲方思念乙方的语调去写，描绘出那种驰神遥望，祈之不来，盼而不见的惆怅心情。

【原文】

帝子降兮北渚，目眇眇兮愁予。
嫋嫋兮秋风，洞庭波兮木叶下。
登白薠兮骋望，与佳期兮夕张。
鸟何萃兮蘋中，罾何为兮木上？
沅有茝兮澧有兰，思公子兮未敢言。
慌惚兮远望，观流水兮潺湲。
麋何食兮庭中，蛟何为兮水裔？
朝驰余马兮江皋，夕济兮西澨。
闻佳人兮召予，将腾驾兮偕逝：

筑室兮水中，葺之兮荷盖。
荪壁兮紫坛，播芳椒兮成堂。
桂栋兮兰橑，辛夷楣兮药房。
罔薜荔兮为帷，擗蕙櫋兮既张。
白玉兮为镇，疏石兰兮为芳。
芷葺兮荷屋，缭之兮杜衡。
合百草兮实庭，建芳馨兮庑门。
九嶷缤兮并迎，灵之来兮如云。

捐余袂兮江中，遗余褋兮澧浦。
搴汀洲兮杜若，将以遗兮远者。
时不可兮骤得，聊逍遥兮容与！

【赏析】

全诗大致可分三段，首句至“闻佳人兮召予，将腾驾兮偕逝”为第一段，叙述诗中主人公因湘夫人之约而赴会、等待及其心理活动。自“筑室兮水中，葺之兮荷盖”至“九嶷缤兮并迎，灵之来兮如云”为第二段，叙述诗中主人公在湘夫人约会之地做陈设铺张，等待湘夫人如约前来的情景。自“捐余袂兮江中，遗余褋兮澧浦”至结束为第三段表达诗中主人公耐心等待与湘夫人会面的心情。

从文学的层面观察，显而易见，这首先是一首带有浓郁民歌色彩的情歌。诗中主人公始终怀着期盼去追求、等待一次全诗终了也没有出现的约会。情调缠绵悱恻，感染力极强。诗中使用了丰富的文学描写手段。

诗歌头四句即以一个猜测性的开头“天帝之子大约已经降临在北渚了吧”，与一个似乎没有人迹的纯粹自然画面“秋风轻轻拂来，洞庭波澜动荡，树叶一片一片掉落下来”相对应，勾勒出了一个情景交融的深邃意境。全诗以大胆夸张的时空转换结合着淡淡的忧思，引人入胜。

结构是文学创作中的要素，而空间和时间的感觉在文学作品的结构中至关重要。而在本诗中，这两者都得到了十分精彩的展现。从时间的感觉来说，本诗的首段除了其中几句心理描写，几乎完全采用了倒叙的手法，使诗歌在进行追求过程的描写时，显得相当紧凑。从空间的感觉来说，则本诗的第二段几乎使用了一种“影视语言”，从第二段开始就是对建筑群整体的描写，然后诗歌引导读者的视觉，像镜头摇曳而进那样逐步深入到房屋内部，最后停留于室内芳香的坐席；镜头庚即又慢慢拉出，最后以众神的沓至纷来定格了空间，表现了完整的画面。

言语修辞当然也是文学创作中的要素。本诗中双关语和一语双关的形象如“捐余袂兮江中，遗余褋兮醴浦”的使用；民歌语句的借用；对“袂”、“褋”等词的精炼使用等等都表现了本诗言语修辞的考究。总之，全诗充分表现了诗人高超的文学技巧和审美修养。

但是这首诗并不单纯只是有文学欣赏的意义。事实上，它如同诗人的其他诗歌，仍然是寄托了诗人政治上的理想。可以说整首诗就是一种隐喻，是以男女之间的追求契合来比喻政治上的君臣际会。从这个角度来看，诗中“麋何食兮庭中，蛟何为兮水裔”的质疑就不难理解了。还可以注意到的是，诗歌快结束时，那个手握一束香草，准备赠与远方来赴约会者（“搴汀洲兮杜若，将以遗兮远者”）的痴情形象。这正是诗歌主人公的典型形象。这一形象有着浓郁的政治含义，因为它并不仅仅出现于此，而是一而再，再而三地出现在同一诗人创作的《离骚》、《九章》等众所周知的政治抒情诗中。这就足以证明这首诗歌的政治寓意了。

最后应该注意到的是，这首诗最初是受到楚国民间的祭祀而创作的。因此诗歌的原型来自古老的宗教祭祀曲——九歌。古代文献中所保留的大量材料已经说明，盛大的宗教祭祀中往往充满着男女相互爱慕追求的情节，因此毫不奇怪，来源于古代宗教祭祀乐歌的本诗会充满男女间缠绵悱恻的情调。而这，竟然开启了中国诗歌中习以男女之情比喻君臣关系的传统，可谓是源远流长了。

【例 2】

别 赋

江 淹

黯然销魂者，唯别而已矣！况秦吴兮绝国，复燕宋兮千里；或春苔兮始生，乍秋风兮蹔起。是以行子肠断，百感凄恻。风萧萧而异响，云漫漫而奇色。舟凝滞於水滨，车逶迟於山侧，櫂容与而讵前，马寒鸣而不息。掩金觞而谁御，横玉柱而沾轼。居人愁卧，怳若有亡。日下壁而沈彩，月上轩而飞光。见红兰之受露，望青楸之离霜。巡曾楹而空揜，抚锦幕而虚凉。知离梦之踯躅，意别魂之飞扬。

故别虽一绪，事乃万族。至若龙马银鞍，朱轩绣轴，帐饮东都，送客金谷。琴羽张兮箫鼓陈，燕赵歌兮伤美人；珠与玉兮艳暮秋，罗与绮兮娇上春。惊驷马之仰秣，耸渊鱼之赤鳞。造分手而衔涕，感寂漠而伤神。

乃有剑客惭恩，少年报士，韩国赵厕，吴宫燕市，割慈忍爱，离邦去里。沥泣共诀，抆血相视。驱征马而不顾，见行尘之时起。方衔感於一剑，非买价於泉里。金石震而色变，骨肉悲而心死。

或乃边郡未和，负羽从军。辽水无极，雁山参云。闺中风暖，陌上草熏。日出天而耀景，露下地而腾文。镜朱尘之照烂，袭青气之烟煴。攀桃李兮不忍别，送爱子兮沾罗裙。

至如一赴绝国，讵相见期？视乔木兮故里，决北梁兮永辞。左右兮魂动，亲宾兮泪滋。可班荆兮赠恨，唯樽酒兮叙悲。值秋雁兮飞日，当白露兮下时。怨复怨兮远山曲，去复去兮长河湄。

又若君居淄右，妾家河阳。同琼佩之晨照，共金炉之夕香。君结绶兮千里，惜瑶草之徒芳。惭幽闺之琴瑟，晦高台之流黄。春宫閟此青苔色，秋帐含兹明月光。夏簟清兮昼不暮，冬釭凝兮夜何长！织锦曲兮泣已尽，回文诗兮影独伤。

傥有华阴上士，服食还山。术既妙而犹学，道已寂而未传。守丹灶而不顾，炼金鼎而方坚。驾鹤上汉，骖鸾腾天，蹔游万里，少别千年。惟世间兮重别，谢主人兮依然。

下有芍药之诗，佳人之謌，桑中卫女，上宫陈娥。春草碧色，春水绿波。送君南浦，伤如之何！至乃秋露如珠，秋月如珪，明月白露，光阴往来。与子之别，思心徘徊。

是以别方不定，别理千名。有别必怨，有怨必盈。使人意夺神骇，心折骨惊。虽渊云之墨妙，严乐之笔精，金闺之诸彦，兰台之群英，赋有凌云之称，辩有雕龙之声，谁能摹暂离之状，写永诀之情者乎！

【赏析】 江淹《别赋》，以“别”为中心，抒写了各类人物“黯然销魂”的哀思忧虑，创造出移人性情的艺术境界。

“黯然销魂者，唯别而已矣”，是赋文的总纲，也是赋文的“情结”。“黯然销魂”这四个字，对分别者作了总的刻骨铭心的描绘，从心情、神态上，勾画出他们愁苦沮丧、容颜暗淡、灵魂出窍的总特征，并创造出苍凉哀婉的氛围。环绕着这个总纲，作者任凭“思波”驰骋，编织出一幅幅色彩鲜明愁虑纠结的离别图。“行子”与“居人”的分离，是写总的别情。“况秦吴兮绝国，复燕宋兮千里”，用彼此的远离隔绝，来表现别恨之深重。而季节变迁的春苔初生或秋风乍起的背景，则进一步凸现了“行子”的“断肠”和“凄恻”。写“居人”，着重表现“愁卧”和“悦若有亡”的情状。“抚锦幕而虚凉”、“意别魂之飞扬”，正是“居人”无比感伤和渴望“行子”魂飞故土的拟写。

然后，作者把各类人物“黯然销魂”的离别逐一描摹出来，让人们领略“三更风作切梦刀，万转愁成系肠线”的如梦如缕之愁。

富贵者的分别，排场豪华。他们饮酒作乐，热闹非凡。饮宴间，娇艳的美人唱着燕赵悲音，轻歌曼舞伴随着悠扬的乐声，惊动了驷马、渊鱼，但终究免不了“衔涕”、“伤神”。

剑客侠士的诀别，场面悲壮，气氛激烈。他们像历史上的聂政、豫让、专诸、荆轲那样强忍悲痛，“沥泣共诀，抆血相视”，为知恩图报而仗义轻生。

从军者的离别十分凄惨。他们远赴辽水、雁山，投身残酷的战争，生死难卜。“攀桃李兮不忍别，送爱子兮沾罗裙”，这个生动真切的细节，充分表现骨肉分离的悲凄惨痛。

远赴绝国者的境况更为凄凉寂寞。他们一旦远离，相见便遥遥无期，“怨复怨分兮远山曲，去复去兮长河湄”，渲染出送行人的悲痛，扩大和延伸了人物的无限哀思。

夫妇间的离别令人惆怅。妻子空对春苔秋月，苦熬夏昼冬夜，年复一年，四季相思。

学道成仙者的离别神幻奇特。他们即使意志坚定，专心炼丹，但当骑着仙鹤，驾着青凤，飞升成仙，在浩渺的云端与家人道别时，最终也难忘尘缘。

青年爱侣的离别又是另一类令人伤怀的情景。他们赠芍药之诗，唱佳人之歌，面对明媚的春光、高爽的秋色，牵肠挂肚，情意缠绵。

赋文以离愁别绪难以摹写作结，突出了别愁的深沉与绵长。

在江淹的赋作中，《恨赋》、《别赋》最为著名。《恨赋》音韵铿锵，激越雄放；《别赋》缠绵悱恻，柔婉哀转。清人许梿认为《别赋》：“立格与《恨赋》同，前以激昂胜，此以柔婉胜。”又说：“极摹‘黯然销魂’四字，状景写物，缕缕入情。醴陵于六朝的是凿山通道巨手。”（《六朝文絜笺注》卷一）此赋对于前人词句，有化用，也有新变。化用天衣无缝，毫无斧凿之痕，达到巧妙圆融的境界；新变自有新颖别致之处，得到大家的认同和赞许。句式起伏多变也是《别赋》的显著特色：以四言为主，杂以五言、六言、七言及“兮”字句，使句子更加清新流畅，能够更好地表达作者的思想感情。

三、辞赋的写作

葛洪《西京杂记》载司马相如语：“合綦组以成文，列锦绣而为质，一经一纬，一宫一商，此赋之迹也。赋家之心，包括宇宙，总览人物，斯乃得之于内，不可得而传。”“赋家之心”，即作家创作时复杂微妙的心理状态，只能靠自己在内心体验，是可得而不可授的。所谓“作赋之迹”，是指作品的外在形式以及作者组织材料、安排结构、运用语言的手法和技巧。辞赋的写作，关键在于了解其体式特点。

1. 楚辞。楚辞大部分作品不仅篇幅比较长大，而且有许多复杂的体制形式。《离骚》373 句，2 400 多字。《天问》350 多句，1 500 多字。部分作品结尾有总括全篇要旨的语言，如《离骚》、《哀郢》、《涉江》等有“乱”，《抽思》有“少歌”、“倡”。

从押韵来看，楚辞与《诗经》大体相同。以句尾韵为主，换韵，或句句押韵，或隔句押韵，奇句和奇句押韵，偶句和偶句押韵（交韵）。

从句式和语调来看，与《诗经》相比，楚辞句式加长，且大量使用“兮”字句。就句式而言，楚辞以杂言为主，词语繁富，很重视外在形式的美感，这为汉代赋体文学的产生创造了条件。而“兮”字的使用则是楚辞体的重大特征。“兮”字或者置于每一句的中间，如《九歌》：“若有人兮山之阿，被薜荔兮带女萝”（《山鬼》）；或者置于上下句的中间，如《离骚》：“路漫漫其修远兮，吾将上下而求索”；或者置于下句末，如《橘颂》：“后皇佳树，橘徕服兮。受命不迁，生南国兮”。

2. 赋。赋是由《诗经》、《楚辞》发展而来的。汉代以后，人们把赋与诗骚分开，主要是从思想内容来看的。譬如骚之所以有别于诗，是因为骚没有诗那样纯正，而有诡异谲怪等类的内容；赋之所以异于骚，是因为赋是“铺采摛文，体物写志”的（刘勰《文心雕龙·诠赋》），而“骚则长于言幽怨之情”（清程廷祚《骚赋论》)。

“铺采摛文，体物写志”，这是说赋的主要特点在于铺陈事物。例如扬雄《解嘲》就是铺陈许多故事来为自己的“为官之拓落”辩解，江淹《别赋》就是用许多典故来铺陈各种离愁别绪。铺陈事物最典型的作品是汉代那些描写京殿和苑囿的赋。例如司马相如的《上林赋》，其内容就是细腻夸张地描写上林苑的水势、山形、虫鱼、鸟兽、草木、珠玉、宫馆等景物和皇帝在苑中进行田猎、宴乐等情况，可以说极尽其铺陈夸张之能事。

从形式上看，赋则字数不拘，但多数以四言、六言句式为主；典型的汉代散体大赋多夹杂散文句式；在句与句之间、段与段之间，赋多用联结的词语。例如扬雄《解嘲》，很多地方用“故”、“是故”、“是以”、“然而”、“然则”、“若夫”、“且”、“虽”、“遂”等词语来连结上下文；江淹《别赋》用“况”、“复”、“故”、“至若”、“乃有”、“又有”、“傥有”、“是以”、“虽”等联结的词语。

从押韵的角度看，由于赋的篇幅较长，往往需要换韵，一韵到底的赋极少；赋的换韵，往往与内容段落是一致的；赋的押韵，有的句句押，有的隔句相押；赋的韵脚，不一定在句末，如果句末是虚词，往往在虚词的前面押韵；韵脚以不重复为原则。

从结构上看，赋可以有三个部分：前面有序，中间是赋的本身，后面有“乱”或“讯”等。刘勰《文心雕龙·诠赋》说：“既履端於倡序，亦归余於总乱。序以建言，首引情本；乱以理篇，迭致文契。”序是说明作赋的原因，“乱”或“讯”大多概括全篇的大意。但序和“乱”等不是赋一定要具备的。

赋序与赋本身在形式上的差别，是赋用韵而序不用韵。汉代赋序和一般散文没有分别，六朝赋序有用骈体文写的，例如庾信《哀江南赋序》。

汉赋多有“乱”或“讯”。例如贾谊《吊屈原赋》有“讯”，扬雄《甘泉赋》有“乱”。这是骚体形式的沿用。六朝以后的赋很少运用这种形式的。

有的汉赋假设宾主对答，开始和结尾都多用散文，赋本身就分成三个部分。开始部分有点近似序；结尾部分往往发点议论，以寄托讽喻之意，近似“乱”或“讯”。例如司马相如的《子虚赋》、《上林赋》就是如此。唐宋时代有些赋还沿用这种作法。例如韩愈《进学解》开始有几句散文，作用是为下文作张本。苏轼的《前赤壁赋》，开始和结尾虽然不是散文，但是结构仍可分成三部分。“壬戌之秋，七月既望，苏子与客泛舟游于赤壁之下”，这是略等于序的开始部分。“苏子曰：客亦知夫水与月乎”以下，是发议论的结尾部分。

（陈朝辉、李诚）

第五节 对　　联

对联雅称楹联、楹帖，又称对子、对语、联语、联对等，原为张挂或雕刻在楹柱上的一组对仗句，广泛使用于宫廷画阁、官邸衙署、贡院学堂、私宅书斋、亭台楼榭、园林名胜、寺庙祠宇等处，由于统治者和文人学士的爱好推广，至明清逐渐民俗化。现代广义而言，对联指书写张挂甚至包括只写不挂或印成文字的对仗联语。

一、对联的性质与特点

（一）对联小史

对联的直接前身是基于汉字特色的修辞格——对偶。对偶是“对仗”和“骈偶”两个词的演化综合。对仗，缘起于古代宫中卫队的行列（仪仗）。这种仪仗队是两两相对地排列的，所以叫“对仗”；骈偶一词的“骈”，指两匹马并驾齐驱，“偶”指两个人结合在一起。合成“骈偶”，也是成双成对的意思。对偶作为一种修辞手法，是指用内容、结构平行的两句话，表达相同、相关、相连甚至相反的意思。

对偶这种修辞手法在我国先秦的古诗文中就有运用，汉代的赋中更是出现了许多整齐优美的对偶排句。如汉·枚乘《七发》就颇为典型：

（且夫）出舆入辇，命曰蹶痿之机，洞房清宫，命曰寒热之媒。
皓齿娥眉，命曰伐性之斧，甘脆肥脓，命曰腐肠之药。

对偶是修辞手法，它不等于对联，要使对联从对偶中脱胎出来，使得它具有上下两联的外在形式，还源于一种古代民间习俗——挂“桃符”。

《风俗演义》上说：“黄帝书称上古之时，兄弟二人，曰‘荼’、曰‘郁’，住度朔山上桃树下，简百鬼，鬼妄榾人，援的苇索，执以食虎。于是，县官以腊除夕，饰桃人垂苇索虎画于门，效前事也。”也就是说，很早我国民间就有在除夕用桃木板（或纸）画上“神荼”、“郁垒”二神（或写上两神的名字），分别悬挂在门旁，用以驱邪怯鬼，祈福避祸。宋·王安石《元日》云：“千门万户曈曈日，总把新桃换旧符”。后来演变为在桃木板上写吉祥话，进而发展为写对偶诗句，这样最早的楹联——春联就出现了。

《宋史·蜀世家》云：“孟昶每岁除，命学士为词，置寝门左右。末年，辛寅逊撰词，昶以其非工，自命笔云‘新年纳余庆，嘉节号长春。’”孟昶（919

—965 年）为五代后蜀之主，他的创作被认为是我国的第一幅春联（而不是最早的对联）。①

宋代对联创作蔚然成风，许多名流大家都有精品传世，到明代由于朱元璋的提倡，春联作为一种年节志庆的民俗形式，被正式肯定和推广。清·陈云瞻《簪云楼杂说》云："春联之设，自明太祖始。帝都金陵，除夕传旨，公卿士庶家，门上须加春联一副。""对联"一词也出现于明代。《西湘二集·忠孝萃一门》载："洪武爷抚定了婺州，于城楼上立大旗两面，亲书对联道：'山河奄有中华地，日月重开一统天。'"

至清代，对联的发展达到纯熟的全盛期，梁章钜在《楹联丛话·自序》中说"凡殿廷庙宇之间，各有御联悬挂……而名公巨卿，鸿儒硕士，品题投赠，涣衍寰区"，盛况空前。而"楹联"一词也见于清乾隆年间朱钦山所著的《集字楹联》(又名《古学千金谱》。此后上至达官显贵，下至平民百姓，各行各业，人们都有撰写、张贴或欣赏对联的爱好。

（二）对联的种类

对联种类繁多，按其内容和应用范围，大致可以分为：节日联（春联）、婚联、寿联、挽联；门联、堂联、装饰联、行业联（商联）、名胜古迹联；文艺联、宣传联、交际联、庆贺联等。下面择其要述之。

1. 节日联（春联）。在各种节日，张贴表达庆祝、纪念意思的联语，可为节日增添欢乐、热烈、隆重气氛。

据说，我国最早的元宵节灯联是北宋扬州太守贾似道的门客集唐诗而成的：

天下三分明月夜；（集唐·徐凝《忆扬州》诗）
扬州十里小红楼。（集唐人登第词）

此联挂出后引来不少人围观。第二年元宵节扬州城花灯似海，灯联如云，此后全国争相效仿。有一则民间故事说，除夕夜几个秀才饮酒守岁，一秀才趁酒兴出联：

① 谷向阳著《中国楹联学概论》认为，南朝梁著名文学家刘孝绰（481—539）与其妹的题联应视为我国最早的门联。他援引清学者谭嗣同《石菊影庐笔记·学编七十四》文："考宋（应为梁）刘孝绰罢官不出，自题其门曰：'闭门罢庆吊，高卧谢公卿。'其三妹令娴续曰：'落花扫仍合，丛兰摘复生。'此虽是诗，而语皆骈俪，又题于门，自为联语之权舆矣。"《中国对联集成·江夏分卷》收录唐初江夏王李道宗（600—653 年）"题寺门联"：深山窈窕，水流花发泄天机，未许野人问渡；远树苍凉，云起鹤翔含妙理，唯偕骚客搜奇。任喜民《详说对联》认为该联是迄今发现的我国最早的对联。

今宵年尾，明日年头，年年年尾接年头；

结果无人能对。元宵节，这几个秀才再聚，另一个秀才顿有所悟，对曰：

天上月圆，人间月半，月月月圆逢月半。

此副对联运用复字对手法，精巧工整，耐人玩味。

节日联中最重要的是春联，它又叫“春贴”，是为庆贺新春佳节而作的楹联。用语一般轻松欢快，喜气洋溢。内容多为切情切景，希望在新的一年里吉祥如意。

2005 年，中央电视台春节联欢晚会上，由中国楹联学会策划、主撰的 18 副春联，为晚会增添了的欢乐气氛，提升了晚会的文化品位，成为中国楹联再次复兴的标志。其为晚会献上的总联是：

上下五千年，太平盛世欣今日，听钟乐和鸣，八方共饮复兴酒；
纵横九万里，锦绣中华创未来，看龙狮劲舞，四海同吟发展歌。

（晚会播报时有删节）

联语精神振奋，大气磅礴，充满时代精神。

2．行业联（商联）、名胜古迹联

（1）行业联（商联）。行业联是楹联艺术与手工业、商业以及近代工业结合的产物，具有明显的职业标志和行业广告特征，在行业开张、新店启用、经营范围转变时都可使用。

据宋·文莹《玉壶清话》载，后唐时，进士范质的朋友开了一个纸扇店，请范质题门联，范质题到：大暑去酷吏；清风来故人。此联寓意贴切，符合纸扇店的特点。

伴随着现代商业经济的繁荣发展，行业联中商联的拟制越来越考究，其中许多老字号的牌匾联语已经成为民族文化的艺术珍品。如：

同舟共济，只求人少病；
仁风相和，不虑药生尘。（北京老字号同仁堂药店）

此联境界超凡，让人肃然起敬。

一艺足供天下用；
得法多自古人书。（北京老字号一得阁文具店）

此联用嵌字联之鹤顶格，合成店名。

吴地名厨远来近悦；
琼楼玉宇醉月飞殇。（苏州得月楼菜馆）

上联暗用《论语·子路》“近者说（悦），远者来”典故，下联“琼楼玉宇”与“月”照应，并描绘了菜馆宾朋满座，觥筹交错，热闹非凡的情景，实为佳联。

黍必齐，曲必实，湛必洁，器必良，火必得，泉必香，京华古都传统，必严必信，居家旅行，懿哉君子！
味斯淳，气斯馨，泽斯清，质斯正，形斯雅，品斯精，嘉靖年间风骨，斯承斯盛，佐餐助酌，莞尔嘉宾。（北京老字号六必居酱园 杨起拟）

“六必居”酱园始建于明嘉靖 9 年（1530 年），其传统工艺为“黍稻必齐，曲蘖必实，湛之必洁，陶瓷必良，火候必得，水泉必香”，故名“六必”。此联阐明字号意义，表明“诚信重质”的经营理念。

（2）名胜古迹联。名胜古迹联包括山水风光联（侧重自然景观）、园林古迹联（侧重人工建造及其历史渊源）、祠庙墓陵联（侧重人文纪念）、寺院道观联（侧重宗教文化）。这类对联常出自名家，艺术性最高，它们与风景名胜、古人遗迹融为一体，成为旅游中人文景观的重要资源。

西湖十景之一“平湖秋月”，当于秋天游览最佳，彭玉鳞题亭联：

凭槛看云影波光，最好是红蓼花疏，白蘋秋老；
把酒对琼楼玉宇，莫辜负天心月到，水面风来。

四川成都望江楼畔有“薛涛井”，相传为当年薛涛取水之处。唐时薛涛本官宦之女，后遭变故，沦落烟花，她能文善唱，结交了许多名流，当时镇蜀的韦皋甚至想奏请她任校书郎，遭非议而未果。刘豫波题曰：

古井冷斜阳，问几树枇杷，何处是校书门巷；
大江横曲槛，看一楼烟月，要平分工部草堂。

浙江上虞“虞姬庙”祭祀的是西楚霸王妃——虞姬，明户部尚书倪元璐献联：

今尚祀虞，东汉已无高后庙；
斯真霸越，西施羞上范家船。

联中流露出对虞姬忠于爱情，视死如归气节的由衷钦佩。

天津大悲院供奉观音大悲菩萨，吴信辰题院联：

禅门无往始为禅，但十方国土庄严，何处非祇园精舍；
渡世有缘皆可渡，果一念人心回向，此间即慧海慈航。

此联颂扬佛法无边，劝人向善。

3．文艺联、宣传联、交际联、庆贺联

（1）宣传联。宣传联的作用类似标语，主要用于重大社会活动的宣传或正式会议的会场布置。其特点是宣传政治主张，烘托气氛，鼓舞人心。一些励志警策的格言哲理联，也可以归于此类。

例如，1930 年 12 月，红军总前委在宁都县召开军民誓师大会，毛泽东在主席台两旁亲撰一联：

敌进我退，敌驻我扰，敌疲我打，敌退我追，游击战里操胜算；
大步进退，诱敌深入，集中兵力，各个击破，运动战中歼敌人。

此联不拘平仄，不工对仗，似两句标语口号的对举，具有当时的时代特点。

（2）文艺联。文艺联包括文学作品中（含题画）出现的对联，称颂文学家或评价文学作品的对联，纯粹文字游戏的文字联。此类对联或深蕴文史典故，或充分体现汉语的特色，巧妙绝伦。

例如，在近年的高考命题中就出现过以下对联，要求考生指出所描写评价的作家：

笔诤时政，心在苍生，万户争传新乐府；
堤建西湖，神归东洛，千秋永祀老诗翁。（白居易）

力挽山河，浩气贯日月，空余英雄心一颗；
名垂宇宙，文光冲斗牛，剩下悲壮词千篇。（辛弃疾）

质而绮，真且醇，自可传之千古；
樽中酒，篱下诗，岂甘了此一生。（陶渊明）

殉社稷，只江北孤城，剩水残山，尚留得风中劲草；
葬衣冠，有淮南抔土，冰心铁骨，好伴取岭上梅花。（史可法）
大明湖畔，趵突泉边，故居在垂杨深处；
漱玉集中，金石录里，文采有后主遗风。（李清照）

舟系洞庭，世上疮痍空有泪；
魂归洛水，人间改换已无诗。（杜甫）

宦游西蜀，志复中原，高吟铁马铜驼，烟尘誓扫还金阙；
诗继少陵，派开南宋，更入清风明月，池馆重新接草堂。（陆游）

酌酒花间，磨针石上；
倚剑天外，挂弓扶桑。（李白）

文艺联中有一类谜联，颇有群众基础。如清代文学家纪昀（晓岚）写了一副灯谜联：

黑不是，白不是，红黄更不是，和狐狼猫狗相仿，既非家畜，又非野兽；
诗也有，词也有，论语上也有，对东南西北模糊，虽为短品，也是妙文。

众人均猜不出，最后纪昀揭出谜底，就是“猜谜”。

（三）对联的特点

对联的基本文体特征是对仗，也就是说上下联之间要字数相等，词性相当，结构相同，平仄相谐，文字相别，内容相关，共同构成一个特定而完整的意义。

1．字数相等。指上下联的字数一样，长联各相应的分句字数也必须相同。如：

泰岱日，洞庭月，黄山松，西湖堤，漓江水，南海潮，花果布，故宫殿，昆仑雪，珠穆峰，江南园林，北国长城，阿里林涛，天堑三峡，点神州锦绣江山，增吾胸中丘壑

诸子文，屈原骚，相如赋，司马史，右军帖，道玄画，李杜诗，苏辛词，汉卿曲，雪芹梦，龙门石窟，秦汉古墓，敦煌彩壁，雄文五卷，数中华灿烂文化。（费之雄）

上联纵横神州东西南北大好河山，下联备述祖国上下古今灿烂文化，对仗工稳，气势宏伟。

2．词性相当。现代汉语将词性分为名、动、形、数、量、代六类实词，副、介、连、助、叹五类虚词，在一副对联的上下联相同位置，词性要相当。词性与词类完全相同的叫工对，词性相同而词类不同的叫宽对，而现在某些场合只讲“实对实，虚对虚”则显得过于宽泛，不宜提倡。

工对：《文镜秘府论·论对》云“一二三四，数之类也；东南西北，方之类也；青赤玄黄，色之类也；风雪霜露，气之类也；鸟兽草木，物之类也；……”此外，古代还将名词分作若干小类，如天文、时令、地理、宫室、服饰、器用、植物、动物、人伦、人事、形体等。初学者，应熟读传统“对课”启蒙教材《训蒙骈句》和清·李渔《笠翁对韵》。例如：

墙上芦苇，头重脚轻根底浅；
山间竹笋，嘴尖皮厚腹中空。（解缙）

“墙”对“山”，“芦苇”对“竹笋”，“头”对“嘴”，“脚”对“皮”，“根”对“腹”，是名词对名词；“重”对“尖”，“轻”对“厚”，“浅”对“空”，是形容词对形容词；“上”对“间”，“底”对“中”，是方位词对方位词，属工对。

宽对：如果不能完全做到词类相当、结构相应、节奏相同和平仄协调，就是宽对。古人把词性相同而词类不同的对联，放在宽对之列。例如：

青山有幸埋忠骨；
白铁无辜铸佞臣。

这副联题于杭州西湖岳飞墓，“山”、“铁”、“骨”、“臣”都是名词。但“山”属地理类，“铁”属器用类，是地理对器用；“骨”属形体类，“臣”属人伦类，是形体对人伦。这就是一副宽对。但这样的宽对，在古对联中就很普遍，而今都应视为工对。

3．结构相同。所谓结构相应，就是两联具有相同的语法结构。

如：墙 上 芦 苇，头 重 脚 轻 根 底 浅
山 间 竹 笋，嘴 尖 皮 厚 腹 中 空

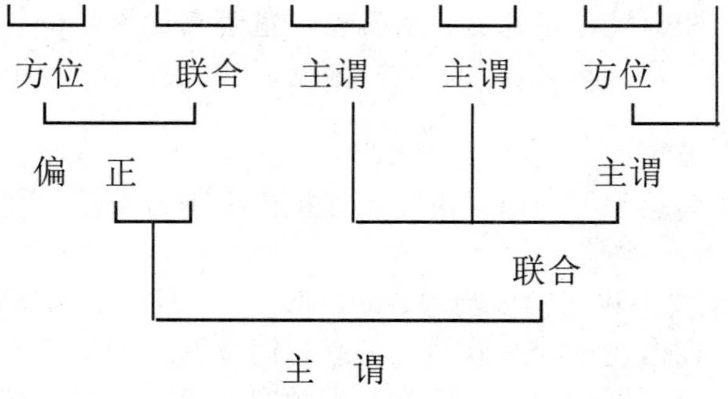

4．平仄相协。对联要求平仄交替与对立。平仄交替是指在一联之内，不能

只用平声或只用仄声的字，应当有规律地交错使用。平仄对立，是指上下联之间相同位置上的字，平仄应当是相反的。即上联是仄声的，下联就应当是平声；上联是平声的，下联就应当是仄声。除了在规则允许范围内的变通（如可平可仄）而外，都不应违反。举《联律图谱》三/三/四/七言联例：

有志者，事竟成，破釜沉舟，百二秦关终属楚；

仄仄仄　仄仄平　仄仄平平　仄仄平平平仄仄

苦心人，天不负，卧薪尝胆，三千越甲可吞吴。

仄平平　平仄仄　平平平仄　平平仄仄仄平平

就音韵和平仄而言，它们是对联的基本性质，不能不遵循，但古代汉语与现代汉语已经有了很大差别。现代人在拟制对联时，如果古代汉语功底深厚，可依古律，以使律联传统发扬光大；如果是一般人群，可用现代汉语的韵母和声调系统，以使对联艺术得以普及，但一联中古今音韵声调系统不可混用，而且上联应当仄收，下联应当平收，否则就过于宽泛，不利对联艺术的健康发展。

5．文字有别。有规则的重字是对联创作中常用的一种修辞手法。顶针、通变、复字、回文、层递等，都会以规则重字增强表现力。但同联中不规则或与修辞无关的重复字则应当避免。

6．内容有关。上下两联在意思上要相连、相关或相反。

（1）正对。上下联之间意思相连，角度不同，内容互相补充的叫正对。

例如：

由秀才而封王，支持半壁旧江山，为天下读书人顿增颜色；

驱外夷以出境，自辟千秋新事业，愿今日有志者再鼓雄风。

（台湾高雄郑成功祠联）

这副对联，上联讲郑成功在江南坚持抗清，下联讲郑成功赶走荷兰殖民者、收复台湾，这两件事是郑成功一生的主要功绩。两联在意思上互相补充，十分明显。

（2）反对。上下联之间意思相反，互相映衬的叫反对。

例如：

未许田文轻策马；

愿闻老子再骑牛。（河南灵宝函谷关犹龙阁联）

田文即孟尝君，齐湣王时入秦。秦昭王先欲以他为相，后却囚而欲杀之。孟尝君让从人中善狗盗者暗入秦宫，盗出狐裘献给昭王宠姬，终得获释潜逃。

夜半至函谷关，门尚未开而追兵将至，又赖一门客学鸡叫赚开关门，才最后脱险。策马，即指此事。“未许”意谓不能首肯，显而易见，撰联者鄙视孟尝君鸡鸣狗盗的伎俩。老子，春秋时道家创始人李耳。相传他曾骑青牛从函谷关出隐大漠，并在出关前将所著《道德经》付与关尹，该书遂得流传。说“愿闻”者，是希望这样的事能再次发生。两联的意思就相反相成。

（3）串对。串对又叫流水对，上下联意思顺连，分别独立出来都没有意义。例如：

直登云麓三千丈；

来看长沙百万家。（长沙岳麓山联）

“登”是为了“看”，“看”是“登”的目的。这副对联不过是一句话分成两半说，下联就是上联意思顺连而致。

再如：

明知落凤存先帝；

甘让卧龙作老臣。（四川德阳白马关庞靖侯祠联）

庞统，字凤雏，死封靖侯。明知落凤，即明知自己会死。先帝，刘备。《三国演义》说，刘备、庞统进军雒城，庞统马失前蹄，被掀翻于地，刘备便将自骑的白马换与他。行至落凤坡，雒城守将张任以骑白马者为刘备，令乱箭射之。庞统死，刘备幸免。明知，颂誉之辞。卧龙，诸葛亮。这副对联，上联写庞统的牺牲精神，下联交代牺牲的动机，也是一副很好的串对。

（4）无情对。上下联在语义上无任何联系，但字面对仗非常工稳，属文字游戏。

《古今谭概》上载明人李西涯在政时，有客来访，李出对：

庭前花始发；

对曰：

阁下李先生。

字面工对，内容风马牛不相及，越是“无情”越是佳对。典型的例子还有：

细羽家禽砖后死；

粗毛野兽石先生。

三星白兰地；

五月黄梅天。

上联“三星”指“三星牌”，一说是法国政府对法国名酒白兰地酒龄标志的规定，“三星”即三年。

（四）横批

有时对联有横批。横批亦叫横披，就是悬贴在壁柱间横眉上、对全联的意思带有总结性的文字。一般是四个字，也有两个字、三字、五个字乃至七个字的。

横批与横额或横幅不同。横幅多指横写横挂的条式标语。横额包括一切碑题与匾额，而横批始终与对联配合使用。

横批与对联的语言风格也应保持一致。有一副贺一医生与教师结婚的对联：

眼镜大夫，采中西，治顽疾，药到病除，交称华佗扁鹊；

斯文小姐，呕心血，育桃李，餐忘寝废，堪誉蜡炬春蚕。

联中的华佗、扁鹊都是我国古代名医，借赞新郎；“蜡炬春蚕”出自李商隐诗“春蚕到死丝方尽，蜡炬成灰泪始干”句，以誉新娘。据说横批原为“珠联璧合”，后觉过于文雅，改为“天生一对”，意思没变，但通俗多了，又幽默有趣，与对联语言的整体风格和谐一致。

（五）长联赏析

昆明大观楼长联是清朝乾隆年间昆明名士孙髯翁登大观楼有感而作，全联如下：

五百里滇池奔来眼底，披襟岸帻，喜茫茫空阔无边。看：东骧神骏，西翥灵仪，北走蜿蜒，南翔缟素。高人韵士何妨选胜登临。趁蟹屿螺洲，梳裹就风鬟雾鬓；更蘋天苇地，点缀些翠羽丹霞，莫孤负：四围香稻，万顷晴沙，九夏芙蓉，三春杨柳；

数千年往事注到心头，把酒凌虚，叹滚滚英雄谁在？想：汉习楼船，唐标铁柱，宋挥玉斧，元跨革囊。伟烈丰功费尽移山心力。尽珠帘画栋，卷不及暮雨朝云；便断碣残碑，都付与苍烟落照。只赢得：几杵疏钟，半江渔火，两行秋雁，一枕清霜。

这副长联是孙髯翁写于1765年，凡一百八十字，对仗工整，气势宏大，脍炙人口。上联写滇池及周围风光景物，下联联想云南历史。长联观物写情，内涵深刻，令人叫绝，被誉为“天下第一长联”，流传不衰。

二、对联写作的基本技巧

（一）对联的风格

正像宋词有婉约、豪放之分一样，由于作者的气质、修养不同，所书内容不同，对联在写作上也有不同的风格。这种风格大致可分为雄奇谨深、新雅绮丽、质朴谐趣、哀婉悱恻等类。

1．雄奇谨深（或磅礴奇伟、或严肃深沉）

例如洪承畴降清后，又劝黄石斋投降，黄曰：

史笔流芳，虽未成名终可法；

洪恩浩荡，不能报国反成仇。

上联嵌名“史可法”，下联嵌名“洪承畴”（“成仇”谐“承畴”）。黄石斋以此联表明他宁死不降的决心，也表达了对洪承畴的极度蔑视。

再如清代名儒、康熙朝进士陆陇其任嘉兴令时，高风亮节，深受百姓爱戴。时有巡抚慕天顺过生日，群僚皆献珍宝谄媚，陆陇其拜寿时，仅从袖中拿出两双鞋子作为寿礼，说：“此系手制，非取诸民者。”慕天顺笑着推却了，后以“不洽民情，不务政事”弹劾罢免了陆陇其。陆陇其离任时，人赠联曰：

有官贫于无官日；

去任荣于到任时。

此类对联充盈着一种浩然正气。

2．新雅绮丽（或清新淡雅、或文辞华丽）

例如长沙荷花池远香亭联：

亭前皆净植，更饶竹雨风涛，疑是引来仙境；

池外接闲园，无数豆棚瓜架，宛然绘出豳风。

净植：长满了荷花。饶：多。豳风：《诗经》国风之一。意境清新幽美。

明朝开国功臣徐达，官拜中山王，声势煊赫，但他在南京（金陵）的王府门口高悬一联，云：

大江东去，浪淘尽千古英雄。问楼外青山，山外白云，何处是唐宫汉阙；

小苑春回，莺唤起一庭佳丽。看池边绿树，树边红雨，此处有舜日尧天。

上联借用宋·苏东坡《念奴娇·赤壁怀古》词句，化用宋·林升《题临安邸》“山外青山楼外楼”诗句，且用顶真手法，“唐宫汉阙”也用以借指明以前的朝代，仅上联的艺术手法就用了好几种；下联“小苑”、“莺”、“佳丽”、“池”、“绿树”、“红雨”等，又描绘出一副美丽的画图，文采斐然。

3．质朴谐趣（或不加文饰、或诙谐幽默）

① 某地财神庙，香火极盛，有好事者亦题一联：

只有几文钱，你也求，他也求，给谁是好；
不做半点事，朝来拜，夕来拜，教我为难。

② 某彩票投注站联：

多买少买，多少要买
早中晚中，早晚要中　横批：打猜

4．哀婉悱恻（或哀婉苍凉、或缠绵悱恻）
某林氏妇自挽联曰：

奴别良人去矣，大丈夫何患无妻，愿后日重订婚姻，莫向生妻谈死妇；
儿依严父艰哉，小孩子定仍有母，倘异时得蒙抚养，须知继母即亲娘。

这副对联上联痛别丈夫，下联嘱咐幼儿，一一诀别，深沉悲痛而又通情达理，读之令人怆然感伤。

（二）对联的修辞

对联修辞包括语音修辞、文字修辞、词汇修辞、语法修辞等。下面择要述之：

1．语音修辞。语音修辞包括谐音双关、同音、异音、叠韵、押韵、变读、摹声、绕口等。

例如“绕口”，是指把两个音近的字放在同一联内交错反复，使读起来搅舌头。

成都望江楼有一清代江南名士题的上联：

望江楼，望江流，望江楼上望江流，江楼千古，江流千古；

20 世纪 30 年代什邡人李吉玉，发现城外珠市坝有井一口，旁有清嘉庆年间所立石碑一块，上书“古印月井”四字，于是由景生情，得了这样一个下联：

印月井，印月影，印月井中印月影，月井万年，月影万年。

这副对联，因音近的“楼、流、井、影”多次重复，读来扰口，颇为有趣。

2．文字修辞。文字修辞包括析字、同旁、嵌字、镶字、置换、缺隐、重字、端形、顶真等。

（1）析字。析字是将某些汉字的形体结构进行分析肢解，或拆或合，构思巧联。

拆字：

堤是土夯就；笛由竹做成。（株洲刘正洪）

鸿是江边鸟；蚕为天下虫。（梁章钜《巧对录》）

合字：

二人土上坐；一月日边明。（金章宗出，李妃对）

寸土为寺，寺旁言诗，诗曰：明月送僧归古寺；

双木成林，林下示禁，禁云：斧斤以时入山林。

这副对联，上联“寸”“土”合为“寺”，“寺”“言”合成“诗”；下联“木”“木”合为“林”，“林”“示”合成“禁”，都连合了两次，而且是层层递进的。

拆合并用：

因火为烟，若不撇开终是苦；

舛木成桀，全无人道也称王。

在这副清时禁烟衙门征对的对联中，上联“因”与“火”合成“烟”是拼，“若”缩短那一撇变为“苦”是拆；下联“舛”与“木”合成“桀”，又是拼；“全”分为“人”（当为“入”）和“王”又是拆。全联是前合后拆。

（2）同旁。将偏旁相同的字按一定的规则组合成联，谓之同旁。同旁有两种用法。

一是竖同，即偏旁相同的字分别处于上下两联相同的位置上。

例如：

烟锁河堤柳；

炮镇海城楼。

这副对联题于广东虎门，不仅写出了虎门的自然景色，而且写出了中国人民严阵以待、随时准备打击外国入侵者的气势，所用的手法就是竖同。上下两联五字偏旁均为“火”“金”“水”“土”“木”。

二是横同，即偏旁相同的字都排在同一联内。

传说济公（名道济）幼时，家中做主聘表妹李氏为妻，李氏父母双亡后，投奔舅家。及笄，不闻济公有婚娶之意，李氏久居婆家，甚觉尴尬，于是撰联，吐露心声：

寄寓客家，牢守寒窗空寂寞；

济公对曰：

迷途辽远，退还莲迳返逍遥。

意为劝勉表妹，看破红尘，清心修行，以成正果。

（3）嵌字。嵌字是将人名、地名、事物名或有特定含义的字巧妙地嵌入联中，而联意自然流畅，不露痕迹。

嵌字位置不同，称呼也不同。常见的七字嵌字联，分别有以下形象的称呼：

鹤顶格（凤顶格、虎头格、藏头格、并头格）：嵌字分位于上下联第一字位；

叶底格（燕颔格、凫颈格）：嵌字分位于上下联第二字位；

鹿颈格（凫肩格）：嵌字分位于上下联第三字位；

蜂腰格：嵌字分位于上下联第四字位；

鹤膝格：嵌字分位于上下联第五字位；

雁翎格（凫胫格、长凫格）：嵌字分位于上下联第六字位；

雁足格（凤尾格、藏尾格、并蒂格）：嵌字分位于上下联第七字位。

以上为正格，还有变格，如：

魁斗格：两字分嵌上联之首和下联之末的位置上。

蝉联格：两字分嵌上联之末和下联之首的位置上。

云泥格：两字分嵌上联第二和下联第六的位置上。寓意“云为天之下、泥为地之上”。

双钩格：四字分嵌上下联首尾。

……

例如：

> 译著尚未成书，惊闻陨星，中国何人领呐喊；
>
> 先生已经作古，痛忆旧雨，文坛从此感彷徨。（姚克　斯诺　挽鲁迅）

3．词汇修辞。词汇修辞包括拆词、叠词、联绵、回文、串组、转类、成语、用典、数示、方位词、助词、颜色词等。

（1）转类。转类指一个词语由一类活用作另一类的情形。

例如：

> 千山齐白石亦白；
>
> 万水徐悲鸿更悲。（四·五唐双宁　悼念周恩来）

上联“齐”和下联“徐”均原为姓，活用为副词，此联同时使用了嵌字修辞手法。

（2）迭词。将某个词语加以重迭，就叫迭词。对联在使用迭词时有两种情况。

一种是一联中只有部分词语重迭。

清·王士祯《池北隅谈·卷十一·对句》："小说载李空同督学江西，有一生姓名偶同，李出对句：'蔺相如，司马相如，名相如，实不相如。'生应声云：'魏无忌，长孙无忌，公无忌，我亦无忌。'空同喜。"

另一种是一联中每个词语都重迭。例如：

翠翠红红，处处莺莺燕燕；
风风雨雨，年年暮暮朝朝。

这副对联题于杭州西湖湖山春社。上联"翠"、"红"、"处"、"莺"、"燕"，下联"风"、"雨"、"年"、"暮"、"朝"，每一个词语都重迭了。这些词语若不都加以重迭，念起来连话也不通；重迭之后，不仅自然顺畅，展现的画面也非常清晰。

（3）用典。把历史典故巧化入联称为用典。用典贴切，可使作品典雅庄重、凝练警策、含蓄隽永、耐人寻味。

成都文具书画店"诗婢家"是郑次清先生于1920年创办的，其联语云：

两婢谐诌诗，汉代文章雄百代；
五经谨训注，郑家烛火亮千家。

其典出于南朝宋刘义庆《世说新语·文学》："郑玄家奴婢皆读书。尝使一婢，不称旨，将挞之，方自陈说，玄怒，使人曳著泥中。须臾，复有一婢来，问曰：'胡为乎泥中？'（语出《诗·邶风·式微》）答曰：'薄言往愬，逢彼之怒。'"（语出《诗·邶风·柏舟》）郑玄是东汉经学家，学识渊博，遍注五经，在整理和训释古代历史文献上颇有贡献。因此，联语云："汉代文章雄百代"、"郑家烛火亮千家"。而两婢女以诗语问答，即为"两婢谐诌诗"的来源。

4．语法修辞。语法修辞包括设问、反诘、排比、反复、层递、反语、对比、断句、比喻、总分、比拟、夸张、双关、衬托、借代、呼应等。

（1）排比。对联中的排比，仅限于上下联内部，多见于长联。例如岳阳楼有联：

一楼何奇？杜少陵五言绝唱，范希文两字关情，腾子京百废待兴，吕纯阳三过必醉。诗耶？儒耶？吏耶？仙耶？前不见古人，使我怆然涕下！

诸君试看：洞庭湖南极潇湘，扬子江北通巫峡，巴陵山西来爽气，岳州城东道岩疆。渚者！流者！峙者！镇者！此中有真意，问谁领会得来？

上联写相关之名人，下联绘相邻之胜景，揭示了岳阳楼之所以著名、雄伟的原由。

排比句在艺术效果上，还有加强对联语势，增强节奏感和韵律美的作用。例如武汉黄鹤楼有联曰：

数千年胜迹旷世传来，看凤凰孤岫，鹦鹉芳洲，黄鹄渔矶，晴川杰阁，好个春花秋月，只落得剩水残山，极目古今愁，是何时崔颢题诗，青莲搁笔？

一万里长江几人淘尽，望汉口斜阳，洞庭远涨，潇湘夜雨，云梦朝霞，许多酒兴风情，仅留下苍烟晚照，放怀天地窄，都付于笛声缥缈，鹤影翩跹。

联中排比把黄鹤楼四周美景和历史典故写得淋漓尽致，读来朗朗上口。

（2）借代。对联中常用事件、物体、人物、概念等事物来代替所要表达的本体事物，使联语更生动形象。

例如当涂太白楼有联曰：

荐汾阳再造唐家，并无尺土酬功，只落得采石青山，供当日神仙笑傲；

喜妃子能谗学士，不是七言招怨，怎脱去名缰利锁，让先生诗酒逍遥。

此联共有六处借代：第一处用“汾阳”代唐将郭子仪，因郭曾被封为汾阳王；第二处借杜甫《饮中八仙歌》诗意，用“神仙”代李白；第三、四处分别用“学士”、“先生”代李白；第五处用“妃子”这一帝王妾室的统称，代杨贵妃；第六处以“七言”这个诗体形式，代李白“借问汉宫谁得似？可怜飞燕倚新妆”的几首《清平调》。

再如长沙岳麓山屈原祠有联曰：

何处招魂，香草还生三户地；

当年呵壁，湘流应识九歌心。

屈原曾为楚国三闾大夫，故以“三户”代指，“九歌”亦为屈原代表作。

三、对联创作中应该注意的事项

在对联的创作中，要注意以下几点忌讳：

1．忌“合掌”。“合掌”即双手相合。在对联中上下联意义完全相同，称全合掌；部分相同叫半合掌；个别词义相同称一处合掌、两处合掌。如“神州”对“华夏”，“千古”对“万年”，“晨昏”对“早晚”等。

2．忌“同声收尾”。一副对联，不管长短如何，分句多少，都要求上联以仄声收尾，下联以平声收尾，“上仄下平”已成为联律规则，不要随意打破。也就是对联尾字不能出现“上平下仄”，也不能上下联尾同为仄声或平声。

3．忌“同声落脚”。指多句联而言。若上下联分别由两个分句构成，则同联句脚平仄交替，上下联句脚相对；有三个分句时，各分句不能同声落脚；四个或四个以上分句时，各分句不能连续三句同声落脚。例如：

金碧两坊，东西双塔，星辉云灿，光于中夏；
平　　　　仄　　　　仄　　　　仄
湖山十里，烟火万家，乐后忧先，式是南邦。
仄　　　　平　　　　平　　　　平

出现了三连仄和三连平，可以调整为：

东西双塔，金碧两坊，云灿星辉，光于中夏；
仄　　　　平　　　　平　　　　仄
烟火万家，湖山十里，忧先乐后，式是南邦。
平　　　　仄　　　　仄　　　　平

这样不但避免了上下联内三个同声落脚，也使得上下联句脚平仄相对，其平仄形式成为正格。

4．忌“不规则重复字”。在上下联中应避免使用不规则或音、形、义无变化的重复字。如：

百年恩爱双心结；
百里姻缘一线牵。

上下联同位重复同义的“百”字，将“百里”改成“千里”则可。

再如：

蛇舞阳春天溢彩；
马驰盛世地逢春。

上下联中都有“春”字，犯忌，将“逢春”改为“流金”即可。

四、古今难联求对

1. 一杯清茶，解解解解元之渴

说明：前两个“解”读 jiě，解渴之意；第三个“解”读 xiē，是姓氏，第四个“解”读 jiē，明清两代乡试第一名称“解元”。

2. 皮背心

说明：上联是一件物品名，三字又分别是人体三种器官。

3. 一张琴上七条弦，弹出五音六律

说明：咏一物用了四个数字，却自然晓白，毫不牵强。

4. 夏大禹、孔仲尼、姬旦、杜甫、刘禹锡

说明：传明代江南才子吴梅村，在秦淮名妓卞玉京宅中宴请名士。席间有人出此“谐音”联，意为“下大雨，恐中泥，鸡蛋、豆腐、留女婿”。

5. 弓虽强怎奈石更硬

说明：合字联。

6. 大木森森，松柏梧桐杨柳

说明：同旁（竖同）联。

7. 荷花荷葉莲蓬藕

说明：同旁（横同）联。

8. 上海自来水来自海上

说明：回文联。

9. 黄土高坡，青石粉，黑木炭，烧出白瓷器

说明：上联集“黄、青、黑、白”四色。

10. 曹操兵败赤壁，刘欢、孙悦！

说明：古今贯通，幽默风趣。

（朱丽）

第六节　古　　文

一、古文赏析

冯谖客孟尝君

齐人有冯谖者，贫乏不能自存，使人属孟尝君，愿寄食门下。孟尝君曰：

“客何好？”曰：“客无好也。”曰：“客何能？”曰：“客无能也。”孟尝君笑而受之曰：“诺。”

左右以君贱之也，食以草具。居有顷，倚柱弹其剑，歌曰：“长铗归来乎！食无鱼。”左右以告。孟尝君曰：“食之，比门下之客。”居有顷，复弹其铗，歌曰：“长铗归来乎！出无车。”左右皆笑之，以告。孟尝君曰：“为之驾，比门下之车客。”于是乘其车，揭其剑，过其友曰：“孟尝君客我。”后有顷，复弹其剑铗，歌曰：“长铗归来乎！无以为家。”左右皆恶之，以为贪而不知足。孟尝君问：“冯公有亲乎？”对曰，“有老母。”孟尝君使人给其食用，无使乏。于是冯谖不复歌。

后孟尝君出记，问门下诸客：“谁习计会，能为文收责于薛者乎？”冯谖署曰：“能。”孟尝君怪之，曰：“此谁也？”左右曰：“乃歌夫‘长铗归来’者也。”孟尝君笑曰：“客果有能也，吾负之，未尝见也。”请而见之，谢曰：“文倦于事，愦于忧，而性懧愚，沉于国家之事，开罪于先生。先生不羞，乃有意欲为收责于薛乎？”冯谖曰：“愿之。”于是约车治装，载券契而行，辞曰：“责毕收，以何市而反？”孟尝君曰：“视吾家所寡有者。”

驱而之薛，使吏召诸民当偿者，悉来合券。券徧合，起矫命，以责赐诸民，因烧其券，民称万岁。

长驱到齐，晨而求见。孟尝君怪其疾也，衣冠而见之，曰：“责毕收乎？来何疾也！”曰：“收毕矣。”“以何市而反？”冯谖曰；“君云‘视吾家所寡有者’。臣窃计，君宫中积珍宝，狗马实外厩，美人充下陈。君家所寡有者，以义耳！窃以为君市义。”孟尝君曰：“市义奈何？”曰：“今君有区区之薛，不拊爱子其民，因而贾利之。臣窃矫君命，以责赐诸民，因烧其券，民称万岁。乃臣所以为君市义也。”孟尝君不说，曰：“诺，先生休矣！”

后期年，齐王谓孟尝君曰：“寡人不敢以先王之臣为臣。”孟尝君就国于薛，未至百里，民扶老携幼，迎君道中。孟尝君顾谓冯谖：“先生所为文市义者，乃今日见之。”冯谖曰：“狡兔有三窟，仅得免其死耳；今君有一窟，未得高枕而卧也。请为君复凿二窟。”

孟尝君予车五十乘，金五百斤，西游于梁，谓惠王曰：“齐放其大臣孟尝君于诸侯，诸侯先迎之者，富而兵强。”于是梁王虚上位，以故相为上将军，遣使者，黄金千斤，车百乘，往聘孟尝君。冯谖先驱，诫孟尝君曰：“千金，重币也；百乘，显使也。齐其闻之矣。”梁使三反，孟尝君固辞不往也。

齐王闻之，君臣恐惧，遣太傅赍黄金千斤、文车二驷，服剑一，封书谢孟尝君曰：“寡人不祥，被于宗庙之祟，沉于谄谀之臣，开罪于君。寡人不足为也；愿君顾先王之宗庙，姑反国统万人乎！”冯谖诫孟尝君曰：“愿请先王之祭器，立宗庙于薛。”庙成，还报孟尝君曰：“三窟已就，君姑高枕为乐矣。”

孟尝君为相数十年，无纤介之祸者，冯谖之计也。

【赏析】

本文选自《战国策·齐策四》，写策士冯谖寄食于孟尝君门下，通过“焚券”、“市义”，经营“三窟”等手段，最终巩固了孟尝君的政治地位。本文以冯谖先隐后显、由微而著的政治才能的展现为线索，显示了冯谖超远的政治眼光与才干。

围绕冯谖的出场，文章有三次大的转折。第一层是冯谖才能未显之前。在孟尝君门下，初无才能显现，却反复提条件，得寸进尺，而孟尝君也一次次地答应其要求，使事件透着古怪，也让人充满了悬念。第二层是冯谖才能初次显现。冯谖主动请缨，替孟尝君到薛地收债，“焚券”、“市义”，其做法与想法都大出常轨，也惹得孟尝君不高兴；但当孟尝君被弃薛地，冯谖“市义”之举的功效立即彰显，其政治眼光的超然卓异也跃然纸上。第三层叙述冯谖为孟尝君谋复相位，请立宗庙两事，结果使孟尝君为相数十年，无纤介之祸，显示了冯谖的深谋远虑与出众胆识。至此，冯谖的政治才能已昭然于天下，文章最后几句话不无夸张，但对冯谖政治才能的渲染是非常精彩的。文章通过欲扬先抑的方式，由埋没门下到大显天下，其间波谲云诡，起伏辗转，一波三折，引人入胜。

唐且不辱使命

秦王使人谓安陵君曰：“寡人欲以五百里之地易安陵，安陵君其许寡人！”安陵君曰：“大王加惠，以大易小，甚善。虽然，受地于先王，愿终守之，弗敢易。”秦王不悦。安陵君因使唐且使于秦。

秦王谓唐且曰：“寡人以五百里之地易安陵，安陵君不听寡人，何也？且秦灭韩亡魏，而君以五十里之地存者，以君为长者，故不错意也。今吾以十倍之地请广于君，而君逆寡人者，轻寡人欤？”唐且对曰：“否，非若是也。安陵君受地于先王而守之，虽千里不敢易也，岂直五百里哉！”

秦王怫然怒，谓唐且曰：“公亦尝闻天子之怒乎？”唐且对曰：“臣未尝闻也。”秦王曰：“天子之怒，伏尸百万，流血千里。”唐且曰：“大王尝闻布衣之怒乎？”秦王曰：“布衣之怒，亦免冠徒跣，以头抢地耳！”唐且曰：“此庸夫之怒也，非士之怒也。夫专诸之刺王僚也，彗星袭月；聂政之刺韩傀也，白虹贯日；要离之刺庆忌也，苍鹰击于殿上。此三子者，皆布衣之士也，怀怒未发，休祲降于天，与臣而将四矣。若士必怒，伏尸二人，流血五步，天下缟素，今日是也。”挺剑而起。

秦王色挠，长跪而谢之，曰：“先生坐。何至于此！寡人喻矣：夫韩、魏灭亡，而安陵以五十里之地存者，徒以有先生也。”

【赏析】

本文选自《战国策·魏策四》，秦灭韩在秦王政十七年（前230），“亡魏”在二十二年（前225）。此文所记之事，当在秦王政二十二年以后。安陵本为魏国的附庸，仅五十里，因魏国已亡，秦已无需对安陵用武，而欲以巧取豪夺的方式获得。唐且临危受命，只身入秦，欲以一己之力保全安陵。文章颂扬了唐且以布衣身份，不畏强权，不怕牺牲，针锋相对，寸步不让，卒能夺其骄气的豪勇精神。事虽不可尽信，但那种虎虎生风之气让人难以忘怀。

本篇人物描写以唐且为主，秦王为宾，安陵君为陪衬，两两对照，交互映衬，文章纯以对白言辞，分别显示出三人的容色、情态、品性。先是秦王传话安陵君，其颐指气使之气昭然，安陵君委曲求全之态可见；至唐且入秦，则以秦王与唐且的言辞交锋为重头戏，围绕一个“怒”字做文章。“天子之怒”乃以战争屠杀相威胁，“布衣之怒”则在两人之间，立付行动。当唐且由神色自若而激昂愤慨，“挺剑而起”，秦王之态却急转而下，由盛气凌人、骄横狂妄一变而为“色挠”、“跪谢”，其怯懦怕死、外强中干之态恰与唐且重义轻生、大义凛然之气形成鲜明对比，唐且形象也因此呼之欲出。

本文在人物的塑造上非常成功。人物描写虽悉为言辞，但秦王、唐且、安陵君的语气各不相同，面貌各异。本文烘托手法的运用非常成功，秦王态度的急转直下，实则是烘托唐且的刚勇形象。《战国策》“尤重辞令”的特点在本文显得特别突出。尤其唐且之辞，连用三个历史故事，以三个排比句，加上“若士必怒，伏尸二人，流血五步，天下缟素，今日是也”五个音节铿锵急迫的四字句，如万丈飞瀑一泻而下，紧接着便“挺剑而起”。其夷然无惧之势、惊心动魄之态，直逼眼前。

谏逐客书

李斯

臣闻吏议逐客，窃以为过矣！昔缪公求士，西取由余于戎，东得百里奚于宛，迎蹇叔于宋，来丕豹、公孙支于晋。此五子者，不产于秦，而缪公用之，并国二十，遂霸西戎。孝公用商鞅之法，移风易俗，民以殷盛，国以富强，百姓乐用，诸侯亲服，获楚、魏之师，举地千里，至今治强。惠王用张仪之计，拔三川之地，西并巴、蜀，北收上郡，南取汉中，包九夷，制鄢、郢，东据成皋之险，割膏腴之壤，遂散六国之从，使之西面事秦，功施到今。昭王得范雎，废穰侯，逐华阳，强公室，杜私门，蚕食诸侯，使秦成帝业。此四君者，皆以客之功。由此观之，客何负于秦哉！向使四君却客而不内，疏士而不用，是使国无富利之实而秦无强大之名也。

今陛下致昆山之玉，有随、和之宝，垂明月之珠，服太阿之剑，乘纤离之马，建翠凤之旗，树灵鼍之鼓。此数宝者，秦不生一焉，而陛下说之，何也？必秦国之所生然后可，则是夜光之璧，不饰朝廷；犀象之器，不为玩好；郑、卫之女，不充后宫；而骏良駃騠，不实外厩；江南金锡不为用，西蜀丹青不为采。所以饰后宫、充下陈]、娱心意、说耳目者，必出于秦然后可，则是宛珠之簪，傅玑之珥，阿缟之衣，锦绣之饰，不进于前；而随俗雅化，佳冶窈窕，赵女不立于侧也。夫击瓮叩缶，弹筝搏髀，而歌呼呜呜快耳目者，真秦之声也。《郑》、《卫》、《桑间》、《韶虞》、《武象》者，异国之乐也。今弃击瓮叩缶而就《郑》、《卫》，退弹筝而取《韶》、《虞》，若是者何也？快意当前，适观而已矣。今取人则不然。不问可否，不论曲直，非秦者去，为客者逐。然则是所重者在乎色乐珠玉，而所轻者在乎人民也。此非所以跨海内制诸侯之术也。

臣闻地广者粟多，国大者人众，兵强则士勇。是以太山不让土壤，故能成其大；河海不择细流，故能就其深；王者不却众庶，故能明其德。是以地无四方，民无异国，四时充美，鬼神降福，此五帝、三王之所以无敌也。今乃弃黔首以资敌国，却宾客以业诸侯，使天下之士退而不敢西向，裹足不入秦，此所谓藉寇兵而赍盗粮者也。夫物不产于秦，可宝者多；士不产于秦，而愿忠者众。今逐客以资敌国，损民以益仇，内自虚而外树怨于诸侯，求国无危，不可得也。

【赏析】

本文选自《史记·李斯列传》，是李斯呈谏秦王取消逐客令的一篇奏章，作于秦始皇十年（前237）。李斯（？——前208年），原是楚国上蔡（今属河南）人，后入秦游说，被拜为“客卿”。秦王政十年（前 236），秦王下令驱逐所有客卿，李斯也在被逐之列，李斯上《谏逐客书》，劝谏秦王不要驱逐客卿。文章从秦国天下的高度立论，反复阐明驱逐客卿的错误，写来理足辞胜，雄辩滔滔，竟然打动秦王，并收回了成命，恢复了李斯的官职。《谏逐客书》也成为脍炙人口的名文，为后世广为传诵。

文章起句即云：“臣闻吏议逐客，窃以为过矣。”开门见山，单刀直入，一开始就鲜明提出个人观点，毫不含糊。宋代李涂说：“起句至矣，尽矣，不可以加矣。”（《文章精义》）。接着文章分从四个方面进行了论述。首先列举了秦国史上所用客卿及其重要地位，张扬客卿功劳，并从反面假设，充分证明客卿于秦之不可少；接下来理应转入正题，作者却笔锋一转，以物产、美色、音乐为喻，论述非秦之物为用，而非秦之才被弃的不公。这段设喻酣畅淋漓，铺张纵横，为全文中最精彩部分。第三段从秦国角度考虑，认为逐客是不利于己，反益于敌的不智之举。第四段则站在客卿立场，表明忠心，并用危言耸听的方式强调客卿的不可缺少。

李斯之文虽非“孤篇横绝”，但流传后世，为人所重者，唯此一篇，实乃其有难以企及的艺术成就：作者本为客卿，但立意落在从秦国立场考虑，从而易为秦王接受；其次，作者由物及人，由今返古，用大量的比喻与实例证明“逐客”之误；再次，文章通过正反对比映照的方式使立论显得充实有力。行文铺张扬厉，夸饰纵横，辩丽恣肆，充满无可辩驳的气势。

留侯论

苏轼

古之所谓豪杰之士者，必有过人之节。人情有所不能忍者，匹夫见辱，拔剑而起，挺身而斗，此不足为勇也。天下有大勇者，卒然临之而不惊，无故加之而不怒。此其所挟持者甚大，而其志甚远也。

夫子房受书于圯上之老人也，其事甚怪；然亦安知其非秦之世，有隐君子者出而试之。观其所以微见其意者，皆圣贤相与警戒之义；而世不察，以为鬼物，亦已过矣。且其意不在书。

当韩之亡，秦之方盛也，以刀锯鼎镬待天下之士。其平居无罪夷灭者，不可胜数。虽有贲、育，无所复施。夫持法太急者，其锋不可犯，而其末可乘。子房不忍忿忿之心，以匹夫之力而逞于一击之间；当此之时，子房之不死者，其间不能容发，盖亦已危矣。

千金之子，不死于盗贼，何者？其身之可爱，而盗贼之不足以死也。子房以盖世之材，不为伊尹、太公之谋，而特出于荆轲、聂政之计，以侥幸于不死，此固圯上之老人所为深惜者也。是故倨傲鲜腆而深折之。彼其能有所忍也，然后可以就大事，故曰：“孺子可教也。”

楚庄王伐郑，郑伯肉袒牵羊以逆；庄王曰：“其君能下人，必能信用其民矣。”遂舍之。句践之困于会稽，而归臣妾于吴者，三年而不倦。且夫有报人之志，而不能下人者，是匹夫之刚也。夫老人者，以为子房才有余，而忧其度量之不足，故深折其少年刚锐之气，使之忍小忿而就大谋。何则？非有平生之素，卒然相遇于草野之间，而命以仆妾之役，油然而不怪者，此固秦皇之所不能惊，而项籍之所不能怒也。

观夫高祖之所以胜，而项籍之所以败者，在能忍与不能忍之间而已矣。项籍惟不能忍，是以百战百胜而轻用其锋；高祖忍之，养其全锋而待其弊，此子房教之也。当淮阴破齐而欲自王，高祖发怒，见于词色。由此观之，犹有刚强不忍之气，非子房其谁全之？

太史公疑子房以为魁梧奇伟，而其状貌乃如妇人女子，不称其志气。呜呼！此其所以为子房欤！

【赏析】

本篇是苏轼嘉祐六年（1061）应制科时所作《进论》之一。苏轼长于议论，就此也可见一斑。

《留侯论》之成功首先在立意不同凡响，对于“其事甚怪”，带有浓厚神奇色彩的圯上老人赐书张良之事，苏轼并不注意事件之有无，而是翻空出奇地认为，“其意不在书”，紧紧围绕“忍”字做工夫。金圣叹认为：“此文在‘且其意不在书’一句起，掀翻尽变，如广陵秋涛之排空而起也。”（《天下才子必读书》卷八《留侯论》总评）苏轼开门见山提出“豪杰之士”必有“过人之节”，即“卒然临之而不惊，无故加之而不怒”，此即本文的中心论题。而且，苏轼还挖掘出“能忍”的两个内涵：一是要有“度量”、“下人”，二是能“养其全锋而待其弊”，表明“忍”字包含着忍耐和智慧的双重内涵。它不仅是道德的修养，而且是过人的才智。可以看出，苏轼的立论超卓并非止于出奇，而是在出奇之处亦能深入，并言之凿凿，使人服其高论。

在论证上，《留侯论》遵守了一般论说文的要求和规范有论有据，脉络贯通。通篇围绕“忍”字展开议论，组织论据和论证，万端之力，聚其一点。而异于一般论说文的超卓之处，在于《留侯论》的气势，此气势来自三点：一是立论的不容置疑；二是论据选择的典型；三是正反论证的绵密推理。而且，本文还善于变化多端，腾挪翻奇。王慎中认为：“此文若断若续，变幻不羁，曲尽文家操纵之妙。”（茅坤《宋大家苏文忠公文》抄引）即如结尾，以张良貌如“妇人”，似乎内外不相称，颇有玩笑之意，却是传奇笔法，作来洒脱飘逸，亦非常人所能为。

二、古文的写作

大略而言，“古文”指古代意义的散文，即类似于先秦两汉奇句单行风格的文章，但“古文”作为文体概念，应始于唐。先秦时期开始出现“文”、“文学”的概念，至两汉有“文学”与“文章”的区分。魏晋分有韵为“文”，无韵为“笔”，其时“文”包括诗歌和辞赋，“笔”指论辩、诏令、奏议、书信、碑志等，接近散文的概念是“笔”。唐代韩愈、柳宗元反对六朝以来骈俪文风，主张恢复先秦两汉的文章传统，提倡“古文”(所谓“古文”，即指西汉以前流行的散文)，其文体特点是在与六朝骈文相对的意义上确定的。至宋始有“散文”之称，但“散文”名称的真正流行是在清代。无论称“古文”，还是“散文”，其文类概念都所涉极广，诗词骈赋之外皆可以称，此处主要讨论带有一定文学性的散文。

在我国古代，诗文同等重要，历史同样悠久。古代散文起源于纪事，第一部散文集《尚书》即来自于史官“记言”。先秦散文，成就超卓，可分为历史散文与诸子散文，如《左传》、《战国策》、《孔子》、《老子》、《庄子》、《孟子》等，其突出特点是对国计民生与伦理道德的深切关注，立意超卓，成为后世文章家追慕的典范。秦汉散文的杰出成就是史传和政论，《史记》、《汉书》及贾谊、晁错、王符诸人之文，在记人叙事、“指切时要”上开拓了散文的空间，是中国古代散文发展的第二个峰头。魏晋南北朝散文渐趋骈俪，繁缛雕琢，散文的路子越走越窄。至唐代韩愈、柳宗元出，始针对六朝以来为文之弊，大倡“古文运动”，主张文道并重，并戮力创作散文，成就超卓，奠定文章写作的典范。宋代沿韩柳之路，继续开拓，涌现了欧阳修、王安石、苏轼等散文大家。元明散文渐衰，然因“童心说”、“性灵说”之刺激，三袁之文与晚明小品还是大放异彩。清代考据之风大兴，桐城派标举“义理、考据、辞章”为作文之轨，附膺者甚众。至现代白话文兴，散文写作遂大变面目。然无论从认识传统文化，还是学习文章写作，古代散文皆可作我们取之不竭、用之不尽的巨大宝库。

若欲就古文学习作文之道，则须明了古人基本的文章观念与写作范式。

(一)以气领文

古代散文强调“立意”，此“意”又重在“德”与“气”的认识上。早在先秦，孔子曰：“有德必有言。”孟子曰：“吾善养吾浩然之气。”孔子的“德”，孟子的“气”便是统率文章的一种内在的精神之气。建安时期，曹丕在他的《典论·论文》中说：“文以气为主。”这里的“气”，是一种精神的气质。

魏晋南北朝时期，文章越来越趋浮艳时，“文气”竟被抛弃了。唐代韩愈重倡“气”之说。认为“气盛则言之短长与声之高下者皆宜。”“言之短长”与“声之高下”指的是文章的辞藻、句式这些外在的表达方式，文章的辞藻、句式、声韵全都靠“气”的统领，“气”是文章的核心部位。可以说，文章要写得好，关键在于创作主体的道德修养、情感状态，即“气”盛。但“气”究竟是一种什么样的东西，什么样的“气”才得有境界呢？孟子、韩愈所言之“气”是有所指的，主要为儒家的道德修养与精神气质。观乎先秦文章，皆为有“气”之作，《春秋》之“微言大义”，《左传》叙事中的道德倾向，孔、孟、荀等人笔下的安邦济世之意，这种“气”常常是关乎天下苍生的宏大叙事。但并非儒家之道才算有“气”，象《庄子》之求人生解脱，其诗意玄想也是关乎人类的，也是有“气”的。鲁迅以为“史家之绝唱，无韵之离骚”的《史记》，书中对封建制度的怀疑，对不平之人的同情也是有“气”的。韩愈之援儒辟佛，力求文章的纯粹，也是为“气”而考虑的。

“气”也可指一个人的思想情感，精神气质，并非局限于儒家倡导的道德化情感。韩愈的《进学解》已经突破了一本正经的儒学思想，包含了怀才不遇的不平之气。柳宗元被贬谪后，徜徉永柳诸地的山水，孤怀幽缈，悉托付于山水之中，让我们体会到一个被放逐者的郁闷情怀。晚明小品，不是以纵论天下取胜，不是以道德高尚取胜，不是以华彩丽章取胜，而是能放开胸怀，畅言性情，让人感觉到真纯自然。这也是“气”的一个重要内容。没有忧国忧民的情怀，没有个人真正的情感，文章就没有实在的内容，显得空洞无物，无以卒读。

（二）文贵创新

为文贵创新，无论古今，都遵守这一要求。韩愈讲“闳中肆外”，“肆外”也就是可以在表达上洒脱放言。在《答李翊书》中韩愈还要求“陈言务去”，不蹈袭前人套路，大胆创新，这是对“肆外”更明确的阐述。

文要创新，或意出常表，或思出常轨，或语出常态。意要出常表，总需能想人所未想，别出新意。先秦诸子之文，总是各家有各家的面目。《庄子》之文，若以文章读之，常会有出人意料的感觉。《庄子·逍遥游》中在讨论有用与无用之别时，举一大得不能再大而又无所为用的大樗为例，当众人以为其不中绳墨，不中规矩，无所为用时，庄子却认为，可以“树之于无所有之乡，广漠之野，彷徨乎无为其侧，逍遥乎寝卧其下”，发现了这棵树的审美价值，便非当时他人能道，这正是庄子超乎常人的地方。王安石《游褒禅山记》本当为游山玩水之作，引出的却是“世之奇伟、瑰怪、非常之观，常在于险远”，并进而论学，以为具“志”与“力”，方能达到佳境。以苏轼《留侯论》而言，于“忍”字的思考，大多只想到是一种忍耐的气度，而苏轼却认为这里面还有智慧，自然让人刮目相看。

但有些事可能是常理，不足为奇时，则需要从思维上、想象上、构思上着手，打破常规，突出奇招，新人耳目。《庄子·至乐》在讨论生死问题时，文章要齐生死，消除生死的差异，以常理而论，大概也不足为奇，可文章却假设了一场生者与骷髅的对话，生者欲恢复骷髅生命，骷髅以为生不如死，不愿恢复，想象不可谓不奇。韩愈《毛颖传》写的不过是一支毛笔，却把它比拟为一个人，而且以传奇笔法，写其一生坎坷起伏的遭遇，有作意好奇之举。这篇文章问世后，遭到不少非议，“时人皆大笑以为怪”，甚至《旧唐书》也批评它为文滑稽。

此类批评不着边际，试想，一枝一目了然的毛笔，正面去写，能写出什么东西呢？能给人什么印象呢？但柳宗元为其张目，宋祁以为“韩退之《送穷文》、《进学解》、《毛颖传》……等诸篇，皆古人意思未到”，这才是真懂为文之道者。

（三）文须佳构

所有文学作品都要注意篇章结构的经营。韩愈、柳宗元以来，讲究文道并重，把文章的艺术性作为散文的一个重要特点，从而成为散文写作的一个规范。方苞强调“义法”，姚鼐讲“辞章”等都体现出对此的重视。古人对此的讲究颇多，也比较散漫，此处举三者言之：一是“文眼”；二是脉络；三是起伏。

古人作文，贵有“文眼”。清代刘熙载曰：“揭全文之指，或在篇首，或在篇中，或在篇末。在篇首则必后顾之，在篇末则必前注之，在篇中则前注之，后顾之。顾、注，抑所谓文眼者也。”（《艺概》）所谓“文眼”，即全篇的点睛之笔，是作品的思想和艺术统一起来的“聚光点”，有此“聚光点”，文章的题旨才会显豁而深刻。贾谊《过秦论上》因“仁义不施而攻守之势异也”而明，范仲淹《岳阳楼记》因“先天下之忧而忧，后天下之乐而乐”而深，欧阳修《醉翁亭记》因“醉翁之意不在酒，在乎山水之间者”而趣。正是这关键几句，使全篇主旨豁然开朗，没有这关键的“文眼”，全篇思想便黯然无光。所以陆机《文赋》说：“立片言以居要，乃一篇之警策。”好的“文眼”往往是这种片言居要的警策之句，紧摄全篇，是全篇文章的着力一点，让人记忆遥深，难以忘怀。

文章还必须有贯穿全文的脉络。“命脉之所在曰枢纽，文中有此，虽千波百折，必能自成条理”（林纾《文微》），文章必须缜密周严，“有如缝衣”，“全在针线紧密”（李渔《闲情偶奇》）。所谓“言之有序”，即脉络之功。古人于此，或以时间为序，或以事件为经，或以人物为核，或以观点为纲。欧阳修《醉翁亭记》便以入山出山的时间为序；《崤之战》围绕战争这一事件组织材料；《冯谖客孟尝君》以冯谖为穿梭前后事件的脉络；论说文大抵以观点为核心，《谏逐客书》围绕“不可逐客”这一观点组织各种材料。“言之有序”，文章自然脉络清楚。

“文似看山不喜平”，古人作文，还讲究曲折波澜，力求在方寸之地，引人入胜，“不可作直头布袋”（元退山语）。《冯谖客孟尝君》以冯谖之不显，到初显，到大显，曲尽波澜。至如很小的文章，也常有波澜。如苏轼之《记承天寺夜游》：

元丰六年十月十二日夜，解衣欲睡，月色入户，欣然起行。念无与乐者，遂至承天寺，寻张怀民，怀民亦未寝，相与步于中庭。庭下如积水空明，水中藻、荇交横，盖竹柏影也。何夜无月？何处无竹柏？但少闲人如吾两人者耳。

文章虽短，却能尺幅兴波，韵味无穷。

此外，古文对开头与结尾也很重视，因为“通篇之纲领在首一段，首段得势，则通篇皆佳”（唐彪《读书作文谱》），“尾声以结束一篇之曲，须是愈见精神”（王骥德《曲律》）。古文还讲究有详有略，疏密相间。除结构以外，表现手法的多样性更是古代散文的特长。一篇散文，可以根据主题的需要，时而叙述，时而描写，时而议论，时而抒情；也可以把几种手法融合在一起，进行夹叙夹议，或描写中兼有抒情，抒情中兼有描写等。

（四）用语优美

古代散文是散行文字，虽与韵文、骈文等相对，但文体之间并非截然分明，而是相互影响。先秦以来的散文便不断追求散文语言的艺术性，魏晋南北朝以下，诗词歌赋对散文的影响更为明显，逐渐形成散文语言的独特美感，包括简练、铺叙、整饬及声韵之美等。因现代白话文的革新，有些属于古文言的美感已经逐渐变化甚至消失。

1．简练。任何文学作品都要求简练，散文比诗词歌赋更生活化，更容易拖沓冗长，所以，对简练的要求也更迫切，甚至可以说，能否做到言约义丰，是散文成败的一大关键。陆机《文赋》说：“要辞达而理举，故无取乎冗长。”刘勰《文心雕龙》说“句有可削，足见其疏；字不得减，乃知其密。”王安石写文章“惜墨如金”，力求凝练，决不浪费一个字。欧阳修的文章也向来以简练著称。据说，欧阳修从小养成勤于修改以求简练的好习惯，写文章常常“先贴于壁，时加窜定，有终篇不留一字者”（《苕溪渔隐丛话》）。《醉翁亭记》稿，初说滁州四面有山，凡数十字，最后改定，只“环滁皆山也”五字而已。

所谓简练，并非字数越少越好。简练的标准在于是否达意。欧阳修写《相州昼锦堂记》，开头两句最初是“仕宦至将相，富贵归故乡”，写成后觉得语意不够圆满，遂改为“仕宦而至将相，富贵而归故乡”，自己才觉满意。的确，加了两个“而”字，不仅词句通畅，而且加强了语气，能传神地表达出“富贵”者得意的神态。由此可见古人为求文字准确简练，是一字也不轻易放过的。

2．铺陈。古人写文章，重要处泼墨如水，次要处惜墨如金，常以铺陈排比手法增强气势。《孟子·告子》中，为证明“天将降大任于斯人也，必先苦其心志”，孟子连说“舜发于畎亩之中，傅说举于版筑之间，胶鬲举于鱼盐之中，管夷吾举于士，孙叔敖举于海，百里奚举于市”之语，一气呵成，文气激荡。代表战国中后期策士言论的《战国策》铺陈排比的手法的使用更是比比皆是。汉代贾谊作《过秦论》三章，其论点即在每章最末一句总结，文中大量的史实证据几乎悉用铺陈手法，给人一泻千里、势不可挡的气势。铺陈排比句式不仅可以增强气势，还可用于多方面情况的同时展示。苏东坡写《喜雨亭记》，在形容士民喜雨心情时，用了“大夫相与庆于朝，商贾相与歌于市，农夫相与忭于野”三个排比句子，一下子便展现了社会各阶层久旱逢甘雨的兴奋之情。

（五）整饬之美

古代散文有一个普遍的现象，就是常常在散句之中，穿插运用对偶排比之类的整齐句式，使文章有整有散，整散结合，显出错综复杂之美。试以白居易的《冷泉亭记》片断为例：

春之日，吾爱其草薰薰，木欣欣，可以导和纳粹，畅人血气。夏之夜，吾爱其泉渟渟，风泠泠，可以蠲烦析酲，起人心情。

这里的“春之日”与“夏之夜”，“草薰薰”、“木欣欣”与。“泉渟渟，风泠泠”，“导和纳粹、畅人血气”与“蠲烦析酲、起人心情”，在音节上都遥相呼应，读起来匀称和谐，但在句式结构上又长短相间，有错综变化，既符合散文的要求，又有韵文的味道。

（六）声韵之美

人们习惯以“无韵者笔，有韵者文”来谈论诗文的相对性，大体是正确的。但若作较广阔的范围的探讨，则未必确当。试看荀子的《劝学》片断：

积土成山，风雨兴焉；积水成渊，蛟龙生焉；积善成德，而神明自得，圣心备焉。故不积跬步，无以至千里，不积小流，无以成江海。骐骥一跃，不能十步；驽马十驾，功在不舍。锲而舍之，朽木不折；锲而不舍，金石可镂。

这里“兴”、“生”押韵，“德”、“得”押韵，“舍”、“镂”押韵；虚词“焉”在句末也有协韵作用。这是一种很自然的押韵，它不求工整，也不避用字的重复，只看不读，一般不易发现，只有在反复诵读中，才能体味其韵律美。有的散文还巧妙运用平仄，增强文章的音乐性与可读性。

从时间意义上讲，或者古文已古，但从写作意义上讲，古文永不会古。要想提高散文的写作水平，古文的修养对我们来讲弥足珍贵，而明其要点及体式则是我们认识古文、学习古文的一大关键。

（钟继刚）

第七节 小 说

小说，是通过故事情节和具体环境的描写来塑造人物形象，以此表现社会生活的一种叙述性文学体裁。

中国古典小说萌芽于早期的神话和传说，有关作品散见于《山海经》、《穆天子传》；成型于魏晋时期志怪和志人小说，分别以干宝的《搜神记》和刘义庆的《世说新语》为代表；成熟于唐代的传奇体的出现，表现在其“大率篇幅曼长，记叙委屈”（《中国小说史略》，《鲁迅全集》第九卷，人民文学出版社 1981 年版），造就了一批优秀名篇，以及题材具有广泛性，并且在思想和艺术上都超越了魏晋以前。从此，开始了有意识的小说创作。今天见到的唐传奇大多收在《太平广记》中；至宋代，由于城市经济繁荣，面向市民阶层的“说话”尤其发达，小说也由文言改为白话。当时，说话的内容存在着“小说”、“谈经”和“讲史”等不同。人们把说话人的底本叫“话本”，后来有的文人就仿话本自创小说就称为“拟话本”；到了明代，小说开始向高峰发展，出现了一大批传世之作。短篇小说出现了冯梦龙编辑的“三言”（总名为《古今小说》的《喻世明言》、《警世通言》和《醒世恒言》），汇集了当时流行的宋、元话本及明代话本、拟话本中的优秀篇章。长篇小说方面，开始出现了章回体小说，代表作有：元末明初施耐庵和明罗贯中的《水浒传》，明罗贯中的《三国演义》，明吴承恩的《西游记》，明署名为“兰陵笑笑生”的《金瓶梅》；至清代，小说发展到了鼎盛时期。出现了最优秀的短篇小说集——蒲松龄的《聊斋志异》，具有很高的思想艺术成就。长篇小说出现了各种类别的作品，其中曹雪芹著、高鹗续的《红楼梦》，为中国古典小说的巅峰之作。“五四”前后的白话小说，形式上则融汇外国小说和中国传统小说的长处，开创了中国现代小说的新纪元。

一、小说的赏析

柳毅传

唐　李朝威

仪凤中，有儒生柳毅者，应举下第，将还湘滨。念乡人有客于径阳者，遂往告别。至六七里，鸟起马惊，疾逸道左。又六七里，乃止。

见有妇人，牧羊于道畔。毅怪，视之，乃殊色也。然而蛾脸不舒，巾袖无光，凝听翔立，若有所伺。毅诘之曰：“子何苦，而自辱如是？”妇始楚而谢，终泣而对曰：“贱妾不幸，今日见辱问于长者！”然而恨贯肌骨，亦何能愧避？幸一闻焉。妾，洞庭龙君小女也。父母配嫁泾川次子。而夫婿乐逸，为婢仆所惑，日以厌薄。既而将诉于舅姑。舅姑爱其子，不能御。迨诉频切，又得罪舅姑。舅姑毁黜以至此。

言讫，歔欷流涕，悲不自胜。又曰：“洞庭于兹，相远不知其几多也。长天茫茫，信耗莫通。心目断尽，无所知哀。闻君将还吴，密通洞庭。或以尺书寄托侍者，未卜将以为可乎？”毅曰：“吾义夫也。闻子之说，气血俱动，恨无毛羽，不能奋飞，是何可否之谓乎！然而洞庭，深水也。吾行尘间，宁可致意邪？惟恐道途显晦，不相通达，致负诚托，又乖恳愿。子有何术，可导我邪？”女悲泣且谢，曰：“负载珍重，不复言矣。脱获回耗，虽死必谢。君不许，何敢言？既许而问，则洞庭之与京邑，不足为异也。”

毅请闻之。女曰：“洞庭之阴，有大橘树焉，乡人谓之社橘。君当解去兹带，束以他物。然后叩树三发，当有应者。因而随之，无有碍矣。幸君子书叙之外，悉以心诚之话倚托，千万无渝！”毅曰：“敬闻命矣。”女遂于襦间解书，再拜以进，东望愁泣，若不自胜。毅深为之戚，乃致书囊中，因复谓曰：“吾不知子之牧羊，何所用哉？神岂宰杀乎？”女曰：“非羊也，雨工也。”“何为雨工？”曰：“雷霆之类也。”毅顾视之，则皆矫顾怒步，饮龁甚异，而大小毛角则无别羊焉。毅又曰：“吾为使者，他日归洞庭，幸勿相避。”女曰：“宁止不避，当如亲戚耳。”语竟，引别东去。不数十步，回望女与羊，俱亡所见矣。

其夕，至邑而别其友，月余到乡，还家，乃访友于洞庭。洞庭之阴，果有社橘。遂易带向树，三击而止。俄有武夫出于波间，再拜请曰：“贵客将自何所至也？”毅不告其实，曰：“走谒大王耳。”武夫揭水止路，引毅以进。谓毅曰：“当闭目，数息可达矣。”毅如其言，遂至其宫。始见台阁相向，门户千万，奇草珍木，无所不有。

夫乃止毅，停于大室之隅，曰：“客当居此以俟焉。”毅曰：“此何所也？”夫曰：“此灵虚殿也。”谛视之，则人间珍宝，毕尽于此。柱以白璧，砌以青玉，床以珊瑚，帘以水晶，雕琉璃于翠楣，饰琥珀于虹栋。奇秀深杳，不可殚言。

然而王久不至。毅谓夫曰：“洞庭君安在哉？”曰：“吾君方幸玄珠阁，与太阳道士讲《火经》，少选当毕。”毅曰：“何谓《火经》？”夫曰：“吾君，龙也。龙以水为神，举一滴可包陵谷。道士，乃人也。人以火为神圣，发一灯可燎阿房。然而灵用不同，玄化各异。太阳道士精于人理，吾君邀以听焉。”语毕而宫门辟，景从云合，而见一人，披紫衣，执青玉。夫跃曰：“此吾君也！”

乃至前以告之。君望毅而问曰：“岂非人间之人乎？”对曰：“然。”毅遂设拜，君亦拜，命坐于灵虚之下。谓毅曰：“水府幽深，寡人暗昧，夫子不远千里，将有为乎？”毅曰：“毅，大王之乡人也。长于楚，游学于秦。昨下第，闲驱泾水之涘，见大王爱女牧羊于野，风鬟雨鬓，所不忍睹。毅因诘之，谓毅曰：‘为夫婿所薄，舅姑不念，以至于此。悲泗淋漓，诚怛人心。遂托书于毅。毅许之，今以至此。”因取书进之。洞庭君览毕，以袖掩面而泣曰：“老父之罪，不诊鉴听，坐贻聋瞽，使闺窗孺弱，远罹构害。公，乃陌上人也，而能急之。幸被齿发，何敢负德！”词毕又哀咤良久。左右皆流涕。时有宦人密视君者，君以书授之，令达宫中。须臾，宫中皆恸哭。君惊，谓左右曰：“疾告宫中，无使有声，恐钱塘所知。”毅曰：“钱塘，何人也？”曰：“寡人之爱弟，昔为钱塘长，今则致政矣。”毅曰：“何故不使知？”曰：“以其勇过人耳。昔尧遭洪水九年者，乃此子一怒也。近与天将失意，塞其五山。上帝以寡人有薄德于古今，遂宽其同气之罪。然犹縻系于此，故钱塘之人，日日候焉。”

语未毕，而大声忽发，天拆地裂。宫殿摆簸，云烟沸涌。俄有赤龙长千余尺，电目血舌，朱鳞火鬣，项掣金锁，锁牵玉柱。千雷万霆，激绕其身，霰雪雨雹，一时皆下。乃擘青天而飞去。毅恐蹶仆地。君亲起持之曰：“无惧，故无害。”毅良久稍安，乃获自定。因告辞曰：“愿得生归，以避复来。”君曰：“必不如此。其去则然，其来则不然，幸为少尽缱绻。”因命酌互举，以款人事。

俄而祥风庆云，融融怡怡，幢节玲珑，箫韶以随。红妆千万，笑语熙熙。后有一人，自然蛾眉，明珰满身，绡縠参差。迫而视之，乃前寄辞者。然若喜若悲，零泪如丝。须臾，红烟蔽其左，紫气舒其右，香气环旋，入于宫中。君笑谓毅曰：“泾水之囚人至矣。”君乃辞归宫中。须臾，又闻怨苦，久而不已。

有顷，君复出，与毅饮食。又有一人，披紫裳、执青玉，貌耸神溢，立于君左。君谓毅曰：“此钱塘也。”毅起，趋拜之。钱塘亦尽礼相接，谓毅曰：“女侄不幸，为顽童所辱。赖明君子信义昭彰，致达远冤。不然者，是为泾陵之土矣。享德怀恩，词不悉心。”毅撝退辞谢，俯仰唯唯。然后回告兄曰：“向者，晨发灵虚，已至泾阳，午战于彼，未还于此。中间驰至九天，以告上帝。帝知其冤，而宥其失。前所遣责，因而获免。然而刚肠激发，不遑辞候，惊扰宫中，复忤宾客。愧惕惭惧，不知所失。”因退而再拜。君曰：“所杀几何？”曰：“六十万。”“伤稼乎？”曰：“八百里。”无情郎安在？曰：“食之矣。”君怃然曰：“顽童之为是心也，诚不可忍，然汝亦太草草。赖上帝显圣，谅其至冤。不然者，吾何辞焉？从此以去，勿复如是。”钱塘君复再拜。是夕，遂宿毅于凝光殿。

明日，又宴毅于凝碧宫。会友戚，张广乐，具以醪醴，罗以甘洁。初，笳角鼙鼓，旌旗剑戟，舞万夫于其右。中有一夫前曰：“此《钱塘破阵乐》。”旌铫杰气，顾骤悍慄。座客视之，毛发皆竖。复有金石丝竹，罗绮珠翠，舞千女于其左，中有一女前进曰：“此《贵主还宫乐》。”清音宛转，如诉如慕，坐客听下，不觉泪下。二舞既毕，龙君大悦。锡以纨绮，颁于舞人，然后密席贯坐，纵酒极娱。酒酣，洞庭君乃击席而歌曰：“大天苍苍兮，大地茫茫。人各有志兮，何可思量。狐神鼠圣兮，薄社依墙。雷霆一发兮，其孰敢当？荷贞人兮信义长，令骨肉兮还故乡，齐言惭愧兮何时忘！”洞庭君歌罢，钱塘君再拜而歌曰：“上天配合兮，生死有途。此不当妇兮，彼不当夫。腹心辛苦兮，泾水之隅。风霜满鬓兮，雨雪罗襦。赖明公兮引素书，令骨肉兮家如初。永言珍重兮无时无。”钱塘君歌阕，洞庭君俱起，奉觞于毅。毅踧踖而受爵，饮讫，复以二觞奉二君，乃歌曰：“碧云悠悠兮，泾水东流。伤美人兮，雨泣花愁。尺书远达兮，以解君忧。哀冤果雪兮，还处其休。荷和雅兮感甘羞。山家寂寞兮难久留。欲将辞去兮悲绸缪。”歌罢，皆呼万岁。洞庭君因出碧玉箱，贮以开水犀；钱塘君复出红珀盘，贮以照夜玑，皆起进毅，毅辞谢而受。然后宫中之人，咸以绡彩珠璧，投于毅侧。重叠焕赫，须臾埋没前后。毅笑语四顾，愧谢不暇。洎酒阑欢极，毅辞起，复宿于凝光殿。

翌日，又宴毅于清光阁。钱塘因酒作色，踞谓毅曰：“不闻猛石可裂不可卷，义士可杀不可羞耶？愚有衷曲，欲一陈于公。如可，则俱在云霄；如不可，则皆夷粪壤。足下以为何如哉？”毅曰：“请闻之。”钱塘曰：“泾阳之妻，则洞庭君之爱女也。淑性茂质，为九姻所重。不幸见辱于匪人，今则绝矣。将欲求托高义，世为亲戚，使受恩者知其所归，怀爱者知其所付。岂不为君子始终之道者？”毅肃然而作，欻然而笑曰：“诚不知钱塘君孱困如是！毅始闻夸九州、怀五岳，泄其愤怒；复见断金锁，掣玉柱，赴其急难。毅以为刚决明直，无如君者。盖犯之者不避其死，感之者不爱其生，此真丈夫之志。奈何萧管方洽，亲宾正和，不顾其道，以威加人？岂仆之素望哉！若遇公于洪波之中，玄山之间，鼓以鳞须，被以云雨，将迫毅以死，毅则以禽兽视之，亦何恨哉！今体被衣冠，坐谈礼义，尽五常之志性，负百行之微旨，虽人世贤杰有不如者，况江河灵类乎？而欲以蠢然之躯，悍然之性，乘酒假气，将迫于人，岂近直哉！且毅之质，不足以藏王一甲之间。然而敢以不服之心，胜王不道之气。惟王筹之！”钱塘乃逡巡致谢曰：“寡人生长宫房，不闻正论。向者词述疏狂，妄突高明。退自循顾，戾不容责。幸君子不为此乖间可也。”其夕，复饮宴，其乐如旧。毅与钱塘遂为知心友。

明日，毅辞归。洞庭君夫人别宴毅于潜景殿，男女仆妾等，悉出预会。夫人泣谓毅曰：“骨肉受君子深恩，恨不得展愧戴，遂至睽别。”使前泾阳女当席拜毅以致谢。夫人又曰：“此别岂有复相遇之日乎？”毅其始虽不诺钱塘之情，然当此席，殊有叹恨之色。宴罢辞别，满宫凄然。赠遗珍宝，怪不可述。毅于是复循途出江岸，见从者十余人，担囊以随，至其家而辞去。

毅因适广陵宝肆，鬻其所得。百未发一，财已盈兆。故淮右富族，咸以为莫如。遂娶于张氏，亡。又娶韩氏。数月，韩氏又亡。徙家金陵。常以鳏旷多感，或谋新匹。有媒氏告之曰："有卢氏女，范阳人也。父名曰浩，尝为清流宰。晚岁好道，独游云泉，今则不知所在矣。母曰郑氏。前年适清河张氏，不幸而张夫早亡。母怜其少，惜其慧美，欲择德以配焉。不识何如？"毅乃卜日就礼。既而男女二姓俱为豪族，法用礼物，尽其丰盛。金陵之士，莫不健仰。

居月余，毅因晚入户，视其妻，深觉类于龙女，而艳逸丰厚则又过之。因与话昔事。妻谓毅曰："人世岂有如是之理乎？然君与余有一子。"毅益重之。既产，逾月，乃秾饰换服，召亲戚。相会之间，笑渭毅曰："君不忆余之于昔也？"毅曰："夙为洞庭君女传书，至今为忆。"妻曰："余即洞庭君之女也。泾川之冤，君使得白。衔君之恩，誓心求报。洎钱塘季父，论亲不从，遂至睽违。天各一方，不能相问。父母欲配嫁于濯锦小儿某。惟以心誓难移，亲命难背。既为君子弃绝，分无见期。而当初之冤，虽得以告诸父母，而誓报不得其志，复欲驰白于君子。值君子累娶，当娶于张，已而又娶于韩。迨张、韩继卒，君卜居于兹，故余之父母乃喜余得遂报君之意。今日获奉君子，咸善终世，死无恨矣。"因呜咽，泣涕交下。对毅曰："始不言者，知君无重色之心。今乃言者，知君有感余之意。妇人匪薄，不足以确厚永心，故因君爱子，以托相生。未知君意如何？愁惧兼心，不能自解。君附书之日，笑谓妾曰：'他日归洞庭，慎无相避。'诚不知当此之际，君岂有意于今日之事乎？其后季父请于君，君固不许。君乃诚将不可邪，抑忿然邪？君其话之。"毅曰："似有命者。仆始见君于长泾之隅，枉抑憔悴，诚有不平之志。然自约其心者，达君之冤，余无及也。以言慎无相避者，偶然耳，岂有意哉！洎钱塘逼迫之际，唯理有不可直，乃激人之怒耳。夫始以义行为之志，宁有杀其婿而纳其妻者邪？一不可也。善素以操真为志尚，宁有屈于己而伏于心者乎？二不可也。且以率肆胸臆，酬酢纷纶，唯直是图，不遑避害。然而将别之日，见子有依然之容，心甚恨之。终以人事扼束，无由报谢。吁，今日，君，卢氏也，又家于人间。则吾始心未为惑矣。从此以往，永奉欢好，心无纤虑也。"妻因深感娇泣，良久不已。有顷，谓毅曰："勿以他类，遂为无心，固当知报耳。夫龙寿万岁，今与君同之。水陆无往不适。君不以为妄也。"毅嘉之曰："吾不知国客乃复为神仙之饵！"。乃相与觐洞庭。既至，而宾主盛礼，不可具记。

后居南海，仅四十年，其邸第舆马珍鲜服玩，虽侯伯之室，无以加也。毅之族咸遂濡泽。以其春秋积序，容状不衰。南海之人，靡不惊异。洎开元中，上方属意于神仙之事，精索道术。毅不得安，遂相与归洞庭。凡十余岁，莫知其迹。

至开元末，毅之表弟薛嘏为京畿令，谪官东南。经洞庭，晴昼长望，俄见碧山出于远波。舟人皆侧立，曰："此本无山，恐水怪耳。"指顾之际，山与舟相逼，乃有彩船自山驰来，迎问于嘏。其中有一人呼之曰：“柳公来候耳。”嘏省然记之，乃促至山下，摄衣疾上。山有宫阙如人世，见毅立于宫室之中，前列丝竹，后罗珠翠，物玩之盛，殊倍人间。毅词理益玄，容颜益少。初迎嘏于砌，持嘏手曰：“别来瞬息，而发毛已黄。”嘏笑曰：“兄为神仙，弟为枯骨，命也。”毅因出药五十丸遗嘏，曰：“此药一丸，可增一岁耳。岁满复来，无久居人世，以自苦也。”欢宴毕，嘏乃辞行。自是已后，遂绝影响。嘏常以是事告于人世。殆四纪，嘏亦不知所在。

陇西李朝威叙而叹曰：“五虫之长，必以灵者，别斯见矣。人，裸也，移信鳞虫。洞庭含纳大直，钱塘迅疾磊落，宜有承焉。嘏咏而不载，独可邻其境。愚义之，为斯文。”

【赏析】

《柳毅传》是唐传奇的代表作。作者李朝威生平事迹无考，从小说中可知他是唐代陇西郡人。《柳毅传》描写的人神恋爱婚姻的故事，具有强烈的浪漫主义色彩，寄托着作者对于自由爱情的理想。小说中有不少描写是以现实为基础的，例如龙女的不幸悲剧是因为“父母配嫁”和丈夫的虐待，这就暴露出封建礼教统治下父母包办婚姻和夫权的罪恶，有着强烈的社会意义。

鲁迅的《中国小说史略》在论述唐传奇时说：“传奇者流，源盖出于志怪，然施之藻绘，扩其波澜，故所成就乃特异，其间虽亦或托讽喻以纾牢愁，谈祸福以寓惩劝，而大归则究在文采与意想，与昔之传鬼神明因果而外无他意者，甚异其趣矣。”鲁迅以小说史家的眼光论述了唐传奇的地位。唐传奇虽渊源于六朝志怪，但有明显的进步。它不同于六朝志怪“传鬼神明因果而无他意”，而是有着显著的寄托和社会意义。鲁迅又说，小说“至唐代而一变”，“是时则始有意为小说”。这就是说，六朝小说还只满足于片言只语的集录，唐代传奇则有丰富的情节、生动的人物、完整的结构，从此，中国小说由雏形期走上成熟期，形成独立完整的文学样式。《柳毅传》可显其一斑。

《柳毅传》的情节曲折多变。从落第书生柳毅在去泾阳路上与落难的龙女相识，到柳毅仗义为龙女传书，以及两人的深情相别，为以后的人神爱情婚姻埋下了伏线。柳毅践约赴龙宫完成使命，最终使龙女获救。情节到此，似可结束。但是，劝婚一幕又使情节突然紧张起来。钱塘君要将龙女改嫁柳毅，其用心诚是美意，但说法委实欠当，带有逼婚的意味。于是，遭到柳毅的厉言拒绝，情节在转折中涌起波澜。至此，柳毅与龙宫的瓜葛已经相脱。柳毅回家后娶张氏，张氏亡；复娶韩氏，韩氏又亡，遂娶范阳卢氏女，和原先的龙宫传书的情节不相干，一直到“居月余，毅因晚入户，视其妻，深觉类于龙女”，那条隐伏着的线索似乎扑朔迷离地显露出来。但柳毅“因与话昔事。妻谓毅曰：‘人世岂有如是之理乎？’”妻子的断然否决，把看似联缀的线索又给掐断了。人们再也不在过去的龙女和现在的卢女之间产生联想。但是，“经岁余，有一子。毅益重之。既产，逾月，乃饰换服，召亲戚，相会之间，笑谓毅曰：‘君不忆余之于昔也？’”本来断绝的线索陡然联结起来。忽断忽联，时转时折，曲波逆浪的情节在翻腾中延伸、展开，其中又穿插了龙家的逼嫁、龙女的拒婚，使情节的内容更加丰富。

《柳毅传》的另一个重要的艺术特色是，成功地刻画了柳毅、龙女、钱塘君、洞庭君等人物形象。柳毅被赋予了见义勇为的侠义性格。他见到寒苦的龙女，尽管素昧平生而自己仕途失利，但还是关切龙女的处境。当他听到龙女的陈述后，立刻表现出“恨无毛羽，不能奋飞”的急切心情，形象地描述了他路见不平挺身而出的刚气热肠；在龙宫，他惊羡于其富丽堂皇，接受盛情款待时态度谦恭，同时，他也通过歌词表达了他不留恋温柔富贵之乡的情感。他曾经被钱塘君的腾飞云海所震慑，“恐蹶仆地”，但面对钱塘君仗酒使气的盛气凌人，却刚正不阿，毫不为其所动，并且堂堂正正地表达自己的“素望”，义正词严地指责钱塘君“以威加人”。虽然自己“不足以藏王一甲之间”，但敢于“以不伏之心，胜王不道之气”，表现出凛然正气。见义勇为和谦逊有加、刚直不屈等性格侧面就这样有机地统一在柳毅的身上。

作者生动地描绘了龙女变化着的情态。受虐放牧，“蛾脸不舒，巾袖无光，凝听翔立，若有所伺”，描写得十分传神，胸中似有无限酸痛却无由倾吐；救回龙宫时“自然蛾眉，明珰满身……然若喜若悲，零泪如丝”，刻画得楚楚动人。她在明丽之中透温柔之态。她托书柳毅时既有“恨贯肌骨”不得不然的勇敢，又有“何能愧避”，少妇在陌生男子面前的羞涩。她由感激柳毅而萌生爱情的柔芽，此后她心誓不改。虽天各一方，杳无音息，但无日不在思念之中。她拒绝父命，显得比过去勇敢，非柳毅而不嫁。她变为人间女得以和柳毅结合，为使幸福生活能保长久，她的用心不可谓不细密周全。婚后无子前绝口不提往昔托书之事，一直到生子后才公开身份。那一段描写，十分动人。

钱塘君的形象刻画得声色兼备。他的性格糅合了钱塘江潮的自然性格。在他未出场时，作者以洞庭君告诫不让钱塘君知道，给人以先入为主的印象。正式出场，既有柳毅闻声势“恐蹶扑地”所形成的侧面烘染，更有声势夺人的正面描绘。经过浓重的渲染，才写出赤龙形象，形象的描述又离不开声势的铺排，突出了他的威猛、粗豪，具有冲破一切桎梏的爆发力和疾恶如仇的刚烈性格。他虽然有暴戾之嫌，但爱憎十分鲜明，由衷地感佩柳毅的侠骨热肠。他不适当地采取逼婚就范的方式，但在柳毅的严词斥责面前反而心悦诚服地“逡巡致谢”，诚恳地接受。胸无芥蒂、城府，“其夕，复欢宴，其乐如旧”，他的性格又很有几分天真气。他的性格可以在现实生活的人们身上寻找到影子。

洞庭君，更多地被赋予了仁慈的性格特征。他自责包办了女儿婚姻，“以袖掩面而泣”，显得儿女情长。他第二次虽又重蹈覆辙，要女儿另嫁，但女儿拒婚，他不再强勉，最终还支持了女儿的自由选择。从他与钱塘君的对话中也可看出他的慈爱之心，反对杀伤无辜，并警戒钱塘君“勿复如是”。

《柳毅传》以丰富的想象力所刻画的艺术形象都有其独立的生命，异类形象已掺入了人的性格，饱满而生动，浪漫主义色彩浓郁，充分体现了唐传奇的艺术成就。

杜十娘怒沉百宝箱

明 冯梦龙

话中单表万历二十年间，日本国关白作乱，侵犯朝鲜。朝鲜国王上表告急，天朝发兵泛海往救。有户部官奏准：目今兵兴之际，粮饷未充，暂开纳粟入监之例。原来纳粟入监的有几般便宜：好读书，好科举，好中，结末来又有个小小前程结果。以此宦家公子、富室子弟，到不愿做秀才，都去援例做太学生。自开了这例，两京太学生，各添至千人之外。

内中有一人，姓李，名甲，字干先，浙江绍兴府人氏。父亲李布政所生三儿，惟甲居长，自幼读书在庠，未得登科，援例入于北雍。因在京坐监，与同乡柳遇春监生同游教坊司院内，与一个名姬相遇。那名姬姓杜，名媺，排行第十，院中都称为杜十娘，生得：

浑身雅艳，遍体娇香，两弯眉画远山青，一对眼明秋水润。脸如莲萼，分明卓氏文君；唇似樱桃，何减白家樊素。可怜一片无瑕玉，误落风尘花柳中。

那杜十娘自十三岁破瓜，今一十九岁，七年之内，不知历过了多少公子王孙。一个个情迷意荡，破家荡产而不惜。院中传出四句口号来，道是：

坐中若有杜十娘，斗筲之量饮千觞。

院中若识杜老媺，千家粉面都如鬼！

却说李公子风流年少，未逢美色，自遇了杜十娘，喜出望外，把花柳情怀，一担儿挑在他身上。那公子俊俏庞儿，温存性儿，又是撒漫的手儿，帮衬的勤儿，与十娘一双两好，情投意合。十娘因见鸨儿贪财无义，久有从良之志，又见李公子忠厚志诚，甚有心向他。奈李公子惧怕老爷，不敢应承。虽则如此，两下情好愈密，朝欢暮乐，终日相守，如夫妇一般。海誓山盟，各无他志。真个：

恩深似海恩无底，义重如山义更高。

再说杜妈妈，女儿被李公子占住，别的富家巨室，闻名上门，求一见而不可得。初时李公子撒漫用钱，大差大使，妈妈叠肩谄笑，奉承不暇。日往月来，不觉一年有余，李公子囊箧渐渐空虚，手不应心，妈妈也就怠慢了。老布政在家闻知儿子嫖院，几遍写字来唤他回去。他迷恋十娘颜色，终日延捱。后来闻知老爷在家发怒，越不敢回。

古人云："以利相交者，利尽而疏。"那杜十娘与李公子真情相好，见他手头愈短，心头愈热。妈妈也几遍教女儿打发李甲出院，见女儿不统口。又几遍将言语触突李公子，要激怒他起身。公子性本温克，词气愈和。妈妈没奈何，日逐只将十娘叱骂道："我们行户人家，吃客穿客，前门送旧，后门迎新，门庭闹如火，钱帛堆成垛。自从那李甲在此，混帐一年有余，莫说新客，连旧主头都断了。分明接了个锺馗老，连小鬼也没得上门，弄得老娘一家人家，有气无烟，成什么模样！"

杜十娘被骂，耐性不住，便回答道："那李公子不是空手上门的，也曾费过大钱来。"妈妈道："彼一时，此一时，你只教他今日费些小钱儿，把与老娘，办些柴米，养你两口也好。别人家养的女儿便是摇钱树，千生万活，偏我家晦气，养了个退财白虎！开了大门七件事，般般都在老身心上。到替你这小贱人白白养着穷汉，教我衣食从何处来？你对那穷汉说："有本事出几两银子与我，到得你跟了他去，我别讨个丫头过活却不好？"

十娘道："妈妈，这话是真是假？"妈妈晓得李甲囊无一钱，衣衫都典尽了，料他没处设法，便应道："老娘从不说谎，当真哩。"十娘道："娘，你要他许多银子？"妈妈道："若是别人，千把银子也讨了。可怜那穷汉出不起，只要他三百两，我自去讨一个粉头代替。只一件，须是三日内交付与我，左手交银，右手交人。若三日没有银时，老身也不管三七二十一，公子不公子，一顿孤拐，打那光棍出去。那时莫怪老身！"十娘道："公子虽在客途乏钞，谅三百金还措办得来。只是三日忒近，限他十日便好。"妈妈想道："这穷汉一双赤手，便限他一百日，他那里来银子？没有银子，便铁皮包脸，料也无颜上门。那时重整家风，女儿也没得话讲。"答应道："看你面，便宽到十日。第十日没有银子，不干老娘之事。"十娘道："若十日内无银，料他也无颜再见了。只怕有了三百两银子，妈妈又翻悔起来。"妈妈道："老身年五十一岁了，又奉十斋，怎敢说谎？不信时与你拍掌为定。若翻悔时，做猪做狗！"

从来海水斗难量，可笑虔婆意不良；

料定穷儒囊底竭，故将财礼难娇娘。

是夜，十娘与公子在枕边，议及终身之事。公子道："我非无此心。但教坊落籍，其费甚多，非千金不可。我囊空如洗，如之奈何!”十娘道：“妾已与妈妈议定只要三百金，但须十日内措办。郎君游资虽罄，然都中岂无亲友可以借贷？倘得如数，妾身遂为君之所有，省受虔婆之气。”公子道：“亲友中为我留恋行院，都不相顾。明日只做束装起身，各家告辞，就开口假贷路费，凑聚将来，或可满得此数。”起身梳洗，别了十娘出门。十娘道：“用心作速，专听佳音。”公子道：“不须分付。”

公子出了院门，来到三亲四友处，假说起身告别，众人到也欢喜。后来叙到路费欠缺，意欲借贷。常言道：“说着钱，便无缘。”亲友们就不招架。他们也见得是，道李公子是风流浪子，迷恋烟花，年许不归，父亲都为他气坏在家。他今日抖然要回，未知真假。倘或说骗盘缠到手，又去还脂粉钱，父亲知道，将好意翻成恶意，始终只是一怪，不如辞了干净。便回道：“目今正值空乏，不能相济，惭愧！惭愧!”人人如此，个个皆然，并没有个慷慨丈夫，肯统口许他一十二十两。

李公子一连奔走了三日，分毫无获，又不敢回决十娘，权且含糊答应。到第四日又没想头，就羞回院中。平日间有了杜家，连下处也没有了，今日就无处投宿。只得往同乡柳监生寓所借歇。

柳遇春见公子愁容可掬，问其来历。公子将杜十娘愿嫁之情，备细说了。遇春摇首道：“未必，未必！那杜薇曲中第一名姬，要从良时，怕没有十斛明珠，千金聘礼！那鸨儿如何只要三百两？想鸨儿怪你无钱使用，白白占住他的女儿，设计打发你出门。那妇人与你相处已久，又碍却面皮，不好明言。明知你手内空虚，故意将三百两卖个人情，限你十日。若十日没有，你也不好上门。便上门时，他会说你笑你，落得一场亵渎，自然安身不牢，此乃烟花逐客之计。足下三思，休被其惑。据弟愚意，不如早早开交为上。”

公子听说，半晌无言，心中疑惑不定。遇春又道：“足下莫要错了主意。你若真个还乡，不多几两盘费，还有人搭救；若是要三百两时，莫说十日，就是十个月也难。如今的世情，那肯顾缓急二字的！那烟花也算定你没处告债，故意设法难你。”公子道：“仁兄所见良是。”口里虽如此说，心中割舍不下。依旧又往外边东央西告，只是夜里不进院门了。

公子在柳监生寓中，一连住了三日，共是六日了。杜十娘连日不见公子进院，十分着紧，就教小厮四儿街上去寻。四儿寻到大街，恰好遇见公子。四儿叫道：“李姐夫，娘在家里望你。”公子自觉无颜，回复道：“今日不得功夫，明日来罢。”四儿奉了十娘之命，一把扯住，死也不放，道：“娘叫咱寻你，是必同去走一遭。”李公子心上也牵挂着婊子，没奈何，只得随四儿进院，见了十娘，默默无言。十娘问道：“所谋之事如何？”公子眼中流下泪来。十娘道：“莫非人情淡薄，不能足三百之数么？”公子含泪而言，道出二句：

“不信上山擒虎易，果然开口告人难。

一连奔走六日，并无铢两，一双空手，羞见芳卿，故此这几日不敢进院。今日承命呼唤，忍耻而来。非某不用心，实是世情如此。”十娘道：“此言休使虔婆知道。郎君今夜且住，妾别有商议。”

十娘自备酒肴，与公子欢饮。睡至半夜，十娘对公子道：“郎君果不能办一钱耶？妾终身之事，当如何也？”公子只是流涕，不能答一语。渐渐五更天晓。十娘道：“妾所卧絮褥内藏有碎银一百五十两，此妾私蓄，郎君可持去。三百金，妾任其半，郎君亦谋其半，庶易为力。限只四日，万勿迟误！”

十娘起身将褥付公子，公子惊喜过望。唤童儿持褥而去。径到柳遇春寓中，又把夜来之情与遇春说了。将褥拆开看时，絮中都裹着零碎银子。取出兑时果是一百五十两。遇春大惊道：“此妇真有心人也。既系真情，不可相负，吾当代为足下谋之。”公子道：“倘得玉成，决不有负！”当下柳遇春留李公子在寓，自出头各处去借贷。两日之内，凑足一百五十两交付公子道：“吾代为足下告债，非为足下，实怜杜十娘之情也。”李甲拿了三百两银子，喜从天降，笑逐颜开，欣欣然来见十娘，刚是第九日，还不足十日。十娘问道：“前日分毫难借，今日如何就有一百五十两？”公子将柳监生事情，又述了一遍。十娘以手加额道：“使吾二人得遂其愿者，柳君之力也！”两个欢天喜地，又在院中过了一晚。

次日，十娘早起，对李甲道：“此银一交，便当随郎君去矣！舟车之类，合当预备。妾昨日于姊妹中借得白银二十两，郎君可收下为行资也。”公子正愁路费无出，但不敢开口，得银甚喜。说犹未了，鸨儿恰来敲门叫道：“薇儿，今日是第十日了。”公子闻叫，启门相延道：“承妈妈厚意，正欲相请。”便将银三百两放在桌上。鸨儿不料公子有银，默然变色，似有悔意。十娘道：“儿在妈妈家中八年，所致金帛，不下数千金矣。今日从良美事，又妈妈亲口所订，三百金不欠分毫，又不曾过期。倘若妈妈失信不许，郎君持银去，儿即刻自尽。恐那时人财两失，悔之无及也！”鸨儿无词以对。腹内筹画了半晌，只得取天平兑准了银子，说道：“事已如此，料留你不住了。只是你要去时，即今就去。平时穿戴衣饰之类，毫厘休想！”说罢，将公子和十娘推出房门，讨锁来就落了锁。此时九月天气。十娘才下床，尚未梳洗，随身旧衣，就拜了妈妈两拜。李公子也作了一揖。一夫一妇，离了虔婆大门。

鲤鱼脱却金钩去，摆尾摇头再不来。

公子教十娘且住片时：“我去唤个小轿抬你，权往柳荣卿寓所去，再作道理。”十娘道：“院中诸姊妹平昔相厚，理宜话别。况前日又承他借贷路费，不可不一谢也。”乃同公子到各姊妹处谢别。姊妹中惟谢月朗、徐素素与杜家相近，尤与十娘亲厚。十娘先到谢月朗家。月朗见十娘秃髻旧衫，惊问其故。十娘备述来因，又引李甲相见。十娘指月朗道："前日路资，是此位姐姐所贷，郎君可致谢。"李甲连连作揖。月朗便教十娘梳洗，一面去请徐素素来家相会。十娘梳洗已毕，谢、徐二美人各出所有，翠钿金钏，瑶簪宝珥，锦袖花裙，鸾带绣履，把杜十娘装扮得焕然一新，备酒作庆贺筵席。月朗让卧房与李甲、杜孅二人过宿。次日，又大排筵席，遍请院中姊妹。凡十娘相厚者，无不毕集，都与他夫妇把盏称喜。吹弹歌舞，各逞其长，务要尽欢，直饮至夜分。十娘向众姊妹一一称谢。众姊妹道："十姊为风流领袖，今从郎君去，我等相见无日。何日长行，姊妹们尚当奉送。"月朗道："候有定期，小妹当来相报。但阿姊千里间关，同郎君远去，囊箧萧条，曾无约束，此乃吾等之事。当相与共谋之，勿令姊有穷途之虑也。"众姊妹各唯唯而散。

是晚，公子和十娘仍宿谢家。至五鼓，十娘对公子道："吾等此去，何处安身？郎君亦曾计议有定着否？"公子道："老父盛怒之下，若知娶妓而归，必然加以不堪，反致相累。展转寻思，尚未有万全之策。"十娘道："父子天性，岂能终绝？既然仓卒难犯，不若与郎君于苏、杭胜地，权作浮居。郎君先回，求亲友于尊大人面前劝解和顺，然后携妾于归，彼此安妥。"公子道："此言甚当。"次日，二人起身辞了谢月朗，暂往柳监生寓中，整顿行装。杜十娘见了柳遇春，倒身下拜，谢其周全之德："异日我夫妇必当重报。"遇春慌忙答礼道："十娘钟情所欢，不以贫窭易心，此乃女中豪杰。仆因风吹火，谅区区何足挂齿！"三人又饮了一日酒。次早，择了出行吉日，雇倩轿马停当。十娘又遣童儿寄信，别谢月朗。临行之际，只见肩舆纷纷而至，乃谢月朗与徐素素拉众姊妹来送行。月朗道："十姊从郎君千里间关，囊中消索，吾等甚不能忘情。今合具薄赆，十姊可检收，或长途空乏，亦可少助。"说罢，命从人挈一描金文具至前，封锁甚固，正不知什么东西在里面。十娘也不开看，也不推辞，但殷勤作谢而已。须臾，舆马齐集，仆夫催促起身。柳监生三杯别酒，和众美人送出崇文门外，各各垂泪而别。正是：

他日重逢难预必，此时分手最堪怜。

再说李公子同杜十娘行至潞河，舍陆从舟。却好有瓜州差使船转回之便，讲定船钱，包了舱口。比及下船时，李公子囊中并无分文余剩。

你道杜十娘把二十两银子与公子，如何就没了？公子在院中嫖得衣衫蓝缕，银子到手，未免在解库中取赎几件穿着，又制办了铺盖，剩来只勾轿马之费。公子正当愁闷，十娘道："郎君勿忧，众姊妹合赠，必有所济。"及取钥开箱。公子在傍，自觉惭愧，也不敢窥觑箱中虚实。只见十娘在箱里取出一个红绢袋来，掷于桌上道："郎君可开看之。"公子提在手中，觉得沉重，启而观之，皆是白银，计数整五十两。十娘仍将箱子下锁，亦不言箱中更有何物。但对公子道：“承众姊妹高情，不惟途路不乏，即他日浮寓吴、越间，亦可稍佐吾夫妻山水之费矣。”公子且惊且喜道：“若不遇恩卿，我李甲流落他乡，死无葬身之地矣！此情此德，白头不敢忘也！”自此每谈及往事，公子必感激流涕，十娘亦曲意抚慰。一路无话。

不一日，行至瓜州，大船停泊岸口，公子别雇了民船，安放行李。约明日侵晨，剪江而渡。其时仲冬中旬，月明如水，公子和十娘坐于舟首。公子道：“自出都门，困守一舱之中，四顾有人，未得畅语。今日独据一舟，更无避忌。且已离塞北，初近江南，宜开怀畅饮，以舒向来抑郁之气。恩卿以为何如？”十娘道：“妾久疏谈笑，亦有此心，郎君言及，足见同志耳。”

公子乃携酒具于船首，与十娘铺毡并坐，传杯交盏。饮至半酣，公子执卮对十娘道：“恩卿妙音，六院推首。某相遇之初，每闻绝调，辄不禁神魂之飞动。心事多违，彼此郁郁，鸾鸣凤奏，久矣不闻。今清江明月，深夜无人，肯为我一歌否？”十娘兴亦勃发，遂开喉顿嗓，取扇按拍，呜呜咽咽，歌出元人施君美《拜月亭》杂剧上“状元执盏与婵娟”一曲，名《小桃红》。真个：

声飞霄汉云皆驻，响入深泉鱼出游。

却说他舟有一少年，姓孙名富，字善赉，徽州新安人氏。家资巨万，积祖扬州种盐。年方二十，也是南雍中朋友。生性风流，惯向青楼买笑，红粉追欢，若嘲风弄月，到是个轻薄的头儿。事有偶然，其夜亦泊舟瓜州渡口，独酌无聊，忽听得歌声嘹亮，凤吟鸾吹，不足喻其美。起立船头，伫听半晌，方知声出邻舟。正欲相访，音响倏已寂然，乃遣仆者潜窥足踪，访于舟人，但晓得是李相公雇的船，并不知歌者来历。孙富想道：“此歌者必非良家，怎生得他一见？”展转寻思，通宵不寐。捱至五更，忽闻江风大作。及晓，彤云密布，狂雪飞舞。怎见得，有诗为证：

千山云树灭，万径人踪绝。

扁舟蓑笠翁，独钓寒江雪。

因这风雪阻渡，舟不得开。孙富命艄公移船，泊于李家舟之傍。孙富貂帽狐裘，推窗假作看雪。值十娘梳洗方毕，纤纤玉手揭起舟傍短帘，自泼盂中残水。粉容微露，却被孙富窥见了，果是国色天香。魂摇心荡，迎眸注目，等候再见一面，杳不可得。沉思久之，乃倚窗高吟高学士《梅花诗》二句，道：

雪满山中高士卧，月明林下美人来。

李甲听得邻舟吟诗，舒头出舱，看是何人。只因这一看，正中了孙富之计。孙富吟诗，正要引李公子出头，他好乘机攀话。当下慌忙举手，就问：“老兄尊姓何讳？”李公子叙了姓名乡贯，少不得也问那孙富。孙富也叙过了。又叙了些太学中的闲话，渐渐亲熟。孙富便道：“风雪阻舟，乃天遣与尊兄相会，实小弟之幸也。舟次无聊，欲同尊兄上岸，就酒肆中一酌，少领清诲，万望不拒。”公子道：“萍水相逢，何当厚扰？”孙富道：“说那里话！‘四海之内，皆兄弟也’。”喝教艄公打跳，童儿张伞，迎接公子过船，就于船头作揖。然后让公子先行，自己随后，各各登跳上涯。

行不数步，就有个酒楼。二人上楼，拣一副洁净座头，靠窗而坐。酒保列上酒肴。孙富举杯相劝，二人赏雪饮酒。先说些斯文中套话，渐渐引入花柳之事。二人都是过来之人，志同道合，说得入港，一发成相知了。

孙富屏去左右，低低问道：“昨夜尊舟清歌者，何人也？”李甲正要卖弄在行，遂实说道：“此乃北京名姬杜十娘也。”孙富道：“既系曲中姊妹，何以归兄？”公子遂将初遇杜十娘，如何相好，后来如何要嫁，如何借银讨他，始末根由，备细述了一遍。孙富道：“兄携丽人而归，固是快事，但不知尊府中能相容否？”公子道：“贱室不足虑。所虑者老父性严，尚费踌躇耳！”孙富将计就计，便问道：“既是尊大人未必相容，兄所携丽人，何处安顿？亦曾通知丽人，共作计较否？”公子攒眉而答道：“此事曾与小妾议之。”孙富欣然问道：“尊宠必有妙策。”公子道：“他意欲侨居苏杭，流连山水。使小弟先回，求亲友宛转于家君之前，俟家君回嗔作喜，然后图归。高明以为何如？”孙富沉吟半晌，故作愀然之色，道：“小弟乍会之间，交浅言深，诚恐见怪。”公子道：“正赖高明指教，何必谦逊？”孙富道：“尊大人位居方面，必严帷薄之嫌，平时既怪兄游非礼之地，今日岂容兄娶不节之人。况且贤亲贵友，谁不迎合尊大人之意者？兄枉去求他，必然相拒。就有个不识时务的进言于尊大人之前，见尊大人意思不允，他就转口了。兄进不能和睦家庭，退无词以回复尊宠。即使留连山水，亦非长久之计。万一资斧困竭，岂不进退两难！”

公子自知手中只有五十金，此时费去大半，说到资斧困竭，进退两难，不觉点头道是。孙富又道：“小弟还有句心腹之谈，兄肯俯听否？”公子道：“承兄过爱，更求尽言。”孙富道：“疏不间亲，还是莫说罢。”公子道：“但说何妨！”孙富道：“自古道：‘妇人水性无常。’况烟花之辈，少真多假。他既系六院名姝，相识定满天下；或者南边原有旧约，借兄之力，挈带而来，以为他适之地。”公子道：“这个恐未必然。”孙富道：“既不然，江南子弟，最工轻薄。兄留丽人独居，难保无逾墙钻穴之事。若挈之同归，愈增尊大人之怒。为兄之计，未有善策。况父子天伦，必不可绝。若为妾而触父，因妓而弃家，海内必以兄为浮浪不经之人。异日妻不以为夫，弟不以为兄，同袍不以为友，兄何以立于天地之间？兄今日不可不熟思也！”

公子闻言，茫然自失，移席问计：“据高明之见，何以教我？”孙富道：“仆有一计，于兄甚便。只恐兄溺枕席之爱，未必能行，使仆空费词说耳！”公子道：“兄诚有良策，使弟再睹家园之乐，乃弟之恩人也。又何惮而不言耶？”孙富道：“兄飘零岁余，严亲怀怒，闺阁离心。设身以处兄之地，诚寝食不安之时也。然尊大人所以怒兄者，不过为迷花恋柳，挥金如土，异日必为弃家荡产之人，不堪承继家业耳！兄今日空手而归，正触其怒。兄倘能割衽席之爱，见机而作，仆愿以千金相赠。兄得千金以报尊大人，只说在京授馆，并不曾浪费分毫，尊大人必然相信。从此家庭和睦，当无间言。须臾之间，转祸为福。兄请三思，仆非贪丽人之色，实为兄效忠于万一也！”

李甲原是没主意的人，本心惧怕老子，被孙富一席话，说透胸中之疑，起身作揖道：“闻兄大教，顿开茅塞。但小妾千里相从，义难顿绝，容归与商之。得妾心肯，当奉复耳。”孙富道：“说话之间，宜放婉曲。彼既忠心为兄，必不忍使兄父子分离，定然玉成兄还乡之事矣。”二人饮了一回酒，风停雪止，天色已晚。孙富教家僮算还了酒钱，与公子携手下船。正是：

逢人且说三分话，未可全抛一片心。

却说杜十娘在舟中，摆设酒果，欲与公子小酌，竟日未回，挑灯以待。公子下船，十娘起迎。见公子颜色匆匆，似有不乐之意，乃满斟热酒劝之。公子摇首不饮，一言不发，竟自床上睡了。

十娘心中不悦，乃收拾杯盘，为公子解衣就枕，问道：“今日有何见闻，而怀抱郁郁如此？”公子叹息而已，终不启口。问了三四次，公子已睡去了。十娘委决不下，坐于床头而不能寐。

到夜半，公子醒来，又叹一口气。十娘道：“郎君有何难言之事，频频叹息？”公子拥被而起，欲言不语者几次，扑簌簌掉下泪来。

十娘抱持公子于怀间，软言抚慰道：“妾与郎君情好，已及二载，千辛万苦，历尽艰难，得有今日。然相从数千里，未曾哀戚。今将渡江，方图百年欢笑，如何反起悲伤？必有其故。夫妇之间，死生相共，有事尽可商量，万勿讳也。”

公子再四被逼不过，只得含泪而言道：“仆天涯穷困，蒙恩卿不弃，委曲相从，诚乃莫大之德也。但反复思之，老父位居方面，拘于礼法，况素性方严，恐添嗔怒，必加黜逐，你我流荡，将何底止？夫妇之欢难保，父子之伦又绝。日间蒙新安孙友邀饮，为我筹及此事，寸心如割！”

十娘大惊道：“郎君意将如何？”公子道：“仆事内之人，当局而迷。孙友为我画一计颇善，但恐恩卿不从耳！”十娘道：“孙友者何人？计如果善，何不可从？”公子道：“孙友名富，新安盐商，少年风流之士也。夜间闻子清歌，因而问及。仆告以来历，并谈及难归之故，渠意欲以千金聘汝。我得千金，可借口以见吾父母；而恩卿亦得所天。但情不能舍，是以悲泣。”说罢，泪如雨下。

十娘放开两手，冷笑一声道：“为郎君画此计者，此人乃大英雄也！郎君千金之资，既得恢复，而妾归他姓，又不致为行李之累，发乎情，止乎礼，诚两便之策也。那千金在那里？”公子收泪道：“未得恩卿之诺，金尚留彼处，未曾过手。”十娘道：“明早快快应承了他，不可挫过机会。但千金重事，须得兑足，交付郎君之手，妾始过舟，勿为贾竖子所欺。”

时已四鼓，十娘即起身挑灯梳洗道：“今日之妆，乃迎新送旧，非比寻常。”于是脂粉香泽，用意修饰，花钿绣袄，极其华艳，香风拂拂，光采照人。

装束方完，天色已晓。孙富差家童到船头候信。十娘微窥公子，欣欣似有喜色，乃催公子快去回话，及早兑足银子。公子亲到孙富船中，回复依允。孙富道：“兑银易事，须得丽人妆台为信。”公子又回复了十娘，十娘即指描金文具道：“可便抬去。”孙富喜甚，即将白银一千两，送到公子船中。

十娘亲自检看，足色足数，分毫无爽。乃手把船舷，以手招孙富。孙富一见，魂不附体。十娘启朱唇，开皓齿道：“方才箱子可暂发来，内有李郎路引一纸，可检还之也。”

孙富视十娘已为瓮中之鳖，即命家童送那描金文具，安放船头之上。十娘取钥开锁，内皆抽替小箱。十娘叫公子抽第一层来看，只见翠羽明珰，瑶簪宝珥，充牣于中，约值数百金。十娘遽投之江中。李甲与孙富及两船之人，无不惊诧。又命公子再抽一箱，乃玉箫金管；又抽一箱，尽古玉紫金玩器，约值数千金。十娘尽投之于大江中。岸上之人，观者如堵，齐声道：“可惜，可惜！”正不知什么缘故。最后又抽一箱，箱中复有一匣。开匣视之，夜明之珠，约有盈把。其他祖母绿、猫儿眼，诸般异宝，目所未睹，莫能定其价之多少。众人齐声喝采，喧声如雷。十娘又欲投之于江。李甲不觉大悔，抱持十娘恸哭，那孙富也来劝解。

十娘推开公子在一边，向孙富骂道：“我与李郎备尝艰苦，不是容易到此。汝以奸淫之意，巧为谗说，一旦破人姻缘，断人恩爱，乃我之仇人。我死而有知，必当诉之神明，尚妄想枕席之欢乎！”又对李甲道：“妾风尘数年，私有所积，本为终身之计。自遇郎君，山盟海誓，白首不渝。前出都之际，假托众姊妹相赠，箱中韫藏百宝，不下万金。将润色郎君之装，归见父母，或怜妾有心，收佐中馈，得终委托，生死无憾。谁知郎君相信不深，惑于浮议，中道见弃，负妾一片真心。今日当众目之前，开箱出视，使郎君知区区千金，未为难事。妾椟中有玉，恨郎眼内无珠。命之不辰，风尘困瘁，甫得脱离，又遭弃捐，今众人各有耳目，共作证明，妾不负郎君，郎君自负妾耳！”

于是众人聚观者，无不流涕，都唾骂李公子负心薄幸。公子又羞又苦，且悔且泣，方欲向十娘谢罪。十娘抱持宝匣，向江心一跳。众人急呼捞救，但见云暗江心，波涛滚滚，杳无踪影。可惜一个如花似玉的名姬，一旦葬于江鱼之腹！

三魂渺渺归水府，七魄悠悠入冥途。

当时旁观之人，皆咬牙切齿，争欲拳殴李甲和那孙富。慌得李、孙二人手足无措，急叫开船，分途遁去。李甲在舟中，看了千金，转忆十娘，终日愧悔，郁成狂疾，终身不痊。孙富自那日受惊得病，卧床月余，终日见杜十娘在傍诟骂，奄奄而逝。人以为江中之报也。

却说柳遇春在京坐监完满，束装回乡，停舟瓜步。偶临江净脸，失坠铜盆于水，觅渔人打捞。及至捞起，乃是个小匣儿。遇春启匣观看，内皆明珠异宝，无价之珍。遇春厚赏渔人，留于床头把玩。是夜梦见江中一女子，凌波而来，视之，乃杜十娘也。近前万福，诉以李郎薄幸之事。又道："向承君家慷慨，以一百五十金相助。本意息肩之后，徐图报答，不意事无终始。然每怀盛情，悒悒未忘。早间曾以小匣托渔人奉致，聊表寸心，从此不复相见矣。"言讫，猛然惊醒，方知十娘已死，叹息累日。

后人评论此事，以为孙富谋夺美色，轻掷千金，固非良士；李甲不识杜十娘一片苦心，碌碌蠢才，无足道者。独谓十娘千古女侠，岂不能觅一佳侣，共跨秦楼之凤，乃错认李公子。明珠美玉，投于盲人，以致恩恋为仇，万种恩情，化为流水，深可惜也！有诗叹云：

不会风流莫妄谈，单单情字费人参。

若将情字能参透，唤作风流也不惭。

【赏析】

冯梦龙（1574—1646），字犹龙，号墨憨斋主人，长州（今苏州）人。为晚明主情、尚真、适俗文学的代表人物，通俗文学的一代大家。他曾改编小说、刊行民间歌曲集、也曾写作传奇剧本，并刻印了《墨憨斋传奇定本》十种。他最重要的成就是编著"三言"。"三言"是《喻世明言》、《警世通言》、《醒世恒言》三部小说的总称。"三言""极摹人情世态，备写悲欢离合之致"（笑花主人《今古奇观序》），是宋元明三代最重要的一部短篇小说的总集，它标志着古代白话短篇小说整理和创作高潮的到来。

《杜十娘怒沉百宝箱》不仅是明代拟话本描写爱情婚姻问题的优秀名篇，也是全部明代拟话本中的出类拔萃的杰作。它选自《警世通言》第32篇，本书略有删节。

杜十娘是小说的中心人物。小说写名妓杜十娘因被官僚子弟李甲抛弃、转卖而自杀的悲剧故事。杜十娘这个形象，不仅富有个性、斗争性，而且迸发了新思想火花。杜十娘是个被侮辱、损害的风尘女子，她聪明，美丽，有阅历，有才智，作者着重写了她的多情。杜十娘的一生都在追求真挚的爱情，她渴望从良，但主要不是找归宿，她择偶的着眼点，不是在金钱、地位、才貌上，她追求真正的夫妻生活，追求爱情中的人格平等、尊严和自我价值，她的着眼点在"情"。由杜十娘刻意隐瞒百宝箱的言行可窥探她的内心世界，我们可见她内心的纯洁、美好，对人世间真情的追求。她爱李甲是因为与他"一双两好，情投意合"，是因为李公子"忠厚志诚"，她之所以对百宝箱隐瞒不告，是因为她不希望让纯洁的爱情沾染上金钱气息，她所渴望的是彼此珍爱与尊重的真情，拥有这份真情便"生死无憾"，当她得知自己被卖后，那份洁净、高尚的爱的追求被击得粉碎，于是怒沉珍宝，举身投江，以此来表达她对不公平遭遇的抗争。这是纯厚的挚爱与金钱的对抗，在对抗中杜十娘是个失败者，一个追求真爱的失败，并为真爱而赴水自沉的悲剧，给读者造成了强烈的震憾。百宝箱的存在凸现了杜十娘的形象，使杜十娘的可爱、真情、纯真变得丰满。

杜十娘是本文中心人物。这一形象动人之处，不仅在于她的美丽、聪慧，在于她对爱情的热情追求和苦心经营，而更在于她那"宁为玉碎不为瓦全"的人格和对封建社会、市侩势力拼死反抗的精神。虽然身在烟花之地，但杜十娘本性善良而刚烈，面对得到真实爱情的理想的破灭，不缺金钱、在现实中还有出路的杜十娘却选择了死亡，这与其说是对自己的绝望，不如说是对现实的绝望，杜十娘通过毁灭自己的方式来毁掉眼中的世界，这是一种控诉和反抗。它由人物性格的导引奔向悲剧。

杜十娘的悲剧，是在封建势力和市侩势力双重压迫下的悲剧。杜十娘生活的时代，一方面封建势力还很强大，不允许一个下层女子的正当要求；另一方面，封建势力市侩化了。杜十娘的悲剧不主要决定于李甲的个人品德，而主要决定于包括李甲在内的上层人物身上所反映出来的社会因素，那就是封建势力的市侩化。明中叶以来统治阶级日益腐朽，封建势力与金钱势力，在思想上、人事上互相渗透，赤裸裸的物质利益的追求与金钱财富的占有掠夺，动摇着传统的封建伦理道德，李甲受不住金钱的诱惑，他把杜十娘作为自己的附庸品，以现金卖了她。作者在揭示杜十娘的悲剧社会根源时，写出了时代的特征。

该小说具有艺术情节紧凑，善于运用独特的性格构成特定的戏剧冲突来塑造人物形象的特点。

艺术构思方面，具有精细、严密，穿插安排得当的特点。如对李布政这个人物的处理，没让他出场，但他却能左右形势，决定杜十娘的命运。在某种意义上讲，比让这个人物出场表现得更为有力。他虽未出场，可他无时不在，无场不在。

柳遇春在小说中是个次要人物，他的言行在小说中几乎处处都起了衬托杜十娘的作用。他对杜十娘的态度经历了先怀疑，后敬佩的过程。小说由于有了柳遇春的这一番曲折，杜十娘的形象就显得格外可敬可佩，衬托手法很巧妙。

善于运用独特的性格构成特定的戏剧冲突，是本小说又一个艺术特色。小说所表现的妓女追求真正爱情和人的生活，但终陷骗局而遭遗弃。古今中外，不乏其例。但杜十娘有其独特的做法：面对怕父贪财的李甲和重金买她的孙富，她打开"百宝箱"，把无价珍宝，一件一件抛入江中，连自己也付于东流。以此向封建恶势力和虚情负义之人进行强烈控诉。独特的性格产生独特的做法，独特的做法，塑造和加深了独特的性格。

聊斋志异·婴宁

清　蒲松龄

王子服，莒之罗店人，早孤，绝慧，十四入泮。母最爱之，寻常不令游郊野。聘萧氏，未嫁而夭，故求凰未就也。

会上元，有舅氏子吴生，邀同眺瞩。方至村外，舅家有仆来，招吴去。生见游女如云，乘兴独游。有女郎携婢，拈梅花一枝，容华绝代，笑容可掬。生注目不移，竟忘顾忌。女过去数武，顾婢子笑曰："个儿郎目灼灼似贼！"遗花地上，笑语自去。生拾花怅然，神魂丧失，怏怏遂返。至家，藏花枕底，垂头而睡，不语亦不食。母忧之，醮禳，益剧，肌革锐减。医师诊视，投剂发表，忽忽若迷。母抚问所由，默然不答。适吴生来，嘱秘诘之。吴至榻前，生见之泪下，吴就榻慰解，渐致研诘，生具吐其实，且求谋画。吴笑曰："君意亦复痴。此愿有何难遂？当代访之。徒步于野，必非世家，如其未字，事固谐矣；不然，拚以重赂，计必允遂。但得痊瘳，成事在我。"生闻之，不觉解颐。吴出告母，物色女子居里，而探访既穷，并无踪迹。母大忧，无所为计。然自吴去后，颜顿开，食亦略进。数日，吴复来，生问所谋。吴绐之曰："已得之矣！我以为谁何人，乃我姑氏女，即君姨妹行，今尚待聘。虽内戚有婚姻之嫌，实告之，无不谐者。"生喜溢眉宇，问："居何里？"吴诡曰："西南山中，去此可三十余里。"生又付嘱再四，吴锐身自任而去。

生由此饮食渐加，日就平复。探视枕底，花虽枯，未便雕落，凝思把玩，如见其人。怪吴不至，折柬招之，吴支托不肯赴招。生恚怒，悒悒不欢。母虑其复病，急为议姻，略与商榷，辄摇首不愿，惟日盼吴。吴迄无耗，益怨恨之。转思三十里非遥，何必仰息他人？怀梅袖中，负气自往，而家人不知也。伶仃独步，无可问程，但望南山行去。约三十余里，乱山合沓，空翠爽肌、寂无人行，止有鸟道。遥望谷底丛花乱树中，隐隐有小里落。下山入村，见舍宇无多，皆茅屋，而意甚修雅。北向一家，门前皆丝柳，墙内桃杏尤繁，间以修竹，野鸟格磔其中。意其园亭，不敢遽入。回顾对户，有巨石滑洁，因坐少憩。俄闻墙内有女子长呼："小荣！"其声娇细。方伫听间，一女郎由东而西，执杏花一朵，俯首自簪；举头见生，遂不复簪，含笑拈花而入。审视之，即上元途中所遇也。心骤喜，但念无以阶进。欲呼姨氏，顾从无还往，惧有讹误。门内无人可问，坐卧徘徊，自朝至于日昃，盈盈望断，并忘饥渴。时见女子露半面来窥，似讶其不去者。忽一老媪扶杖出，顾生曰："何处郎君，闻自辰刻便来，以至于今。意将何为？得勿饥也？"生急起揖之，答云："将以盼亲。"媪聋聩不闻。又大言之。乃问："贵戚何姓？"生不能答。媪笑曰："奇哉！姓名尚自不知，何亲可探？我视郎君，亦书痴耳。不如从我来，啖以粗粝。家有短榻可卧。待明朝归，询知姓氏，再来探访不晚也。"生方腹馁思啖，又从此渐近丽人，大喜，从媪入。见门内白石砌路，夹道红花片片坠阶上，曲折而西，又启一关，豆棚花架满庭中。肃客入舍，粉壁光如明镜，窗外海棠枝朵，探入室中，裀藉几榻，罔不洁泽。甫坐，即有人自窗外隐约相窥。媪唤："小荣！可速作黍！"外有婢子，噭声而应。坐次，具展宗阀。媪曰："郎君外祖，莫姓吴否？"曰："然。"媪惊曰："是吾甥也！尊堂，我妹子。年来以家屡贫，又无三尺之男，遂至音问梗塞。甥长成如许，尚不相识。"生曰："此来即为姨也，匆遽遂忘姓氏。"媪曰："老身秦姓，并无诞育，弱息仅存，亦为庶产。渠母改醮，遗我鞠养。颇亦不钝，但少教训，嬉不知愁。少顷，使来拜识。"未几，婢子具饭，雏尾盈握。媪劝餐已，婢来敛具。媪曰："唤宁姑来。"婢应去。良久，闻户外隐有笑声。媪又唤曰："婴宁！汝姨兄在此。"户外嗤嗤笑不已。婢推之以入，犹掩其口，笑不可遏。媪瞋目曰："有客在，咤咤叱叱，是何景象？"女忍笑而立。生揖之。媪曰："此王郎，汝姨子。一家尚不相识，可笑人也。"生问："妹子年几何矣？"媪未能解；生又言之。女复笑，不可仰视。媪谓生曰："我言少教诲，此可见矣。年已十六，呆痴如婴儿。"生曰："小于甥一岁。"曰："阿甥已十七矣，得非庚午属马者耶？"生首应之。又问："甥妇阿谁？"答曰："无之。"曰："如甥才貌，何十七岁犹未聘？婴宁亦无姑家，极相匹敌。惜有内亲之嫌。"生无语，目注婴宁，不遑他瞬。婢向女小语云："目灼灼贼腔未改！"女又大笑，顾婢曰："视碧桃开未？"遽起，以袖掩口，细碎连步而出。至门外，笑声始纵。媪亦起，唤婢襆被，为生安置。曰："阿甥来不易，宜留三五日，迟迟送汝归。如嫌幽闷，舍后有小园，可供消遣。有书可读。"次日，至舍后，果有园半亩，细草铺毡，杨花糁径。有草舍三楹，花木四合其所。穿花小步，闻树头苏苏有声，仰视，则婴宁在上，见生来，狂笑欲堕。生曰："勿尔！堕矣！"女且下且笑，不能自止。方将及地，失手而堕，笑乃止。生扶之，阴捘其腕。女笑又作，倚树不能行，良久乃罢。生俟其笑歇，乃出袖中花示之。女接之，曰："枯矣！何留之？"曰："此上元妹子所遗，故存之。"问："存之何益？"曰："以示相爱不忘。自上元相遇，凝思成疾，自分化为异物，不图得见颜色，幸垂怜悯！"女曰："此大细事，至戚何所靳惜。待兄行时，园中花，当唤老奴来，折一巨捆负送之。"生曰："妹子痴耶？"女曰："何便是痴？"生曰："我非爱花，爱拈花之人耳。"女曰："葭莩之情，爱何待言。"生曰："我所为爱，非瓜葛之爱，乃夫妻之爱。"女曰："有以异乎？"曰："夜共枕席耳。"女俯首思良久，曰："我不惯与生人睡。"语未已，婢潜至，生惶恐，遁去。少时，会母所。母问："何往？"女答以园中共话。媪曰："饭熟已久，有何长言，周遮乃尔。"女曰："大哥欲我共寝。"言未已，生大窘，急目瞪之。女微笑而止。幸媪不闻，犹絮絮究诘。生急以他词掩之，因小语责女。女曰："适此语不应说耶？"生曰："此背人语。"女曰："背他人，岂得背老母？且寝处亦常事，何讳之？"生恨其痴，无术可以悟之。

食方竟，家人捉双卫来寻生。先是，母待生久不归，始疑。村中搜觅几遍，竟无踪兆。因往寻吴。吴忆曩言，因教于西南山村寻觅。凡历数村，始至于此。生出门，适相值。便入告媪，且请偕女同归。媪喜曰："我有志，匪伊朝夕。但残躯不能远涉，得甥携妹子去，识认阿姨，大好！"呼："婴宁！"宁笑至。媪曰："有何喜，笑辄不辍？若不笑，当为全人。"因怒之以目。乃曰："大哥欲同汝去，可便装束。"又饷家人酒食，始送之出。曰："姨家田产丰裕，能养冗人。到彼且勿归，小学诗礼，亦好事翁姑。即烦阿姨为汝择一良匹。"二人遂发。至山坳回顾，犹依稀见媪倚门北望也。

抵家，母睹姝丽，惊问为谁。生以"姨女"对。母曰："前吴郎与儿言者，诈也。我未有姊，何以得甥？"问女，女曰："我非母出。父为秦氏，没时，儿在褓中，不能记忆。"母曰："我一姊适秦氏，良确。然殂谢已久，那得复存？"因审诘面庞志赘，一一符合。又疑曰："是矣！然亡已多年，何得复存？"疑虑间，吴生至，女避入室。吴询得故，惘然久之，忽曰："此女名婴宁耶？"生然之。吴极称怪事。问所自知，吴曰："秦家姑去世后，姑丈鳏居，祟于狐，病瘠死。狐生女名婴宁，绷卧床上，家人皆见之。姑丈没，狐犹时来。后求天师符，粘壁间，狐遂携女去。将勿此耶？"彼此疑参，但闻室中嗤嗤，皆婴宁笑声。母曰："此女亦太憨生。"吴生请面之。母入室，女犹浓笑不顾。母促令出，始极力忍笑，又面壁移时，方出。才一展拜，翻然遽入，放声大笑。满室妇女，为之粲然。

吴请往觇其异，就便执柯。寻至村所，庐舍全无，山花零落而已。吴忆葬处仿佛不远，然坟垅湮没，莫可辨识，诧叹而返。母疑其为鬼，入告吴言，女略无骇意。又吊其无家，亦殊无悲意，孜孜憨笑而已。众莫之测。母令与少女同寝止，昧爽即来省问。操女红，精巧绝伦。但善笑，禁之亦不可止。然笑处嫣然，狂而不损其媚，人皆乐之。邻女少妇，争承迎之。母择吉将为合卺，而终恐为鬼物，窃于日中窥之，形影殊无少异。

至日，使华装行新妇礼，女笑极，不能俯仰，遂罢。生以其憨痴，恐泄漏房中隐事，而女殊密秘，不肯道一语。每值母忧怒，女至，一笑即解。奴婢小过，恐遭鞭楚，辄求诣母共话，罪婢投见，恒得免。而爱花成癖，物色遍戚党；窃典金钗，购佳种。数月，阶砌藩溷无非花者。庭后有木香一架，故邻西家，女每攀登其上，摘供簪玩。母时遇见，辄诃之，女卒不改。一日，西人子见之，凝注倾倒。女不避而笑。西人子谓女意已属，心益荡。女指墙底，笑而下，西人子谓示约处，大悦。及昏而往，女果在焉。就而淫之，则阴如锥刺，痛彻于心，大号而踣。细视，非女，则一枯木卧墙边，所接乃水淋窍也。邻父闻声，急奔研问，呻而不言。妻来，始以实告。爇火烛窍，见中有巨蝎，如小蟹然。翁碎木，捉杀之。负子至家，半夜寻卒。邻人讼生，讦发婴宁妖异。邑宰素仰生才，稔知其笃行士，谓邻翁讼诬，将杖责之，生为乞免，遂释而出。母谓女曰："憨狂尔尔，蚤知过喜而伏忧也。邑令神明，幸不牵累。设鹘突官宰，必逮妇女质公堂，我儿何颜见戚里？"女正色，矢不复笑。母曰："人罔不笑，但须有时。"而女由是竟不复笑。虽故逗，亦终不笑；然竟日未尝有戚容。

一夕，对生零涕。异之。女哽咽曰："曩以相从日浅，言之恐致骇怪。今日察姑及郎，皆过爱无有异心，直告或无妨乎？妾本狐产。母临去，以妾托鬼母，相依十余年，始有今日。妾又无兄弟，所恃者惟君。老母岑寂山阿，无人怜而合厝之，九泉辄为悼恨。君倘不惜烦费，使地下人消此怨恫，庶养女者不忍溺弃。"生诺之，然虑坟冢迷于荒草。女但言："无虑。"刻日夫妇舆榇而往。女于荒烟错楚中，指示墓处，果得媪尸，肤革犹存。女抚哭哀痛。舁归，寻秦氏墓合葬焉。是夜，生梦媪来称谢，寤而述之。女曰："妾夜见之，嘱勿惊郎君耳。"生恨不邀留。女曰："彼鬼也。生人多，阳气胜，何能久居？"生问小荣，曰："是亦狐，最黠。狐母留以视妾，每摄饵相哺，故德之常不去心。昨问母，云已嫁之。"由是岁值寒食，夫妇登秦墓，拜扫无缺。女逾年生一子，在怀抱中，不畏生人，见人辄笑，亦大有母风云。

异史氏曰："观其孜孜憨笑，似全无心肝者。而墙下恶作剧，其黠孰甚焉！至凄恋鬼母，反笑为哭，我婴宁殆隐于笑者矣。窃闻山中有草，名'笑矣乎'，嗅之则笑不可止。房中植此一种，则合欢、忘忧，并无颜色矣。若解语花，正嫌其作态耳。"

【赏析】

蒲松龄（1640—1715），字留仙，号剑臣，别号柳泉，山东淄川（今淄博市）人。出身于半书香半商人的家庭，后来逐渐潦倒。本人曾连考取县、府、道第一，但此后屡试不第，只得作幕宾、私塾为生。一生著作丰富，《聊斋志异》为其代表作。除《聊斋志异》外，还创作有诗、文、词、赋、戏曲、俚曲和一些杂著，今人汇编为《蒲松龄集》。

《聊斋志异》，共有文言小说491篇，创作手法上，既仿效唐传奇的文体规范，又融合六朝志怪的内容，借谈鬼说狐，曲折批判社会，表达理想，表现出现实主义和浪漫主义结合的特点，具有很高的思想艺术成就，成为中国古代短篇文言小说的顶峰。

婴宁以其真、纯、自然之美，卓然独立于《聊斋志异》众多的女子形象之中。

她生活在美丽自然的诗意般的仙境之中，在这个无拘无束的大自然中，她的天性得到了自由的发展。真纯自然的婴宁是花的化身。婴宁的美在笑中摇曳，在花中闪现，她的美与笑、花同在。花、笑、婴宁三位一体，融铸成生机盎然、青春勃发的生命之境。她率性而为，与尘世无染。她的行为一如赤子之心，天真之至。她终日“嬉不知愁”孜孜憨笑。她笑对人生，笑对社会。她的笑如此恣意，好像要化作清风把整个社会都遮蔽住。婴宁的笑源于赤子之心，发自内心深处。婴宁之美，还在于她的生机、洒脱、无挂无碍。在礼教大防重压之下，生命的洒脱与自由确实不易做到，对女子犹难。婴宁做到了。

婴宁的笑，最终被世俗消磨、吞没，这是一个既可悲，又无可奈何的过程，这也正是小说的主题所在。

婴宁性格的转变，揭示了一个人类永恒困境的象征性命题。“嬉不知愁”和“呆痴如婴”，是婴宁性情和心态的基本特征；“笑须有时”和“全人”，则是她性格成熟的行为要求和人格目标。婴宁性格转化经历了“无时不笑——矢不复笑——笑须有时”这样的发展过程，这个过程使婴宁从一个纯粹的自然人变成了一个社会人。这个转化揭示了个体与社会的矛盾，这个矛盾是超越了时代的，它不仅是婴宁的悲剧，妇女的悲剧，而是每个人生的悲剧，整个人类的悲剧。它是人类永恒困境的象征，是整个人类永远需要协调并为之付出沉重代价的个性与群体冲突的象征。

在写作上，该小说抓住人物个性的主要特征，多角度进行描写渲染，是婴宁形象鲜明生动的主要原因。婴宁个性的特点是无时无处无忧无虑的各种各样的“笑”，在一个短篇中，写出如此丰富多彩的笑，并且能够做到多而不雷同，确实罕见。

婴宁的笑，非常鲜明地体现出她独特的个性心态。户外、进门、见客、问话、出门，一直在笑，可见其天真任性；差点掉树、公开私语、鬼母斥责、初见婆婆，不该笑而笑，足见她不谙人情。

婴宁的笑，十分巧妙地推动着故事情节不断发展。她因笑而征服男主人公，才有了这样离奇的故事；她由于只会笑、不谙事，才有了少有的憨痴对话；她因为无时不笑，才引来鬼母那么多的呵斥和解释；她的笑极具生气，才使得邻女少妇都愿与其为友；也是由于她的笑无所规避，才引得西邻子上当受罚。可以说，小说的关键情节，都是由笑引发的；特别是小说中那些生动细节，处处都离不开笑的影子。

环境的成功描写是该小说的一个重要特色。作者突出了对花的多姿多彩的描绘。婴宁生长在花的世界里，“丛花乱树”的谷底，“桃杏尤繁”的小村，“夹道红花”的石径，“花架满庭”的院落，“枝朵探窗”的居室，养成了她的纯真天性；她种花养花，手里总是拿着花，或拈或执。人与花相映照，处处充满着浓郁的象征意味。花就是笑，花开就是人笑。作者描写花也就是描写婴宁爱笑、爱善的个性。

二、小说的写作

小说具备人物、环境和情节结构三要素，同时注重语言的讲述性。

人物，是小说构成的核心要素。它主要通过对人物历史的叙述和对人物心理的剖析或刻画来显示其性格。在表现方法上，往往通过典型化的方法塑造人物形象。

环境，或称背景，是小说构成的第二要素。人物创造了环境，同时也在环境中生存和发展。小说环境既包括人物关系、纠葛、矛盾所暗示的较大社会环境，还可以指相对静止或独立的背景介绍和景物描写，有时甚至小到一些细节。

情节和结构，是小说构成的第三要素。情节，作为人物性格及其相互关系运动的轨迹，在小说中非常重要，以至于有人把小说当故事来读。情节的外部形态就是一系列事件，这些事件存在着各种不同的因果关系。而事件本身具有它的发端、展开、转折、高潮和结局。为了增强小说的可读性，更好地吸引读者，作者往往要根据表达的意图，精心组织小说的结构。结构，也就是作品的组织构造。短篇小说由于篇幅的限制，又出于表现角度、制造悬念等因素的考虑，往往更加讲究结构的艺术。

小说语言具有讲述性。小说中的语言有人物语言和叙述人语言之别，其中叙述人语言的分量更大。因为叙事人负责介绍环境，刻画人物，交代情节，所以其语言就具有较强的讲述性。我国最初的白话小说就是一种讲给人们听的说话艺术。与诗歌语言比较，小说语言具有散文化的特征。

总之，小说是一种用散文语言写成的叙事性文学体裁，它具有人物、环境和情节结构三要素，它以对社会生活作逼真的、能动的和艺术性的表现见长。

（喻滨）

第八节　戏　　曲

中国古代戏曲是一门综合艺术，它是用诗歌、音乐、舞蹈等编织而成的五光十色的花环，具有各类艺术的特点，最突出的就是综合性。因此它具有发古长新的艺术魅力，历久不衰，无法取代，是中国文学艺术的瑰宝。

中国戏曲形成于何时，分歧较大，比较集中的意见是形成于宋代。虽然中国戏剧形成得晚，但起源却很早，它经历了一个漫长的孕育过程。

从有戏曲因素来考查，最早可以追溯到原始歌舞。据《尚书·尧典》载："击石拊石，百售率舞。"这是猎人在获得猎物后，举行的一种舞蹈。《吕氏春秋》中说的"葛天氏之乐，三人操牛尾"而歌舞，已有了歌舞的特点。到商代，"巫风"盛行。民间求雨、除邪等要举行仪式，往往由"巫"来担任，其中既歌又舞，多少有些喜剧的因素。

到春秋战国时，在原始歌舞的基础上，产生了为统治者取乐的职业人——优。最早见于记载的优人，是晋文公时代的优施。而当时最有名的优叫优孟，常以谈笑来讽刺政事，《史记·滑稽列传》有载。优，虽然是为贵族阶级服务而出现的，但从戏曲角度看已前进了一步。可以说，优是我国最早的戏剧演员。过去还把演员称为优人。

汉代在优的基础上，出现了角觝戏。它是杂技、音乐、舞蹈三者的结合，由两人互相较斗，所以叫角觝戏。又因它表演的内容丰富而称为"百戏"。《东海黄公》就是角觝戏的代表，也是我国最早的剧目戏。

到唐代出现了参军戏。由主角参军和配角苍鹘两人扮演滑稽取笑的故事，类似现在的相声。参军戏的角色开始有了分工，标志着中国戏曲的逐渐形成。

北宋时，在唐代参军戏基础上发展起来的宋杂剧，标志中国戏曲基本形成。宋杂剧的演员已由参军戏的二人增加到五人，有了较复杂的故事情节。这时，城市和商业不断发展，也有了较多观众，演剧的瓦舍（肆）、勾栏相继出现。据《东京梦话录》记载，在汴梁（开封）瓦舍规模大的，一所就有大小勾栏五十余座，可容数千人。

南宋时，在北方的金国称杂剧为金院本。元人陶宗仪《辍耕录》说："院本、杂剧，其实一也。"只是金院本在发展中更接近成熟的戏曲形式，成为元杂剧的前身。

仅有宋杂剧、金院本，还不能够成为完备的戏曲形式，需要吸收说唱艺术才能达到成熟的地步。而在宋金时代，民间恰恰流行着一种说唱文艺形式——诸宫调。宫调是古代音乐理论术语，类似今天歌曲的曲调（如A调、B调等），常用的宫调有九个。诸宫调是以唱为主，间以说白，用乐器伴奏，说唱一个完整的故事。诸宫调的组织，是将属于同一宫调的若干曲子联成短套，再把不同宫调的若干短套联结成篇，即成诸宫调。到了元代，艺人们将宋杂剧、金院本和诸宫调融为一体，并在诗词文学的基础上，创造了元杂剧这种成熟的戏曲形式。元代是中国戏曲的黄金时代，关汉卿、王实甫、马致远是杰出代表，产生了《窦娥冤》、《西厢记》、《汉宫秋》等经典剧目。

元代后期，杂剧走向衰微。与此同时，始于南宋温州地区的南曲戏文兴盛起来，通称宋元南戏，代表作有《琵琶记》、《拜月亭》、《荆钗记》等。南戏有各种地方声腔，元末明初有海盐腔、余姚腔、弋阳腔、昆山腔等。昆山腔在明代中期经过革新，大为盛行，于是在文体上又有专门名词——明清传奇，代表作如《牡丹亭》、《长生殿》、《桃花扇》，造就了明清戏曲史的辉煌。

清代中叶以后，出现了戏曲史发展的重要变革，由剧本创作为中心转移到以舞台表演为中心，文人创作的戏曲逐渐衰落。产生于民间的各种地方戏曲蓬勃兴起，为近代京剧和地方戏的发展奠定了基础。

一、戏曲的赏析

西厢记·长亭送别

王实甫

（夫人、长老上，云）今日送张生赴京，就十里长亭安排下筵席。我和长老先行，不见张生、小姐来到。（旦、末、红同上，旦云）今日送张生上朝取应，早是离人伤感，况值那暮秋天气，好烦恼人也呵！"悲欢聚散一杯酒，南北东西万里程。"（旦唱）

[正宫][端正好] 碧云天，黄花地，西风紧，北雁南飞。晓来谁染霜林醉？总是离人泪。

[滚绣球] 恨相见得迟，怨归去得疾。柳丝长玉骢难系，恨不得倩疏林挂住

斜晖。马儿迍迍的行，车儿快快的随，却告了相思回避，破题儿又早别离。听得一声“去也”，松了金钏；遥望见十里长亭，减了玉肌。此恨谁知？

（红云）姐姐今日怎么不打扮？（旦云）你那知我的心里呵！（旦唱）

[叨叨令] 见安排着车儿、马儿，不由人熬熬煎煎的气；有甚么心情花儿、靨儿，打扮得娇娇滴滴的媚；准备着被儿、枕儿，则索昏昏沉沉的睡；从今后衫儿、袖儿，都揾做重重叠叠的泪。兀的不闷杀人也么哥！兀的不闷杀人也么哥！久已后书儿、信儿，索与我恓恓惶惶的寄。

（做到科）（见夫人科）（夫人云）张生和长老坐，小姐这壁坐，红娘将酒来。张生，你向前来，是自家亲眷，不要回避。俺今日将莺莺与你，到京师休辱末了俺孩儿，挣揣一个状元回来者。（末云）小生托夫人余荫，凭着胸中之才，视官如拾芥耳。（洁云）夫人主见不差，张生不是落后的人。（把酒了，坐）（旦长吁科）（旦唱）

[脱布衫] 下西风黄叶纷飞，染寒烟衰草萋迷。酒席上斜签着坐的，蹙愁眉死临侵地。

[小梁州] 我见他阁泪汪汪不敢垂，恐怕人知。猛然见了把头低，长吁气，推整素罗衣。

[幺篇] 虽然久后成佳配，奈时间怎不悲啼。意似痴，心如醉，昨宵今日，清减了小腰围。

（夫人云）小姐把盏者！（红递酒，旦把盏长吁科云）请吃酒！（旦唱）

[上小楼] 合欢未已，离愁相继。想着俺前暮私情，昨夜成亲，今日别离。我谂知这几日相思滋味，却原来此别离情更增十倍。

[幺篇] 年少呵轻远别，情薄呵易弃掷。全不想腿儿相挨，脸儿相偎，手儿相携。你与俺崔相国做女婿，妻荣夫贵，但得一个并头莲，煞强如状元及第。

（夫人云）红娘把盏者！（红把酒科）（旦唱）

[满庭芳] 供食太急，须臾对面，顷刻别离。若不是酒席间子母每当回避，有心待与他举案齐眉。虽然是厮守得一时半刻，也合着俺夫妻每共桌而食。眼底空留意，寻思起就里，险化做望夫石。

（红云）姐姐不曾吃早饭，饮一口儿汤水。（旦云）红娘，甚么汤水咽得下！（唱）

[快活三] 将来的酒共食，尝着似土和泥。假若便是土和泥，也有些土气息，泥滋味。

[朝天子] 暖溶溶玉醅，白泠泠似水，多半是相思泪。眼面前茶饭怕不待要吃，恨塞满愁肠胃。蜗角虚名，蝇头微利，拆鸳鸯在两下里。一个这壁，一个那壁，一递一声长吁气。

（夫人云）辆起车儿，俺先回去，小姐随后和红娘来。（下）（末辞洁科）（洁云）此一行别无话儿，贫僧准备买登科录看，做亲的茶饭少不得贫僧的。先生在意，鞍马上保重者！“从今经忏无心礼，专听春雷第一声。”（下）（旦唱）

[四边静] 霎时间杯盘狼藉，车儿投东，马儿向西，两意徘徊，落日山横翠。知他今宵宿在那里？有梦也难寻觅。

（旦云）张生，此一行得官不得官，疾早回来。（末云）小生这一去，白夺一个状元。正是“青霄有路终须到，金榜无名誓不归”。（旦云）君行别无所赠，口占一绝，为君送行：“弃掷今何在，当时且自亲。还将旧来意，怜取眼前人。”（末云）小姐之意差矣，张珙更敢怜谁？谨赓一绝，以剖寸心：“人生长远别，孰与最关亲？不遇知音者，谁怜长叹人？”（旦唱）

[耍孩儿] 淋漓襟袖啼红泪，比司马青衫更湿。伯劳东去燕西飞，未登程先问归期。虽然眼底人千里，且尽生前酒一杯。未饮心先醉，眼中流血，心里成灰。

[五煞]到京师服水土，趁程途节饮食，顺时自保揣身体。荒村雨露宜眠早，野店风霜要起迟。鞍马秋风里，最难调护，最要扶持！

[四煞] 这忧愁诉与谁？相思只自知，老天不管人憔悴。泪添九曲黄河溢，恨压三峰华岳低。到晚来闷把西楼倚，见了些夕阳古道，衰柳长堤。

[三煞] 笑吟吟一处来，哭啼啼独自归。归家若到罗帏里，昨日个绣衾香暖留春住，今夜个翠被生寒有梦知。留恋你别无意，见据鞍上马，阁不住泪眼愁眉。

（末云）有甚言语嘱咐小生咱？（旦唱）

[二煞] 你休忧“文齐福不齐”，我只怕你停妻再娶妻。你休要一春鱼雁无消息！我这里青鸾有信频须寄，你则休“金榜无名誓不归”。此一节君须记，若见了那异乡花草，再休似此处栖迟。

（末）再谁似小姐的？小生又生此念？（旦唱）

[一煞] 青山隔送行，疏林不做美，淡烟暮霭相遮蔽。夕阳古道无人语，禾黍秋风听马嘶。我为甚么懒上车儿内，来时甚急，去后何迟？

（红云）夫人去好一会，姐姐，咱家去。（旦唱）

[收尾] 四围山色中，一鞭残照里。遍人间烦恼填胸臆，量这些大小车儿如何载得起？

（旦、红下）（末云）仆童赶早行一程儿，早寻一个宿处。泪随流水急，愁逐野云飞。（下）

【赏析】

王实甫（生卒年不详），名德信，字实甫。大都（北京）人，元代著名杂剧作家。所作杂剧14种，现仅存《崔莺莺待月西厢记》、《四丞相高会丽春堂》、《吕蒙正风雪破窑记》三种。

《西厢记》的爱情故事最早见于唐朝元稹的《莺莺传》。莺莺对张生百般依恋，却无力逃脱弃妇的命运。金人董解元的《西厢记·诸宫调》对莺莺和张生的爱情描写，虽然有了进步和发展，但把他们的爱写得合乎礼数。只有王实甫的《西厢记》写莺莺只知一个“情”字，表达了“愿普天下有情的都成了眷属”这一主题思想。

《西厢记》共五本二十一折，写唐贞元中，书生张珙游于蒲州，寄宿普救寺。适崔相国夫人携女莺莺扶相国灵柩回家乡安葬，途经普救寺，也借宿于此。一日，张生游佛殿，与莺莺相遇，两人一见钟情。时蒲州有孙飞虎起兵作乱，乱军包围了普救寺，欲夺莺莺为押寨夫人。老夫人在危急之中许下诺言，谁能破贼解围，就将莺莺嫁给他为妻。张生挺身而出，请镇守潼关的好友白马将军杜确率兵前来相救。解围之后，不料老夫人出尔反尔，只许张生与莺莺以兄妹相称。张生因此害了相思，经莺莺侍女红娘从中帮助传递书简，两人背着老夫人私下幽会。后来被老夫人发现，便把红娘叫来拷问。红娘反责老夫人忘恩负义，并称此事若张扬出去，于崔家名声不利，不若答应两人的婚事。老夫人无奈，只得答应了张生与莺莺婚事。但老夫人又以崔家三代不招白衣秀士为由，逼张生赴京应试，待及第后，才能与莺莺成亲。

《长亭送别》是第四本第三折，是全剧最为脍炙人口的精彩片断之一。老夫人逼张生赶考，张生只好“上朝取应”，莺莺在长亭为他送别。这场送别戏共有十九支曲文，由莺莺主唱，既是塑造莺莺形象的重场戏，也充分体现了王实甫剧作情景交融、富于文采的特点。

整折戏由三个场面构成：长亭路上，筵席之中，分手之时。

前三支曲子写长亭路上。[端正好]是莺莺对深秋景色的感受：碧空浮云万里，遍野黄花萎积，西风疾吹，北雁南飞，一种离愁别恨油然而生。特别是经霜的叶子如同酒醉的容颜，一定是离人的血泪将它染成。此时此景，莺莺是怎样的心情？[滚绣球]和[叨叨令]作了生动描绘，这就是“恨”。恨相见得迟，要成佳配又屡遭变故；“却告了相思回避，破题儿又早别离”；恨柳丝长却系不住离人马，恨疏林留不住斜阳；恨一声人“去也”，折磨得她身心交瘁；以后只能在毫无情致的昏睡中和涕泪长流的悲愁中苦熬日子，“兀的不闷杀人也么哥！”

中间八支曲子写饯别的筵席之中。老夫人安排张生和长老坐，小姐这壁坐，好似银河隔开牛郎织女，加上长亭外黄叶纷飞，衰草萋迷，更令人伤怀不已。酒席上，张生无精打采，蹙眉垂泪，长吁短叹，莺莺看在眼里，痛在心上——“意似痴，心如醉，昨宵今夜，清减了小腰围”。面对即将分别的恋人，莺莺唱出了一腔怨情。这怨情正是深情的痴语。[幺篇]既担心张生年少情薄，又蔑视功名富贵。[满庭芳]怨供食太急，子母们当回避，分别在即，竟不能与张生举案齐眉，厮守片刻。[朝天子]怨美酒无味，清淡似水，酒入愁肠，化作相思泪。

此时莺莺的内心有了一些变化，奔赴长亭的路上她恨两人聚少离多，让她从此后不得不独饮相思的苦酒。随着筵席的进行，分别的时刻越来越迫近，眼前的张生又只是唉声叹气，莺莺内心非常怨恨自己的母亲为了“蜗角虚名，蝇头微利”，拆鸳鸯在两下里。

最后八支曲子写席后话别。霎时间杯盘狼藉，车儿投东，马儿向西，两人终于要面对最后的分别。这一刻更是千头万绪，百感交集。剧作家一方面通过[四边静]、[耍孩儿]等曲子，波澜起伏地再现莺莺百般依恋、痛不欲生的感情潮汐。另一方面，面对“上朝取应”的张生，莺莺又流露出怕被遗弃的痛苦心理。莺莺叮嘱张生的第一句话是“此一行得官不得官，疾便回来。”最后一席话是“你休忧文齐福不齐，我只怕你停妻再娶妻。休要一春鱼雁无消息！我这里青鸾有信频须寄，你却休金榜无名誓不归。此一节君须记，若见了那异乡花草，再休似此处栖迟。”这些叮嘱超出了一般的缠绵之情。这说明在莺莺的内心隐隐有一种忧虑。因为张生得中与否都是对他们爱情的巨大考验：如果落第，老夫人不会承认这个白衣女婿；如果得中，张生又极可能成为高门望族的择婿对象；如果张生不是忠厚至诚的君子，莺莺被抛弃的命运就不可避免。这是当时女子很普遍的心理，只不过两情相悦的时候，往往会暂时忘记，一旦别离在即，它就会凸现出来让人不安，莺莺是一个多情的女子，自然也不能例外。所以最后分别时，莺莺的内心又凭添了许多忧虑。

送别张生，莺莺懒上车儿，此时“遍人间烦恼填胸臆，量这些大小车儿如何载得起？”这次第，怎一个“愁”字了得？怎一个“恨”字了得？怎一个“怨”字了得？实在是无法用语言表达了。

《长亭送别》具有发古长新的艺术生命，历久不衰，主要表现在：

首先，情景交融的抒情手法。莺莺的离愁别情与深秋的特殊景物融合在一起，营造出委婉深沉的悲凉意境。如[端正好]前四句以暮秋景色渲染离愁气氛：头上一方青天，脚下一片菊花地，阵阵西风，北雁南飞，人在其中，多么渺小，多么孤独。后两句以情化景：“晓来谁染霜林醉？总是离人泪。”一个“染”字，沟通了景与情的联系，莺莺的血泪在一夜之间将枫林全部染红。此时的霜林已经不是普通的霜林，它已成为莺莺愁思的见证。[一煞]写莺莺目送张生离去，青山无情，挡住了视线；疏林不与人方便，没有挽留住斜阳，熟悉的身影在淡烟暮霭中依稀可见。秋风掠过禾黍，飘来声声马嘶，划破了寂静的长空，也撕裂了莺莺的心。四顾无人的郊外之境，又值黄昏，这比[端正好]描绘的情景更见凄凉。“青山”、“古道”、“夕阳”、“烟霭”不仅仅是自然景象，同时它们也都是传情寄恨的载体。

其次，对人物心灵的深刻描绘。作者将艺术触角伸展到莺莺的心灵深处，细腻而多层次地展示了“此恨谁知”的复杂心理：对“昨夜成亲，今日别离”的百般依恋，面临“车儿投东，马儿向西”的无限悲戚，对为了“蜗角虚名，蝇头微利”而“拆鸳鸯在两下里”的深深怨恨，对“停妻再娶妻”而自己有可能成弃妇的不尽忧虑。莺莺对张生的爱，丝毫没有掺杂进世俗的考虑和利害的打算。在她看来，“但得一个并头莲，煞强如状元及第”，她所追求的是纯真专一、天长地久的爱情幸福，而不是封建的“家世利益”。莺莺的形象之所以十分动人，就在于她真挚的感情和纯净的心灵，对封建礼教的反叛。作者十分生动地描绘了莺莺的心路历程。

再次，优美典雅的语言艺术。戏剧主要通过曲词和道白来塑造人物形象。《长亭送别》的曲词在《西厢记》中颇具代表性，既有浓厚的生活气息，又有强烈的文学意味；既有对前代诗词的借鉴、化用，又有对民间口语的吸收、提炼，不仅构成了协调的色彩，而且形成了通晓流畅与秀丽华美相统一的特色，具有一种诗情画意之美。如[端正好]堪称诗情画意的元曲绝唱。其妙处，一在意象的组合，典雅华美；二在情感的抒发，委婉含蓄；三在动词的运用，恰到好处：一个“染”字，不但写出了景物色彩的遽然变化，而且令这种变化带上了莺莺强烈的哀怨情绪。[滚绣球]、[叨叨令]等曲子则大量运用生活中的口语，渲染了强烈的感情色彩，把人物内心的深忧积虑表露无遗。又如[快活三]“将来的酒共食，尝着似土和泥。假若便是土和泥，也有些土气息，泥滋味。”寥寥数语，写尽莺莺愁肠，极富生活气息，确是当行本色的白描俊语。

牡丹亭·游园

汤显祖

[绕地游]（旦上）梦回莺啭，乱煞年光遍。人立小庭深院。（贴）炷尽沉烟，抛残绣线，恁今春关情似去年？

[乌夜啼]“（旦）晓来望断梅关，宿妆残。（贴）你侧著宜春髻子恰凭栏。（旦）剪不断，理还乱，闷无端。（贴）已分付催花莺燕借春看。”（旦）春香，可曾叫人扫除花径？（贴）分付了。（旦）取镜台衣服来。（贴取镜台衣服上）“云髻罗梳还对镜，罗衣欲换更添香。”镜台衣服在此。

[步步娇]（旦）袅晴丝吹来闲庭院，摇漾春如线。停半晌，整花钿，没揣菱花，偷人半面，迤逗的彩云偏。（行介）步香闺女怎便把全身现！

（贴）今日穿插的好。

[醉扶归]（旦）你道翠生生出落的裙衫儿茜，艳晶晶花簪八宝填，

可知我常一生儿爱好是天然，恰三春好处无人见。不提防沉鱼落雁鸟惊喧，则怕的羞化闭月花愁颤。

（贴）早茶时了，请行。（行介）你看："画廊金粉半零星，池馆苍苔一片青。踏草怕泥新绣袜，惜花疼煞小金铃。"（旦）不到园林，怎知春色如许！

[皂罗袍]原来姹紫嫣红开遍，似这般都付与断井颓垣。良辰美景奈何天，赏心乐事谁家院！恁般景致，我老爷和奶奶再不提起。（合）朝飞暮倦，云霞翠轩；雨丝风片，烟波画船，——锦屏人忒看的这韶光贱！

（贴）是花都放了，那牡丹还早。

[好姐姐]（旦）遍青山啼红了杜鹃，荼蘼外烟丝醉软。春香呵，牡丹虽好，他春归怎占的先！（贴）成对儿莺燕呵。（合）闲凝眄，生生燕语明如剪，呖呖莺歌溜的圆。

（旦）去罢。（贴）这园子委是观之不足也。（旦）提他怎的！（行介）

[隔尾]观之不足由他缱，便赏遍了十二亭台是枉然。到不如兴尽回家闲过遣。

（作到介）（贴）"开我西阁门，展我东阁床。瓶插映山紫，炉添沉水香。"小姐，你歇息片时，俺瞧老夫人去也。（下）

【赏析】

汤显祖（1550—1616），字义仍，号若士，又号海若，自称清远道人，江西临川人。出身书香门第，少年即享文明，为人耿直，敢于直言，因不肯巴结权贵，三十四岁才中进士，授南京太常寺博士等闲职。四十一岁任礼部主事时，因上书朝廷，揭露执政辅臣的腐朽无能，被贬至广东徐闻县作典史。后改任浙江遂昌知县。四十九岁时弃官回家。

汤显祖的生活年代，大约与英国戏剧大师莎士比亚（1564—1616）同时，是欧洲文艺复兴时期。当时中国一方面是宋明理学盛行，宣扬"存天理，灭人欲"；另一方面是王阳明学派兴起，产生了新的哲学思想。汤显祖在哲学思想上，深受王学左派的影响，王艮的三传弟子罗汝芳是他的老师，结交被当时统治者视为异端的李贽等人。在文学思想上，汤显祖与公安派反复古思潮相呼应，提倡"性灵"，主张写"情"，把思想内容放在首位。汤显祖创作成就最高的是传奇。他的戏剧创作现存主要有五种，即"临川四梦"（或称"茗堂四梦"）及《紫箫记》。"临川四梦"即《牡丹亭》、《紫钗记》、《邯郸记》、《南柯记》。这四部作

品中，《牡丹亭》蜚声文坛，脍炙人口，影响最大。

《牡丹亭》又名《还魂记》，全剧五十五出，取材于明代话本小说《杜丽娘慕色还魂》。汤显祖改写成的剧本，有了更强烈的时代色彩，突出了“情”与“理”的斗争。剧本描写杜丽娘和柳梦梅的爱情故事：贫寒书生柳梦梅梦见在一座花园的梅树下立着一位佳人，说同他有姻缘之分，从此经常思念她。南安太守杜宝之女名丽娘，才貌端妍，从师陈最良读书。她由《诗经·关雎》启发，伤春寻春，在睡梦中见一书生持半枝垂柳前来求爱，两人在牡丹亭畔幽会。杜丽娘从此相思成疾，一病不起。她在弥留之际要求母亲把她葬在花园的梅树下，嘱咐丫环春香将其自画像藏在太湖石底。三年后，柳梦梅赴临安应试，在太湖石下拾得杜丽娘画像，发现杜丽娘就是他梦中见到的佳人。杜丽娘魂游后园，和柳梦梅再度幽会。柳梦梅掘墓开棺，杜丽娘起死回生，两人结为夫妻，前往临安。柳梦梅应试后，送家信报还魂喜讯，结果被杜宝囚禁。发榜后，柳梦梅由阶下囚一变而为状元，但杜宝拒不承认女儿的婚事。纠纷闹到皇帝面前，二人终成眷属。汤显祖通过“情”与“理”的冲突，歌颂了杜丽娘为“情”而死，死而复生的感人之“情”，追求个性解放的斗争精神。

《游园》是《牡丹亭》第十出《惊梦》的前半场，是全剧的大关键。杜丽娘由生而死、死而复生都从“惊梦”来，而“惊梦”又来源于“游园”。剧本在前面写到丫环春香闹学的事，她发现房屋后面有一座美丽的花圆。杜丽娘在她的怂恿下，违背父母的训诫，偷偷地离开深闺，迈入崭新的后花园。大自然的良辰美景，百花园的赏心乐事，给久居深闺绣楼的杜丽娘送来了清新空气；在明媚的春光沐浴下，这位纯真的少女终于发现了自然，发现了自我，萌发了爱情的种子。这就是《游园》展示给我们的一个少女的心灵世界。

《游园》共六支曲子，可分为两个部分。前三支曲子写丽娘早起梳妆，准备游园。后三支曲子写丽娘游园和感慨。

[绕地游]通过丽娘和春香在绣楼对唱，展现寂寞而苦闷的心情。“乱煞年光遍”语意双关，既是撩人春色的客观描绘，又是丽娘心情迷乱的主观表现。“人立小庭深院”道出了丽娘生活的典型环境，透露出她春情难遣的寂寞；而“炷尽沉烟，抛残绣线”又把她无聊的情绪形象化。明媚的春光与“小庭深院”形成了鲜明对照和矛盾，催使她萌发更多更新的要求。曲后的[乌夜啼]是用曲辞写丽娘和春香的对话。“剪不断，理还乱，闷无端”是深闺寂寞的总概括。

[步步娇]写丽娘对镜试妆。“袅晴丝”两句承接“小庭深院”，意蕴丰富。“晴丝”是细微而典型的，是“乱煞年光遍”的特写。“晴丝”与“情思”谐音，是一语双关，既写自然界的“情丝”，也写杜丽娘的“情思”。接着写她妆成对镜，发现自己美丽的姿容，不禁惊喜、羞涩，甚而躲闪，以至弄歪了发髻。镜里“偷

人半面”已难为情，当然更不好意思走出闺门“把全身现”了。这就把丽娘惊喜交加、含情脉脉的娇羞形象生动了。

[醉扶归]写丽娘妆后的孤芳自怜。第一、二句转叙春香的赞美，第三句“可知我常一生儿爱好是天然”才是点睛之笔。可怜的是，她的美丽没有机会得到展现，也没人能够发现。后三句描绘了她徒有其美，无人赏识的心理。

[皂罗袍]是脍炙人口的名作，传唱不衰。“原来”一句活现丽娘游园的惊奇，但“姹紫嫣红”的美景却白白交付给“断井颓垣”，这是多么不相称！而“姹紫嫣红”正是自己美丽青春的象征，“断井颓垣”则是所处冷酷无情的环境写照，怎不叫她惋惜！“良辰美景奈何天，赏心乐事谁家院”是对封建礼教的控诉，不仅丽娘受到摧残压抑，而且整个封建社会都如此，有谁能呼吸到自由的空气呢？这是全曲精髓，曲中绝唱。“朝飞暮卷，云霞翠轩”，是借用王勃《滕王阁诗》“画栋朝飞南浦云，朱帘暮卷西山雨”的意境，从园内到园外，渲染令人陶醉的无限春光。但同样可惜，“锦屏人忒看得这韶光贱”！进一步抒发了好景不长，青春易逝的感慨。

[好姐姐]再抒丽娘的惆怅感伤，是上曲的推演。“遍青山啼红了杜鹃”化用宋人寇准“杜鹃啼处血成花”（《咏杜鹃》）的诗句，渲染浓郁的感伤气氛。荼蘼是晚春开的花，于花事阑珊之际独放异彩。如今杜鹃“啼红”，荼蘼“醉软”，而牡丹未放，徒有国色天香。丽娘虽如牡丹美丽，但牡丹却赶不上在春天开放，犹如她“早不成佳配”一样，触景生情，伤春更伤人。更况眼前春燕细语，黄莺欢快。相形之下，丽娘孤独寂寞，空对落花，又何以堪！

最后[隔尾]总结丽娘游园后的感受。她本为消愁解闷而游园，然而愁未解，闷未消，反而更添许多烦恼。所以她发出“赏遍了十二亭台是枉然，到不如兴尽回家闲过遣”的感叹。这是她青春觉醒的呐喊，对爱情与自由的呼唤。正是这种觉醒，激化了她与封建礼教的矛盾，促使她对爱情的大胆追求，为“惊梦”作了铺垫。

《游园》描绘了杜丽娘对春天的感受和游园的过程，歌颂了大自然的美景，控诉封建礼教的冷酷。这构成了她青春的觉醒，对自由的向往和爱情的追求。在理学思想泛滥，大力旌表“节妇烈女”的明代中后期，杜丽娘的形象具有惊世骇俗的社会意义。她是继崔莺莺之后的进一步发展和创造，有更典型的意义。她追求爱情的坚定执著，使封建社会的妇女看到了希望，产生了强烈共鸣。有的女子为杜丽娘而深为感动，以至于“忿惋而死”。蒋瑞藻《小说考证》卷四载，娄江女子俞二娘有痛于杜丽娘的遭遇，断肠而死。《中国戏曲志》四川卷载，在汤显祖六十六岁时，《牡丹亭》传到了内江。内江有一风流女子不肯轻易嫁人，剧中杜丽娘追求婚姻自由的思想引起了她的共鸣，因而爱上了剧本作者，并亲自到杭州访问，以身相许。汤显祖因年高人老，表示不能接受。女子不信，特趁汤显祖在西湖宴客的机会去探视。见汤显祖果然已是白头老翁，拄着拐杖走路，这女子颇有感触地说："我一向爱慕才华，想以身相许。不料遇上这样一个老朽，命啊！"深感爱情无望，投水而死。这正是丽娘形象的魅力所在。无怪乎《牡丹亭》一出，"家传户诵，几令《西厢》减价"（沈德符《顾曲杂言》）。

《游园》除了有深刻的思想内涵外，其艺术成就也是非常卓越的。

首先是情景相生，具有浓烈的抒情味。杜丽娘的思想感情是复杂而微妙的。作者不是像一般剧本那样借助人物性格冲突来完成，而是通过人物对景物的主观感受、环境与心境的相互衬托，将人物对美好春天的爱和美好青春的爱紧密结合在一起。剧中的情景关系有两个方面。一是物我同构，如"袅晴丝"比喻人物的情思，牡丹比喻丽娘的美丽。这是情景相谐。而成对的莺燕，却是反衬丽娘的孤单，是情景相乖。表现出活生生的美好理想与冷冰冰的社会现实的冲突，增强了有情人对无情现实产生的苦闷和超现实的力量，使丽娘内心幽微细密的情感形神毕露，从而赋予她鲜明的性格特征和深刻的文化内涵。这就是丽娘对青春的觉醒。

其次是曲辞典雅工巧，脍炙人口，生动传神。在明代戏曲史上，汤显祖是文采派的代表。《游园》中的曲辞都有文采的美丽。如镜曰"菱花"，发曰"彩云"，裙衫是"翠生生"，花簪是"艳晶晶"，燕语明快如"剪"，莺歌宛啭用"圆"，杜鹃花开用"啼"。在修辞手法上，有的是通感，有的是拟人，用语清新工巧，非大手笔不能。又如[皂罗袍]"原来姹紫嫣红开遍，似这般都付与断井颓垣。良辰美景奈何天，赏心乐事谁家院！"富丽典雅，优美委婉，历来为人激赏。在曹雪芹的《红楼梦》里，林黛玉偶然在悠扬的笛声中听到这些曲辞，不觉点头自叹："原来戏上也有好文章！"这成了宝黛爱情的催化剂。"朝飞暮卷"四句连用排比，活画一幅江南烟雨图，诗情画意，造句工巧，叹为观止。

再次是一气贯注，自成系统的结构。《游园》虽然只半出戏，但结构完整，自成系统。第一曲写晨起，第二、三曲写梳妆打扮，第四、五曲写游园，第六曲总写感慨，其中多由丽娘主唱，间插春香的科白，起到了恰到好处的连结。剧情有开端、发展、结束，形成了一个完整、和谐、统一的有机结构，所以能成为单独演出的折子戏。

二、剧本的写作

戏剧是一种综合的舞台艺术，它是文学、表演、绘画、雕塑、音乐、舞蹈等多种艺术综合而成的一门独立的艺术样式。剧本即戏剧文学，是舞台演出的基础，是戏剧的主要组成部分，它直接决定着戏剧的思想性和艺术性。

剧本的内容通常包括人物语言和舞台提示两部分。人物语言，即台词，包括对唱（对话）、独唱（独白）、旁唱（旁白）等。舞台提示，是剧本中具有说明性的文字，宋元杂剧和明清传奇中称“科介”，内容包括人物动作、服装、道具、舞台布景等。

剧本的种类很多，角度不同，分类的标准与方法也不同。按其内容性质来分，主要有悲剧、喜剧、正剧三种；按艺术形式来分，主要有话剧、歌剧、舞台和诗剧等；按其篇幅容量来分，有多幕剧和独幕剧等；按题材所反映的时代，可分为历史剧和现代剧。还有宋元以来的杂剧、南戏、传奇、京剧及各种地方戏构成的戏曲。这里只谈谈一般剧本写作的基本特征。

1. 选择题材。题材是剧本内容的基本成分，是表现主题和塑造人物的血肉，要写好剧本，必须首先选好题材。

剧本的选材，一要适合舞台的表演。因为剧本是为演出而写的，这是它区别其他文学作品的特征。二要紧扣观众的审美需要，选择生活中那些使观众最受感动的人和事。洪深曾说：“戏剧的取材，就是人生。……凡一切有价值的戏剧，都是富于时代性的”（《属于一个时代的戏剧》）。因此，要选择那些反映人生，有行动、有曲折、有发展，能在舞台上表演的材料。

2. 提炼主题。主题犹如人的大脑，是剧本的灵魂。别林斯基说得好：“戏剧中的一切都应追求一个目的，一个意图。”（引自《西方文论选》）贝克在《戏剧技巧》中也说：“必须有一个中心思想，或者叫作计划和目的，来给剧本以有机的结构。”作者提倡什么、反对什么，爱谁、恨谁，要有明确而集中的表现。一般说来，主题要通过人物形象的塑造，得到自然、生动的表现；通过戏剧冲突的推进，一层层在被观众所理解。主题思想最忌一览无余，平庸呆板；同时也不能过于隐蔽，使观众不得其解。

3. 尖锐的戏剧冲突。戏剧冲突是生活中矛盾冲突的反映。戏剧主要通过戏剧冲突推动情节、刻画人物，是戏剧的根本因素，没有戏剧冲突就没有戏。

“戏剧”一词的英文是Drama，其原意是“动作”。汉语中“戏剧”二字从“戈”，从“刀”，包含着斗争。因此，古今中外的剧本都是以写矛盾冲突为其特点。冲突产生动作，动作表现冲突。戏剧冲突的主要表现形式有主客观冲突、思想冲突、性格冲突、意志冲突等。在一个剧本里，这些冲突常常交叉互用。如《牡丹亭》里，既有杜丽娘生活的深闺绣楼与大自然的冲突，又有丽娘的理想与封建礼教的冲突，而环境冲突来源于思想冲突，冲突推动剧情的发展。

4. 锤炼戏剧语言。戏剧语言是表现主题、描绘冲突、刻画人物的主要手段，也是剧本的重要内容。（英）约翰·高尔斯华绥在《写戏常谈》中说：“真正的戏剧语言是一种苛刻的艺术，一点儿不许放松，每个句子都要磨炼到忠于剧本的单纯的结构，不许写不符合性格的笑话和警句，必须在人生悲欢离合基础上写出欢乐和悲哀。”可见戏剧语言的重要性。

戏剧语言首先要个性化。人物的语言必须符合自己的思想、性格、感情。根据人物的身份、环境、教养，说他自己独特的话。其次要动作化。戏剧是靠戏剧冲突推动情节发展，而戏剧语言是表现戏剧冲突的主要手段，所以戏剧语言（包括台词）必须富于动作性。第三要口语化。戏剧是演给观众看的，只有听得懂、生动形象的语言，才能抓住观众。

5. 安排戏剧结构。戏剧受时间和空间的限制，要在有限的时间里表现完整的故事，塑造富有个性的人物形象，突出主题思想，剧本必须遵循时间和空间高度集中的原则，使结构严谨而完整。戏剧结构虽然多种多样，但都有一定规律。一个剧本必须有完整的结构，必须包含开端、发展、高潮、结尾四个部分，即使是一出戏，也要有头有尾。如《牡丹亭·游园》只是“惊梦”一出的前半部分，也是完整而有机的结构。

（曾良）

第四章　中国现代语文赏析与写作

第一节　现 代 新 诗

一、何谓“中国现代新诗”

通常所说的中国现代新诗，指的是五四前后出现的白话诗歌，较早发表新诗作品的是胡适，他在1917年2月的《新青年》杂志上，率先发表了《白话诗八首》，包括《蝴蝶》、《风在吹》、《湖上》、《梦与诗》、《醉》、《老鸦》、《大雪里一个红》和《夜》等八首诗歌，这些诗歌成为中国现代新诗的开山之作。

中国现代新诗持续至今已经将近百年的历史，出现了郭沫若、徐志摩、戴望舒、冯至、卞之琳、艾青、穆旦、食指、北岛、海子等著名诗人，产生了白话诗派、小诗诗派、象征派、新月派、现代派、七月派、九叶派、朦胧诗等现代新诗派别，为我们留下了《天狗》、《再别康桥》、《雨巷》、《十四行集》、《断章》、《我爱这土地》、《诗八首》、《相信未来》、《回答》、《面朝大海，春暖花开》等经典名篇。到现在，中国现代新诗已经构成了当代中国人文学遗产和精神需要的重要组成部分。

二、如何欣赏中国新诗

但凡诗歌艺术，无论古今中外都有欣赏的共同方寸，如诗歌意象、情感、节奏等特殊意味的形态。不过，作为适应现代中国人生存状态，反应现代中国人精神思想的诗歌形式，我们对中国现代新诗的阅读欣赏就有必要格外注意其形态的特殊性，并在熟悉和了解这些特殊形态的基础上，调整我们的阅读心态和阅读方式。

在欣赏文学作品的一般过程中，每一个人的自我生活、情感、思想制约着他对文学的阅读方式，形成不同的接受途径。而一个人的生活历程以及其经历是无法改变的，但作为人存在的生活经验，就有着人类共同的思考，因此从欣赏的角度来看，不同的人生经历不足以影响我们对现代新诗的体悟。但是，对于中国现代新诗欣赏，我们的阅读却产生了与古典诗歌经验相比而来的强烈异样感。特别是古典诗歌传统从小就开始对我们的欣赏习惯进行熏染，形成了我们对于诗歌认识的固定思维模式，并有了与之相应的欣赏习惯，因此面对现代新诗，我们必须首先认识到它别与古典诗歌的新质。

这种新质的重要标志就是中国现代新诗中白话的运用。由此建立了一套新的诗歌体系，构建出与古典诗歌伦理道德的“言志、载道”思想不同的现代新精神，即对民主、科学、个性解放的追求。进而言之，中国现代新诗的境界，就不再是古代中国乡村农业文明的简单再现，而是突破中国传统的封闭状态下的工业文明、商业文明、城市文明的新型复杂社会样式的体现，这便有了与古典诗歌相异的表达意象、表达内容和表现方式。再者，现代新诗将对“人”的思考推向纵深，从对“群”的关注推进到对“个”的优先，从对“外”的感受进驻到对“内”的追问，形成了同时关切个体问题与人类问题复杂纠结的情感，造就出感性和理性交融的高深思想。而这些都是古典诗歌很少涉及的，也是古典诗歌在严谨的格式下难以容纳的诗歌新质。

这样就产生了中国现代新诗新的诗歌品质，和新的诗歌样态。因此，在中国现代新诗的欣赏中，我们必须以进入了中国现代新诗自身诗歌特质为基点，相应地建立现代新诗的欣赏结构，来作为我们通达中国现代新诗感受能力和认知习惯的路径。

（一）注意把握诗歌的现代情绪

1．个体觉醒。五四运动的变革，给中国从文学到社会带来的一个重大的转型就是现代社会中“个”的发现，即“个人”发现。这个“个”或者是“个体”的明显特征就是，个体是与社会、国家、民族等大的群体观念相对立，不再被“群”的概念所笼罩和压制，也再不被各种规范所吞噬。个人作为一个独立个体、独立存在得到了尊重和肯定，并且在现代社会中个体的价值得到了前所未有的彰显。于是个体的生命、个体的感受、个体的价值的思考，产生了强有力的个体自我形象，而且这种对自我形象的追求成为现代人生的一个最重要的价值向度和目标。沈尹默的《月夜》就敏锐地感受到了并努力地张扬着这一点：

霜风呼呼的吹着，
月光明明的照着，
我和一株顶高的树并排着，
却没有靠着。

这是中国现代新诗中较早的一首诗歌，在这首诗中，诗人将时代思想的冲击内化为自己的思考，融情感和思考为一体。霜风、月光形成寒冷、压抑的气氛，而对这压抑人性、扼杀个性的时代，诗人却与“一株顶高的树”一起傲然屹立，与之对峙，与之抗争，诗人饱含热情表达了自己强大的个体意识和独立人格，呼喊出了一代人“个体”觉醒的心声。

于是，在个体觉醒和个性复苏的情况下，人的价值就被重新的发现和审理，人本身无限的丰富性和复杂性就被绽放出来，形成了现代人繁复的情绪。正是在这样的“个体”觉醒的背景之下，“现代情绪”成为新的欣赏对象，也成为现代新诗表达的一个核心。

2．现代情绪。相对于古典诗歌，中国现代新诗侧重的是情绪，是一种“个人性的现代情绪”。首先这种现代情绪出现了一种极端的趋势，可以说达到了“极情”的样态。古典诗歌的情绪是“乐而不淫，哀而不伤”，显得含蓄、优雅，而有韵味。而现代新诗中的情绪，不是在“规范”中行进，也不是处于“常态”之下的感受，而是在摆脱了一切自然规范的内心的最原初的冲动和体验，展现出情绪的自由奔跑。最具代表性的是郭沫若的《天狗》，在诗歌中，我们感受到的是解除了束缚、获得自由、畅快的自我，一个充满了力量和充满自信感的自我。同样，这个“自我”就不是古典的“天人合一”、“物我交融”的审美境界下的自我，而是一个高度空前和位置优先的“自我”，正如在这一首诗歌中，诗人就是自我主体的意志、欲望和精神的强化，并实现自我能量的释放。这与古典诗歌相比，自我在不断扩张，不断强大，不断冲破一切，大有让“我”统驭世界之势。在这样极端绝对的自我的表达之下，展示出了现代诗歌新的表现对象和欣赏对象，这就出现了新的诗歌欣赏美学。

极端和绝对的自我，带来的是繁复和多样的现代情绪。现代诗人有着更加明确的自我意识，对自我价值的认知更清晰，并充分认识到个人内在的生命，因此更加注重挖掘生命本身深层的欲望、本能、潜意识、冲动、梦幻等个人情绪。如穆旦《诗八章（1）》：

你底眼睛看见这一场火灾，
你看不见我，虽然我为你点燃；
唉，那燃烧着的不过是成熟的年代。
你底，我底。我们相隔如重山！

从这自然底蜕变底程序里，
我却爱了一个暂时的你。
即使我哭泣，变灰，变灰又新生，

姑娘，那只是上帝玩弄他自己。

这一组诗歌内在精巧，但又情感强烈。该组诗共八章，我们仅从第一节，就可以触及现代诗歌中繁复的现代情绪。作为一首爱情诗，这首诗根本没有一点浪漫的氛围，没有一点浪漫的矫情，而是直截了当的点明“你看不见我”，爱情的产生是如此的随意和荒唐，情绪却又如此错综复杂。接着，诗人进一步感慨，爱情只是“成熟的年代”，只是一种生物性的成熟而已，而且随时受到上帝或者自然力量的随意玩弄。这样，情绪中矛盾着的爱与生、生与死、幸福的来临和幻美的破灭交织在一起，多变、纠结、繁杂的感性相互交叉，形成一个多层面的整体。并且在个人情绪的基础上，进一步上升到人生的层面，触及时空的意义。在整组诗歌中，现代情绪的书写的方式呈现了多样，有时直接呈现，有时借助意境和意象，有时情绪、情感、感觉甚至玄思的高度融合，并最终在诗歌中触摸到多结构的现代情绪。在现代情绪的维度上，现代新诗深入到现代人的个人的精神世界，而通过对现代新诗中情绪的欣赏，我们就更能理解整个现代人，更能理解“完整的人”。

当现代情绪成为现代诗表现的对象，我们就必要以特定的方式来欣赏他，从现代情绪的特征出发，调整我们的审美感受，采用更为合适的方式去欣赏。

3．现代情绪的把握。现代情绪的把握，我们可以从这样 3 个方面来进行。首先是掌握诗歌中情绪的界限。现代新诗，可以说都是情绪诗，因此，我们在阅读现代新诗的时候，首先是对“情绪”进行追问和认知。但是，这种追问和认知不是僵化地将情绪进行简单的分类、归纳和总结，而是要对那隐藏在诗歌文本中间的繁复情绪给释放出来，并界定出其情绪的边界和范围。

然而现代新诗文本自身就是一个复杂的“织体”，多重的情绪和多重自我在期间错杂交织，个人和世纪、个人与时代、理性与非理性等都在其中不断的呈现矛盾和冲突，要把握其情绪的界限，就得先回到文本，重视诗歌文本，从文本出发，对文本进行细致的解读。只有在细读诗歌文本的前提下进入情绪，进入诗歌的内心，才能进入到诗人丰富的个体的情绪。比如戴望舒《我的记忆》：

我的记忆是忠实于我的，
忠实甚于我最好的友人。

它生存在燃着的烟卷上，
它生存在绘着百合花的笔杆上，

它生存在破旧的粉盒上，
它生存在颓垣的木莓上，
它生存在喝了一半的酒瓶上，
在撕碎的往日的诗稿上，
在压干的花片上，
在凄暗的灯上，在平静的水上，
在一切有灵魂没有灵魂的东西上，
它在到处生存着，
像我在这世界一样。

它是胆小的，
它怕着人们的喧嚣，
但在寂廖时，
它便对我来作密切的拜访。
它的声音是低微的，
但它的话却很长，很长，
很长，很琐碎，而且永远不肯休:
它的话是古旧的，老讲着同样的故事，
它的音调是和谐的，老唱着同样的曲子，
有时它还模仿着爱娇的少女的声音，
它的声音是没有气力的，
而且还挟着眼泪，夹着太息。

它的拜访是没有一定的，
在任何时间，在任何地点，
时常当我已上床，朦胧地想睡了；
或是选一个大清早，
人们会说它没有礼貌，
但是我们是老朋友。

它是琐琐地永远不肯休止的，
除非我凄凄地哭了，或者沉沉地睡了，
但是我永远不讨厌它，
因为它是忠实于我的。

在这样的一首诗歌中，作者有怎样的情绪呢？作者表达的是怎样的一个个人呢？回到文本仔细阅读，表面上我们看到的是平淡、简单、琐碎的生活写实，没有强烈的情感冲突和情绪流动，但是从对记忆的描述来看，“破旧”、“颓垣”、“撕碎”、“凄暗”、“没有灵魂”所造就的记忆的空间就呈现出了诗人最内心的情绪，有爱情的欢快和枯萎，有生命的痛苦和有生命的凄凉，于是我们看到一种被损伤的暗淡的记忆成为诗人情绪的核心。而“胆小”、“寂寥”、“低微”、“无力”、“眼泪”、“太息”与回忆的内容结合在一起，痛苦的记忆成为生活的密友，记忆的所有内容就展示一种辛酸的无奈心情，而诗歌中寂寞和辛酸也就界定了这首诗歌的主要的情绪。

有了对情绪进行界定，我们要进一步对情绪自身的运动进行了解，认识情绪自身组成的方式和情绪方向，并把握它的情绪运动。这首诗里，诗人靠着记忆生活，于是真实忠实的记忆成为诗人的中心。诗人的情绪是这样运动着的，首先点明记忆成为诗人的生命形态，是“诗人最好的友人”，接着说记忆无处不在，然后转入记忆的形态刻画，最后表达记忆的来临不确定，并且忠实于我自己。而且最后“记忆忠实与我”又回到诗歌的开始，回环往复，让情绪产生了一种持久的力量。

在界定了情绪和把握了情绪的运动之后，我们还必须明白现代情绪的一个重要的特征，就是现代情绪的矛盾性。现代生活，现代生命的构成本身就充满了许许多多的矛盾，比如此诗中，能回忆固然是美好的，但是真实的回忆却是凄凉的、痛苦的回忆，而诗人也只能靠这样的记忆为友，生活中只有这样的记忆才忠实。从这样的矛盾中，我们看到现代人的深层自我，看到现代生活和心境是多么的荒凉和寂寞！在矛盾的特性之下，我们领略到现代情绪的繁复，并发现人生命内部和现代新诗内部的真正构成。

（二）注意理解诗歌的特殊的意象结构

1．以“意”驭“象”。意境是中国古代艺术审美理想的核心，这体现了一种对待生命的独特意识：顺应宇宙万物变化，遵从天命，与天地万物合一而并生，形成一种宁静的生命形态。并且在敬畏之心下聆听自然的启示，达到生命与自然之间的亲密无间和谐共一。这样，中国古典诗歌发展出了独特韵味的“意境”诗歌旨趣，如“人闲桂花落，夜静春山空”的生活之境，“采菊东篱下，悠然见南山”的生活情趣。他们陶醉于这种人与自然的“共在”关系，不以主体的世界主宰世界万物，也没有征服和去改造世界的愿望，不去打破自然界的和谐秩序，任其自在自为地演化生命。

但是在现代社会的发展中，中国现代工商业文化发展成为了主流，中国古典诗歌的文化基础受到了严重的影响，失去了生成意境的社会和文化基础，在这样的环境下，古典诗歌的意境美学规范基本失效了。

虽然在现代新诗中，也有自然物象的呈现，但是，这时人与自然的关系已经不再是那样的理想的意境，而是一种破碎的自然。这种自然是人的主观思想和情绪的影射物，人与自然，人与世界的相遇没有了最原初的和谐与亲近。特别是现代性的“我”的出现，现代新诗的创作进入了“意象”的时代，这就使现代新诗从意境时代进入到意象时代。在古典诗歌中，也有意象，但是，在现代新诗中，这种意象融合的是现代生活的破碎，呈现的是现代人的生命矛盾。我们来看看余光中的《乡愁》：

小时候
乡愁是一枚小小的邮票
我在这头
母亲在那头

长大后
乡愁是一张窄窄的船票
我在这头
新娘在那头

后来呵
乡愁是一方矮矮的坟墓
我在外头
母亲呵在里头

而现在
乡愁是一湾浅浅的海峡
我在这头
大陆在那头

在这首非常典型的乡愁诗歌中，我们却感受到一种与古典诗歌完全不同的审美感受，首先就是主体的强烈介入，形成的一种现代意识。该诗以个体“我”的成长经历为基础和核心，呈现了相当的私人化特质，而且个人的精神欲望是在邮票、船票、坟墓、海峡等意象中展现的。而这种意象的呈现是一种明显的对立，一种情感冲突寓于诗中，诗歌中人与人关系如“我”与“母亲”、“我”

与“新娘”分裂，人与自然如“我”与“海峡”的对峙，这样，诗歌就不再是人与人之间的和谐境界，也不是人与自然之间相通，不是对意境追求了，而是强烈的个体意识和矛盾对立意识。这样就形成了以“意”观“象”，以“意”导“象”，以“意”显“象”的现代诗歌意象特征，“意”特别是私人化的“意”成为现代诗歌的核心。这不但与现代人的个体解放和觉醒呈现一致性，更是在私人化的特色之下，让诗歌进入到人的内心。

以意象为核心的现代新诗，与古典诗歌的意境追求发生了偏离。但是作为现代情绪的寄托，主观者“客观对应物”的意象，其主观化和意志化特点成为诗歌的灵魂。

2．意象呈现。于是，在现代新诗欣赏中，我们要对现代诗歌中的意象有一个清醒的认识，明白其表达方式。现代新诗，诗人摆脱单纯的主观抒情和客观写实，用一种融合了主观情思的客观物象来展示诗人对现实的感觉，意象呈现的一个重要特征就是向内转，正如卞之琳的《圆宝盒》所展示的：

我幻想在哪儿（天河里？）
捞到了一只圆宝盒，
装的是几颗珍珠：
一颗晶莹的水银
掩有全世界的色相，
一颗金黄的灯火
笼罩有一场华宴，
一颗新鲜的雨点
含有你昨夜的叹气……
别上什么钟表店
听你的青春被蚕食，
别上什么古董铺
买你家祖父的旧摆设。
你看我的圆宝盒
跟了我的船顺流
而行了，虽然舱里人
永远在蓝天的怀里，
虽然你们的握手
是桥！是桥！可是桥
也搭在我的圆宝盒里；

而我的圆宝盒在你们
或他们也许就是
好挂在耳边的一颗
珍珠——宝石？——星？

首先诗人说“幻想在哪儿”捞到“圆宝盒”，意象的设置就是诗人主观精神的神游，于是形成了这样的一首诗人在思想中追求的诗。而当作者最终的“得道”和“悟”也是作者对自己精神之美、理智之美获得的畅快而已。也正是这样意象与内心的精神活动的交织，意象的主观、化内在化表达，让这首诗获得了一种灵动之感。

这里我们也看到对于现代生命新的书写和表达，这就是戏剧化的表达方式，呈现出了戏剧化的意象。“别上什么钟表店”、“别上什么古董铺”、“买你家祖父的旧摆设”等，这样大量的叙述，将大量的生活信息融合在一起出现，既凸现生活现象的本身，让生活、生命的丰富性在“行动”中展示和上演，又看到了这首诗歌中诗人对人生和世界的多角度观察，呈现出“圆宝盒”的多重意味。

而且在叙事的展开中，意象又呈现出原生态特征。这种意象与古典诗歌相比更加切近生活，更加深入到平凡生活中。在简单的平常的生活中，达到对“圆宝盒”本真的描述，最终让生命呈现。从“圆宝盒”中看到人生的获得与失落、欢乐与痛苦，这也使得我们重新审视诗歌，重新审视人。

3. 对意境的留恋。在意象成为主导的时候，由于中国古典诗歌耀眼的光环，以及现代生活的不堪之重，现代新诗和现代诗人不时对古典诗歌意境抛出缅怀的目光。在他们的创作中，情不自禁地把古典诗歌意境带入到现代新诗之中。白话诗初期刘半农的《叫我如何不想她》就具代表性：

天上飘着些微云，
地上吹着些微风。
啊！
微风吹动了我头发，
教我如何不想她？

月光恋爱着海洋，
海洋恋爱着月光。
啊！
这般蜜也似的银夜，

教我如何不想她？

水面落花慢慢流，
水底鱼儿慢慢游。
啊！
燕子你说些什么话？
教我如何不想她？

枯树在冷风里摇。
野火在暮色中烧。
啊！
西天还有些儿残霞，
教我如何不想她？

这首诗中，诗人明显地利用了汉语与音乐的绝妙组合，使用严格的格律形式，使诗歌产生了强烈的感情。诗分四节，每节五行，前两句写景，后两句抒情，再结合一年四季的季节转换，形成了一幅优美的图画。而以情的触动为基础，时空完美的融合达到了情景交融的古典诗歌境界。虽然个性解放，个体独立成为时代的主流，一些现代诗人的创作仍然以“意境”为自己创作的标杆。在对古典诗歌的景仰下，许多诗人对古典意境不断的探索和创新，形成了表达现代情绪的现代意境。他们的努力，不但丰富了古典诗歌意境的概念，而且也丰富了现代新诗的表达和现代人的情绪。

（三）注意体悟诗歌的哲理内涵

1. 理性强化。中国现代新诗在对待古典诗歌的态度上，如前面所述，并非一种完全的反叛和断裂，而是融合了古典诗歌若干的要素，与古典诗歌有着深刻的内在联系。为了现代的人生，为了现代生命，中国现代新诗在价值和取向上就必定要契合中国现代生活，因此以个体为价值中心，以意志为文化特色，就与古典诗歌有了相应的区别，并且在创作实践过程中不断地凸显，于是出现了感性特征弱化，理性力量强化的这一特色。

中国的古典诗歌以感情的抒发为主，并且形成了感性的情感的抒情方式。虽然儒家强调的是“克己复礼”，但是在诗歌中并没有妨碍和抵消诗歌中的情感因素，出现了“言志”、“载道”独特的抒情方式。古典诗歌的抒情，一般都不直接地宣泄，而是常常寄托在景物之中，在景物中呈现，这样，就使得情感处于一种相对自我压抑状态，也就缺乏了情感的强度和对情感深层次的追问。

虽然在古典诗歌中也有屈原式的“天问”，李白式的洒脱等个性强烈，独具张力的诗人和诗篇，但是由于社会存在的限制，他们的情感范围在一定程度上还是没有超出家、国、天下、人伦道德，在对于人生本质，对人的追问等问题上的思考是相当有限的。当中国古典诗歌到了宋代，诗人们对现实生活开始了冷静客观的观察和思考，在诗歌加入了新的特质“理”，作为他们对古典诗歌的反叛和丰富。但是我们仍然看到，将“理”融于景物之中，对人事社会和人生意义进行讨论，诗人们最终关心的是“理趣”，而且思考也主要是局限在伦理道德的层面，这也失去了真正深刻的理性思考。

现代新诗思考的是现代人在现代生存中所遭遇的现代困境，它是以强烈的个人体验为基础，透过个体的存在经验楔入现代生存的深处，以理性之光来审理生命和宇宙。

2. 理性思考。在鸦片战争后，中国知识分子在经历西方资源的洗礼后，在新旧文化中痛苦地挣扎和思考，面对现实中太多的问题，理性抒情就成为一种必要。现代新诗的哲理内涵，也就是胡适所说的“高深的思想和复杂的情感”，这就不只是对爱情、亲情、友情等人事道理的简单感悟，而更是对人、生命、时空、宇宙、存在等问题的思考和清理，与古典诗歌相比，现代新诗的哲理内涵就更加的复杂和深邃。

在现代新诗中，出现了这样的称呼，即诗人哲学家或者哲学诗人，这也正好体现了现代新诗的这一特色。古典诗人，也都有自己对社会、人生、生命、世界、宇宙独特的见解，这些认识是从感性中体悟出来。而在现代新诗中，现代新诗从思想自身呈现开始，敏感和自觉地让诗歌直接进入到“思”本身，也就是说，在现代新诗中“思想”本身成为现代新诗的一个命题和抒写对象，他们以自己独特的思考和观察方式，让读者深思而不是给读者以经验的展现，实现对现代生命和存在的整体思考。冯至就是这样一位出色的诗人，我们来分析他的《十四行集·二》：

什么能从我们身上脱落，
我们都让它化作尘埃：
我们安排我们在这时代
像秋日的树木，一棵棵

把树叶和些过迟的花朵
都交给秋风，好舒开树身
伸入严冬；. 我们安排我们

在自然里，像蜕化的蝉蛾

把残壳都会在泥里土里；
我们把我们安排给那个
未来的死亡，像一段歌曲

歌声从音乐的身上脱落，
归终剩下了音乐的身躯
化作一脉的青山默默。

当人从强大的“群”中分裂出来的时候，寻求个体的意义就必须有个体之思，并进入到个体最本身的生活状态中。这样从五四“人的文学”建立的个人的而非集体的、独立的而非依附的个体的文学前提，对个体的本质意义的思考也就成为现代诗歌的主题。这一首诗，从本质上来说就是一首“思的诗”，诗人从我自己的内心出发，抒写了“我”的内在情绪，表现出深刻和令人深思的哲理的“我之思”。

现代新诗的理性表现，并非就是说现代新诗只在与哲学命题纠缠，而失去了鲜活真实的个体的生命体验和感悟。恰恰相反，现代新诗的行上思考是建立在对现代生活和生命的真实体验之上，来源于诗人的现代生命观。这首诗歌中，从“我们身上”，诗人看到自我的脱落，从树与花朵交给秋风、蝉蛾蜕变、歌声脱离乐谱的历程，诗人感受到自然的蜕变，于是生命意义、个体生命存在，与死亡一样，是一个生死统一的自然过程，在这样深邃的目光中，我们才能获得永恒。

而这样个体生命的意义，同样也就涉及整个人类生存的景况。现代新诗在一条个体之路上，从“我之思”出发，从日常生活中，在对生命完整的理性之思中，通达到生命存在的之思。在个体的常态中，也灌注着对价值的思考，现实的感受、哲理的思考、终极的意义都被整合在了现代新诗中。

（四）注意把握“抒情”和“叙事”的组合方式

1. 现代叙事诗。诗歌的表达方式是多种多样的，可以抒情，可以说理，也可以叙事。但是，在传统的诗歌知识以及诗歌欣赏中，我们对于诗歌的分析和讨论都集中在抒情上，将说理和叙事排斥在诗歌之外。在现代社会的发展之下，经过几代诗人的努力探索，“叙事”对中国现代新诗的丰富和多样起了很大的作用，而且，现代叙事诗也成为中国现代新诗的一个重要的组成部分。了解和欣赏中国现代新诗，就需要进一步分析中国现代叙事诗和中国现代新诗中的叙事，进一步认识中国现代新诗中的抒情和叙事的特殊的组合方式以及复杂的关系。

与西方的叙事诗传统不一样的是，中国的古典诗歌占主导地位的始终是抒情诗。《诗经》和《楚辞》奠定了中国诗歌的抒情传统，在以后的诗歌历程中，抒情诗成为中国古典诗歌的主要的呈现方式，虽然我们也出现了《木兰诗》、《孔雀东南飞》这样的经典的叙事名篇，但这些诗作并未真正改变中国诗歌的面貌和已经形成的基本格局。

“五四”运动为叙事诗的生长提供了一个新的契机，随着“作诗歌如作文”、“散文化”等诗歌概念的提出，中国现代叙事诗新的生长成为了可能。吴芳吉的《婉容词》、沈玄庐的《十五娘》，以其清新浅显的语言，将人物的命运以故事的形式一波三折的展现出来，再现现代人的生存状态，这就成为了现代叙事诗的滥觞。朱湘的《王娇》和冯至的《蚕马》、《吹箫人的故事》，把叙事和抒情完美地结合起来，展现了一个个生动活泼的故事，又体现出强烈的时代精神，将现代叙事诗提升到一个新的高度。

在抗日战争的后方，中国现代诗歌发生了一次大的转变，现代新诗融入了民间诗歌的资源，这为现代新诗的发展注入了新的活力，也造就了叙事诗的大量兴起，李季的《王贵与李香香》、阮章竞的《漳河水》即是这方面的代表作。20 世纪 60 年代叙事诗继续发展，但是由于明确的政治主题压抑了个体的内在掘进，使这时期的叙事诗创作质量明显下降。“文化大革命”后期，中国现代新诗又回到抒情为主的特征，以情感、情绪、精神为表达的主要特质，成为中国当代诗歌的一个方向。但是，叙事诗诗体虽然衰落，我们却在当代的诗歌中看到了更多的叙事因素，叙事成为现代诗歌又一个特质。

2. 中国现代诗歌中的叙事。20 世纪 90 年代的现代新诗，更是“叙事”作为诗学概念的提出，强调诗歌中叙事因素的使用。这与“叙事诗”的文类划分是不一样的，它更重视的是诗歌新的建构的可能。在诗人与现实的关系上，诗人认为，抒情的、单向度的、歌唱性的诗歌，不能进入到矛盾、悖论和噩梦中，因此他们看到了现实的变化而导致新诗的叙事及其可能性，这就是诗人对于现实的新的回应，寻求对现代情绪和经验新的超越的努力。

比如在于坚的《0 档案》中，诗人通过大量的叙事，特别是碎片式的叙事，深入到现代生命，看到个体生命消失的状态，看到现代人生命被符号化的荒谬的过程。这首诗歌就在叙事中见证了当代的历史，记录了时代的历史，意味着对现代人麻木感受的刺激，体现出了叙事对时代强大的“及物”能力。诗歌中叙事的运用，进一步展示了现代新诗新的可能性。

这首诗偏向于写实和叙事，其中体现了对个体生活中独特的自我经验的极度关注。该诗中“出生史”、“成长史”、“恋爱史”和“日常生活”这样编年式的记录，体现出独特的叙事风格。通过对档案进行叙事，档案背后的所蕴涵的专制、压力、虚无、荒谬打动了我们，而这样独特的个体经验也成就了诗人的叙事表达。诗人就是在事件、故事、场景中完成对人的意义的思考，实现对情绪的展现。而这种叙事，也就不仅仅局限在个人的烦琐的细节中，而是让对个体的叙事社会民主、个体存在等问题的进行思考。

其实在中国现代新诗中，叙事和抒情不是一组相互对立面，而是在一定的程度上两种要素的复杂结合。本来叙事中就包含着浓烈的情绪和感觉，借助于故事，诗歌达到情绪和情感呈现的最佳状态。可以说，叙事的目的也就是通过生活的事件，通过人物的命运，进入到现代人精神的深处。而正是在这样个体的叙事中，中国现代新诗散发出了新的魅力。

三、中国现代新诗的写作

与阅读欣赏不同，中国现代新诗的写作并不是一件需要广泛普及的事业，他的实际操作也远比表面上看去的更为复杂和微妙，虽然他已经改变了类似古典诗词的格律和规范。

真正涉及现代新诗的写作，没有固定的方子和模版，作为创作的指导方向。创作最重要的是创造性，而这种创造力又源于写作者个体的体验。只有在尊重自我和真诚的生活中，认识自我，了解自我，最后形成一种独特的自我，才能在写作中找到与别人不同的“异样体验”，写出独具特色的现代新诗。除了“异样体验”的形成之外，现代新诗写作要最后的付诸实践，对现代新诗自身的特色认识是首先要具备的素质。如果真的要提出现代新诗写作的技巧，以下的这些方面的训练是不可缺少的。

以个人的生命感知和体验为基础，寻找“与别人不同的感受”。个人的体验是创作的原动力，这是一种深层的、从内心出发的生活经历，而绝对反对虚伪和做作。由此需要的是作者对生活细致和细腻的观察，对生活和生命热爱，只有这样方可接近有独特“异样体验”的诗歌之路。但是，在现代新诗中，我们又无意和刻意将“异样”、“新”作为了现代新诗审美的标准，作为新诗评判的价值标准。于是我们看到在现代新诗中打着“新”和“异样”的旗帜，个人走向极端和没有诗歌责任感的现象。虽然追新求异是创作的一个基本特色，但是我们的“新异”必须和价值评判结合在一起，在新诗中，不是追问我们的创作带来了什么新的东西，而是要追问我们的新诗创作给予了我们什么。因此，一个虔诚的诗歌创作者，是一个严肃的思想者，是一个保持自我独立性的哲人，他的创作过程是一个自我的寻找过程，只有这样，他才有真正的“新异”发现。

这样他的感知和体验或许将给人们呈现出一个完整的世界，而这个诗歌世界，照亮的是人类心灵。

大胆地发挥想象，严格地经营意象。所有的创作过程都是主体的想象和创新的过程，而对新诗来说，这个特征尤为明显。想象力决定一个人表达方式、表达深度和表达的水平，体现出一个人的创造能力，因此在诗歌创作中，必须有敏锐的联想和想象的能力。而想象涉及的问题是意象的选择和组合，正如刘勰所说的“神与物游”。因此，在想象的过程中，天地之间、古今之时，都随着诗人的思考而动，那些不可知、不可识的事物，那些虚无缥缈的世界，都被诗人精心设计的意象所澄明。想象通过意象得以显现，意象是想象和情感的基石，这就要一个诗歌创作者必须对诗歌意象有精确和独特的探索。

现代新诗是非常自由和跳跃的，但是这并不是否定了现代新诗内在严谨的结构设置，在某种程度上，诗歌的内在结构保证了诗歌之思的开拓。而且，诗歌内在结构支撑其全部的思想、感情、意象和语言，只有在这样的建筑之上才能架构诗人的心灵与诗作。特别是在具体的创作过程中，创作者只有在头脑中有完整清晰的结构，才有可能顺利将所有的想象和创造力实践出来。在现代新诗的写作中，这样几种结构方式可以予以借鉴：以某种感情为中心，来推移诗歌表达的进程；或者从时间的、空间的顺序来展开，暗中形成一条明晰的思路；或者围绕某个思考的中心，然后不断变换角度表现；还有就是利用多种意象或者事物的并列或对立，将思想表达出来。

寻找语言的魅力，再现汉语之光。诗歌一直站在文学之塔尖，因此诗歌对于语言的要求近于苛刻，甚至现在有诗人提出了诗歌语言本体化的观念。可见，诗歌对语言提出了一项很高的要求，这也就对创作者的创作提出了至高的语言准则。因此，在诗歌创作中，作者创作的诗歌语言必须经过仔细琢磨，最终实践出诗歌语言新的特色。而且也只有这样才是真正的诗歌语言，才是真正有活力和力量的诗歌语言。由此，创作中必须大量的借鉴多种表达手法和修辞手法，交叉融汇、多层展示，来完成语言的命运，来丰富现存的诗歌语言。一个人语言能力主要是源于阅读，通过阅读来进行语言训练是不可缺少的一个重要的环节。在现代新诗的创作中，口语由于它浓郁的生活气息和鲜活的生命力，能更真切地表现现代人的生活状态，从口语出发开始创作，也是一条可行之路。

现代新诗的创作是一个复杂的过程，要创作出一首好的现代诗，需要我们对自我、生命、人类、情绪、意象、结构、语言等方面的深入思考、实践和投入。而我们需要介绍中国现代新诗的写作，也是为了通过它的写作过程，加强对现代新诗其独特形态的理解和认识。

（李怡、王学东）

第二节　现代散文

一、散文赏析

朱自清《荷塘月色》

鲁迅在评论“五四”时期的散文时指出：“写法也有漂亮和缜密的，这是为了对于旧文学的示威，在表示旧文学之自以为特长者，白话文学并非做不到。”(《鲁迅选集》北京：人民文学出版社，1983 年版，第 202 页）朱自清的《荷塘月色》是“漂亮和缜密”写法的代表作，向来被誉为“白话美文的典范”。

为文讲究“凤头、猪肚、豹尾”，《荷塘月色》特注重在“腰部”浓墨重彩描绘荷塘月色。特写荷，对荷叶、荷花的形、色、香及其处在动态和静态的不同风姿进行精工刻画，再现出一幅清丽的月下荷莲图。特写月，分别从光、色、影观照，涂抹出一幅丰繁、和谐、平静的荷塘上的月色图。聚焦荷塘四周的景色，浓淡相宜地皴染远山近树，勾勒出整个荷塘月色的轮廓。

朱自清不止于描写荷塘的月夜色采，同时着意在景物描写中贯注自己的情思。柔美多姿的荷花，微微的和风，缕缕的清香，淡淡的月色，薄薄的青雾，稀疏的垂柳，空荡的远山……画面上的一景一物无不集中烘托出一种“淡”的韵味，这“淡”字正好与“偷来片刻逍遥”的情趣吻合无间，丝丝入扣。从整个荷塘风景画面，既可体味到作者因暂时陶醉于大自然而有一种淡淡的欣慰，又可感受因其无法摆脱现实的困扰而有一种淡淡的哀愁。朱自清曾在《那里走》一文中喟叹：“衰颓与骚动使得大家惶惶然”，“觉得心上的阴影越来越大”。对令人窒息的现实厌恶、反感而又一时找不到积极、稳妥的出路，挥之不去的哀愁正是作者身处激烈、动荡的大时代，在朦胧中苦苦探索和追求的心灵写照。

“淡笔绘幽境，曲笔写衷肠”，情景相生，情景交融，抒发作者复杂、深沉的思想感情，朱自清创造了一种至高的艺术：意境。情景相生、情景交融可以有不同的形态和手法。《荷塘月色》不取即景抒情，更重景中写情，寓情于景，且较多地寄寓情思于清丽绵密的描写之中，达到油画与写意画的珠联璧合。

适应委婉细致的写景抒情、创造意境的需要，《荷塘月色》的语言优美而不浮华。文中多用白描，一语显态传神，如“泻”、“浮”、“洗”、“笼”等。有时不是独词，而是单词连用，所谓迭词，如“淡淡的”、“层层的”、“高高低低”、“曲曲折折”、“田田”、“亭亭”等，不仅使情意更浓密，而且使行文的气势变得雍容舒徐，与闲静情调谐适。连用“一粒粒的明珠”、“碧天里的星星”、

“刚出浴的美人”来譬喻、比拟荷花之光泽圆润、闪烁飘忽和楚楚动人；说荷花的清香“仿佛远处高楼上渺茫的歌声似的”，借听觉写嗅觉，用歌声的渺渺茫茫形容花香的隐隐约约；说月色在荷塘中的分布“如梵婀玲上奏着名曲”，借听觉写视觉，以提琴曲的优美旋律来表现月光的甜美和谐——这些修辞手法的妙用，使文章弥漫着更多的诗情画意，并使全文的语言平淡质朴、简洁自然，又缜密纤浓、色泽缤纷。

梁实秋《钱》

梁实秋的散文几乎都是开篇切题，《钱》亦如此。“俗也好，雅也好，事在人为，钱无雅俗可辨。”直截了当地挑明：《钱》不是就钱论钱，而是着重探究钱与人的关系，即钱对人的意义，和社会各阶层的人对钱的不同态度。

“储蓄的美德普遍存在于各阶层”，文章对聚财守财，特别是平民、贫民的聚财守财给予理解和宽容，祝愿他们能够通过聚财途径，早日“爬上社会的阶梯”。对于豪绅巨贾的贪敛“横财”，且“贪得无厌”，予以批评、指责，语调温和却分明内含讥刺。

至于用钱，梁实秋主张贫困之家“不能妄用”，小康之家“集中用在一点上”，反对富豪之家“挥金如土”、“穷奢极欲”。大千世界鼓吹“有钱能使鬼推磨”的金钱万能论，教人以拜金主义者有之，鼓吹“金钱如粪土，仁义值千金”，教人以“安贫乐道”、“穷光荣”者有之；当然传授“日食万钱”或“把钱带到棺材里去”的用钱口诀者也有之——像《钱》文这样恳谈钱财进出取舍之间的哲理者罕有。梁实秋用相对主义来观照钱的功能、价值，超越平庸的教化，道出了人生的真谛。数十年来后的今天仍不失为说经典、时尚的启示录。

梁实秋在《论散文》中说：“散文的美妙多端，然而最高理想也不过是‘简单’二字而已。简单就是经过选择删芟以后的完美状态。”《钱》正是作者刻意追求“简单”这一“最高理想”的成功创作实践。与周作人的“谈话风”一脉相承，梁实秋的《钱》也采用集中式结构，将设定的话题作为文章的贯串线索，把古今中外各种材料组织在一起，在娓娓谈述之中广征博引，而又始终不离话题，闲闲走笔，行文貌似松散随意，实则完美严谨周密，经过拔繁去冗，达到了文短而意丰、形散而神聚的境界。

文章广征博引，不局限于用名人名言论理，同时并用于写人，写古往今来真实的虚构的富豪、财主、平民、贫民，写他们对于钱的形形色色的心理、态度和行为举止。文中，“钱癖”和峤，“奢汰”石崇，“善居积”的陶朱公，钱存在银行仍担心不翼而飞的印第安酋长，熔铸金山银山的山西票庄掌柜以及“省俭到午餐常是一碗清汤挂面洒上几滴香油”的小学教员等，都是有鼻子有眼，形态可掬的。有的更是寥寥数语即穷形尽相，如“疯狂而死”的泰蒙，在“享受了人间的荣华富贵，也吃尽了世态炎凉的苦头”之后，方认识了“钱是人类的公娼”。夹叙夹议，议论与形象结合，《钱》之关于钱财进出取舍的大道理，与其说是“说”出来的，不如说更多是“显现”出来的。

巴金《怀念萧珊》赏析

《怀念萧珊》浸透着巴金血与泪的情愫，细腻、逼真地描绘了其爱妻萧珊忠厚、善良、美丽、坚贞的感人形象。她忍辱负重，富有牺牲精神。在风雨如磐的“文革”年代，为了保护丈夫，她挨过“北京来的红卫兵”的铜头皮带；为减轻丈夫不堪承受的政治高压，她甘愿“多受一点精神折磨”。“她非常安静，但并未昏睡，始终睁大两只眼睛。眼睛很大、很美、很亮。我望着。望着，好像在望快要燃尽的烛火。我多么想让这对眼睛永远亮下去！”在巴金笔下，弥留之际的萧珊也是至善至美的。但《怀念萧珊》绝无一般悼念文章的溢美之词，而且还提到她的缺点：“她比我有才华，却缺乏刻苦钻研的精神。”正因为如此逼近萧珊的“原生态”，才使这位“普通的好人”立体化、雕塑化，真真切切地“复活”于艺术世界。萧珊形象和命运具有典型意义。她的生命是被肝癌夺去的，更是被极“左”路线挟裹封建主义残余夺去的。她的悲剧是个人、家庭悲剧，更是特定年代的社会、历史悲剧。

祭悼文章都应是灵与灵的对话，当然所抒情怀还是有境界的不同。《怀念萧珊》经过时间的过滤、积淀，所抒写的情感灼热而又深沉、厚重、博大。时而悲愤交加，长歌当哭，“后悔当初不该写小说”，“是我害了她”，甚至近乎狂怒地质问苍天：“他究竟犯了什么罪？”一任压抑已久的爱和恨迸发。时而如泣如诉，痛表衷肠：“在我丧失工作能力的时候，我希望病榻上有萧珊翻译的那几本小说。等到我永远闭上眼睛，就让我的骨灰和她的掺和在一起。”“生则同床死共穴”，巴金充满绵绵哀思发出了，而且以其生命的“夕阳红”实践了他的铮铮誓言。确如冰心所称许，巴老是“一位最可爱可佩的作家”，“他对萧珊的爱情是严肃、真挚而专一的。”（冰心《山中杂记》）巴金对亡妻的爱，笼罩在“文革”阴霾之下，融溶着作家对国家、民族的无限忠诚和热爱，乃至渗透着对人类至纯至深的情感。

自然天成、返朴归真的美，是巴金追求的艺术境界。他从不凭藉热情只捕捉炽烈的语言和华丽铺陈的辞章，而总是像一位老朋友在与你促膝谈心，真情流露于字里行间。对萧珊的悼念，华彩辞章更难能表达他的刻骨铭心的爱与痛。他与她心与心交流，语言水静沙明，一清见底，汩汩流淌，毫不矫揉造作，而又情真意切思绪幽深。正是于朴素中见优美，于自然中求严谨，于“无技巧”中深藏“最高技巧”。

余秋雨《都江堰》赏析

余秋雨的《文化苦旅》出版后，被命名为“文化散文”、“学者散文”，开创了熔思想、智慧、情感为一炉的大容量和大深度的“大中华散文气派”。作为《文化苦旅》中的优秀篇什，《都江堰》描写形象、生动，议论精锐、深刻，抒情热烈、深沉，相当集中地代表了全书的艺术成就和风格。

“这种比赛又极有规矩，奔着奔着，遇到江心的分水堤，刷地一下裁割为二，直窜出去，两股水分别撞到了一道坚坝，立即乖乖地转身改向，再在另一道坚坝上撞一下，于是又根据筑坝者的指令来一翻调整……也许水流对自己的驯顺有点恼怒了，突然撒起野来，猛地翻卷咆哮，但越是这样越是显现出一种更壮丽的驯顺。”运用比喻、拟人手法，准确、鲜明、生动地描绘出都江堰水流的动态图景。它的野悍和驯顺的和谐统一，是都江堰水利工程的艺术再现，是雄伟壮丽的“自然的人化”景观，是一座文化丰碑。

铺陈都江堰的景物形象美，重在突出人物形象美。构建都江堰的李冰大仁大德，大智大愚，大巧大拙。他深知作为蜀郡守，其职志就是浚理、消灾、滋润、濡养，化解四川最大的困扰——旱涝，为民造福。他躬身实践，呕心沥血，总结出治水三字经（“深淘滩、低作堰”）、八字真言（“遇湾截角，逢正抽心”），成了中华水利学的开山祖。《都江堰》展示了李冰的“伟大精魂”。

余秋雨常对其笔下的人、事、物作历史的观照、人文的审视、文化的思辨。《都江堰》由李冰的为官之道而疏理出中国漫长历史中两种政治文化的分野和较量。李冰因官位而成了一名实践科学家和“此后中国千年官场的惯例，是把一批批有所执持的学者遴选为无所专攻的官僚”的对比，“长锸”和“金杖玉玺”、“铁戟钢锤”的对比，秦始皇筑长城的指令和李冰筑都江堰的指令的对比突出了李冰的“冰清玉洁的政治纲领”和躬身为民、舍身护民的政治风范，突出了两种政治文化的不同价值。“那把长锸，千年来始终与金杖玉玺、铁戟钢锤反复辩论。他失败了，终究又胜利了。”由此，作家——也可以说是历史老人不禁向现代官场衮衮诸公提出了“活着或死了应该站在哪里？”即作人民公仆还是老爷的问题。

余秋雨在《都江堰》中还站在历史的高度，以宏阔的视角，审视了整个中国传统文化。“如果说，长城占据了辽阔的空间，那么它却实实在在地占据了邈远的时间。长城的社会功用早已废弛，而它至今还在为无数民众输送汩汩清流……长城的文明是一种僵硬的雕塑，它的文明是一种灵动的生活。长城摆出一副老资格等待人们的修缮，它却卑处一隅，像一位绝不炫耀、毫无所求的乡间母亲，只知贡献。”都江堰水利工程文化内涵的概括揭示及其与长城文化内涵比照，扩展并加深了对中国传统文化的感知，启示人们思考古今文化在价值取向上的异同，显示了余秋雨文化批判的睿智和深刻。

发人深思的形象美、意蕴深邃的情感美和丰富多彩的写作技法美在包括《都江堰》在内的《文化苦旅》中较好地实现了统一，但“要谨识其浮躁煽情之处”（陈仕持《<都江堰>：余秋雨的睿智、文采和走调》）。

王小波《一只特立独行的猪》

王小波的杂文，自由、个性、特立独行总是联系在一起，不可分割。《一只特立独行的猪》正是其杂文的代表作之一，文章写一头特立独行的猪的性格和命运，折射“文革”年代的“黑色幽默”，批判“设置别人生活的人”，警醒“对被设置的生活安之若素的人”，倡导思想自由、个性解放、人格独立。

“名分”是肉猪，但它“又黑又瘦，两眼炯炯有光”，能够跳上房顶去晒太阳，越墙跑到邻近村寨去挑选“好看”的母猪。还不考虑自己是“猪”的身份，大胆学会了汽车响、拖拉机响和汽车的鸣叫。由于“不正经”，更因为成功地模仿了收工的汽笛声，被视为破坏春耕的坏分子，面临被专政的厄运。幸而会兜圈子、钻空子，“跳得潇洒至极”，终于得以逃脱。这只猪桀骜不驯的种种特立独行聚焦于一点，就是非理性的对人为设置的叛逆，我行我素，按自然的本性生活。文中的猪亦虚亦实，亦猪亦人，文末点睛之笔归结到人。作者明为写猪，实则将思维的触角指向特定的现实生活。批判大多数屈从命运的“猪”，就是批判“对被设置的生活安之若素的人”，否定浑浑噩噩、苟且偷生、丧失自我的人生态度；赞许不向命运低头的“特立独行的猪”就是赞许敢于藐视和抵制罪恶的权力意志和规则、坚持按照自己的意愿来安排自己的生活、“我就是我”的人，就是呼唤主体意识、自由精神和独立人格。

“特立独行的猪”在赢得自由后“长出了獠牙，还认识我，但已不容我走近了”。由“有我”变成“唯我”，由活出猪的性格、活泼可爱的“宠儿猪”变成了凶狠的“野猪”。异化的描写表明作者“度”的把握，“对理性与自由书写”的“理性与自由”。

《一只特立独行的猪》采用了“非理性的言说方式”，充满智性的幽默，漫画色彩浓郁。将一只浑然不知“政治”为何物的猪定性为破坏春耕的坏分子，对其进行“专政”；几十个人围攻一头猪，猪反而游刃有余，从容不迫……“这样一种带有黑色幽默的喜剧感与狂欢风格，正是作者非理性的言说方式所带来的。政治的神圣与文革时期权力模式的崇高可以说全部被这种幽默风趣的言说方式给消解掉了，剩下的只有滑稽与荒诞”（王杰泓《智者戏谑（重温王小波散文〈一只特立独行的猪〉)》）。

二、散文的写作

作为一种作者书写自己经历见闻中的真情实感的灵活精粹的文学体裁，现代散文具有极大的宽容性和兼容性。它的范畴宽广，囊括叙事散文、议论散文、抒情散文，“三体并包”，几乎临近与“骈体”相对应的“大散文”边界。它的题材广泛，形式多样，手法多种，不拘一格，自由、灵活到几乎难以穷举其种种不同“体式”，也难以简单地概括其艺术特征。如散文，固然必须如实地反映作者的见闻感受，具有历史的、地理的、新闻的、科学的真实性，但有部分记人叙事散文带有虚构性。高尔基曾指出，“特写是介于研究论著和短篇小说之间的一种作品。”不唯“特写”（报告文学）如是，通常不被视为报告文学的记人叙事散文也有处于和小说之间的交叉地带的。何为自述《第二次考试》：“写的小故事在现实生活中是有其蓝图的。然而它毕竟有别于原来的那个故事——根据艺术创作的小小意图，有所取舍，加以概括和提炼，所能做的还是很不够的，都是不可少的工作。我也试图把它写成一篇短篇小说，但考虑到报纸副刊的有限篇幅，寄去发表前经过一再压缩，结果就成为现代这个‘雏形’的样子。”（何为：《<第二次考试>后记》）杨朔的《雪浪花》的虚构成分同样较多。在真实性的问题上，说散文允许虚构，那是一叶障目，说必须实录，又是以“多数”遮蔽“少数”，只能说，散文在总体上是如实反映作者的经历见闻感受和情思。再如，认为在取材上一律要求以小见大，杂文、随笔概莫能外，也有以偏概全之弊。

当然，某些研究论著或教科书所概括的散文性质、特点和写作原则、方法的非自洽性，不能适用于散文这一客体的异常宽广的领域，并非意味着否定它们的科学价值及其指导散文写作的意义和作用，而只是表明它们作用的有效也有限。因此，我们在概略介绍散文写作知识之前，更强调，散文究应如何写，范文是最权威的教材，比如本教材精选的各篇佳作，它们就以其“大家风范”示人：“讲真话”、抒写真情实感、活脱潇洒、超越创新、文化意蕴、精神品格、人品重于文品、“特立独行”、个性化等是散文写作的精义。

构思。构思是写作者对生活感受进行去粗取精、去伪存真、由此及彼、由表及里的加工、提炼的过程。散文写作冲动，或者说灵感往往是由生活中偶发的、片断的事象触发的，欲使这种最初感受升华，达到“一粒沙里见世界，半瓣花上说人情”的境界，具有深广的内涵、完美的形式，构思是关键。《茶花赋》之所能成为歌颂如花的祖国、歌颂美化祖国的劳动人民的情文并茂的优秀散文，就因为杨朔未止步于初看茶花的浅表感受而“构思”出了一幅象征祖国面貌的一大朵含露乍开的“童子面茶花”。不同的作家构思方法不同或不完全相同，各有各的绝招。秦牧的构思方法叫“滚雪球”。他说，事物的“尖端”部分、最富有“特征”的部分，被作家所感触、所抓住，它就像一粒饱满的种子，落到肥沃的土壤里，作家用思想、感情的阳光雨露恩泽它，使它萌发成丰富的果实。这是一个核心，如雪球般越滚越大，形成统一的构思。徐迟的构思方法叫“抓一刹那”。他认为，动人心魄的“一刹那”是事物的“精华”部分、最有“光彩”的部分。抓住稍纵即逝的“一刹那”，就抓住了头绪，由此零散的材料得以集结，有了归宿。无论哪种构思方法，均离不开联想。所谓联想，指的正是事物由此及彼、由表及里的想象活动。抓“尖端”、“特征”的部分“滚雪球”也好，抓“精华”、“光彩”的“一刹那”使零散的材料“神聚”也好，构思的整个过程，几乎就是联想展开、深化“灵感触发”的过程。联想的发挥以生活、知识的深厚积累为基础和前提，联想有接近联想、类似联想、对比联想、因果联想之分，它们逼近客观事物的不同联系，并揭示之。散文写作者欲自由地驰骋联想和想象，使客观事物的不同联系敏捷、准确地反映到自己的头脑中，定型为语言符号，将“诗魂”变成诗，必须跨进知识的海洋，博览群书，尤其是生活这本大书。

立意、选材、确定体裁、抉择基本手法、寻找线索、创造意境、谋篇布局——构思承担着繁重的任务。仅以体裁来说，当作者有了好的思想感悟，并且选取了表现这一思想感悟的材料之后，就得考虑采取何种体裁：是写成游记，还是写成回忆录？是写成杂文还是随感？是写成书信体还是日记体？……总之需根据立意内容确定具体的书写样式。再以寻找线索而论，零散的材料即使粒粒是珍珠，没有一条线索贯穿便无法缀联而成光彩夺目的珠圈、项链。可作线索的东西很多，有人物线索、事物线索、景物线索、行动线索、感情线索、思绪线索等。各种线索之间不是截然分开的。散文作家在不少情况下会寻找两条甚至三条线索串连“珍珠”，编织网络。在多条线索中，感情、思绪线索起着核心、主导作用。《怀念萧珊》记述萧珊在不同时期的活动，当然是由萧珊一以贯之的，但从更深层次透析，萧珊的种种往事、种种好处都是巴金怀念的情愫串连起来的。刘白羽的《长江三日》以作者的行动即游程为线索，但内里还贯穿着一条哲理性的思绪，那就是：“战斗——航程——穿过黑夜走向黎明”。

立意。立意即作者冶炼和加工在生活中发现的矿石，强化和深化自己对社会人生和自然的感悟，从而确定一篇散文的主题。“凡文以意为主”，立意是构思过程中，首先要解决的重要问题。解决了立意，散文才有了统帅全篇的灵魂，才可能“形散而神聚”。立意要从诗意所存的实际生活出发，同时还须凭借敏锐的观察和细腻的感知、热烈的是非和鲜明的爱憎、活跃的联想和深沉的思索。

社会生活是复杂的，人的思想也是复杂的。同一题材，由于作者生活经验、文化素养和审美兴趣、价值观念、思考角度不同，立意也就不同。立意要求新，不能总在别人走过的道上爬行，不能捡别人吃过的馍。求新要作宽泛的理解，完全标新立异，意从己出，与众不同，固然是新；同一题材，道出了不同于他人的感知、体悟、是新；在他人的思想理念中融入自己的一点新感触、新经验和新思考，从而给予一种新的阅读体验，也是一种新。立意不仅要新，而且要深。深即深刻、深沉，达到一般文章所未能达到的深度、厚度。《都江堰》的命题“中国历史上最激动人心的工程不是长城，而是都江堰”，《一只特立独行的猪》由人性审视猪性，由猪性反思人性、启发人性，呼唤自由精神、人格独立，它们都是见人之所未见，言人之所未言，从取材到立意、表意俱新的显例。发财要正当，用钱要恰当，《钱》讲的是朴素的真理，大实话中含新意，历久犹新，是立意较新、较深的另类范例。

结构。结构是一篇文章的骨架，能使文章线索清楚、逻辑严密、前后照应、首尾连贯、浑然一气、曲折有致，形成匀称、平衡的有机整体。

“吾文如万斛泉源，不择地皆可出。在平地滔滔汩汩，虽一日千里无难；及其与山石曲折，随物赋形而不可知也。所不知者，常行于所当行，常止于不可不止，如此而已。”（西南师范大学古典文学教研室选注《东坡选集》）“随物赋形”是结构散文的基本原则，散文必须按照“物”的内在逻辑循“序”渐进，由“散”到“整”。如《怀念萧珊》以感情发展为主导线索，依次写“文革”期间萧珊挨斗的日子，死前两个月的生活，死前三周的生活，萧珊之死将悲情推向高潮，最后追述萧珊与巴金共同生活的前半生，预期生死与共，留下绵绵长恨。全文结构十分自然化，包括追述萧珊的前半生也是情之流向所至。正是这种自然生成的感情波澜推动读者心随文走，随之喜随之悲，产生震撼魂魄的力量。《荷塘月色》以“一路行去，静观默想”为结构线索，第一段走向荷塘，总写“颇不宁静”的心绪；第二段伫立环顾，记写夜游荷塘所见所感；第三段遥想江南，展示夜游引起的联想，心绪由宁静渐渐返回“不宁静”。以交代心境开头，以回复心境作结。如果说《怀念萧珊》的结构较开放的话，那么，《荷塘月色》则呈圆形结构。《荷塘月色》的结构形式封闭，功能开放。“随物赋形”结构不是要求每篇文章都依自然顺序展开，不按自然顺序结构的作品，同样要“随物赋形”，环环相扣，联结自然。“随物赋形”之总体精神，无非是“文”随“物”变，如溪涧流水与山石同曲折，“常行于所当行，常止于不可不止，如是而已”。

散文追求“随物赋形”，也讲究“尺水兴波”、讲究“错综见意，曲折生姿”，“抑扬”、“虚实”、“藏露”的技法，在散文写作中是常用常新的。为文有抑有扬，且相互生发，才富有变化。刘白羽的《日出》，以作者毕生看日出的理想作为线索贯穿全文，先依次画出日出的图画，一抑再抑，欲抑却扬，直到酝成“千呼万唤”之势以后，第五画面才“始出来”。“我们是早上六点钟的太阳”——卒章显志，使其思想境界大大提高。又如贾平凹的《丑石》先从外形、用处等多个方面铺写丑石的“丑”，而后渲染天文学家看到丑石都分外欣喜，原来这是一块极有科学价值的陨石，一块化丑为美的宝贝。与此同步，作者的感情由嫌弃到惊奇，再转向赞美，最后领悟到“丑到极处，便是美好极处”的艺术哲理。这也是抑与扬相得益彰。抑扬之法有多种：欲扬先抑、欲抑先扬、欲抑先抑、欲扬先扬和似扬实抑、似抑实扬等，运用时需从总体出发，做到“兴波”自然，曲中有致。虚实写法，对于散文也有妙用。贾平凹在《怎样写好散文》一文中特请大家“记住：越是你知道多的地方，越要不写或者写得很少；空白，这正是你要写的地方呢。”他认为讲究了“空白”处理一是可以使散文“散起来，断续之，续断之，文能‘飞起’，神妙便显也”；二是可以使散文含蓄起来，“故作举止闲暇，看似胡乱说，骨子里却有分数”。杨朔的散文《樱花雨》通过侍女君子的情态美从侧面反映出日本人民曾经反对《日美安全条约》的斗争。构思上，工于“藏”与“露”的设计。写罢工前的君子，作者主要“露”其柔声、胆怯，对其胆怯、凄凉背后的人生苦难，则予以“淡出”，故意“藏”起。写罢工后的君子，作者主要是“露”其骤然间所表现的异乎寻常的态度，突出其“柔和的眼睛里”跳出来的“两点火花”，对君子的其他言行则予以“藏”起，故意“淡出”。这里“藏”与“露”的艺术方法即“空白处理”，亦即“虚实写法”。它使《樱花雨》在行文上挥洒自如，似断实续，以小寓大，以少胜多，心底和笔底有波澜，却含蓄而不露。

语言。语言是砖瓦土木石，是建构散文楼屋的材料。散文同其他文体一样都是语言的艺术，但散文对于语言的要求更高。好的散文的语言比小说多几分浓密和雕饰，比诗歌多几分清淡和自然。散文大家们的语言都简洁、凝练而又优美、生动，而且各自表现出不同的风格特色。朱自清熔多种语言色彩为一炉，他的《荷塘月色》、《春》等篇什的语言，在葆有音乐美、诗美的同时，也兼有朴质无华、蕴藉腴厚美。用杨振声在《朱自清先生与现代散文》一文中的话说，就是“风华从朴素出来，幽默从忠厚出来，腴厚从平淡出来”。巴金的语言风格是明白如话，质朴自然。晚年写《随想录》更见精湛圆熟，于素淡中见明丽，清新中显深沉，格调冷峻，外缓内厉。冰心不造作、不矜持地说自己心中的要说的话，语言清新、隽丽，朴素中含着美。梁实秋的《钱》与其《雅舍小品》中的许多散文不无二致，挥洒自如，又惜墨如金，语言既晓畅又明快，寓简洁于潇洒、幽默。他们的散文的语言写景物历历在目，写情感沁人心脾，叙述事情如其门出，议论事理谈笑风生，鲜明地烙上了个人印记，话如其人，文如其人。

学习散文写作，既要华丽的语言，也要朴素的语言。写得华丽不容易，写得朴素更难。愈写得朴素愈显出真正的文采。所以愈是大作家，愈到成熟之时，愈是朴素。朱自清早期散文的风格追求偏重在“漂亮和缜密”，而在中后期，则明显地向用词的朴实和口语转化了。徐迟的文章是很有文采的，喜“主打”赋的方法兼用比、兴修辞，使得文采华美，后期相对地趋于简朴。不管是华丽还是朴素，散文的语言都来自新鲜、活泼的口语，来自优秀的古代散文和世界散文语言宝库，并经由作者进行选择、提炼和加工、铸造的结果。

（徐其超）

第三节　现代小说

一、现代小说赏析

1.**《风波》赏析**。小说创作于 1920 年 8 月，正值揭露与批判封建制度以及对现实加以思考的“五四”高潮时期。作品的主要内容正是 1917 年张勋复辟在江南水乡引起的乡村人心浮动。闹剧尽管只维持了 12 天，却在全国引起了轩然大波，其余波远远超过复辟本身的时日。

《风波》没有正面描写张勋复辟这场政治风波，只是将其作为远在京城的政治背景，小说描绘的是“中华民国”建立六年后中国农村的世态图。在张勋复辟魔影笼罩下，江南水乡的土场上发生了围绕着辫子去留的一场风波。辫子曾是清王朝统治建立和消亡的标志之一，在鲁迅眼里，又是传统文化和国民精神枷锁的一种象征，是国民革命与危机的一种征兆。这篇小说通过对一场辫子风波的描述，以小见大，展示了辛亥革命后中国农村的真实面貌：帝制余孽还在向农民肆虐，农民尚处于封建势力和封建思想的统治和控制之下，揭示了缺乏精神信仰的追求而陷于自私、苟活、麻木、冷漠、盲从状态的“无特操”的国民性的弱点，说明辛亥革命并没有给封建统治下的中国农村带来真正的变革，今后的社会革命，若不能唤醒民众，是难以成功的。

作品以辫子事件为中心线索，描述了事件的起因、发展和消解，刻画了七斤、赵七爷等人物形象。七斤是当地著名的见过世面的“出场人物”，甚至于受到众人尊敬，有“相当的待遇”。然而他听到皇帝坐龙廷的消息后的垂头丧气，对妻子责骂时的隐忍，迁怒于女儿时的内心郁闷，实际上却显示着他是一个麻木胆怯，愚昧鄙俗，自满自足于“暂时做稳了奴隶”，担惊受怕于“想做奴隶而不得”，毫无民主主义觉悟的落后农民的典型。赵七爷：貌似乡村学问家，实是不学无术、精神空虚、心胸狭窄、睚眦必报，复辟之心不死而又善于韬晦且阴险凶狠的封建遗老。他咄咄逼人的言语，恫吓、欺骗的举动，说明封建复辟势力企图卷土重来的欲望与野心，他虽与七斤等人处于不同的社会阶层，但在一定意义上，他与七斤等人一样，同是专制统治下无信仰，无特操的子民，他的被人尊敬，从另一个角度说明辛亥革命的不彻底性。其他如七斤嫂、八一嫂、九斤老太等人物，也都生活在浑浑噩噩的不觉悟状态之中。

小说总体上采用白描手法。

首先，作品紧扣中心事件描写不同人物的性格，着重突出不同人物对辫子的态度。七斤的麻木胆怯、赵七爷的顽固凶狠、七斤嫂的泼辣伶俐及麻木闭塞。

其次，精选生动贴切而富于表现力的细节来揭示人物的内在心理和暗示深刻的主题内涵。赵七爷"微笑着"研究他们的饭菜、九斤老太"一代不如一代"的话语表白、七斤嫂"恨棒打人"的话语等细节，凸显出他们各自的性格。

再次，构思缜密、精巧，全文以"辫子风波"为线索。从恬静的生活被一阵风波扰乱再到恢复旧态；从七斤的开始受人尊敬到无人理睬再到重新得到相当的尊敬；九斤老太从头至尾"一代不如一代"的重复叹息；从六斤奔跑在土场上到结尾裹上小脚一瘸一拐地在土场上往来。这一切都显示了作者注重结构、构思精细的特点。

最后，以富有意味的风景画、风俗画烘托主题。小说开头的环境描绘和场面描写，不仅是一幅充满地方色彩和生活气息的江南水乡风景画和风俗画，而且以其场景的恬静，与结尾相呼应，对辫子风波的波澜起伏起到了对比衬托作用，风波来去对它无任何影响，人们生活依旧、思想依旧。由此提出警醒的问题：辛亥革命并没有改变农村封建统治的旧有一切，风波仍会不时发生。

小说结尾含蓄隽永，进一步深化了作品的主题思想。

2.《断魂枪》赏析。《断魂枪》是老舍系列短篇小说中的精品之一，也是一篇在市井日常生活中书写中国文化命运的力作。

故事的背景就是帝国主义用洋枪洋炮打开了古老中国的大门，闭关锁国、老大自居的中国迅速沦为半封建半殖民地社会，资本主义的狂风震撼着古老中国的传统生活和文明，这时"东方的大梦没法子不醒了"。主体是文化的承载，讲述文化的命运必然地要讲述人的命运。《断魂枪》就是以老拳师沙子龙的形象来折射历史震荡、文化嬗变时期作为中国文化承载者的中国人的复杂的心态。沙子龙在近代社会急剧变化中的心态是复杂的。他开镖局，练就"五虎断魂枪"绝技，威震西北无敌手，创出"神枪沙子龙"的英名。但是，这只是古老中国的事业和文明，沙子龙痛心地知道，五虎断魂枪已不会再能替他增光显胜，过去的风光已经被时代的狂风吹走了。"今天是火车、快枪、通商与恐怖"，走镖已没有饭吃，现实使他不得不把镖局改为客栈。在中国的农业文明和西方的机械文明的冲突中，在情感上他选择了前者，但是在生活中他又不得不选择后者。他好像是顺应了时代，但其实这只是无可奈何的选择，他虽然不与人谈武艺，不再与人争强斗胜，甚至于别人打上门来也不与人比武，但却在夜间独自一人熟悉他的五虎断魂枪，这表明他内心深处对逝去世界的眷念、欣赏而又无可奈何。不仅如此，他对时代变化表现出一种消极没落的心态。他“不传”断魂枪绝技，是一种与时代抗衡的保守心态，更是对二十年来赖以生存、借以成名并视若生命的武文化信仰产生了深重的怀疑。沙子龙这种复杂的心态，在社会发生急剧变化的时代，具有一定的代表性和典型意义。

沙子龙的悲剧象征着古老中华文化的末世命运。作者对沙子龙形象的刻画，在某种程度上批判了旧中国人民“宁蜷伏堕落而恶进取”的半殖民地封闭式文化心态。在小说中，断魂枪和它的拥有者在某种程度上都可以看作是一种文化的象征体：断魂枪，魂是什么？是一个人的信仰；沙子龙，龙是什么？是中华民族的图腾，精神的象征。当个人的信仰与民族的信仰统统遭到否定与冲撞的时候，生命的戏谑意味扑面而来。他们所体现的文化是中国的传统文化：儒家的、道家的、民间的、正统的，历经历史的打磨，它精湛典雅；而正是由于经历了历史的风雨，为历史所裹胁，它又很封闭。创作主体的姿态是矛盾、游移的，他为这样精湛的文化所折服，为这样的文化在新的历史时间段中的湮没的命运而惋叹、痛心，但他又义无反顾地让其随历史之流而东去。老舍的着眼点是关于在历史演变中中国文化的处境，是一种文化的考量。“生命是闹着玩，事事显出如此，从前我这么想过，现在我懂了。”这是小说开篇的题记。这句话老舍是对沙子龙说的，更是对整个中华民族说的。老舍的书写是成功的，唯其如此才让读者看到了民间生活方式在历史变迁嬗变的一幕。

《断魂枪》艺术整体设计是一事三人，手法主要是白描。如作者赋予沙子龙的形态是“短瘦、利落、硬棒，两眼明得像霜夜的大星”，但“身上放了肉”，这种图外形兼示内貌的笔法，给人以现身纸上、声态并作的感受。人物描写运用烘托和对比手法，王三胜的争强好胜、性格外露，孙老者的豪爽乐观、积极进取，这两个拳师从不同侧面烘托了主要人物沙子龙孤寂落寞、消极处世的性格与心态。结构精美，取精于宏，依据创作意图对题材作精巧剪裁，大胆省略与强调，巧运灵思，合理布局。语言精湛，洁净而生动，显示出传奇性的特征，深得中国传统小说的神韵。无论是刻写人物的心理、行动还是描画肖像都擅用比喻，三个比喻写出三种性格和心态。大量运用北方口语，与沙子龙等市井人物的身份相契合，又具有浓郁的生活气息，体现“语言大师”驾驭语言的功底。

3. **《春风沉醉的晚上》赏析**。《春风沉醉的晚上》是我国现代文学中最早表现工人生活的优秀小说之一。由于接触了马克思主义并受革命形势的影响，因此郁达夫目光也开始从先前较多地注视知识分子狭小的圈子，把抒写个人的穷愁苦闷充分地扩展为关切劳动人民的苦难命运，表现他们的抗争，歌颂他们的品德，揭示他们不幸遭遇的根源，将“同是天涯沦落人”的千古绝唱赋予了鲜明的“现代”意义。作品涌出清泉般的感情之流，荡去颓废，换作高洁，境界开阔，深永动人。

小说叙述了“五四”以后一对贫苦沦落的青年男女，相遇在上海一个亭子间，演绎了一出虽然普通然却动人的人生故事，命运把他们抛到生活的边缘，又使他们在这里同病相怜、惺惺相惜。

作品中的“我”是一位有才华、潦倒困顿、感情忧郁，对黑暗的现实有着愤慨，对下层劳动人民的苦难有着深切同情的小资产阶级知识分子。为生活所迫，住进了贫民窟中一个窄小破旧的阁楼里，在那里，“我”遇到了一个同样被生活压迫的烟厂女工陈二妹。17 岁的陈二妹是一位正直、善良、真诚、乐于助人、身处厄境而不失坚韧意志和具有朴素的阶级反抗意识的下层女工，她不仅常受猥亵，而且时刻面临失业的威胁，与实际上已沦为都市流浪汉的“我”同是无家可归，人间弃儿。由于有着共同的生活处境，相识后很快从相互同情，发展到相互关怀、体贴，从冷静的观察始，以诚挚的信任终。作品以黑暗污浊的大都市为背景，通过刻画这样一位下层女工形象，展现了下层劳动人民善良美好的可贵品质，歌颂了下层知识分子与穷苦工人之间的真挚友谊，揭示了她们苦难的根源是严重的阶级压迫和剥削，表露了作者对下层人民的同情和对黑暗现实的不满。作品采用的是自叙传的形式，具有浓重的表现自我的个性特征，作品中的“我”可以认为是作家本人。透过这篇作品中“我”这一形象，可以看到作者对下层劳动者的感情，对黑暗现实的不满。这正是当时一部分进步知识分子内心的真实再现，具有积极的社会现实意义。

作品艺术上的突出特色体现在：结构严谨精巧。郁达夫早期小说有不重视情节，结构松散的特点。然而这篇作品的结构却异常精美，整个故事发展写得完整自然。作者在情节安排上步步设伏，层层推进，前后勾连，适时解“扣”，而且这种安排又不露痕迹，十分自然；用笔精致、语言讲究。其流丽纡徐、行云流水般的散文笔调，来自郁达夫深厚的中国古典文学修养，注意遣词造句和行文节奏，叙述平稳讲究；心里描写细微。作品在表现人物心理上具有独到之处，多次直接袒露“我”的内心活动，从而将人物情感与理性的冲撞以及人物灵魂净化的心路历程细致入微地表现出来。由于作品采用了这种独具特色的表现手法，因而不仅使人物变得更加真实生动，而且也使作品具有一种浓郁的抒情色彩。该文无论在思想上，还是在艺术上，都有较高的价值，历来被认为是“五四”优秀短篇小说园地中的一朵奇葩。

4.《受戒》**赏析**。1980年，汪曾祺以《受戒》开始了自己的文学“新生”，也开创了新时期文学文体自觉的先声。它所展示的散文化的艺术风格，与众不同，使人耳目一新。《受戒》是汪曾祺最主要的作品之一，表现的是纯朴健康的人性之美。它承接、丰富了废名、沈从文这一支中断已久的中国抒情小说的传统。

《受戒》这篇极美的小说构造出一片没有权力浸染的自然而宁静的乡土，洗净文化、历史、伦理等诸多符号，在那些单纯古朴的旧日人物身上，在那乡情浓酽的风俗气氛中，在写实的严谨与写意的空灵交织成的优美文字里，似乎隐匿着一种深厚的意蕴，一种并无实体，却又无处不在，无时不有，贯注于人物性格、故事情节，契领着整体的美学风格。作者通过明海受戒道路上的所见所闻以及和小英子之间朦胧、纯情的感情，细腻地展现了高邮地区的生活场景和社会习俗，创造出清新明净的艺术境界，洋溢着欢快明朗的情调。作者努力的重心不在于故事情节，也不在于人物的塑造，而在于通过对自然、淳朴的民俗世界的刻画，表现一种“自然”、“通脱”、“仁爱”的生活理想，创造一个纯朴、温馨、清雅的“桃花源”。

小说涉及一个特殊的社会群体：和尚。但是作者却把“一花一世界，三藐三菩提”的佛地净界与生机盎然的世俗生活联系起来，以幽默的语言风格展示了宗教环境中世俗化的一面。所谓佛门净地与世俗红尘并没有不可逾越的鸿沟，而是充满了人间的情趣和生机。这里没有晨钟暮鼓的苦行、没有面壁打坐的修炼、没有六根清净的戒律、没有与世隔绝的清规。和尚与常人无别，只是到了一定年龄去大寺院烧几个戒疤，获得一张和尚的合格文凭。

小说着意描写了明海与小英子的感情经历，作者似乎要将他们设计成一对纯洁的金童玉女：聪明、善良、纯朴的明海在世俗的浑融一体中，追随着人性要求的召唤，享受着人性、人情焕发出来的欢乐与愉悦；小英子天真、美丽、多情，保持着最为自然的本性——透明的性情，由这一带清秀山水培养起来的水一般的阴柔性情，有着本乎自然的欲望，纯真的情爱。他们之间朦胧的情感，纯粹出自自然天性，没有受到任何世俗的浸染，“男女授受不亲”的秩序被彻底打破，少男少女在一种亲密无间的关系里滋养起一种最自然的相互依恋的情感。他们以纯真的心灵相爱悦，受戒的道路成了他们谈情说爱的机缘。在这里，情爱被表述为一种如水一般流淌的、再自然不过的事情，“受戒”与“情爱”这两个看似对立的命题奇特地统一起来了。小说传达的是纯真透明的美，两个孩子是作者所要塑造的理想世界的灵魂和天使，在他们身上寄托了作者对理想世界和理想人性的向往与追求。

《受戒》里有民俗风情、地方景致，有朦胧初恋、人间欢情。作品并不着力于刻画完整的人物性格，而是努力捕捉能够表情达意的人物的神情、动作和话语，从而折射出人物的心灵世界。如果说性格小说像一幅肖像画的话，那么这篇小说则是一幅风俗画，人物只是画面的一部分。民俗风情和地方色彩的描写与人物描写和谐统一，民俗风情自然地流露出一方人的天性，正是庵赵庄善良的习俗熏陶了两个小男女对现世生活的热爱，而这里优美的自然风光则铸造了他们自由恬淡的天性。汪曾祺总是从这里去寻找人物性格的源头活水。《受戒》的语言如拆开看很平淡，但是连在一起，就有了一种独特的韵味，形成了一种整体上的氛围，行文如行云流水，潇洒自然中法度，不经意中自有追求，是对“超功利的率性自然的思想”的有意追求，与作者的生活理念相一致。清新的语言和松散的结构使小说在20世纪80年代初显得“格式上的特别”，这个独具审美品格的文本意味着一种独具风格的小说文体样式，一种关于小说观念的更新。

5．**《萧萧》赏析**。小说《萧萧》是沈从文以文字为音符奏出的温馨背后满怀忧伤的田园牧歌。乡情风俗、自然景致与人事命运三者完美和谐、浑然一体，展示了湘西底层人民的“自在状态”与朴素坚韧的生命本体。强烈的浪漫气息和留恋心态使“湘西世界”流露出浓浓的牧歌情调。

小说中的萧萧是个无依无靠的孤儿，“风里雨里过日子，像一株长在园角落不为人注意的蓖麻；大叶大枝，日增茂盛”。她与《边城》中的翠翠、《长河》里的夭夭一样，天真、单纯，在习惯的生活裹胁下，无力把握自己的命运。萧萧年仅十二，是少不更事的童养媳，丈夫不足三岁，不过她并不为此愁烦——她不想也不懂得愁烦，在陪眠，料理杂事中，像棵蓖麻一样长大起来。小说写的萧萧的成长，是一种原生的、自然的成长。她没念过书，对于身处其中的婚姻、礼法制度从来没有过自觉的反抗，但是成长中的自然的人性，却与制度不可避免地冲撞在一起，于是男小女大的婚姻中潜在的矛盾暗暗呈现出来。她有人的生命本能和情感诉求，虽然支配爱情的不是女学生的“自由”空气，但凭着自然人性的召唤，在花狗朴野甜美、粗率多情的山歌声中，撩拨起她青春的火焰，使她糊糊涂涂地怀孕、打胎，又糊糊涂涂地看着胆小怕事的花狗逃之夭夭。等待她的命运是发卖到远方或沉潭淹死，接受野蛮的乡间习俗的处置。伯父不忍将萧萧沉潭，而发卖也找不到人家，萧萧就又住下了，丈夫与她还是像姐弟一般，家人依旧对她好。岂料她生下团头大耳的男孩，引得合家欢喜，萧萧还是做了小丈夫的大妻子。再过十二年，儿子也娶了年长六岁的媳妇，开始又一次悲剧性的生命循环。在对萧萧的形象塑造和命运关注中，隐含着作家对原始蒙昧与封建宗法交织的湘西世界的思考和批判。

在人性与制度的对抗中，沈从文写的是人性的胜利。对于婚姻，萧萧以天然的人性来对抗，对于礼法，家人以农人纯朴的天性来对抗。这样的对抗，都是不自觉的，甚至是自我抑制的，这样的力量看上去是弱小而偶然，但是却隐藏在这些“种田的庄子”里。作者一方面同情萧萧的生存境遇，否定她的愚昧无知；另一方面，通过对一个如野草般任人践踏，又如野草般在野火春风中生长的顽强的生命的描述，展示萧萧的纯真，善良的天然之美，肯定主人公单纯的肉欲、粗糙的灵魂的自然本性，自然自在的生命意识及其“卑微里放光的灵魂”。在这里，沈从文不动声色地搭建他心中爱与美、永恒的“人性的希腊小庙”，表现了他对民族性、人性健康面的寄托。

小说写风景、风俗、生存状态、写湘西小儿女的心事和命运，平淡而辽远。作家不刻意渲染人物的外在冲突、矛盾以及应之而生的高潮。描写人性，态度宽和，笔致从容，情节舒缓，文笔清新优美，擅长勾画富有地方特色和时代风采的自然风情。如小说开头的“乡下人吹唢呐接媳妇”关于岁末年关山乡盛行抬花轿纳媳之风，以及对江南乡村夏夜的描写，“夏夜光景说来如梦……远近声音繁密如落雨”，让人身临其境。于纯真、善良的天然之美中，种田的庄子里闻得到草料的香，听得到山歌在唱，农人们的生活勤苦而狭隘，却又有质朴的生机。小说语言扎根湘西生活的土壤，质朴清新的叙述中夹以富有地方色彩和生活气息的乡间语言。尽管该文是作者最富写实意味的作品之一，但纵横驰骋的想象力和结构特点，人物命运和风俗场景之间精细的处理，笔锋往返穿梭，跌宕有致，灵便活泼，使其在不及万字的篇幅中鱼翔虾戏，从现实中写出梦，以小说联结着《风俗通》式的风俗散文和《竹枝词》式的爱情歌谣。自由结构使小说融入丰富的散文和诗的因素，具有行云流水般的风姿、灵秀飘逸的风格。沈从文用《萧萧》谱写了一曲牧歌，虽然调子中也有沉痛与疑问，但总体却是明朗的、优美的。

6.《那血一般红的杜鹃花》赏析。白先勇受西方现代文学的浸润，主观色彩浓厚，多写“无根的一代”的矛盾与痛苦，怀旧情绪浓烈，别具感伤主义色彩。《那血一般红的杜鹃花》便是其中的典型文本。

小说写一个外表粗犷、心地纯真、行伍出身的雇工王雄。他原是湖南湘阴县的一个农民，抗战期间被国民党拉丁离开了家园，退伍后在台湾一户有钱人家做雇工。离家几十年，但他仍念念不忘留在大陆的母亲和童养媳。他向人打听“在金门岛看得见大陆吗？”，说“我的家乡有赶尸的，人死在外头，要是家里有挂得紧的亲人，那些死人跑回去才跑得快呢”，足见他思亲之深。带着对昔日乡下童养媳“小妹仔”的追忆，他把全部心血倾注于年纪和他童养媳相仿的东家小姐丽儿身上，借此来寄托对自己世界的怀念，填补生活的空虚。但当丽儿考上高中，因怕被同学们嘲笑，便渐渐疏远了王雄，并对他感到厌恶。王雄幻想破灭了，精神受到沉重打击，在对喜妹施暴后，便投河自杀，只留下宅内自己尽心照顾的杜鹃花，暴露在丽儿家的花园里，如同一摊摊的鲜血。作品通过讲述男仆王雄为追寻理想而自杀，为回老家“找亲人”而投海的悲剧，表达了故乡在大陆的台湾老兵独居孤岛、渴盼回家的那份浓郁沉重的“怀乡的哀愁”，反映了大陆、台湾一水相隔，致使两岸亲人不能团聚的可悲的现实。小说具有极丰富的意蕴和极高的美学品位，在作品表现的人事沧桑感的背后，抒发的是作者对国家的那份郁结无限的文化上的乡愁。

文本表层下还潜藏着今昔之比的怀旧情绪和灵肉之争等较为复杂的含义，主人公王雄对丽儿如此痴恋，是要在她身上捕捉“过去”，丽儿之影像，与他少年时代湖南乡下的童养媳“小妹仔”合而为一，他今日对丽儿之迷恋，其实正是他对“过去”的迷恋。然而时间不能永驻，入中学后的丽儿不再符合凝滞于王雄心目中那十岁的“小妹子”之影像，而丽儿在实际生活上，开始脱离王雄。当丽儿舍弃了王雄，也就是说，当“过去”舍弃了王雄，他的生活意义顿失，“灵”即衰萎。剩下的只是空空的“现在”，只是肉体，只是喜妹。但他那被阉割了的“灵”怎肯就此罢休？他最后对喜妹施暴，与自杀身亡，其实就是他的“灵”对“肉”的最后报复。他死后，灵魂又回到丽儿家里，天天夜里在园子里浇水，把那百多株杜鹃花，浇得像喷出了鲜血，开放得“那样放肆，那样愤怒！”在这里，灵肉之争其实也就是今昔之争，“灵”与“昔”互相印证，“肉”与“今”互相认同。灵是爱情、理想、精神，肉是性欲、现实、肉体。

白先勇是一位艺术高手，《那血一般红的杜鹃花》强调和重视小说技巧。善于以白描手法客观刻画主人公王雄的性格；结构严谨，注意整体结构上的场景选择、场景叙述和对话的布局，简练的结构犹如一张密织的网；语言上，写作手法灵活多样，文笔简练明快、清丽典雅，富于个性化；成功地运用了象征手法。在文学上，杜鹃花赋予了哀怨、思念、羁旅乡愁的象征的文化意蕴。作品中的杜鹃花不仅是丽儿及王雄所爱的象征，也是王雄对大陆山河满怀深情的象征，还是作者对王雄的同情和对社会不平的愤怒的象征。血红的杜鹃花在小说中被反复描写和铺展，体现了作者的深意和匠心，流露出浓重的悲剧美感。

二、现代小说写作

（一）小说概述

小说是作者对社会生活进行艺术概括，通过叙述人的语言来描绘生活事件，塑造人物形象，展开作品主题，表达作者思想感情，从而艺术地反映和表现社会生活的一种文学体裁。小说的基本特征有三：深入细致的人物刻画；完整复杂的情节叙述；充分具体的环境描写。人物、情节和环境是小说艺术的三大构成要素。现代小说按篇幅和容量可分为：长、中、短篇小说与微型小说。在写作上，这四类小说各有不同的要求。

高尔基在《和青年作家谈话》中指出："一开始就写大部头的长篇小说，是一个非常笨拙的办法"。作为初学小说创作的作者，由于审美经验不够丰富，把握小说艺术的能力不够强，因此应该从短篇小说入手，中外所有杰出的作家几乎都是这样。

（二）短篇小说的写作

短篇小说的篇幅和容量比较短小，一般二万字以下，两千字以上。人物集中，故事单纯，结构紧凑。往往截取生活中富有典型性的某一侧面或片断加以集中描绘，塑造血肉丰满的典型人物，揭示现实生活的本质，"它往往只有一个主人公，一条线索；往往只写几个小时或几天之内集中发生的事，但却使读者看了以后可以联想到更远更多的事。"（茅盾）由于它借一斑而窥全貌，以一目尽传精神，鲁迅把它譬为"大伽蓝"中的"一雕栏一画础"。如《祝福》（鲁迅）、《装在套子里的人》（果戈理）、《三年早知道》（马烽）、《种包谷的老人》（何士光）等均属此类。当然，小说之分为长、中、短篇，主要的差异并不在于字数，而在于表现方法。初涉小说创作领域，可尝试从以下几个方面入手。

1．充分准备，打好基础。写作小说需有一定的思想修养和生活积累；读过较多的文艺作品，喜爱文学创作，有一定的文艺修养和文艺理论的基础常识；从事过表达方法的基本练习。必须从思想、生活、技巧各个方面下苦功，打下坚实的基础。初学者就是要勇于创作实践，在实践中摸索技巧，写是最好的基本训练。

2．认识生活，熟悉人物。社会生活是文学艺术的源泉，人是社会诸关系的总和。只有熟悉、理解社会生活，才能熟悉、理解各类人物，才能进行以塑造人物形象为中心的小说写作。一个小说作者应像阿·托尔斯泰说的那样："他溶化在生活洪流之中，溶化在集体之中；他是一个参加者。"

3．严格选材，深入开掘。写作短篇小说，选材要做到：撷新去陈，根据时代需要选材；以小见大，根据体裁特点选材；扬长避短，根据自己生活选材。短篇小说题材的"开掘"，就是要深入发掘生活素材所内涵的本质意义，开掘得越深，主题思想就越深刻，教育作用就越大，美学价值也就更高。

4．刻画人物，塑造典型。典型性格的刻画是艺术创造的中心。在写作中，小说人物典型化的具体方法有两种：一是以生活中的某一原型为主，加以概括、想象和虚构，从而创造出典型人物。二是在广泛地集中、概括众多人物的基础上塑造出典型人物，也就是鲁迅说的"杂取种种人，合成一个"的方法。人物刻画要善于抓住特征、细节以及环境烘托。

5．构思故事，安排情节。小说家的技巧首先在于会说故事。根据提炼出的主题，从人物性格出发虚构故事情节，这是小说构思的基本原则。短篇小说多为一根情节线索，也有主次、明暗两根线索的。安排故事和情节可以使用"大纲”：①主要人物表；②故事要点；③重要场面；④作品主题；⑤篇章结构。这种“备忘录”式的大纲，对初学写作小说的人尤为重要。

6. 精于首尾，善于叙述。开头方式可概括为两种类型，即直接入题和间接入题。前者开门见山、开宗明义，朴实无华；后者曲径通幽起笔铺垫，巧妙迂回，逐步转入正题。有了好的开头，结尾也应孜孜以求。结尾可分为：“卒章显其志”；自然收束，事毕言毕；面向未来，提出希望。结尾宜简洁、含蓄、自然。总之，“开卷之初，当以奇句夺目”，“一篇之妙，在乎落句”。明人谢榛“起句当如爆竹，骤响易彻；结句当如撞钟，清音有余”的见解对小说创作者具有借鉴意义。

小说有法，却无定法可循。小说是而又不仅仅是一种技术活，智慧使它分量沉甸，富有质感。一切存在着的事物都有着自己的语言与灵魂，只要肯去触摸它，肯用心去听，我们就能够听见它们的声音。真正的好小说是独立精神的表达，不可复制。

（贺诗泽）

第四节　应用文

应用文是与文学作品相区别的一类文章体裁，是人们在日常生活、学习、工作和公务活动中经常使用的、具有直接社会效用的各类文章的总称。应用文在长期的实践中形成了内容、结构、语言表达等方面独有的特点和规范，应用文的写作也有自己的规律特征。

一、应用文的含义及历史演变

1. 应用文的含义。应用文是指国家机关、企事业单位、社会团体、人民群众在日常生活、学习、工作中处理公共事务与私人事务所使用的，具有直接实用、应用价值和一定惯用文章体式和格式的文字材料。它包括机关应用文和私人应用文两类，或称为公务文书和私务文书。它既是信息传递的一种主要载体，又是一种基本工具。

2. 应用文的历史演变。应用文作为一种社会现象，源远流长。人类自从创造了文字，便开始了应用文的撰制。我国最早的应用文见于 3 500 多年前商代的甲骨文“卜辞”（把占卜的时间、原因、应验等刻在龟甲兽骨上的记录文书）。西周青铜器上的铭文中有长达 291 字的赏赐财物命令，还有抵押典当文书以及私人交换货物的契约。这一时期，应用文没有稳定的形式。春秋战国时期，社会、政治、经济、文化、科技都有空前的繁荣和发展，应用文从内容到形式渐趋成熟和完善。出现了盛行的四个文种：书、檄、辞令和监书。“书”是用以阐明政治主张；“檄文”多用于声讨和征召，有时也用以晓谕；“辞令”用以外交；“监书”则用于诸侯之间签订协议。出现了我国最早的物候著作《夏小正》、经济学理论著作《管子》、地理学著作《禹贡》、物理学著作《墨经》、医学著作《黄帝内经》、数学专著《周髀算经》、工程技术著作《考工记》等。秦汉、魏晋南北朝时期，应用文写作的内容、方式及手段又有了划时代的进步，应用文文体不仅多样，而且逐渐程式化和规范化；纸的发明和使用，使应用文真正普及到民间，出现了一大批应用写作名篇，如晁错的《论贵粟疏》、司马迁的《报任安书》、曹操的《让县自明本志令》、诸葛亮的前、后《出师表》、嵇康的《与山巨源绝交书》、李密的《陈情表》。唐宋两代是应用文发展的高峰时期，名家辈出、名篇如云，其数量和质量都超过了前代，如唐代韩愈的《祭十二郎文》、刘禹锡的《陋室铭》、魏征《谏太宗十思疏》、宋代欧阳修《答吴元秀才书》、王安石《答司马谏议书》、李清照《金石录后序》、文天祥的《指南录后序》、沈括的《梦溪笔谈》等，这些作品都是古代应用文写作中的代表作，堪称古代应用文的典范。但由明至清，应用文写作，多因袭、少创造，其发展速度大不如前。至“五四”变革文言，倡导白话，才出现新的局面，产生了现代应用文的雏形。应用写作又一次飞速发展是西方资本主义经济蓬勃发展的结果。以市场为导向的社会化大生产，信息是它发展的先决条件。因此出现了收集、加工和传播社会信息的专业部门，由于科学技术的发展，新的媒体纷纷问世，各种适应市场需要的新兴文种应运而生，应用文无论是品种还是数量空前发展繁荣，进入新的发展时期。

二、应用文的功能和结构

（一）应用文的功能

满足特定社会和读者的需要是应用文的主要功能。也是应用文的生命和价值。

应用文文体众多，不同的文体承担着满足特定社会和读者不同的需要，如社会需要，就有政策法规需要，经济和社会发展规划需要，科技活动运行机制需要，文化背景需要；读者需要，就有认识需要、交往的需要、审美的需要等等。因此，应用文的功能可以具体划分为以下 7 个方面。

1．信息情报功能。主要作用是收集、整理客观世界中各种信息情报，以供贮存、检索取用，例如文摘、综述、简报等文体。

2．调查研究功能。主要作用是通过调查研究，揭示、描述社会特定活动中的各种现象和问题，说明其数量、质量方面的关系和特点，探讨、阐释其本质与联系，找出控制、解决的途径和办法。体现这一功能的文体主要有调查报告、总结报告、经济活动分析报告、学术论文等。

3．预测决策功能。主要作用是针对预先设定的某一具体经济活动，分析、讨论、评估、测算其现实可能性和可行性，提供运作方案和决策依据。体现这一功能的文体主要有市场预测报告、咨询建议书、可行性研究报告、项目评估报告等。

4．组织指挥功能。主要作用是从组织管理角度交换信息情报，请求和发布各种命令，以实施对社会活动宏观或微观的调控。体现这一功能的文体有各类公文和各种法规制度。

5．经营管理功能。主要作用是外部经营活动或内部管理活动中交换信息情报，形成经营行为的契约规则和管理行为中的运作依据。体现这一功能的文体很多，大到合同，小到便条、单据。

6．协调监督功能。主要作用是通过信息传输来协调社会活动中有关方面的关系，监督行为各方的活动，以保证社会活动顺利而正常地进行。体现这一功能的文体主要有各类公关文书、审计报告、诉状等。

7．宣传推广功能。主要作用是向广大的社会层面和众多的社会成员传播社会信息，推广成果和经验，揭露矛盾和问题，以引起关注。体现这一功能的文体包括新闻、评论、商品广告、产品说明书等。

（二）应用文的结构

应用文的结构指的是文体的构成要素及其组合方式。它的构成要素包括文本内容和表达形式两个方面。

1．文本的内容要素：主题和题材。

（1）主题：主题是文本的中心内容，是实现应用文功能和写作目的的最主要的手段。在某些文体中，它表现为作者的基本思想、观点和主张，如学术论文；在某些文体中，它表现为经过作者加工的主要事件或主要问题。如反映情况的调查报。

对应用文主题的要求如下。

① 正确　主题正确是指作者在应用文中对某事物或某问题的认识是正确的，反映了事物的内部联系和发展方向，所阐明的观点，所提出的主张，所发表的见解是符合客观实际的。

② 新颖　主题新颖是指文章的思想新颖而别致，不落俗套。如我国《随笔》杂志曾发表题为《弄斧必到班门》的文章。作者写华罗庚发表自己的数学论文时，偏偏去“班门弄斧”，在许多世界著名数学家面前宣读自己的论文，从而显

示了他的数学天才。“班门弄斧”这个贬义词，在这里变为褒义词了。这就指出了“新意”。

③ 集中　主题集中是指一篇文章的主旨要单一、突出。一篇实用文，只宜也只能有一个主题或中心思想，因为多主题多中心即无主旨无中心。如一张通告，只宜向群众公布一件重大的要求群众都知道都遵守的事。一份契约，只宜就某方面的事，把双方交往中商定的责、权、利以文字形式记载下来，不要在一份契约中，既有地契，又有房、物契。

（2）题材：题材是作者根据主题的需求，精心剪接和安排在文本中的具有高度组织性的材料，是为主题服务与主题融合、统一的材料。

题材的选择，直接依赖于写作材料的收集。写作材料的主要功能一是充当作者思维的原料，材料愈丰富、信息愈多，思维才能广阔深入，文章的内容才能可能博大深厚。二是充当文章思想的依据，应用文文本的思想观点主要来源于材料，同时，在文章中表述思想时作为依靠材料。因而材料对于主题和题材具有来源和依据的双重作用。

2．应用文文本的形式要素：篇、段群或部分、段落、句子、文面等。

篇是文本最大的形式单位，它可以是一篇文章、文书或一本书，可以由若干段群、段落构成，也可由一段话、一张图或表构成；段群由若干段落构成；部分既可指文章的段落也可指图表的栏目和图形符号的构成单元；段落是具有首行退两字书写标志的意义独立的篇或段落群组成单位；句子是段落的组成单位；文面是文本书写纸面或显视屏面。

文本的形式要素的主要功能是区别和联系文章的前后的内容。一篇应用文，往往由若干部分内容组成，各部分内容之间，既有区别又有联系。有区别就要有明显的段落层次。段落层次的划分与排列，或按事物发展变化的时间顺序和空间位移，或按内容性质的不同分类，或按人物感情的变化，或按作者认识的秩序等。有联系就要运用过渡和照应，以使文章的脉络贯通，线索分明。过渡的方法可运用相关的词、句、段，使上下文有机地衔接，自然地转换。照应的方法可运用有关的语句或符号，把开头与结尾或被分开的内容联系起来，前后关照、呼应，使所有段落层次有机联系成一个整体。

3．应用文文本的内容和形式要素的组合方式

文本内容和形式要素的组合方式是作者认识、表达客观事物的思路的直接反映和结果。在文章中，它表现为先写什么，后写什么，中间如何展开，最后怎样收尾，即对文章内容次序、轻重和过渡照应的安排。虽然组合方式在实践中千变万化，但大体上可以概括为起、承、转、合四种。起，指如何开头，如何拟定标题，如何起句，如何写引言等；承，指如何衔接和展开，如何过渡和

照应，如何使各部分条理清晰；转，指如何开拓和深化内容，如何在统一中求变化；合，指如何归结收尾，如何使写作成品形成统一整体。

应用文内容与形式要素组合形式，在写作实践中，常用的有以下几种。

（1）纵向推进方式：它按时间推移或内容深化来组合材料。

① 直叙式：这是以时间先后为序，按照事情的发生、发展变化过程的次序安排层次。采用这种方式，一定要体现事件的过程性特点，表达上要注意突出重点，不平均用力。这种直叙式头绪单一，便于将事情的来龙去脉表达清楚，常用于内容单纯、叙事性强的文种。如情况调查报告、总结等。

② 递进式：这是按说理的顺序或对事物的认识过程来安排层次。在应用文书中，这种方式可以程式化为“叙事——说理——结论”或“提出问题——分析问题——解决问题”。说理性较强的文种常用这种方式组合材料。

③ 因果式：这是按前因后果或前果后因的顺序来安排层次。如公务文书中的通报，其正文结构安排一般先写通报原因，再写表彰或处理意见，行文体现由因而果的逻辑顺序。

（2）横向展开材料方式。这是按事物的不同方面或不同类别来排列的层次，其思路是横向展开的。

① 按照空间位置的变换来组合材料。

② 按照材料的性质或内容的特点组合材料，多用于内容较为复杂、涉及面较广的文种。

（3）总提分承展开方式。这是一种辐射式展开的层次，其特点是中心突出，层次分明，条理清楚，鲜明地体现着领属关系或整体与部分关系。这种层次在公务文书中，多为先总后分，也有从总到分再到总，很少是先分后总的。公务文书中的通告、通知、会议纪要等的正文结构常用这种层次。

（4）纵横交叉展开方式。这是将纵向推进和横向展开综合起来交叉安排材料的方式。采用这种纵横交叉方式要注意有主有从：或是以纵向为主，以横向为辅；或是以横向为主，以纵向为辅，不能平均用力。一些内容复杂，时空变换较大，篇幅较长的应用文往往采用这种方式。

三、应用文的特点和分类

（一）应用文的特点

应用文的特点指的是从应用文本身的功能、结构等方面与文学作品相比较而表现的差异性和独特性。概括起来主要有以下几点。

1．直接的实用性。文学作品是语言的艺术。它以形象反映生活，供读者阅读欣赏、给人以熏陶、以美的享受，具有审美价值。应用文呢？它以语言文字为中介，传递各种信息，直接为人们的日常生活、学习和工作服务，具有实际的使用价值。例如：各种公文，可以沟通党和国家机关、团体、企事业单位的公共关系，使社会机器正常运转；调查报告和总结，可以通过调查情况，总结经验，从而作出决策，指导工作，解决实际问题。

2. 客观的真实性。文学作品反映生活所要求的真实是指艺术的真实，作者运用形象思维，通过提炼、联想、想象、虚构，对生活素材进行再创造，塑造典型人物，再现社会生活，所写的人物事件合情合理，却不一定真有其人其事，应用文则不然，真实性是应用文的生命。“失真”是应用写作的大忌。它不允许虚构，所交代的时间、地点、人物、事件和原因结果，文中所列举的论据，所作出的判断，都必须是确实存在的，符合实际的，做到“案皆可考”、“言必有证”。

3. 时效性。文学作品可以写历史题材，也可以写现实题材，反映社会生活不受时间的局限，其审美价值，也不为时间所限制，某些特别优秀的作品，具有永恒的魅力。应用文要及时地为现实生活服务，其使用价值，多数限制在一定时间之内。例如新闻报道，如果不及时写作并及时发表，就失去了新闻价值。又如科技报告，由于当代科技工作处于激烈的竞争状态之中，某些项目，世界上可能有许多人在研究，如果同时取得了研究成果，谁抢先写出科研报告，谁就占有发明权、专利权。

4. 规范性。文学作品要求构思巧妙，形式新颖，忌讳固定的模式。应用文中的大多数文体，要求简洁、明了，因而体式约定俗成，有了相对稳定的格式。这正如王若虚说的，“定体则无，大体须有”。例如：公文类写作，为了机关工作方便，为了维护公文的权威性和严肃性，凡国务院规定的十来类十多种公文，各有规范、格式，任何机关单位，不得另出花样，自行其是。

（二）应用文的分类

本书根据应用文的功能和内容结构特点，将应用文分为 6 类文体。

1. 行政公文类文体。主要功能是联系公务，主要文体有命令、决定、报告、请示、通知、通报、会议纪要、意见等，它们具有法定的格式和制作程序。

2. 调查研究类文体。主要功能是描述、揭示写作对象的客观事实和变化规律、特征。主要文体有：学术论文、调查总结报告等。

3. 法规类文体。主要功能是对指定范围的人和社会组织以及他们从事某项活动进行思想和行为的规范。主要文体有条例、规定、方法、制度、章程、细则等，它们的结构形式比较规范。

4. 宣传类文体。主要功能是传播各类信息，以期影响社会大众。主要文种有消息、演讲稿、广告等。这类文体虽然有一些规范，但更强调写作形式的多样性和变化性。

5．经济管理类专有文书。主要功能是对经济活动和行动进行调控。主要文种有计划、合同、经济活动分析报告、可行性研究报告等。这类文体无论是内容和研究方法都具较强的专业性。

6．司法类文书。主要功能是处理各类刑事、民事案件和经济纠纷。主要文种有起诉书、答辩状等。这类文书形式稳定，格式化程度高。

必须指出的是，以上的分类有的具有明显的交叉性，既可是此类，也可以是彼类，如调查报告，既可做研究类文体，也可做宣传类文体。

四、应用写作过程的特点

应用写作过程的显著特点是，在具体的写作活动中，写作功能、目的、结构等都处在不断变化中。下面以《试论保护农村生态环境的对策》一文的写作过程为例，略加说明。

第一步，作者在社会活动中发现社会和读者迫切需要认识农村可持续发展战略问题（写作功能 F0），于是萌发了写一篇研究农村可持续发展战略论文的动机（初期的写作目的）。经过一番思考后，作者认识到，为了实现上述目的，应该把探讨“保持农村生态环境”作为研究课题的主题（结构要素）。

第二步，在研究中，作者又弄清了社会和读者对认识保护农村生态环境的需要（第一步的结构要素转化新的功能 F1），为了达到论述保护农村生态环境问题的目的（新的功能转化新的目的），经过一番思考后，作者认识到，应该把自己体会较深和有新意的“论述保护农村生态环境的对策”作为文章的主题（新的结构要素）。

第三步，更深入地研究后，作者又弄清了社会、读者对论述保护农村生态环境对策的需要（第二步的结构要素转化为新的功能 F2），为了达到论述保护农村生态环境对策的目的（新的功能转化为新的目的），经过一番思考后，作者认识到，全文应依次阐明三个问题（全文大纲，文章总体结构，总体构成要素和组合方式）：第一，关键是实行环境质量行政领导负责制（全文第一部分的主题，结构要素）；第二，重点是控制乡镇企业的污染（全文第二部分的主题，结构要素）；第三，基础是搞好生态农业建设（第三部分的主题，结构要素）。

第四步，要进一步研究各部分如何写。这里只以第二部分的写作过程为例。在考虑如何写第二部分时，作者一方面要进一步弄清社会、读者对阐明重点是控制乡镇企业污染的需要，另一方面还要弄清这个问题在全文总体构架中的地位和作用（新的功能 F2.2），为了达到阐明重点是控制乡镇企业的污染的目的（新的目的），经过一番思考后，作者决定分三段说明（第二部分的总体结构，第二部分的结构要素和组合方式）。以下不再一一分析。可以肯定，作者要写的每一段话、每句话，都有特定的功能、目的和结构。以上所描述的功能、目的、主题的变化关系可用下图表示。

上述例子只是对一篇文章写作过程的功能、目的和主题变化关系的简略的模式化的说明。在实际的写作活动中，写作功能、写作目的、写作结构等的变化情况更复杂。

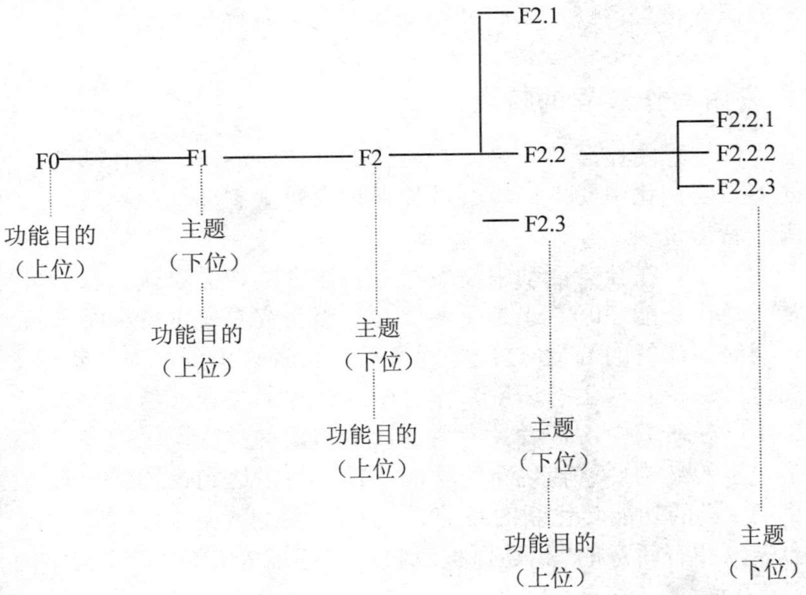

五、几种常见应用文文体的写作

（一）通知

通知是上级机关告知下级机关或有关人员要求办理或需要通知一定事项、转发文件时使用的公文名称。其基本功能是批转下级机关、转发上级机关和不相隶属机关公文，发布规章，传达要求下级机关办理和需要有关单位周知或者共同执行的事项，任免和聘用干部。同时，通知还适用于增设机构、通报情况、召集会议、通知入学、体检等。在所有公文文种中，通知的使用范围最广，任何机关、社会团体、企事业单位，任何级别的组织机构都可运用。通知虽以下行文为主，但有时也用于平行。其内容可繁可简，篇幅可长可短。由于通知应用范围广泛，运用上具有灵活的兼用性，所以在所有公文中使用频率最高。应用广泛、内容单纯、行文简便、具有执行性、指导性、告知性等显著特点。根据功能的不同，通知有五种基本类型。

1. 批转性通知。主要功能是发布、转发、批转文件，特点是标题较长，以发布另一文件为行文目的，正文较短，将转发、批发的文件作为附件一同下发，并提出执行要求，具有指导作用。

2. 指示性通知。主要功能是布置指导下级机关开展工作，提出任务，阐明工作活动的原则与方法。它是不宜用“命令”时而制发的具有指示性质的通知。它要明确交代制发通知的缘由、目的和依据（政策或事实），进而说明工作任务与执行要求。其特点是以布置安排工作为主要内容，篇幅较长，以说明为主要语体，具有指挥性和强制性。

3. 知照性通知。主要功能是传达信息、通报情况、告知事项。如设立或撤销机构、启用或废止印章，变更作息时间或地址，调整组织人员，出版发行刊物等。其特点是内容具体单一，不需要执行办理，只写出告知的内容即可。

4. 会议通知。主要功能是对参加会议有关事项进行交代说明，特点是内容具体明确，主要写清楚会议名称、议题、时间、地点、主办单位、与会单位或人员、准备事项、联系单位电话、人员等内容。对于十分重要的会议还要附上时间安排、有关文件和必须携带的材料等。

5. 任免或聘用通知。主要功能是公布任免事项，以利工作的开展。内容以简要文字分条列项写明任免、聘用人员的姓名与职务，有时还写明有关期限、待遇等事项。这类通知，不需写明原因，最多交代一下任免、聘用干部是什么时间的什么会议上决定的。

6. 通知的写作格式。通知的内容要素主要有主送单位或个人；通知缘由；通知事项；执行要求等四部分组成。其结构形式一般由标题、主送机关、正文、发文机关与成文时间等部分组成。

（1）通知标题。简要概括通知的主要内容。主要有两种形式，一是完全式，发文机关、事由和文种三者俱全；二是省略式，是事由和文种组成。机关内部不作为正式公文办理的事务性通知可以只写文种“通知”作为标题。如果通知的内容十分重要紧急，或是对有关问题进行补充说明，在文种前应加上“紧急”或“补充”二字。

标题写作需要特别掌握的是批转性通知的标题，它内容较多、比较复杂，一般的结构模式为“制发机关+被批转（颁发、转发、印发）文件的标题+文种（通知）”。需要注意的是：①准确选用印发、颁发、转发、批转等专用术语，“批转”适用于上级机关对下级机关发文，“转发”则无论上级、下级和平级或不相隶属机关均可使用；“印发”用于职能部门制定、供本系统、本单位使用的发文。②避免标题冗长，多层次转发公文的通知，要注意标题过长过繁的问题，如《××市人民政府办公室转发<××省人民政府办公厅转发<国务院办公厅关于贯彻执行国务院“关于解决企业社会负担过重的若干规定”中有关问题的通知>的通知>的通知》。这种标题，是形式主义病症的典型表现，要注意克服。可在标题中省掉中间的过渡机关，直接转发最高一级机关的公文标题，并在正文中说明过渡情况，如上例可改为《转发国务院<关于解决企业社会负担过重问题的若干规定>的通知》；当被转发的公文也是“通知”时，可能会出现“关于转发关于……”“……通知的通知”现象，可以省略第一个介词“关于”和最后一个文种词“通知”。③被转发的公文一律不加书名号。

（2）主送机关。主送机关是负责承办、贯彻和需要知照的机关，即被通知的对象（单位或个人）。通知的主送机关一般较多，可以用规范的简称，写作时不能遗漏，也不能模糊，要明确、具体，以免误事。

（3）通知正文。通知的正文结构比较规范，一般采用因果式，由发文依据、通知事项和执行要求三项内容要素构成三层意思或三部分，视内容多少，或篇段合一，或采用条文式。

① 发文依据。是通知的开头，一般以简明扼要的文字陈述发布通知的原因、目的或依据，然后以“现将有关事项通知如下”、“特作如下通知”、“特紧急通知如下”等类似的过渡语句引领下文。对于批转性通知，发文依据有时只是批转、转发机关的态度和要求，有时可以不写这一内容要素，直接写事项。如《国务院办公厅关于发布<<国家行政机关公文处理办法>>的通知》，正文只有两句话，第一句是通知事项“现将修订的<<国家行政机关公文处理办法>>发给你们”，第二句是执行要求。

② 通知事项。是正文的主体，写明告知或要求办理、执行的具体内容、原则规定、具体措施、注意事项等。要根据内容的多少，合理安排层次结构。内容简单的，可紧承依据，篇段合一；事项复杂的，可分条列项，逐层表述，“条”“项”之间，应按一定的逻辑关系，或并列、或主次、或正反，先原则后具体。指示性通知的事项，涉及任务、目标、原则、方法、措施等较多内容，要逐条说明，具体明确，以便下级贯彻执行。批转性通知的事由较简单，不必复述被批转公文的内容，只写明被予批转公文的名称（标题）即可。

③ 执行要求。它是正文的结尾。常采用“请认真贯彻执行”，“请将执行情况于×年×月×日上报”，“特此通知”等惯用语提出希望和要求，结束全文。批转性、指示性通知有时另起一自然段评论通知事项的性质和意义，强调执行的重要性和执行中要注意问题。

（4）发文机关。应写全称或规范的简称，加盖公章。如果是联合行文，则主办单位要排在首位。

（5）成文时间。是指印发机关负责人签发的日期。写明年、月、日，不得省写。

【例文 4.1】　指示性通知

教育部关于做好领导干部经济责任交接工作并将经济责任审计报告作为交接内容的通知

教财〔2007〕2 号

部属各高等学校、各事业单位：

为贯彻落实《中共中央办公厅国务院办公厅关于印发〈县级以下党政领导干部任期经济责任审计暂行规定〉和〈国有企业及国有控股企业领导人员任期经济责任审计暂行规定〉的通知》（中办发[1999]20 号）和《中央纪委、中央组织部、监察部、人事部、审计署关于将党政领导干部经济责任审计范围扩大到地厅级的意见》（审经责发〔2004〕65 号）精神，我部制定了领导干部任期经济责任审计制度，全面开展了领导干部任期经济责任审计工作。

领导干部任期经济责任审计在促进党风廉政建设、强化干部管理和监督机制、推动依法治教等方面具有重要的意义。

为了进一步规范直属高校、直属单位领导干部经济责任审计工作，充分发挥经济责任审计的作用，更好地利用审计结果，我部决定将直属高校、直属单位领导干部经济责任审计报告作为直属高校、直属单位领导干部工作交接的内容之一。现将有关事项通知如下：

一、经济责任审计报告交接的目的

1. 促进领导干部认真履行经济责任

经济责任是指领导干部任职期间对其所在学校（单位）财务收支真实性、合法性和效益性，以及有关经济活动应当负有的责任。

经济责任审计报告对领导干部任期内履行经济责任的情况做出了客观公正的审计评价。通过对经济责任审计报告的交接，使领导干部进一步明确自己应当承担的经济责任，牢固树立依法治教、依法治校的观念，增强认真履行经济责任的自觉性。

2. 促进领导干部全面掌握本单位的财经情况

经济责任审计报告真实反映了被审计领导干部所在单位资产状况和财务收支情况、债权和债务情况，客观评价了资金使用的合法和效益情况。通过对经济责任审计报告的交接，使领导干部了解和掌握本单位的财经情况，做到心中有数，家底清楚。

3. 促进落实审计意见、提高管理水平

经济责任审计报告指出了被审计领导干部所在学校（单位）在财务管理和经济活动中存在的问题，并提出了审计建议。通过对经济责任审计报告的交接，学校（单位）能够针对审计提出的问题和审计建议进行整改，提高财经工作管理水平。

二、经济责任审计报告交接的内容

1. 财务收支及有关重要经济活动的真实、合法和效益情况；

2. 重要经济指标的真实性及变化情况；

3. 各类资产的安全、完整情况；

4. 重大经济决策和经济事项决定的程序和效果情况；

5. 贯彻执行国家财经政策，建立内部控制制度情况。

经济责任审计报告对上述等方面的情况做了认真、全面地反映；对被审计学校（单位）财务管理情况做了客观的评价；对被审计学校（单位）违反国家财经法规的问题进行了披露。领导干部交接工作时要对经济责任审计报告中的内容全面进行交接。

三、经济责任审计报告交接的要求

1. 各校、各单位要高度重视、认真组织经济责任审计报告交接工作，将经济责任审计报告作为领导干部工作交接内容的要求落到实处。

2. 各校、各单位在接到教育部办公厅印发的领导干部经济责任审计意见函后，由学校（单位）主要领导主持交接工作，召集领导班子成员参加，必要时可要求有关管理部门负责人参加。

3. 交接经济责任审计报告后，要针对审计中发现的问题，认真分析产生的原因，制定整改措施，落实整改责任人和责任部门，限期整改，并要进一步健全完善学校各项财务规章制度。

二○○七年一月四日

（选自中国教育部网：http://www.moe.edu.cn/）

（二）调查报告

调查报告是一种认知文体。其主要功能是及时记录、整理、报道作者实地观察、调查后所获得的材料和认识。即通过定性定量总结分析的方法，用亲自调查获得的真实信息反映客观情况、经验、问题或规律性的东西，满足读者的认知需要。大量第一手材料是构成这种文体的第一要素，这是最显著的特点，这使它具有一定的新闻性，也是其具有较高情报价值和科学研究价值的原因。

作者对这些材料的分析和认识，是构成这种文体的第二个要素。一般说来，这种分析和认识只具有初步研究的性质。按不同的功能将调查报告分为三种类型。

1．情况反映型调查报告。主要功能是反映真实情况，读者提供客观信息，材料翔实、丰富，以各种不同类型的具体事例和数字说明情况，很少有作者自己观点的分析论证，加工深度不深。它是对某一方面进行专题调查，既可以用文章形式，也可以用图表加说明的形式。例如《××市下岗职工基本生活状况的调查报告》。

2．典型分析型调查报告。主要功能是及时反映现实生活中的典型个案、经验和问题。它不仅有丰富的调查材料，还要有从材料中提炼出的规律性东西，形成作者的认识和主张，但主要用事实说话，它具有初级论文的特点。一般又分为典型经验和揭露问题两种。前者以总结典型经验为主要功能。是就某项典型经验，某个先进典型作专门调查。其特点是比较集中和深入，加工程度比情况反映型深。一般是抓住现实生活中带普遍性的问题、事物或经验，深入开掘，它必须对观察、调查的情况进行分析和归纳，用实际材料说明它的意义和作用，找出规律性的东西。这类调查报告主要围绕某一问题，要求能掌握全盘情况，即过去和现在的变化；变化的原因（主要经验）；还存在的问题。后者的主要功能：一是揭露人民内部存在的矛盾和问题，二是用来揭露阶级敌人的反动活动。对人民内部矛盾、着重披露真相、分清是非、探究产生原因，以引起人们的注意，提高认识，吸取教训，达到解决的目的。揭露敌人反动活动的调查报告，揭露问题要尖锐、深刻、打击有力，要把人所共知的事件真相揭发出来。

3．探讨研究型调查报告。主要功能是总结作者的调查研究成果，有较强的科学性、理论性、一定的创新性和较高的学术价值，是几种类型的调查报告中加工最深的一种，有时甚至可视为科技论文。它的特点：一是除有大量调查材料外，必须有研究获得的较新鲜的观点、主张、方法等成果；二是常常采用理论推导、数学模型等分析方法，可引用其他文献资料展开必要的论证。

调查报告的写作活动一般指调查研究活动，包括制订调查方案、实施调查、统计分析调查结果和撰写调查报告等。这里重点介绍其篇章结构规范。

4．调查报告的写作格式。调查报告的结构形式灵活，就其构成要素看，调查报告有三个基本内容要素：调查所获得的第一手材料（基本情况）、作者对材料的分析和认识、针对问题所提出的相关建议。形式方面的要素有：标题、引言、正文、结尾、署名和日期等。

（1）调查报告的标题。用来标示调查对象、点明调查主题。常常采用3种方式。

① 只有正标题。标明调查的主要对象及内容范围。如《安徽农村税费改革

调查报告》；《四川省中等职业学校师资现状调查》等调查报告的标题都表达了调查的对象、内容和范围。

② 兼有正副标题。用正标题表达写作的主旨，用副标题表达调查的对象和范围。如《如此好事，为何多磨——对安徽大学的调查》；《加强科学补给，提高领导素养——北京市领导干部科技素养调查报告》。

③ 采用新闻性标题。不出现调查报告题名，但仍然看得出是调查报告。如《企业职工的权威意识及其对管理体制行为的影响》；《新型的家庭机械化农场》。

标题可以用"调查"、"调查报告"，也可不用。可以适当运用设问、反问、比喻等修辞性语句。

（2）调查报告引言。调查报告的引言或称前言、概述。以介绍调查研究和调查报告写作的基本情况为内容要素。往往要对调查对象的一般情况以及本次调查所取得的成就，作一个简明扼要的说明。具体地说，首先要说明调查的背景材料、调查的目的、任务、内容、对象、地点、要解决什么问题；有的调查报告还要说明一下调查的经过。特别是对重要事件进行调查时，需要说明调查了多长时间、范围、方法、抽样设计有多少、抽样是怎样选择的、调查人员的组成情况、调查对象的一般情况、调查的结果、意义等。这样可以让读者知道这个调查是怎么做的，对调查的结果是否满足需要，可以估计一下。引言部分要做到开门见山，言简意明，尽快地触及实质性的问题。引言的分量很重时，可作为正文的开头部分。有时也可以不写引言，而将引言要介绍的情况分别放在正文的各部分说明。这也是一种结构方式。

（3）调查报告正文。主要功能是反映调查研究的成果。这些成果大致包括两方面，一是通过调查所获取的第一手材料——客观情况；二是通过研究获得的理性认识。并由此总结出的带规律性的东西（如事物产生的原因、发展趋势、作用意义、构成关系等）。尤其要注意反映变化、发展、新鲜、独特的情况，因为它们对读者最有吸引力。调查报告在反映理性认识的成果方面，主要表现为：总结典型经验、做法；对情况做理性的分析和判断；把客观事实上升到理性高度，并从中提炼出带普遍性、规律性的东西；提出对策和建议。

调查报告正文通常围绕主题构建出完整的文本语境。不同类型的调查报告，正文的写法不同：或陈述事实；或说明调查的经验与问题；或论述作者的想法与建议。视写作目的不同而各异。正文常以提出问题—分析问题—解决问题；或现象—本质；或总说—分说；分说—总说等层次关系来划分全文的语篇结构，每个层次由一个或多个语段组成，层次、语段之间多用小标题、序号或段首撮要词句等形式，鲜明地显示出文本的层次和条理。从语篇结构形式看，调查报告正文常见的有4种：①按空间顺序排列的结构—逐点报告，调查了几个点，报告就分成几个部分来写，然后前后做一些必要的概括；②按时间顺序排列的结构—即纵式结构，按发展演变的阶段，一个阶段一个阶段地来报告；即按事物发生、发展、结尾的先后顺序组织材料，前后有所概括和归纳；③按逻辑顺序排列的结构——即横式结构，按事物不同性质的内在联系，或一个问题一个问题来报告；或分原因、结果来报告，或分成经验成绩和存在问题来报告；或按事物之间的主次、并列、点面关系安排内容。④综合式结构——它是纵横结合交错使用的一种结构形式。从不同角度，侧面报告调查的内容。它既有纵向的时代线索，又有横向的分门别类问题的排列。以上几种组合方式的各项内容要素，它们的主次和详略，决定于调查的目的和实际情况。篇幅较长时，各部分一般用序码和小标题来标示。在划分各部门时，一定要仔细斟酌，内容不能互相交叉和包容。

（4）调查报告结尾　主要功能是归结和总说全文，也是对未尽事项或事理的补充。也有的点明或深化主题；形式多种多样，采用怎样的方式结尾，要视调查报告的具体情况来定。如典型分析型调查报告、主要以提出解决问题的办法，措施和建议为主；探讨研究型调查报告，则是通过对调查事实的科学分析后，得出结论。有的调查报告不单设结尾。

调查报告的文本形式主要有：① 文章式。这是调查报告最常用的文本形式，把内容组织成结构完整、思路清晰的文章。② 报道式。多用于在报刊发表的调查报告，又称为新闻调查、新闻观察、新闻访谈。这种调查报告也是一种新闻文体。③ 报告式。采用公文报告或科研报告的形式。前者主要用于行政部门内部汇报，兼备调查研究文体和公文文体的特点、功能。后者多为实证研究成果，主要发表于专业学术刊物。④ 图表式。专业调查公司常采用这种形式。它全部或基本采用图表体现实证调研结果，很适合用计算机统计处理。⑤ 混合式。这种调查报告的信息形态既有文字，也有图表。混合式调查文本的运用有越来越多有趋势。

【例文4.2】 调查报告

江西省高校哲学社会科学研究调查报告

根据省委宣传部《关于开展〈进一步繁荣发展我省哲学社会科学课题〉调研工作的通知》精神，省委教育工委、省教育厅组成专题调研组，在24所高校组织开展了全省高校哲学社会科学专题调查。结合总结近年来我省高校哲学社会科学研究工作，通过问卷调查和座谈，访谈相结合的方法，进一步摸清了我省高校哲学社会科学的基本状况，总结了我省高校哲学社会科学研究的经验做法，分析了我省高校哲学社会科学工作存在的主要问题，提出了繁荣发展我省高校哲学社会科学研究的对策建议。

调查显示，近年来，我省高校从贯彻落实“三个代表”重要思想的高度，深刻认识哲学社会科学在建设中国特色社会主义事业中的重要作用，尤其是在江泽民同志两次关于哲学社会科学的重要讲话和党的十六大以来，省教育厅及时组织全省高校认真学习江泽民同志的讲话和“十六大”报告，深刻领会精神实质，切实把思想认识统一到“四个同样重要”上来。并按照“五个高度重视”的要求，结合我省的经济发展和地域特点，着力为高校人文社会科学的发展繁荣改善条件，创造支持科学探索、鼓励学术创新的社会环境和学术氛围，努力提高高校哲学社会科学研究水平，推进全省高校哲学社会科学的繁荣和发展，高校哲学社会科学研究取得了令人欣喜的成绩。

一、我省高校哲学社会科学研究与发展的基本状况

按照教育部高校人文社科统计口径，我省列入统计的普通高校有 24 所。这 24 所高校的人文社科统计结果代表了我省高校哲学社会科学研究与发展的基本情况。调查显示，“九五”以来，我省高校哲学社会科学研究有了较快的发展。

一是人才资源比较丰富。截止 2002 年底统计，全省高校从事人文社会科学活动人员为 6652 人（全省高校文理科共 18607 人，占总数 35.7%），其中教授 538 人，副教授 1718 人，博士 117 人，硕士 838 人；从事人文科学研究与发展人员 1135 人（全省高校文理科共 5516 人，占总数 20.6%），其中教授 249 人，副教授 508 人。从事人文社会科学活动人员和人文社会科学研究与发展人员在全国排位分别为第 16 和 15 位；省高校学科带头人总数 263 人，其中人文社会科学 91 人，占 34.6%，骨干教师总数 448 人，其中人文社会科学 175 人，占 39.1%。

……（略）

调查表明，高校是我省哲学社会科学研究的主要方面军。无论是科学门类、研究队伍、还是经费投入、科研成果，都在全省占绝对优势。以年度项目经费为例，省社科规划办为 30 万元，省教育厅为 50 万元；以科研立项课题为例，2002 年社科规划立项课题计 222 项，高校占了 179 项，重大招标课题 5 项，高校占 3 项；以研究队伍为例，高校从事人文社会科学研究与发展的高层次研究人员数占相当的优势。

二、加强高校哲学社会科学研究的主要经验和存在的不足

1. 积极推进科研体制改革，形成有利于高校人文社会科学研究的良好环境。

为了适应我省高校人文社会科学研究的发展，以利于学科建设，省教育厅启动了全省高校人文社会科学重点研究基地建设。经过各高校申报和专家评审，省教育厅确立了 7 所高校的 10 个人文社会科学重点研究基地，每年资助基地 50 万元建设资金，学校再配套投入。通过推进基地体制创新，优化学科结构，重组学术资源，突出重点，强化优势，组织重大课题研究，加大科研经费投入和动态监测评估等，把人文社会科学重点研究基地建设成为全省高校哲学社会科学研究和发展的示范基地，全面推进全省高校人文社会科学的繁荣和发展，努力为江西经济社会发展服务，为省委省政府决策服务，为江西精神文明和文化建设服务。今年，我们确立的 10 个人文社会科学研究重点基地面向社会公开招标 11 个重大研究项目，资助经费达 37 万元，在组织重大课题研究，推进科研改革方面迈出了坚实的步伐。

……（略）

三、加强高校人文社会科学研究的对策及建议

1. 不断提高对哲学社会科学重要性的认识，切实加强对高校哲学社会科学的领导。“坚持社会科学和自然科学并重，充分发挥哲学社会科学在经济和社会发展中的重要作用”。把高校哲学社会科学摆在与自然科学同等重要的地位，放在高等教育和高等学校改革发展的大局中同意考虑，统筹规划。在即将制定的全省教育振兴行动计划和教育“十五”发展规划中，把发展繁荣高校哲学社会科学作为重要组成部分，提出明确的目标和要求，切实加大投入，加快建设。省教育厅成为全省高校哲学社会科学发展领导小组，加强对高校哲学社会科学工作的领导；成立全省高校哲学社会科学专家咨询委员会，发挥专家对高校哲学社会科学发展的参谋咨询作用；适应哲学社会科学发展的需要，合理配备高校领导班子成员和高校社科管理部门领导。通过加强领导和指导，进一步认真研究和把握哲学社会科学教育和研究的规律，实施进一步繁荣发展我省高校哲学社会科学行动计划，充分调动广大哲学社会科学工作者的积极性、主动性和创造性，努力营造有利于哲学社会科学发展繁荣的良好氛围。

……（略）

5. 贯彻实施教育部哲学社会科学教育改革计划，积极推进高校文科教学内容和教学方式的改革。要大力红岩和培育民族精神，加强大学生人文素质教育，特别是在理工科学生中开设人文精神、艺术修养等必修课和选修课，在文科学生中开设科学技术市等课程，切实贯庆文理渗透，推进素质教育。要改革文科教学内容和教学方法，充分运用现代教育技术和手段，不断提高文科教学的针对性和时效性。要把社会实践和社会调查作为哲学社会科学教学和“两课”教学的重要环节，引导高校师生深入基层，了解社会，不断树立正确的世界观、

人文观和价值观。大力加强人文社会科学的学科建设，扶持和培育一批重点学科和学科带头人，新增一批博士点和硕士点，不断提高办学层次和办学水平。

调研组负责人：李小南，

成员：王立夏 彭祖雄 郭华平

2003 年 5 月 28 日

（选自中国政策网：www.chnpolicy.com）

（三）规章制度

规章制度是法规文体中有代表性的文体。它是国家、社会组织和社会团体规范性调整活动的产物，是通过规范性调整活动制定的具有一定强制力的人们的行为规范。它的主要功能是行事功能。其特点是周严性、约束性、规整性、依附性。根据功能的不同，规章制度分为三种类型。

1．言行规则性规章制度。各党派、团体或某些行政单位内部制定的组织纲领、机构设置、目标要求、活动方式、言行规则等方面的基本要求，如章程、准则、守则、规程等。

2．法规性规章制度。国家各级党政部门制定或批准的规定某些事项、职权、管理方式方法等方面的政策法规，如制度、规定、办法、细则等。

3．程序标准性规章制度。普遍要求人们共同遵守的道德规范或行动指南等方面的程序标准，如规则、公约、规范、须知等。

法规性文体都要采用说明语体。少数规章制度，根据特定需要也可使用叙述、描写、议论。但同其他文体不同的是，规章制度中的叙述、描写、议论的内容一般是为说明一定行为规范、活动准则服务的。规章制度必须以客观的态度说明，已形成一种常说的“法律语体”。这种语体的特点是：准确、肯定；通俗、简洁；规范、严谨；庄重、严肃。

4．规章制度的写作格式。规章制度结构的内容要素包括：① 制定此规章制度的依据、目的、意义、背景、总的原则和要求、适用范围和对象；② 严密详尽说明作出的每一条规定，支持、保护、发展什么，限制、禁止、取缔什么以及具体实施与奖惩办法等；③ 解释权、修订权、实施要求、生效日期、本规章制度与其他规章制度的关系等。

规章制度结构的形式主要包括：标题、发布标志、正文 3 个部分。

（1）规章制度的标题。规章制度有两种标题形式：① 三项式标题。其中一种为“发布机关名称+事由+文种”，如《国务院关于扩大科学技术研究机构自主权的暂行规定》；另一种为“适用范围（适用对象）+事项+文种”，如《中央各部门归口分工接待群众来访办法》。② 双项式标题。其中一种为“事由+

文种”，如《关于通用航空管理的暂行规定》。另一种为“发布机关（适用事项、适用对象）+文种”，如《大学生守则》。若是暂行、试行的规章制度，应在文种前标明“暂行”或“试行”。

（2）发布标志。① 把批准机关或会议名称、批准或通过日期，发布机关名称、日期分两行书写，有时加施行日期，外加括号。② 标明发布机关或会议名称和发布或通过日期。如果标题已标出发布机关，发布标志处可省略该机关名称。少数规章制度的发布标志采用公文的签注方式，在文尾签注发布机关名称和发布日期。规格较高、范围较广、规定性和约束性较强的，采取题下签注的方式。如果在规章制度前面，已全文刊发了发布的命令或通知，该命令或通知中已说明了批准和发布的机关、会议、时间，规章制度的标题下就不再署发布标志了。

（3）规章制度的正文。正文一般应对制定的目的、援引依据、适用范围、主管部门、具体规范、法律责任或奖惩办法、施行日期、解释权限等作出规定。其写作顺序有很强的规律性，即先总说后分说，从原则到具体，从主要到次要，从一般到特殊。正文内容依次分为总则、分则、附则三个层次。总则说明制定此规章制度的依据、目的、意义、背景、原则、要求、适用范围和对象等。分则是正文的主体和重心，是实现规章制度目的的具体规定和要求，应严密详尽地说明作出的每一条规定，支持、保护、发展什么，限制、禁止、取缔什么，以及具体的实施与奖惩办法等。附则是主体部分的补充，主要说明解释权、修订权、实施要求、生效日期、本规章制度与其他规章制度的关系及其他未尽事项等。具体的语篇结构分为三种：

① 分条式。也叫“逐条贯通式”。全文从头到尾逐条排列，不设章、节。一个具体问题用一个条文说明，序号从头依次编排到底，如果一个问题中有几种情况，可在条下再列款、项、目。但条的序号相连，款、项、目不连，款、项、目只在各自所属的条内依次列出，与其他条内款、项、目的序号没有前后衔接的次序关系。这种写法多用于内容比较简单、层次也不复杂的规章制度。

② 章条式。又叫“章断条连式”。全文分若干章，每章分条，各章下条的序号从头至尾依次编排。一章可以只有一条，也可以有若干条。为使各章内容鲜明醒目，各章可加小标题。加小标题的章条式又称“小标题式”。通常第一章为总则性内容，最后一章为附则性内容，中间各章是分则性内容。分则性内容要全面考虑，合理分章，各章内容互相独立、互相补充、互相制约，不抵触、不交叉、不包含。这种写法适用于内容较复杂、层次较多的规章制度。

③ 序条式。又叫“总序分条式”。全文开头为序言或导语，写总则性内容。

接下去逐条写明分则性内容。最后一两条写附则性内容。

【例文 4.3】规定

机构编制监督检查工作暂行规定

第一条　为规范机构编制监督检查工作，严肃机构编制纪律，根据《中华人民共和国行政监察法》等有关法律、行政法规，制定本规定。

第二条　机构编制监督检查工作必须遵循实事求是、依法办事、注重实效的原则。坚持监督检查与加强管理相结合，预防、教育与惩处相结合。

第三条　各级机构编制管理机关应当按照法定管理权限，履行机构编制监督检查职责。各级监察机关应当依法履行行政监察职责，检查执行机构编制管理规定中存在的问题，查处机构编制违法违纪行为。

第四条　机构编制管理机关与监察机关在机构编制监督检查工作中应当互相支持，协作配合。

第五条　机构编制监督检查的对象是：

……

第六条　机构编制管理机关、监察机关对下列事项实施监督检查：

……

第十条　实施机构编制检查，可以采取听取汇报、召开座谈会、个别谈话、走访等方式进行。

第十一条　对违反机构编制管理规定的问题，机构编制管理机关应当按照职责和权限进行调查核实。调查核实应当两人以上共同进行。

第十二条　在调查核实过程中，被调查的单位和人员有权向机构编制管理机关申辩。

第十三条　上级机构编制管理机关可以责成下级机构编制管理机关调查核实有关违反机构编制管理规定的问题，并应当进行督办；必要时，可派出督促检查组进行督查。下级机构编制管理机关对上级机构编制管理机关批转的查核件，应当在60日内报告办理结果；逾期不能报告的，应当书面说明理由。

第十四条　监察机关检查执行机构编制管理规定中存在的问题，查处机构编制违法违纪行为，依照《中华人民共和国行政监察法》规定的程序办理。

……

第十八条　国务院和地方各级人民政府所属行政机构、事业单位在机构编制工作中有下列行为之一的，由同级或者上级机构编制管理机关依照本规定第十六条第（一）、（二）、（三）、（五）项的规定处理：

……

第十九条　各级机构编制管理机关在机构编制工作中有下列行为之一的，由上级机构编制管理机关依照本规定第十六条第（一）、（二）、　（三）、（五）项的规定处理：

……

第二十六条　本规定自发布之日起施行。

（来源：人民日报　2007年3月28日）

（四）演讲稿

演讲稿是人们为适应演讲的特殊需要而写作的一种实用文体，其主要功能是运用口头语言直接同宣传推广对象进行面对面的信息交流。演讲稿以口头语体为主，大量采用通俗的日常生活语体，活泼生动、简洁明快，读起来上口，听起来悦耳。同时也需适当运用为群众熟悉的书面语。最显著的语篇特点是：议论、说明、描写、叙述、抒情，多种体式兼而用之，这也是它能打动听众的重要原因。演讲稿的种类很多，致词、开幕词、闭幕词、贺词、祝词、欢迎词、欢送词、还有一些论辩词等都属于演讲稿的范畴。演讲稿可以分为3类。

1．讲解性演讲。演讲的主题没有争议性，这类演讲又可分为以传授知识、交流情况为目的的传授性演讲（如作报告，给学生讲课）和以宣传、鼓励人们采取某种行动（如募捐、赞助）为目的的鼓动性演讲。前者客观冷静、逻辑严密、发人思考。后者情绪激昂，动人心弦。

2．论辩性演讲。论辩性演讲是常见的演讲形式，主旨是通过反驳，说服持不同观点的人赞同自己的观点，分个体式一对一的论辩和群体式的组对组论辩，如各种辩论赛。它就是摆事实，讲道理，既有事实材料，又有逻辑推断，立论明确，观点鲜明，论点充分。

3．叙述式演讲。以向听众陈述自己的思想、经历、事迹，转述自己所见所闻的他人事迹或事件为主要功能。叙述中也夹有议论、描写、说明和抒情。

4．演讲稿的写作格式。演讲稿是一种特殊的文体，结构上首尾完整圆合，逻辑严谨如同议论文；语言上通俗易懂，绘声绘色，如同小说；选择材料上不拘一格、十分广泛，如同散文；同时还具有生动曲折、活泼幽默的特点，还有诗歌热情洋溢炽热感人的抒情特色。因此演讲稿是一种综合各文体特点的产物，需要作者有较丰厚的写作知识和实践积累。

演讲稿的形式结构包括标题、开头、正文、结尾几个部分。

（1）演讲稿的开头。演讲稿的开头称开场白，主要功能一是使听众明确主要讲什么问题，有什么意义；二是迅速拉近与听众的距离，建立良好的关系，引起听众注意；三是找到切入正题的方法，常见的开头有下列几种形式。

① 提出全篇要旨，让大家对所讲的内容有个概括性了解。例如，李燕杰《国家、民族与正气》的演讲这样开头：“每个青年都关心自己祖国和民族的命运。国家的正气，民族的正气，是团结鼓舞群众积极向上的巨大力量，是一个国家，一个民族兴旺发达的重要精神支柱。我今天就想以‘国家、民族与正气’为题作一个发言。”

这个开头把整个演讲的要旨概括出来了。强调了国家的正气、民族的正气的巨大作用，让听众对所讲的内容有个初步的整体上的印象。但这类开头如果开得不好，容易流于平淡。

② 提出一个发人深省的问题，使听众警醒，引起积极的思考、提出的问题应该新颖独特，耐人寻味。云南大学学生王来柱的演讲《人生的支柱是什么？》，开头是这样的：“有这样一个问题常在我的脑海里萦回：是什么力量使爱因斯坦名扬天下之后仍在继续攀登科学高峰呢？是什么力量使张海迪在死神缠绕之时仍锐意奋进呢？这大概是当代青年，特别是我们大学生讨论最多的问题之一，也是我今天演讲的题目。”开头发人深省，引人思考，把听众引导到演讲的主题上来。

③ 引用名人名言开头。哲理深邃、富于文采的名言，很受听众尤其是求知欲强烈的青年人的欢迎，能一下子吸引听众的注意。引用名人名言要注意严格选择，既要和演讲题旨合拍；又要适合听众的实际。既要见解独特；又要新颖生动。如果有一些听众熟知的司空见惯的名言，则可能弄巧成拙，引起反感。英国19世纪著名的博物学家赫胥黎在《进化论与伦理学》中就引用了塞斯卡《书信集》的名言作为开头：“我时常跨越防线，到敌人阵营方面去，但不是当逃兵，而是作侦察员。”引用的名言实际上是个比喻：在学术研究中也要像当侦察员一样了解对手，而绝不能当逃兵！”

④ 跟听众“套近乎”。听众跟演讲者之间总会有感情距离，“套近乎”能缩短这个距离，有助于演讲的成功。“套近乎”的方法很多，比如称赞所在地的良风美俗，名胜古迹，建设成就；称赞听众的美好品格，盛情接待。也可以描述自己的一段生活经历，在工作、学习、生活中碰到的一些问题或烦恼，也可以叙述自己曾在这里读书，工作过，或从其他渠道上了解到这里的情况而早已心向往之，等等。这样容易使听众产生一种亲切感。据说，1858年，林肯竞选上议院议员。有人扬言要杀死他。许多朋友也劝他不要去了。但林肯没被吓退，他这样开始了演说：“听说在场的就有些人要下决定心和我作对，我实在不明白为什么要这样做，我也和你们一样是一个爽直的平民，我为什么不能和你们一样有发表意见的权利呢？好朋友，我不是来干涉你们的，我是你们中间的一

员。……”林肯这个“套近乎”的开场白，得到了喝彩，一下子就溶化了隔在双方中的冰层，使听众产生了强烈的共鸣，接受了他下面演说的意旨。有些原先敌视他的人，后来竟成了林肯的支持者。

⑤ 以实物为话题，由此引申开去。当你在听众面前亮出事先准备好的实物时，会给听众一种新鲜感。实物可以是一幅画，一张照片，一张统计表，……当你把实物分析说明清楚时，实物就有助于阐述思想。20 世纪 80 年代大学生演讲比赛的获奖者、锦州师范学院学生沈萍的演讲《为了我们的父亲》，就是画家罗中立的油画《我的父亲》说起的。在对画中艺术形象所蕴含的思想的分析中，引导听众从老年农民那双欣慰而期待的神情中，看到祖国和人民对青年一代的殷切期望。演讲者一开头就展示了这幅画，随着她的分析，很快就把听众吸引住了。

此外，演讲的开头方法还有很多。演讲者要因时因地因人而异，灵活运用。总的要求是一开头就牢牢地抓住听众，像磁铁一样把听众吸引过来，调动听众的积极思维，让听众跟着你的思路去想，为引入正题创造有利条件。开场白一不要谦词过多，否则会使人感到啰唆，甚至不真诚；二不宜太长，以免头重脚轻，挤兑正文；三不宜卖弄噱头，哗众取宠，使人觉得滑稽可笑；四尤其不能居高临下，炫耀自己，影响跟听众的感情交流。

（2）演讲稿的正文。演讲稿正文的功能主要是对议题展开论述，并在陈述的基础上进行分析、综合，使之富于哲理性而耐人寻味。正文的结构形式有两种，一是与议论文近似，二是同记叙文、说明文近似。由于演讲的具体功能的不同，所采用的结构方式也有所区别。①传授性演讲刻意强调演讲内容的重要性、新颖性，重在揭示奥秘、解答疑问，宣布发现，指出真相，传达交流信息，多采用说明文与议论文并用的结构方式，既有客观事实的冷静介绍说明，也有演讲者的评论判断。②鼓动性演讲往往在追溯回忆，想象展望过程中将事例事件、人物的叙述与强烈的情感变化融汇在一起，使听众在了解事实的同时受到感情的冲击，由产生共鸣而欣然接受，因此这类演讲多采用记叙文的结构，在事实的叙述中，流露出强烈的喜、怒、哀、乐等情感。③论辩性演讲表现演讲者对所讲内容的全方位把握的态势，注重属与种、因与果、数量与质量，现象与本质，正面与反面、偶然与必然、个别与普遍等关系的条分缕析。通过演绎归纳和类比等方面展开、推进思路，或总分、或并列、或层层深入，演讲者的观点、判断通过议论的方式表达出来，不时有带着思辨色彩的警句出现。议论文的结论特别适合这类论辩性的演讲稿。

总之无论是哪一种结构方式，都要求正文充分表达演讲者的思想、观点、内容充实、材料典型、血肉丰满、过渡衔接自然、层次清楚。除此外，议论性演讲，要求观点正确，论据充分，论证严密，雄辩地证明自己论述的正确性；叙事性演讲要求事例生动、典型、言之有理、言之有情、情理交融。

（3）演讲稿的结尾。古人常用“豹尾”来比喻文章好的结尾，意思是结尾要简短有力。演讲稿的结尾主要功能是归结或深化主题，引起听众的共鸣和深思。演讲稿常见的结尾形式有以下几种。①总结全文。结尾是把整个演讲的要旨概括地重复一下，能使听众得到一个清晰而完整的印象。较长的演讲尤其如此。有位作“五讲四美”演讲的同志用四句话作总结：“国事肩上挑，旁观非英豪，牢骚难救国，实干最可靠。”不但总结了全文要旨，而且把是非、正误也说出来了。②展示前景，鼓舞人心。演讲快结束时用一些感情激越的话语，使演讲达到高潮，对听众的理智和感情进行呼唤，使听众受到鼓舞并付诸行动。第二次世界大战初期，戴高乐在英国伦敦向法国人民发表了《反法西斯广播演说》，他在结尾说：“无论发生什么情况，法兰西抵抗的火焰决不应该熄灭，也决不会熄灭。”真是振臂一呼，使全国听众为之热血沸腾。③用哲理性的语言结束。它能收到画龙点睛之功，有使听众回味无穷之效。鲁迅《老调子已经唱完》结尾用哲理深邃的话指明出路：“但坐监却独独缺乏一件事，这就是：自由。所以，贪安稳就没自由，要自由就总要历些危险。只有这两条路，哪一条好，是明明白白的，不必待我来说了。现在我还要谢诸位今天到来的盛意。”④用风趣幽默的话语作结，使听众觉得饶有趣味，能给人轻松愉快之感。有位外国的演说者在结束演说时，穿上外套，戴好帽子，拿起手套，然后幽默地对听众说：“女士们，先生们，我已经结束了自己的演讲，你们呢？”结果赢得了热烈的掌声。

演讲稿的结尾多种多样，总的要求则是要给听众留下深刻的印象。演讲的结尾是整个演讲的结束，结尾留给听众的印象往往就代表了整个演讲留给听众的印象。如何给听众留下深刻的印象呢？美国作家约翰·沃尔夫说：“演讲最好在听众兴趣未尽时戛然而止。”因为演讲高潮时听众大脑皮层高度兴奋，注意力和情绪都处于最佳状态，这时突然结束演讲，保留在听众中的印象就特别深刻。例如，美国独立战争前夕，斐特瑞克·亨利在弗吉尼亚议会的演说，揭露了殖民统治的残暴，驳斥了屈辱求和的幻想，指出只有拿起武器才能争取和平。整个演讲充满爱国的激情，具有极强的鼓动力量。当他把战斗到底的思想、意志、信念都推到高峰时却如此戛然结束了：“在这场斗争中，我不知道别人会如何行事，至于我，不自由，毋宁死！”由于突然收尾，当时是全场愕然，鸦雀无声，但接着听众好像突然惊醒过来一样，有议员站起来高喊：“拿起武器”！顿时全场掌声雷动，爆发了一片“拿起武器！”的呼声。从此，“不自由，毋宁死”就成为美国人民为独立、自由而战斗的口号。这样的结尾真可以说达到演讲艺术的极致了。演讲的结尾最忌拖泥带水，当收不收，意已尽而言未止。其次是过于草率，敷衍了事，后劲不足，结尾松散无力。

【例文 4.4】

看看我的眼睛

作者：老土

看看我的眼睛，您或许会说，你的眼睛有什么好看，好像既没有古典的柔美，也没有现代的雅致。但我相信您一定看到了真诚、看到了自信、看到了宽容，因为在我的眼睛里您看到的一定是您自己的形象。真诚者看到真诚，自信者看到自信，宽容者看到宽容，现在，您还一定在我的眼睛里看到了我对评委们渊博知识的敬仰，看到了我对同台竞赛的朋友们深情的祝福，看到了我对我们伟大祖国深深的热爱，以及由这份热爱而衍生出的无限荣光！

我是徐州博物馆的一名讲解员，面对那一件件珍贵的历史文物，我有资格说我的眼睛里满是中华五千年的沧桑。每天从一个展室走到另一个展室，只要我轻移脚步，我就从一个世纪浏览到另一个世纪，从一个朝代踱步到另一个朝代。从远古到夏、商，从秦皇汉武到明清民国，就如一朵朵白云在我的眼睛里倏忽而过。没有游客的时候，我常常这样浪漫的想：我是赤着双脚行走在历史的册页里，我的眼睛里，有北京山顶洞人用过的那把石斧形象，有楚汉相争的战旗飘飘，有苏东坡在放鹤亭书就的华章。一只陶俑、一方古印、一块汉化像石，在我的眼睛里组合成祖国的形象，这形象一层层叠加，叠加成我作为一个中国人的自豪！

那是今年的春天，一个由一群老人组成的外国旅游团不远万里，执意要看看大汉王朝开国之君刘邦的家乡。当他们满怀着朝圣者的虔诚，来到徐州云龙山下的徐州博物馆。我满面微笑的迎接他们，向他们细致的讲解：这是 4 000 年前的玉环，这是 2 000 年前的金缕玉衣，您知道吗他是由 4248 片打磨精致的新疆和田白玉用金丝编缀而成——当我讲解结束，礼貌地向他们道别的时候。带队的一位老人忽然通过翻译告诉我要和我合个影。这在我们接待游客的过程中经常遇到。我愉快地接受了老人的邀请，站在了老人身边。老人很高兴，把相机交给了他的同伴。按下快门的一瞬间，老人忽然大叫起来，并且指着我向他的同伴比划起来。我吓了一跳，以为做错了什么。这时，翻译告诉我，老人是在提醒他的同伴一定要照下我的眼睛。我当时非常奇怪，没有听说照相只照眼睛的呀！老人大概看出了我的疑惑。他说，你是一个很美丽的东方女孩，你的年龄和我的孙女差不多，身高也差不多，甚至连声音都有几分相像。唯一不同的是你的眼睛，在介绍你们伟大的历史的时候，你的眼睛里漫溢着的都是爱，你的家乡、你的国度将因你而更加美好。我微笑着谢过老人，但我在心里纠正这位异国老人的话：尊敬的老人，我的眼睛里那盈盈的爱，来自于我的祖国、我的叫做中国的祖国，我的具有五千年文明史的中国，我因我的祖国而美丽，我因我对祖国的热爱而赢得称赞！为了回报老人的厚爱，我跑回办公室取来了一面小幅的五星红旗交到了老人手中，我告诉老人：我的美丽来自于她的光辉！老人听懂了我的话，她将那国旗和我一起揽到了怀里。掌声响起来，闪光灯亮起来，所有的老人脸上都跳动着愉悦的光彩！

以热爱祖国为荣。因为热爱祖国的人才会赢得大家的尊敬。“一个人不爱她的祖国，他就不能算作人类的一员”，这或许是诗人的激愤之词。但可以肯定地说，一个危害祖国的人永远得不到她的同胞们的宽恕，即便在他国异帮人的眼里，也永远被视为渣滓。在杭州西湖的岳庙里，我亲眼看到这样的一幕：一对年轻的老外，一开始对人们朝秦桧王氏下跪的铁像吐唾沫感到不可理解，甚至愤怒地抗议。但当他们了解到正是跪在地上的这对男女害死了爱国的岳飞，人们只是以这样的方式表达自己对祸国者的憎恨。我发现，这对年轻的老外，一下子就表示了充分的理解。而更有意思的是，那位男青年走出老远，又跑回来，对着秦桧夫妇的铁像举起拳头作打击状，惹得人们哈哈大笑！

岳王墓前有这样一副对联：“青山有幸埋忠骨，白铁无辜铸佞臣”，青山也罢、白铁也罢，他们本无所谓有幸和无辜，只是在人们的眼睛里有着一根永不降低高度地标尺：爱国为荣，害国为耻。看看我的眼睛，看看你的眼睛，读出真诚，看出自信，释放出光荣和自豪，眼看着我们中国的明天和繁荣富强飞架彩桥。到那时，所有的中华儿女，都会扬起自豪的目光，告诉整个世界——看看我的眼睛！

（选自中国口才网　www.koucai）

（五）合同

合同也叫契约，1999年10月1日起施行的《中华人民共和国合同法》（以下称《合同法》）第二条规定：“合同是平等主体的自然人、法人、其他组织之间设立、变更、终止民事权利义务关系的协议。”这一规定准确给出了合同的定义，即合同是作为平等的法律主体的自然人、法人、其他组织之间有民事权利与义务关系的协议。

其主要功能是通过要约、承诺的方式，设立当事各方的合同关系，明确各方在特定经济事务中的权利和义务，规范、制约各方在经济活动中的行为，以保证各方在合法的、积极的互动交往中完成特定的经济事务。合同的特点是合法性、合意性、对等性、自由性。合同法按不同的行事功能将合同分为15种，分别是买卖合同，供用电、水、气、热力合同，赠与合同，借款合同，租赁合同，融资租赁合同，承揽合同，建设工程合同，运输合同（包括货运、客运、多式联运合同），技术合同（包括技术开发、技术转让、技术咨询、技术服务合同），保管合同，仓储合同，委托合同，行纪合同，居间合同。

合同文本一般有标题、约首、正文、约尾、附件。

（1）合同标题，即合同名称。可分为全称式、省称式、简化式。全称式标题要标明标的全称、事由和文体。如《武汉世贸广场中庭卖场装修设计施工合同》。省称式标题要标明标的物简称、事由和文体，如《装修设计施工合同》。简化式标题只标明事由和文体，如《施工合同》。也可只标明文体，如《合同书》、《协议书》。

（2）合同约首。位于合同正文之前，标注出文本的基本信息，如合同编号、写作主体名称。写作主体即签订合同的当事人。约首还可包含签约日期、签约地点等。

（3）合同正文。正文是合同文本的主体，其主要功能是设定合同各方的权利义务关系，体现双方在经济事务中的合作意愿和行事目的，形成双方共同遵守的游戏规则。正文内容包括事由和基本条款两部分。

事由一般只用几句话说明签约的目的、根据、过程、范围。

基本条款是合同的主要内容，也是合同写作的重点。根据合同法规定，合同的内容由当事人约定，一般包括以下条款。

① 当事人的名称或者姓名和住所。

② 标的，指双方当事人权利义务所指的对象。如买卖合同的标的是某种商品，借款合同的标的是货币，建设工程合同的标的是工程项目，居间合同的标的是信息或服务。

③ 数量，是指对标的的计数。

④ 质量，是指标的的性能和特征。

⑤ 价款或者报酬，是指标的的价值。价款是承租或购买有形标的物（如商品）的一方向出租或出卖的一方支付的货款；报酬是获取劳务、信息的一方向提供的一方支付的酬金。

⑥ 履行期限、地点和方式。履行期限是指合同各方兑现承诺的起始时间和终止时间；履行地点是指兑现承诺的地理位置；履行方式是指兑现承诺的方法和手段，比如一次交货或分期交货、供方送货或需方提货、付款结算方式等。

⑦ 违约责任。指当事人不履行合同规定的义务所要承担的经济责任和法律责任。

⑧ 解决争议的方法。指双方在履行合同过程中发生涉及合同内容的争议和

纠纷时如何处置。除以上内容外，合同正文最后还要说明某些履约事项，如合同文本份数、合同的留存保管、有效期限、报送单位、未尽事宜处理办法、合同变更条件、附件目录等。

（4）合同约尾，即署名。署名要用全称，并加盖印鉴。经过公证或签证的合同，还要签署公证人或鉴证人的名称并加盖印鉴。也可视需要附上双方银行账号、联系电话等信息。如果约首未标注签约日期，应在约尾标出。

（5）合同附件。有关本合同的一些重要文件可作为合同附件。如图纸、配方、专用名词术语解释、有关证件的副本或复印件等。合同附件是合同不可分割的有机组成部分，与合同正文一样具有法律效力。

书面合同的文本形式包括条款式、表格式、混合式、信函式等 4 种。

【例文 4.5】 经济合同

借款合同

合同编号：

贷款方：

借款方：

保证方：

（借款合同中是否有保证方，应视借款方是否具有银行规定的一定比例的自有资金和适销适用的物资、财产，或者根据借贷一方或双方是否提出担保要求来确定）。

借款方为进行____________ 生产（或经营活动），向贷款方申请借款，并聘请____________为保证人，贷款方业已审查批准，经三方（或双方）协商，特订立本合同，以便共同遵守。

第一条　贷款种类__________

第二条　借款用途___________

第三条　借款金额　人民币（大写）____________元整

第四条　借款利率　借款利息为千分之____，利随本清，如遇国家调整利率，按新规定计算。

第五条　借款和还款期限

1. 借款时间共_____年零____个月，自____年__月__日起，至___年__月__日止。借款分期如下：

贷款期限	归还时间	贷款金额
第一期	年　月底前	元
第二期	年　月底前	元
第三期	年　月底前	元

2．还款分期如下：

归还期限	还款时间	还款金额	还款时的利率
第一期	年　　月底前	元	
第二期	年　　月底前	元	
第三期	年　　月底前	元	

第六条　还款资金来源及还款方式

1．还款资金来源：______________________________

2．还款方式：__________________________________

第七条　保证条款

1．借款方用做抵押，到期不能归还贷款方贷款，贷款方有权处理抵押品。借款方到期如数归还贷款的，抵押品由贷款方还给借款方。

2．借款方必须按照借款合同规定的用途使用借款，不得挪作他用，不得用借款进行违法活动。

3．借款方必须按合同规定的期限还本付息。

4．贷款方有权检查、监督贷款的使用情况，了解借款方的计划执行、经营管理、财务活动、物资库存等情况。借款方应提供有关的计划、统计、财务会计报表及资料。

5．需要有保证人担保时，保证人履行连带责任后，有向借款方追偿的权利，借款方有义务对保证人进行偿还。

6．由于经营管理不善而关闭、破产，确实无法履行合同的，在处理财产时，除了按国家规定用于人员工资和必要的维护费用时，应优先偿还贷款。由于上级主管部门决定关、停、并、转或撤销工程建设等措施，或者由于不可抗力的意外事故致使合同无法履行时，经向贷款方申请，可以变更或解除合同，并免除承担违约责任。

第八条　违约责任

一、借款方的违约责任

1．借款方不按合同规定的用途使用借款，贷款方有权收回部分或全部贷款，对违约使用的部分，按银行规定的利率加收罚息。情节严重的，在一定时期内，银行可以停止发放新贷款。

2. 借款方如逾期不还借款，贷款方有权追回借款，并按银行规定加收罚息。借款方提前还款的，应按规定减收利息。

3. 借款方使用借款造成损失浪费或利用借款合同进行违法活动的，贷款方应追回贷款本息，有关单位对直接责任人应追究行政和经济责任。情节严重的，由司法机关追究刑事责任。

二、贷款方的违约责任

1. 贷款方未按期提供贷款，应按违约数额和延期天数，付给借款方违约金。违约金数额的计算应与加收借款方的罚息计算相同。

2. 银行、信用合作社的工作人员，因失职行为造成贷款损失浪费或利用借款合同进行违法活动的，应追究行政和经济责任。情节严重的，应由司法机关追究刑事责任。

第九条　解决合同纠纷的方式：执行本合同发生争议，由当事人双方协商解决。协商不成，双方同意由仲裁委员会仲裁（当事人双方未在本合同中约定仲裁机构，事后又未达成书面仲裁协议的，可向人民法院起诉）。

第十条　其他

本合同非因《借款合同条例》规定允许变更或解除合同的情况发生，任何一方当事人不得擅自变更或解除合同。当事人一方依照《借款合同条例》要求变更或解除本借款合同时，应及时采用书面形式通知其他当事人，并达成书面协议。本合同变更或解除后，借款方已占用的借款和应付的利息，仍应按本合同的规定偿付。

本合同如有未尽事宜，须经合同各方当事人共同协商，作出补充规定，补充规定与合同具有同等效力。

本合同正本一式三份，贷款方、借款方、保证方各执一份；合同副本一式__份，等有关单位（如经公证或鉴证，应送公证或鉴证机关）各留存一份。

贷款方（公章）：
代表人（盖章）：
地　址：
电话号码：

借款方（公章）：
代表人（盖章）：
地　址：
电话号码：
银行账户：

保证方（公章）：
代表人（盖章）：

地址：
银行账户：
电话号码：

签约日期：
签约地点：

（李峰）

第五节　现代学术论文

一、学术论文的含义、功能和分类

（一）学术论文的含义

学术论文是科技人员用以表述科研新成果的论文。是论述创新性研究工作成果的书面文件。是某些实验性、或理论性，或观测性的新知识的科学记录，或是某种已知原理应用于实际中取得新进展的科学总结。

学术论文的内容，应该有所发现，有所发明，有所创新，有所前进，而不是简单重复或纯属模仿和全盘抄袭前人的成果。应具有新的信息。但鉴于我国目前科学技术水平仍较落后，在研究工作中不少工作是重复、模仿、消化国外已有的先进科学技术，推广、应用已有理论和原理于生产实际，属于这类工作成果，也可写论文，但要仿中有创。

学术论文通常在学术会议上宣读、交流，或在学术刊物上发表。用以公布成果，发布信息。它反映了学科最新的前沿科学技术水平及其发展动向，体现了科技工作者取得的成果。学术论文的篇幅一般要受到限制。

（二）学术论文的功能

学术论文的基本功能是表达作者所在领域从事科学研究所获得的创新性成果。凡以科学技术为内容，运用概念、判断、推理、说明和反驳等逻辑思维手段来分析，阐明自然科学的原理、定律和科学技术研究中的各种问题，表达科技研究的过程及其成果的文章，都属科技论文的范围。它的内容必须包含创新点，即他人没有发表过的新理论、新观点、新方法、新技术，或对他人成果有所发展、完善、修正。

（三）学术论文的分类

1．根据研究方法的不同，学术论文可以分为3种类型（以自然科学为主）

（1）理论证明型。主要是通过理论推导或数学运算来表达科研成果；

（2）实验分析型。主要是通过实验设计和实验结果的分析来阐述科研成果；

（3）观测描述型。主要是通过观测描述来说明新发现的客观事物以及规律。

2. 根据内容的不同，学术论文还可分为论述型论文和对策型论文两种（以社会科学为主）

（1）论述型论文。主要内容是探讨事物的性质、特征、成因、结构、功能、作用、关系等，或提出有价值的问题，目的在于揭示客观规律，为决策提供理论依据。

（2）对策型论文。主要内容是研究现实生活中存在的实际问题，并提出解决实际问题的思路、方法、措施等，目的是为决策提供行动的策略和方案。

二、学术论文的特点

1. 学术性。学术性是学术论文区别于其他论文的重要标志。学术论文侧重于对事物进行抽象地概括或论证，描述事物发展的内在本质和规律。因而表现为知识的专业性、内容的系统性。它要求读者应具有某一方面的专业知识。它与科技新闻报道文章、科普文章以及科技应用文有较大的区别。

2. 创新性。这是首要的一条。创新性是学术论文价值的根本所在，也是衡量学术论文学术水平高低的重要标志。它是为交流学术上的新成就、新理论、新设想、新方法、新定理而写的。

3. 科学性。科技写作中各类文体都强调科学性，因为科学性是科学技术的重要属性，是科技写作的最基本的要求。学术论文与其他科技文章相比较，对科学性要求更严格。学术论文的撰写必须实验数据、论据充分，推理论证严谨、准确，要能反映出写作者科学思维过程和所取得的成果。写作过程中要经过周密思考，论点应经得起推敲。

4. 再现性（重复性）。读者根据论文中所描述的实验方法、实验条件、实验设备，重复作者的实验时，应能得到与作者相同的结果。但是，应明确的是，一些带有专利性的内容，或者是应该保密的内容，不应写入文中。

5. 可读性。文字通顺、语法正确、概念准确、表达清晰、论点鲜明、论据充分等。

6. 规范性。规范性是科技写作不同于文学创作或人文科学写作的一个重要特点。学术论文的规范性具有标准化的特性。符合期刊投稿的规定。

三、学术论文的结构

学术论文在篇章结构上的特点是：① 写作格式标准化。要遵照国家标准局

1987 年颁布的《科学技术报告、学位论文和学术论文编写格式》（GB 7713—1987）的规定来写作论文。② 使用学术语体、理论、概念，这是论文语体的显著特点。数字、计量单位的使用必须符合国家标准；图表的使用要简明、美观；引文必须准确无误，并注明出处；注释必须正确、完整、统一；语句要完整、严密，句、段、篇、图表之间要有逻辑性。

学术论文结构严谨、规范，就其构成要素看，有三个基本的内容要素：研究的成果；充分的事实依据；严密的论证。形式方面的要素，主要采纳论文国家标准（GB 7718-1987）的规定，但在实际应用中，有些部分可以视情况加以省略或合并，学术刊物上发表的科技论文，一般有题名、作者、摘要、关键词、引言、正文、结论、致谢、参考文献、附录等部分。

根据国家标准 GB 7713—1987《科学技术报告、学术论文和学位论文编写格式》的规定，以及国外学术期刊的常规要求，一般格式如下：

前置部分
- 题名
- 署名及工作单位
- 摘要
- 关键词

主体部分
- 前言 1
- 正文 2
  - 2.1
  - 2.2
  - 2.3
    - 2.3.1
  - 2.3.2
    - 2.3.2.1
    - 2.3.2.2

主体部分
- 结论
- 致谢
- 参考文献
- 英文摘要

（一）题名

题名，又叫文题、题目、标题（或称“总标题”，以区别于“层次标题”），是论文的总纲，是能反映论文最重要的特定内容的最恰当、最简明的词语的逻辑组合。

1．题名的一般要求

① 准确得体。题名应能准确地表达论文的中心内容，恰如其分地反映研究的范围和达到的深度，不能使用笼统的、泛指性很强的词语和华而不实的辞藻。

② 简短精练。题名应简明，使读者印象鲜明，便于记忆和引用。GB7713—1987 规定，题名“一般不宜超过 20 字”。我们应把这“20 字”视为上限，在保证能准确反映“最主要的特定内容”的前提下，题名字数越少越好。

③ 便于检索。题名所用词语必须有助于选定关键词和编制题录、索引等二次文献，以便为检索提供特定的实用信息。题名中一定要有反映文章内容的关键词。

④ 容易认读。题名中应当避免使用非共知共用的缩略词、首字母缩写字、字符、代号等。

⑤ 学术论文应根据内容需要，安排章、条、款、项小标题。一般论文小标题分四层：第一层小标题居中写，占行；第二、三层标题编号顶格编排，后空一格排标题，占行；第四层标题编号顶格编排，后空一格，排题名，不占行。不同层次的标题编号用“1”，“1.1”，“1.1.1”，……依此类推。

2．学术论文英语标题的撰写方法

① 英文题名的结构：英文题名以短语为主要形式，尤以名词短语最常见，即题名基本上由 1 个或几个名词加上其前置和（或）后置定语构成。题名一般不应是陈述句。

② 题名的字：国外科技期刊一般对题名字数有所限制。例如，美国医学会规定题名不超过 2 行，每行不超过 42 个印刷符号和空格；英国数学会要求题名不超过 12 个词。

③ 题名中的大小写；题名字母的大小写有以下 3 种格式：全部字母大写；每个词的首字母大写，但 3 个或 4 个字母以下的冠词、连词、介词全部小写；题名第 1 个词的首字母大写，其余字母均小写。

（二）署名

1．署名对象。署名者只限于那些参与选定研究课题和制定研究方案、直接参加全部或主要部分研究工作并做出主要贡献，以及参加论文撰写并能对内容负责，同时对论文具有答辩能力的人员；仅参加部分工作的合作者、按研究计划分工负责具体小项的工作者、某一项测试任务的承担者，以及接受委托进行分析检验和观察的辅助人员等，均不应署名，但署名者可以将他们作为参加工作的人员一一列入“致谢”段，或注于篇首页地脚处。

个人的研究成果，个人署名；集体的研究成果，集体署名（一般应署作者姓名，不宜只署课题组名称）。集体署名时，按对研究工作贡献的大小排列名次。

2．署名的位置与格式。通常，学术性期刊中将署名置于题名下方，并采用如下格式：

作者姓名

作者工作单位名称（可署至二级）及地址（所在城市名、邮政编码）

3．作者与作者单位的英译

作者：中国人名按汉语拼音拼写。

单位：单位名称要写全（由小到大），并附地址和邮政编码。

（三）摘要

1．摘要的概念和作用。摘要是对“论文的内容不加注释和评论的简短陈述”，对一篇完整的论文都要求撰写随文摘要。其作用有二：一是让读者尽快了解论文的主要内容，以补充题名的不足；二是为科技情报人员和计算机检索提供方便。

2．摘要的内容。摘要中应写的内容一般包括研究工作的目的、方法、结果和结论，而重点是结果和结论。下面的例子比较符合这一要求。

【例文 4.6】　摘要的内容

题名：青少年足球运动员倾向性的不同因果模型

摘要：借鉴 Bcanlan 的运动倾向性因果模型及其调查问卷来分析我国青少年足球运动员运动倾向性的影响因素。对北京市 252 名青少年足球运动员施测结果的分析表明：运动倾向性五因素模型比较符合北京市青少年足球运动员，其中运动乐趣、个人投入、参与机会是主要影响因素，而社会约束几乎无作用。

用不长的篇幅即表述了研究工作的目的（从“分析我国”至“影响因素”片断）、方法（从“借鉴”至“问卷”片断）、结果和结论（冒号之后至末尾）。可见在行文方式上，倒无需机械地用“本文的目的是……”、“所用的方法是……”和“结果是……”这样的语句格式。我们看到的许多摘要，也如上例那样，自然地就把“目的”、“方法”、“结论”等主要内容阐述清楚了。当然，在具体行文时，“目的”、“方法”、“结论”等哪项应详写，哪项可略写，还有“研究的背景”、“成果的意义”等写不写，如何写，是因文而异的，不必千篇一律。

3．摘要的写作要求。根据有关规定，可以把摘要的写作要求归纳成如下几点。

① 用第三人称。作为一种可供阅读和检索的独立使用的文体，摘要只能用第三人称而不用其他人称来写。

② 简短精练，明确具体。篇幅短，一般要求 50~300 字（依摘要类型而定），摘录出原文的精华，表意明白，不含糊，无空泛、笼统的词语，应有较多有用的定性和定量的信息。

③ 格式要规范。尽可能用规范术语，不用非共知共用的符号和术语。不得简单地重复题名中已有的信息，并切忌罗列段落标题来代替摘要。一般不出现插图、表格，以及参考文献序号，一般不用数学公式和化学结构式。不分段。摘要段一般置于作者及其工作单位之后，关键词之前。

（4）英文摘要，英文摘要的时态有以下几种。

① 一般现在时：用于说明研究目的、叙述研究内容、描述结果、得出结论、提出建议或讨论等；涉及公认事实、自然规律、永恒真理等，也要用一般现在时。

② 一般过去时：用于叙述过去某一时刻的发现、某一研究过程（实验、观察、调查、医疗等过程）。用一般过去时描述的发现、现象，往往是尚不能确认为自然规律、永恒真理，只是当时情况；所描述的研究过程也明显带有过去时间的痕迹。

英文摘要的语态：一般采用被动语态。

（四）关键词

关键词是为了满足文献标引或检索工作的需要而从论文中选取出的词或词组。

关键词包括主题词和自由词 2 个部分：主题词是专门为文献的标引或检索而从自然语言的主要词汇中挑选出来并加以规范了的词或词组；自由词则是未规范化的即还未收入主题词表中的词或词组。每篇论文中应专门列出 3～8 个关键词，它们应能反映论文的主题内容。其中主题词应尽可能多一些，它们可以从综合性主题词表（如《汉语主题词表》和专业性主题词表（如 NASA 词表、INIS 词表、TEST 词表、MeSH 词表等）中选取。那些确能反映论文的主题内容但现行的主题词表还来不及收入的词或词组可以作为自由词列出，以补充关键词个数的不足或为了更好地表达论文的主题内容。

关键词作为论文的一个组成部分，列于摘要段之后。

（五）引言

1. 引言的概念和内容。论文的引言又叫绪论。写引言的目的是向读者交代本研究的来龙去脉，其作用在于唤起读者的注意，使读者对论文先有一个总体的了解。

引言中要写的内容大致有如下几项。

（1）研究的理由、目的和背景。包括问题的提出，研究对象及其基本特征，前人对这一问题做了哪些工作，存在哪些不足；希望解决什么问题，该问题的解决有什么作用和意义；研究工作的背景是什么。要回答的问题比较多，只能采取简述的方式，通常用一两句话即把某一个问题交代清楚，无需赘言。

（2）理论依据、实验基础和研究方法。如果是沿用已知的理论、原理和方法，只需提及一笔，或注出有关的文献。如果要引出新的概念或术语，则应加以定义或阐明。

（3）预期的结果及其地位、作用和意义。要写得自然，概括，简洁，确切。

引言的写作要注意如实评述，防止吹嘘自己和贬低别人。

【例文 4.7】　引言

题名：液压式固有频率可控动力消振器的研究

引言：动力消振器是一个附加于主振系上的由质量和弹簧组成的振动系统。当其固有频率与主振系的振动频率相等时，主振系便不发生振动。由于动力消振器具有良好的消振效果，自本世纪初发明以来，已得到了广泛应用。（介绍研究对象及其基本特征）但传统动力消振器的缺点在于其固有频率固定不变，不能在使用过程中加以调节，更不能随主振系振动频率的变化对它进行控制，因而它只适用于消除基频基本不变的振动。对于更为常见的频率经常改变的振动系统，使用传统动力消振器不仅收不到良好的消振效果，反而会招致更大的危害。（说明研究对象存在的问题，即前人研究的不足，亦说明了本研究的理由和背景）

作者提出一种可以用于消除变频振动的新方法，即采用液压式固有频率可控动力消振器来跟踪振动频率的变化，使之在变频条件下达到良好的消振效果。实验表明，这是一种很有前途的消振方法（本研究的成果及其意义）。这篇引言问题阐述明确，条理也很清楚。

（六）正文

正文即论证部分，是论文的核心部分。论文的论点、论据和论证都在这里阐述，因此它要占主要篇幅。

由于论文作者的研究工作涉及的学科、选题、研究对象和研究方法、工作进程、结果表达方式等差异很大，所以对正文要写的内容不能作统一规定；但是，总的思路和结构安排应当符合“提出论点，通过论据（事实和（或）数据）来对论点加以论证”这一共同的要求。

1. 正文的内容。一般，正文可分作几个段落来写，每个段落需列什么样的标题，没有固定的格式，但大体上可以有以下几个部分。

以实验分析型论文为例。

（1）理论分析。亦称基本原理，包括论证的理论依据，对所作的假设及其合理性的阐述，对分析方法的说明。其要点是，假说、前提条件、分析的对象、适用的理论、分析的方法、计算的过程等。

写作时应注意区别哪些是已知的（前人已有的），哪些是作者首次提出来的，哪些是经过作者改进的，须交代清楚。

（2）实验材料和方法。材料的表达主要指对材料的来源、性质和数量，以及材料的选取和处理等事项的阐述。

方法的表达主要指对实验的仪器、设备，以及实验条件和测试方法等事项的阐述。

写作要点是：实验对象，实验材料的名称、来源、性质、数量、选取方法和处理方法，实验目的，使用的仪器、设备（包括型号、名称、量测范围和精度等），实验及测定的方法和过程，出现的问题和采取的措施等。

2．试验材料和方法

材料和方法的阐述必须具体、真实。如果是采用前人的，只需注明出处；如果是改进前人的，则要交代改进之处；如果是自己提出的，则应详细说明，必要时可用示意图、方框图或照片图等配合表述。由于科学技术研究成果必须接受检验，介绍清楚这些内容，目的在于使别人能够重复操作。例如《水稻多胚性遗传研究》的材料与方法部分。

（1）试验材料

① 9003，籼型，叶鞘紫色，多胚类型是2芽2鞘2根，3芽3鞘3根。

② W255（22），籼型，叶鞘绿色，多胚类型是2芽1鞘1根，2芽2鞘1根，2芽2鞘2根。

③ W255（23），籼型，叶鞘绿色，多胚类型是2芽1鞘1根，2芽2鞘2根。

④ W3338，籼型，叶鞘绿色，多胚类型是2芽1鞘1根，2芽2鞘2根。

⑤ 明恢63，籼型，叶鞘绿色，单胚苗。

⑥ 8480，籼型，叶鞘绿色，单胚苗。

⑦ 珍汕97B，籼型，叶鞘紫色，单胚苗。

（2）试验方法

遗传群体的构建：用多胚苗亲本作母本，与单胚苗亲本杂交，配有：9003/明恢63、9003/8480、W255（22）/珍汕97B、W255（23）/珍汕97B四个组合及其BC1、BC2、F1、F2、P1、P2六个世代群体以及反交F1。

1991年在雅安，严格人工去支付配F0杂交种，秋季南繁，1992年春在海南陵水配制BC1、BC2以及F0正反交。分株收取F1植株种子，并在雅安播种各系的P1、P2、F0、F1、BC1、BC2　种子。单株栽插规格是30×23厘米。

（3）实验结果及其分析

这是论文的价值所在，是论文的关键部分。它包括给出结果，并对结果进行定量或定性的分析。

写作要点是：以绘图和（或）列表（必要时）等手段整理实验结果，通过数理统计和误差分析说明结果的可靠性、再现性和普遍性，进行实验结果与理论计算结果的比较，说明结果的适用对象和范围，分析不符合预见的现象和数据，检验理论分析的正确性等。

给出实验结果时应尽量避免把所有数据和盘托出，而要对数据进行整理，并采用合适的表达形式如插图或表格等。在整理数据时，不能只选取符合自己预料的，而随意舍去与自己料想不符或相反的数据。有些结果异常，尽管无法解释，也不要轻易舍去，可以加以说明；只有找到确凿证据足以说明它们确属错误之后才能剔除。

结果分析时，必须从辩证唯物主义的认识论出发，以理论为基础，以事实为依据，认真、仔细地推敲结果，既要肯定结果的可信度和再现性，又要进行误差分析，并与理论结果做比较（相反，如果论题产生的是理论结果，则应由试验结果来验证），说明存在的问题。分析问题要切中要害，不能空泛议论。要压缩或删除那些众所周知的一般性道理的叙述，省略那些不必要的中间步骤或推导过程，突出精华部分。此外，对实验过程中发现的实验设计、实验方案或执行方法方面的某些不足或错误，也应说明，以供读者借鉴。

【例文 4.8】 《CT 观察脑出血脑内血肿吸收速度相关因素的研究》一文的结果与分析部分：

结果：

1．自发性脑出血内血肿的体积与血肿平均吸收速度的关系，见附表。

附表 31 例自发性脑出血脑内血肿的体积及血肿吸收速度

序号	血肿体积	吸收速度	序号	血肿体积	吸收速度
1	5.00	0.142	17	19.25	0.662
2	6.00	0.238	18	20.25	0.664
3	7.25	0.306	19	20.50	0.708
4	8.52	0.194	20	21.50	0.735
5	10.75	0.333	21	23.00	0.768
6	11.50	0.513	22	23.00	0.964
7	11.50	0.452	23	25.75	0.768
8	12.25	0.321	24	28.50	0.962
9	12.50	0.477	25	29.00	0.667
10	13.50	0.383	26	33.50	0.930
11	13.70	0.057	27	37.50	1.000
12	15.75	0.337	28	37.50	1.205
13	16.50	0.367	29	39.25	0.879
14	17.25	0.467	30	40.00	1.409
15	19.00	0.412	31	42.00	0.821
16	19.00	0.590			

本组自发性脑出血脑内血肿平均吸收速度与急性期血肿的体积呈密切相关。相关系数 4=0.7456[r0.01（30）=0.449]，P<0.01，血肿平均吸收速度与急性期血肿体积的正相关有非常显著意义。直线回归方程为：

$$Y=0.1415+0.0233X$$

其中 Y 为血肿吸收平均速度，X 为急性期血肿体积（如附图）。（图略）

2. 按血肿体积大小将血肿分 4 组：<10 ml 组，10 ~ 19 ml 组，20 ~ 29 ml 组及 ≥30 ml 组。各组吸收速度的平均数依次为（x ± s）：0.2198 ± 0.0705、0.4128 ± 0.1486、0.7760 ± 0.1207、1.0362 ± 0.1463。经 F 检验：P<0.01，各线血肿吸收速度平均有明显差异，血肿吸收速度平均数随血肿体积的增大有逐渐增加的趋势。

3. 本组病例的年龄、血肿部位、血肿是否破入脑室及外侧裂以及甘露醇、止血药、苯巴比妥药物诸因素与血红蛋白吸收速度的相关性不密切（r<0.03）。但尚需进一步探讨。

4. 血肿吸收早期和后期的 CT 图像上血肿高密度区变化速度有差别：该组病人有两例 CT 高密度区消失前行 3 次 CT 扫描，其结果两例第二、三次 CT 扫描期间血肿的吸收速度都比第一、二次 CT 扫描期间血肿的吸收速度快。

5. 按血肿吸收的相对速度计算：

$$\text{每天血肿吸收的百分率（\%）}=\frac{\text{血肿吸收速度（ml/天）}}{\text{急性期血肿体积（ml）}\times 100\%}$$

其数值集中在 1.9 ~ 4.0%，按血肿大小分 4 组，经 F 检验，各组间每天血肿吸收率无显著性差（P>0.05），表明各组血肿每天吸收率与血肿大小无密切关系。

6. 血肿表面积与吸收速度：假设血肿近似球形，由体积推导出血肿的表面积，血肿平均速度与血肿表面积相关系数 r=0.8793，大于与血肿体积的相关系数（r=0.7456）。因此血肿表面积与血肿吸取收速度可能有更密切的关系。

（4）结果的讨论。对结果进行讨论，目的在于阐述结果的意义，说明与前人所得结果不同的原因，根据研究结果继续阐发作者自己的见解。

写作要点是：解释所取得的研究成果，说明成果的意义，指出自己的成果与前人研究成果或观点的异同，讨论尚未定论之处和相反的结果，提出研究的方向和问题。最主要的是突出新发现、新发明，说明研究结果的必然性或偶然性。

【例文 4.9】《CT 观察脑出血脑内血肿吸收速度相关因素的研究》一文的讨论部分：

讨论：

有学者推断血肿形成后血肿的吸收恢复过程演变速度可能与血肿大小、年龄、部位有关。本组病例通过CT扫描对脑出血脑内血肿高密度区变化观察证实了与血肿平均吸收速度关系最密切的是血肿的体积。血肿越大，血肿吸收速度越高。按血肿体积大小分组，各组吸收速度平均数之间的显著性差异也说明随着血肿体积的增大，血肿吸收速度增高。根据某些CT扫描图像与组织学对照观察：CT图像上血肿逐渐缩小，其周围的CT强化环也同时出现与缩小。强化环在组织学上相应部位可见大量毛细血管、含铁血红素颗粒细胞及泡沫状细胞，CT图像上出血灶的缩小主要是血块的血红蛋白被清除。清除是通过细胞的吞噬作用达到的。作者推断血肿的表面积与血肿的吸收速度有更显著的相关性，血肿接触吞噬细胞及毛细血管的面积是决定血肿吸收速度的重要因素。

大血肿吸收速度高并不意味着较大血肿能比较小血肿早日吸收完或CT图像上的高密度区能早日变为低密度。因为血肿每天吸收的百分率并不随着血肿的增大而提高。本方法所测血肿吸收速度是该血肿吸收过程中的平均速度。早晚两个时期血肿吸收速度的比较提示：血肿早期吸收慢，以后增快。

本组病例说明血肿吸收速度与患者年龄、血肿部位，是否破入脑室及外侧裂及脱水药、止血药、苯巴比妥药物的应用关系不密切。由此推断：血肿的吸收过程主要是一个自然过程，药物对这一过程作用较小。因此主张对较大体积的脑内血肿进行立体定向血肿清除术，以更有利于脑组织功能的恢复。

本法在研究脑出血治疗时可作为一种观察法，有助于探讨药物作用机制，辨别某种药物产生疗效的途径以及能有效地促进血肿吸收的药物及方法。

以对策型论文为例。

写作要点是研究现实生活中存在的实际问题，并提出解决实际问题的思路、方法、措施等，目的是为决策提供行动的策略和方案。例如《生态体育的发展对策》一文的正文部分。

2　生态城市与生态社区：构建生态体育的社会网络体系

“生态城市”（Eco-city）是前苏联城市生态学家N.Yanitsky和美国生态学家Richard rigister等学者于80年代提出的一种“人—自然—社会—经济”复合共生的理想城市。社区（Eco-community）是以一定地理区域为基础的人群共同体，包括街道、小区、开发区、农村集镇等，是现代城市和城市生态建设的主要组成部分。生态城市与生态社区的规“生态城市”（Eco-city）是前苏联城市生态学家N.Yanitsky和美国生态学家Richard rigister等学者于80年代提出的一种“人—自然—社会—经济”复合共生的理想城市。社区（Eco-community）是以一定地理区域为基础的人群共同体，包括街道、小区、开发区、农村集镇等，是现代城市和城市生态建设的主要组成部分。生态城市与生态社区的规划与建设，强调以生态为背景，遵循自然生态规律和城市发展规律，以可持续发展为目标，以生态学为基础、人与自然和谐为核心，以促进健康、高效、文明、舒适、可持续的人居环境发展。美国生态学家 Richard rigister 1990 年在分析和总结生态城市研究成果的基础上，提出了“生态结构革命”（Ecostructural Revolution）的倡议，制定了生态城市的十项计划，其中“对城市进行生态重建（Eco logical Rebuilding），力求为居民创造多样的自由生态空间”等理论研究成果成为生态城市、社区建设的主要依据。因此，作为涉及社会生活、健康娱乐的体育也成为生态城市、社区建设的主要内容。特别是近几年来，根据“人—建筑—自然生态系统”学说，城市社区的设计与建设，更加注重生态化和休闲运动空间。另一方面，随着市民生态意识的增强和对生活质量的追求，他们已不甘心被钢筋、水泥的林立高墙而禁锢，更向往绿色的空间和鸟语花香的活动场所，同时都市新潮一簇已不再满足封闭的体育馆和塑胶运动场，渴望冲破都市文明，回归自然。由此可见，生态城市、社区的建设为生态体育场所的建设奠定了物质基础，广大市民对绿色运动的需求为开展生态体育做好了思想准备，从而在物质上、思想上具有良好的社会体育生态化发展的氛围，打造了全新的生态体育的社会网络体系。

2.1　普及全民健身的公众生态意识。人类“健康危机”问题，就其认识论根源而言，是因为大部分人尚未树立适应社会发展、变革的新观念、新认识。实现体育生态化发展，必须宣传、普及生态意识，创立生态文明，倡导生态价值与健康发展理念，优化人与自然的关系。一是通过电视、广播、报纸等传媒进行宣传普及，二是通过学校教育、社区教育和日常教育等形式宣传，使生态教育与终身体育、全民教育融为一体；三是通过富有特色的生态教育行动计划、生态体育示范工程、生态体育节等活动普及生态体育意识。

2.2　强化政府行为，科学制定城市与社区生态建设发展纲要，规划生态运动休闲场所，合理布局城市、社区、街道、小区的体育活动区域，为城市居民提供绿色户外运动空间，实现全民健身运动的社会化、网络化。第一，城市综合型运动场馆和大型运动会的举办，要从生态的角度科学安排。减少大型运动会对生态系统的大量使用与破坏，在建设新运动场馆时必须符合生态要求和赛后使用要求，以平衡体育运动需求与生态环境之间的矛盾。同时，在新建体育设施的同时，要相配套地建立新的生态保护区、实施森林重建计划、废品回收系统；以减少对生态环境的影响。第二，建设社区、街道生态体育活动中心和场所，坚持小型、多样、便民。新建的非赢利性体育设施，地方政府可以采用划拨方式提供土地，新建小区、经济开放区和学校必须配套建设相应的体育设施。第三，在风景区建设和退耕还林工作中，有计划地开辟野外运动、休闲观光、极限运动等生态运动场所，使游泳、郊游、远足、登山、健身、探险等有机结合起来。在城郊结合部，建设生态体育、文化村和生态运动中心等。第四，公共体育设施要面向社会开放，正确处理好公益性和经营性的关系，收费标准要和当地居民的经济承受能力相适应。学校、机关、企事业单位的体育设施也要向社会开放。

2.3　加强城市社区生态体育活动体系的建设，大力开发城市社区生态体育的内容。首先，将城市、社区的生态体育活动纳入城市、社区文化建设的内容，有计划地开展，如市、区、社区、街道定期的生态体育活动周、体育节、竞赛、表演等。第二，扶持示范点，评选先进，推广经验。在每个片区设立活动点，健全社会体育活动组织，成立社区体育活动的指导、咨询中心（站），构建社会化的群众体育网络，完善国民体质监测系统。第三，组织居民参加生态体育的环境建设和社区体育活动。例如，利用节假日郊外去郊游、登山、森林及水上运动等。第四，选择需要场地、器材不多的项目，如健身操、交谊舞、武术、太极、养生运动项目等，这些项目对当地的生态环境不会造成太多的破坏。

2.4　建立体育活动的生态规范，加强生态立法与管理。建立适合于城市、社区生态体育发展的规范和法规体系，将有利于保障体育活动的制度化、规范化，促进人们生活质量的提高。首先，建立相关的生态体育的管理方法，如生态体育管理条例，生态体育资源管理办法，并加强政府的监管、评估、检查。第二，将体育的生态规范列入《市民公约》，使每一个人都争做文明市民。第三，在各地活动场所布置醒目、人性化的警示牌和标语。

3　“生态学校”：构建生态体育的学校教育网络体系

“生态学校计划”是欧洲一项环境教育计划，旨在鼓励学校建立“生态学校”，推动全校性的“为了环境”的行动。生态学校（Eco-Schools），又称绿色学校，在不同国家它的称谓不同，但本质含义相同。该计划由欧洲环境教育基金会（FEEE）负责管理，于 1994 年在欧洲启动。1996 年 12 月，国家环保总局、中宣部、国家教委颁布了《全国环境宣传教育行动纲要（1996-2010）》，《纲要》提出从 2000 年开始在全国逐步开展创建“绿色学校”活动，并付诸于实施。不管是“生态学校”还是“绿色学校”，其共同点是：使环境教育思想有了新的发展，从以课程为中心拓展到整个学校管理系统。不仅通过课堂开设学校生态环境专题，进行多学科渗透教育，而是将生态环境教育与建设纳入学校的常规管理和教育环节之中，从而建立综合性的环境管理系统。“生态学校”的最大特点就是强调师生的共同参与性、民主性、持久性，最终促使生态环境意识和行为成为学校师生生活和道德精神的内在组成。“生态学校”的建设，为学校体育的生态发展提供了机遇。首先体育工作是学校教育的“三育”之一，是一门基本课程，是学生综合素质的重要内容，因此，体育生态化的建设是培养全面发展人才的重要工程之一。其次，学校体育场馆、设施是校园基本建设的项目，体现着学校的文化氛围和办学水平，是生态校园的组成部分。第三，体育是校园文化的具体体现，校园文化与绿色生态的融合是现代文明的重要标志和发展趋势。由此可见，“生态学校”建设和学校体育生态化是相辅相成、互为促进的，是构建生态文明的重要力量。

3.1 整体规划、科学评估、强化管理。首先，将学校体育生态化发展纳入“生态学校”的整体计划之中，根据各地各校实际制定具有各校特色的政策、目标、步骤；其次，组织专家，联合攻关，加强生态体育的研究，制定“生态学校”、“生态体育”3.1 整体规划、科学评估、强化管理。首先，将学校体育生态化发展纳入“生态学校”的整体计划之中，根据各地各校实际制定具有各校特色的政策、目标、步骤；其次，组织专家，联合攻关，加强生态体育的研究，制定“生态学校”、“生态体育”的评估指标体系和评估办法，实施平时监测、不定期抽查、定期评估的各级监控、评估的管理体系，评估结果作为评价学校工作、领导业绩的重要指标。第三，探索与建立全新的生态管理模式。

3.2 建设生态体育课程。生态体育课程建设是传播生态信息、培养环境意识的主渠道，课程设置要体现生态主旋律，使生态体育课程建设能够促进和影响整个学校形成全新的生态管理理念，提高教育的生态化水平。首先，建立生态体育课程要树立人—体育—自然和谐发展的新思想；其次，探索与构建生态体育的课程体系，实施教学内容的更新与重组；第三，制定生态体育教育、教学计划，编辑教材，以生态为主线，设计新的教学方法和手段，开发生态体育教学活动的新产品。

3.3 建设生态运动场。首先，在目前大力修建塑胶运动场的同时，要有计划地加强新建场地的绿化、美化，利用自然环境开辟天然草坪，利用山坡地修建林间运动小道，为学生提供生态运动场所，提高生均场地占有率；第二，更新运动设施、器材，降低噪音，提高安全性，使之符合生态标准；第三，在运动场区设置垃圾回收点；第四，对水泥、碳渣运动场要及时维护，确保运动安全，减少尘土和泥浆。

3.4 突出学校生态体育的文化氛围，吸引广大师生积极参与校园体育、文化的活动与建设。首先，利用广播、电视、板报、警示牌等广泛宣传生态体育的知识和方法；第二，开展形式多样的校园生态体育文化节、知识竞赛，鼓励更多的学生投入校园运动场的环境建设与维护；第三，有计划地开展各类生态体育活动，利用课外活动，周末、节假日通过班级、学院、工会、学校等组织师生开展郊游、踏青、登山、野外活动、远足、自行车、探险以及森林、沙滩、水中的各类生态型体育活动。

3.5 制定生态体育的行为规范。包括学生上体育课、课外活动的行为规范，例如，禁止穿皮鞋和不符合运动要求的服装运动，不得随地吐痰、爱护场区卫生，喝完的饮料瓶放到指定地点；其次，制定野外活动行为准则和安全制度，例如要妥善处理垃圾，爱护花草植物和野生动物，森林中禁止吸烟等；第三，在运动场所设置警示牌。

3.6　重视体育生态技术、产品的开发与应用，要增加科技投入，研制、开发生态型运动器材和产品，减少这些器材、产品对运动场地和人的损伤、污染，降低运动噪音，提高产品的循环使用率；其次，杜绝有毒、有害产品进入运动场所，特别是要降低游泳池水对人体的危害程度。

（七）结论

结论又称结束语、结语。它是在理论分析和实验验证的基础上，通过严密的逻辑推理而得出的富有创造性、指导性、经验性的结果描述。它又以自身的条理性、明确性、客观性反映了论文或研究成果的价值。结论与引言相呼应，同摘要一样，其作用是便于读者阅读和为二次文献作者提供依据。

1．结论段的内容。结论不是研究结果的简单重复，而是对研究结果更深入一步的认识，是从正文部分的全部内容出发，并涉及引言的部分内容，经过判断、归纳、推理等过程，将研究结果升华成新的总观点。其内容要点如下：

（1）本研究结果说明了什么问题，得出了什么规律性的东西，解决了什么理论或实际问题；

（2）对前人有关本问题的看法做了哪些检验，哪些与本研究结果一致，哪些不一致，作者做了哪些修正、补充、发展或否定；

（3）本研究的不足之处或遗留问题。

2．结论的撰写要求

（1）概括准确，措词严谨。结论是论文最终的、总体的总结，对论文创新内容的概括应当准确、完整，措词要严谨，只能作一种解释，不能模棱两可，含糊其辞。肯定和否定要明确，一般不用“大概”、“也许”、“可能是”这类词语。

（2）明确具体，简短精练。结论段有相对的独立性，专业读者和情报人员可以只看摘要和（或）结论而能大致了解论文反映的成果和成果的价值，所以结论段应提供明确、具体的定性和定量的信息。对要点要具体表述，不能用抽象和笼统的语言。可读性要强，行文要简短，不再展开论述，不对论文中各段的小结作简单重复。

（3）不作自我评价。研究成果或论文的真正价值是通过具体“结论”来体现的，所以不宜用如“本研究具有国际先进水平”、“本研究结果属国内首创”、“本研究结果填补了国内空白”一类语句来做自我评价。成果到底属何种水平，是不是首创，是否填补了空白，读者自会评说，不必由论文作者把它写在结论里。

【例文 4.10】《公共体育课职业化教学改革的实验》的结论部分。

4 结论

4.1 公体课职业化教学改革，根据社会发展的需要，全面贯彻了党的教育方针，教改的目标明确，使人才培养与社会需求相适应，抓住了公体课与市场经济接轨，从培养职业技能入手，提出公体课职业化教学目标与体系，对传统的公体课是一次较大的突破。特别是充分挖掘了体育的职业的选择，从而提高了公体课的价值。通过全国中文科技检索系统的调查研究表明，有关公体课职业化教学问题，目前国内无报道，因而，该课题有待进一步研究探讨。

4.2 通过实验表明，该改革方案可行，效果显著。由于公体课职业化教学改革与增强学生综合素质的大环境相适应，得到了社会、学校的广泛支持，成了提高学生综合素质的重要措施。公体课是必修课，全国又有一千多所高校，这意味着公体课职业化教学具有推广价值。

（八）致谢

现代科学技术研究往往不是一个人能单独完成的，而需要他人的合作与帮助，因此，当研究成果以论文形式发表时，作者应当对他人的劳动给以充分肯定，并对他们表示感谢。

致谢的对象是，凡对本研究直接提供过资金、设备、人力，以及文献资料等支持和帮助的团体和个人。

“致谢”段可以列出标题并贯以序号，如“6 致谢”放在如“5 结论”段之后，也可不列标题，空 1 行置于“结论”段之后。

（九）参考文献

所谓“参考文献”，是指“文后参考文献”。其概念是，为撰写或编辑论著而引用的有关图书资料。按规定，在科技论文中，凡是引用前人（包括作者自己过去）已发表的文献中的观点、数据和材料等，都要对它们在文中出现的地方予以标明，并在文末（致谢段之后）列出参考文献表。这项工作叫做参考文献著录。

四、学术论文的写作

1．学术论文写作的谋篇构思

（1）谋篇构思的思路与要求

① 构思要围绕主题展开

若要使论文写得条理清晰、脉络分明，必须使全文有一条贯穿线，这就是论文的主题。主题是一篇学术论文的精髓，它是体现作者的学术观点、学术见解的。论文影响读者主要就是靠其主题来实现的。因此，下笔写论文前，谋篇构思就要围绕主题，构思要为主题服务。

② 构思论文布局，要力求结构完整统一

在对一篇论文构思时，有时会发现需要按时间顺序编写，有时又会需要按地域位置（空间）顺序编写，但更多的还是需要按逻辑关系编写，即要求符合客观事物的内在联系和规律，符合科学研究和认识事物的逻辑。但不管属于何种情形，都应保持合乎情理、连贯完整。

③ 要作读者分析

构思时要多作读者分析。有了清晰的读者对象，才能有效地展开构思，也才能顺利地确定立意、选材以及表达的角度。对于学术论文来说，其读者对象为同行专业读者，因此，构思要从满足专业需要与发展的角度去思考，确定取舍材料与表达深度与广度，明确论文的重点。

（2）如何提高构思能力

在正式撰写学术论文之前，先拟制定作提纲，可以极大地帮助作者锻炼思想，提高构思能力。写提纲一是要有全局观念，从整体出发去检查每一部分在论文中所占的地位和作用；二是从中心论点出发，决定材料的取舍；三是要考虑各部分之间的逻辑关系。

具体的写作方法是：

① 先拟标题；

② 写出总论点；

③ 考虑全篇总的安排：从几个方面，以什么顺序来论述总论点，这是论文结构的骨架；

④ 大的项目安排妥当之后，再逐个考虑每个项目的下位论点，直到段一级，写出段的论点句（即段旨）；

⑤ 依次考虑各个段的安排，把准备使用的材料按顺序编码，以便写作时使用；

⑥ 全面检查，作必要的增删。

2．学术论文的写作方法

学术论文要求作者在提出、分析及解决问题的全过程中，综合运用各种思维方法，不断深化认识，提炼出有创造性的研究成果，围绕新成果组织材料，并用科技语言正确地表述。

（1）综合运用各种思维方法提炼创造性的新成果

学术论文是反映科学研究结果的，它要求通过活跃的创造性思维和严密的逻辑思维，找出研究对象表面、孤点、零散的现象与数据的本质和必然的内在联系。实验分析型论文结论的提炼主要采用归纳法，对从实验观测到的感性认识，经过分析综合，从中归纳出新的理性认识。理论证明型论文则多采用演绎法，用某种已知理论、原理、公式，对研究对象进行层层剖析、推导，获得新结论。观测描述型论文，尤其是说明新发现、新事物的论文，常用归纳法和类比法，来确定对象的特异之处。

学术论文运用最多的逻辑方法是假说。假说是从实验（或现实）中得到的个别现象和已知的有关理论出发，通过归纳、类比、分类等逻辑方法提出的推测性的判断。可先以假说为前提去分析、解释研究对象，获得结果；再用实验（或实验）去验证修正结果，使之上升为科学理论。假说一旦验证成立后，即可正确地解释已知现象和旧理论无法解释的有关问题。形成假说的思维方法有：①由特殊到一般。从个别的现象和局部的规律出发，通过想象和预测提出假说，把局部的规律扩大到普遍规律。如医学论文通过若干病例的研究结果提出一种新的广泛应用于某类疾病的治疗方法。②类比方法。自然界有许多相似的规律形式是涉及不同性质领域的，还有不少现象是对称的。知道某种现象及其规律，就可通过类比将类似规律推广至其他现象而建立新的假说。③分类。通过对科技资料的分析整理、分类归纳，在此基础上提出相应假说。

（2）围绕新成果有效地组织材料

理论证明型论文体现新成果的最好方法就是沿着假说的思维线索（包括数学模型的建立和检验）安排结构，并着力阐述组成假说的基本概念。实验分析型论文围绕新成果组织材料一般有三个步骤：①描述实验应抓住最能体现课题特点的、最有创意的材料、装置、方法进行着力介绍，以实验进行的顺序或作者由感性到理性的认识过程来安排结构。②对实验结果进行讨论时，要选用最有代表性、最能反映事物本质特点的数据和现象进行论证，图表的设计要能科学地显示其结果的特异处，并注重用已知理论来证明，使其体现出理论上的新意。③结论部分要突出创新性的成果，充分体现论文的价值所在。

（3）使用科技语言进行准确表达

运用专业术语和图表表述以适应学术论文精确、简明、清晰、平实的语言要求是很重要的。专业术语有两个特征：一个是单一性即在一定的科技领域里只有一个严格规定的意义，内涵外延特定，不会产生歧义；二是稳定性，术语一经公认，其含义和语词形式一般不再起变化。专业术语的使用，使论文具有严格的科学规范性。表格图像的最大优点在其直观性，是显示事物及其发展趋势的重要方式，设计时要力求层次清楚，重点突出。学术论文要根据内容的保密要求和表述需要，适当使用模糊语言或用符号代替。

（李峰）

参考文献

[1] 【汉】许慎．说文解字［M］．北京：中华书局，1985．
[2] 【清】段玉裁．说文解字注［M］．上海：上海古籍出版社，1988．
[3] 曹先擢，苏培成．汉字形义分析字典［M］．北京：北京大学出版社，1999．
[4] 池昌海．《史记》同义词研究［M］．上海：上海古籍出版社，2002．
[5] 郭沫若．甲骨文合集［M］．北京：中华书局，1980．
[6] 郭沫若．两周金文辞大系图录考释［M］．上海：上海书店，1999．
[7] 郭锡良等．古代汉语［M］．北京：商务印书馆，1999．
[8] 胡裕树．现代汉语(重订本)［M］．上海：上海教育出版社，2004．
[9] 黄伯荣，廖序东．现代汉语（增订三版）［M］．北京：高等教育出版社，2002．
[10] 蒋绍愚．古汉语词汇纲要［M］．北京：北京大学出版社，1989．
[11] 荆贵生．古代汉语［M］．济南：黄河出版社，1997．
[12] 刘翔，陈抗，陈初生，等．商周古文字读本［M］．北京：语文出版社，1989．
[13] 陆宗达．说文解字通论［M］．北京：北京出版社，1981．
[14] 吕叔湘．中国文法要略［M］．北京：商务印书馆，1982．
[15] 裘锡圭．文字学概要［M］．北京：商务印书馆，1988．
[16] 容庚．金文编［M］．北京：中华书局，1985．
[17] 邵敬敏．现代汉语通论［M］．上海：上海教育出版社，2005．
[18] 孙海波．甲骨文编［M］．北京：中华书局，1982．
[19] 唐兰．中国文字学［M］．上海：上海古籍出版社，1979．
[20] 王力．汉语史稿［M］．北京：中华书局，1980．
[21] 王力．汉语语法史［M］．北京：商务印书馆，1989．
[22] 王力．古代汉语［M］．北京：中华书局，1999．
[23] 徐中舒．甲骨文字典［M］．成都：四川辞书出版社，1988．
[24] 许嘉璐．古代汉语［M］．北京：高等教育出版社，1992．
[25] 杨伯峻，何乐士．古汉语语法及其发展［M］．北京：语文出版社，1992．
[26] 张斌．新编现代汉语［M］．上海：复旦大学出版社，2002．
[27] 张双棣等．古代汉语知识教程［M］．北京：北京大学出版社，2002．
[28] 朱振家．古代汉语［M］．北京：高等教育出版社，1998．
[29] 艾荫范，解保勤．笠翁对韵新注［M］．北京：书目文献出版社，1985．

[30] 辞海（修订本）［M］. 上海：上海辞书出版社，1979.
[31] 戴伟，周文德. 古代汉语［M］. 成都：四川人民出版社，1996.
[32] 方汉文，霍耀民. 声律启蒙新解［M］. 西安：三秦出版社，1994.
[33] 蒋绍愚. 唐诗语言研究［M］. 郑州：中州古籍出版社，1990.
[34] 刘学观. 古汉语基本规律与运用［M］. 成都：电子科技大学出版社，1990.
[35] 龙榆生. 唐宋词格律［M］. 上海：上海古籍出版社，2003.
[36] 罗积勇. 用典研究［M］. 武汉：武汉大学出版社，2005.
[37] 缪钺. 诗词散论［M］. 上海：上海古籍出版社，1982.
[38] 启功. 诗文声律论稿［M］. 北京：中华书局，2000.
[39] 涂宗涛. 诗词曲格律纲要［M］. 天津：天津人民出版社，2000.
[40] 王国维. 人间词话［M］. 南京：江苏文艺出版社，2007.
[41] 王力. 古体诗律学［M］. 北京：中国人民大学出版社，2004.
[42] 王力. 汉语诗律学［M］. 上海：上海教育出版社，1979.
[43] 王力. 诗词格律概要［M］. 北京：北京出版社，2002.
[44] 王力. 王力近体诗格律学［M］. 太原：山西古籍出版社，2003.
[45] 魏山，鲁子渊. 声律启蒙·笠翁对韵新注［M］. 成都：巴蜀书社，1991.
[46] 吴丈蜀. 词学概说［M］. 北京：中华书局，2000.
[47] 徐志刚. 诗词韵律［M］. 济南：济南出版社，2002.
[48] 叶桂桐. 中国诗律学［M］. 台北：文津出版社，1998.
[49] 游国恩，王起，萧涤非，等. 中国古代文学史［M］. 北京：人民文学出版社，1963.
[50] 余浩然. 格律诗词写作［M］. 长沙：岳麓书社，2001.
[51] 赵仲才. 诗词写作概论［M］. 上海：上海古籍出版社，2002.
[52] 诗经［M］. 北京：中华书局，1980.
[53] 【南朝宋】刘义庆. 世说新语［M］. 北京：中华书局，1962.
[54] 【梁】刘勰. 文心雕龙［M］. 范文澜注. 北京：人民文学出版社，1958.
[55] 【梁】萧统. 文选［M］. 北京：中华书局，1977.
[56] 【梁】钟嵘. 诗品［M］. 北京：人民文学出版社，1980.
[57] 【宋】洪兴祖. 楚辞补注（排印本）［M］. 北京：中华书局，1983.
[58] 【宋】计有功. 唐诗纪事［M］. 上海：上海古籍出版社，1987.
[59] 【宋】李昉等. 太平广记［M］. 北京：中华书局，2003.
[60] 【宋】朱熹. 楚辞集注（排印本）［M］. 上海：上海古籍出版社，1979.
[61] 【元】王实甫. 西厢记［M］. 吴晓铃校注. 北京：作家出版社，1954.
[62] 【明】冯梦龙. 古今小说［M］. 北京：人民文学出版社，1958.

[63] 【明】冯梦龙．警世通言［M］．北京：人民文学出版社，1956．
[64] 【明】冯梦龙．醒世恒言［M］．北京：人民文学出版社，1956．
[65] 【明】兰陵笑笑生．金瓶梅［M］．济南：齐鲁书社，1989．
[66] 【明】凌濛初．拍案惊奇（初刻、二刻）［M］．上海：上海古籍出版社，1985．
[67] 【明】罗贯中．三国演义［M］．北京：人民文学出版社，1990．
[68] 【明】汤显祖．牡丹亭［M］．徐朔方，等校注．北京：人民文学出版社，1980．
[69] 【明】施耐庵．水浒传［M］．北京：人民文学出版社，2004．
[70] 【明】吴承恩．西游记［M］．北京：人民文学出版社，1980．
[71] 【明】臧懋循．元曲选［M］．北京：中华书局，1958．
[72] 【明】朱熹．诗集传［M］．南京：凤凰出版社，2007．
[73] 【清】曹雪芹．红楼梦［M］．北京：人民文学出版社，2006．
[74] 【清】陈田．明诗纪事［M］．上海：上海古籍出版社，1993．
[75] 【清】陈廷焯．白雨斋词话［M］．北京：人民文学出版社，1959．
[76] 【清】董诰等．全唐文［M］．北京：中华书局，1983．
[77] 【清】蘅塘退士．唐诗三百首新注［M］．金性尧注．上海：上海古籍出版社，1993．
[78] 【清】厉鹗，等．宋诗纪事［M］．上海：上海古籍出版社，1983．
[79] 【清】彭定求，等．全唐诗［M］．北京：中华书局，1960．
[80] 【清】蒲松龄．聊斋志异选［M］．张友鹤选注．北京：人民文学出版社，1978．
[81] 【清】沈德潜．唐诗别裁集［M］．北京：中华书局，1975．
[82] 【清】王夫之．姜斋诗话［M］．北京：人民文学出版社，1981．
[83] 【清】王国维．人间词话新注［M］．滕咸惠校注．济南：齐鲁书社，1986．
[84] 【清】吴楚材，吴调侯，等．古文观止［M］．北京：中华书局，1959．
[85] 【清】袁枚．随园诗话［M］．北京：人民文学出版社，1999．
[86] 【清】张宗橚撰，杨宝霖补正．词林纪事［M］．上海：上海古籍出版社，1998．
[87] 【清】朱彝尊．明诗综［M］．上海：上海古籍出版社，1993．
[88] 【清】朱祖谋．宋词三百首笺注［M］．唐圭璋笺注．上海：上海古籍出版社，1996．
[89] 王国维，戏曲论文集［M］．北京：中国戏剧出版社，1984．
[90] 北京大学中文系．全宋诗［M］．北京：北京大学出版社，1995．
[91] 程千帆，吴新雷．两宋文学史［M］．上海：上海古籍出版社，1991．
[92] 冯其庸，等．历代文选［M］．北京：中国青年出版社，1962．
[93] 冯沅君，陆侃如．中国诗史［M］．北京：人民文学出版社，1956．
[94] 傅旋琮．中国诗学大辞典［M］．杭州：浙江教育出版社，1999．
[95] 郭绍虞．中国历代文论选［M］．上海：上海古籍出版社，1982．
[96] 胡云翼．宋词选［M］．上海：上海古籍出版社，1962．

[97] 金性尧．宋诗三百首［M］．上海：上海古籍出版社，1986．
[98] 刘大杰．中国文学发展史［M］．上海：上海古籍出版社，1982．
[99] 龙榆生．唐宋名家词选［M］．上海：上海古籍出版社，1980．
[100] 鲁迅．中国小说史略［M］．北京：人民文学出版社，1958．
[101] 逯钦立．先秦汉魏晋南北朝诗［M］．北京：中华书局，1983．
[102] 吕留良，吴之振，等．宋诗钞［M］．北京：中华书局，1986．
[103] 钱钟书．宋诗选［M］．北京：人民文学出版社，1982．
[104] 钱仲联．清诗三百首［M］．长沙：岳麓书社，1985．
[105] 钱仲联．清诗纪事［M］．南京：江苏古籍出版社，1987．
[106] 汤炳正，李大明，李诚，等．楚辞今注［M］．上海：上海古籍出版社，1979．
[107] 唐圭璋．词话丛编［M］．北京：中华书局，1986．
[108] 王季思．中国曲词大辞典［M］．杭州：浙江教育出版社，1997．
[109] 王起．元明清散曲选［M］．北京：人民文学出版社，1988．
[110] 吴熊和，等．中国词学大辞典［M］．杭州：浙江教育出版社，1996．
[111] 吴熊和．唐宋词通论［M］．杭州：浙江古籍出版社，1989．
[112] 杨海明．唐宋词史［M］．天津：天津古籍出版社，1998．
[113] 尹赛夫，等．中国历代赋选［M］．太原：山西教育出版社，1989．
[114] 游国恩．中国文学史［M］．北京：人民文学出版社，1963．
[115] 余冠英．汉魏六朝诗选［M］．北京：人民文学出版社，1978．
[116] 张庚，郭汉城．中国戏曲通史［M］．北京：中国戏剧出版社，1980．
[117] 张友鹤．唐宋传奇选［M］．北京：人民文学出版社，1997．
[118] 赵义山．元曲选［M］．上海：上海古籍出版社，2008．
[119] 赵义山．元散曲通论［M］．上海：上海古籍出版社，2004．
[120] 郑振铎．插图本中国文学史［M］．北京：作家出版社，1957．
[121] 朱东润．中国历代文学作品选［M］．上海：上海古籍出版社，2002．
[122] 中国现代短篇小说选（1918－1949）［M］．北京：人民文学出版社，1980．
[123] 中国现代文学名作选［M］．南京：南京大学出版社，1994．
[124] 艾青．艾青全集［M］．石家庄：花山文艺出版社，1991．
[125] 北岛．北岛诗歌集［M］．海口：海南出版公司，2003．
[126] 毕耕．现代应用写作［M］．武汉：武汉大学出版社，2003．
[127] 卞之琳．雕虫记历［M］．北京：人民文学出版社，1979．
[128] 陈白尘，董健．中国现代戏剧史稿［M］．北京：中国戏剧出版社，1989．
[129] 陈思和．中国当代文学史教程［M］．上海：复旦大学出版社，1999．
[130] 杜福磊，孔繁芳．现代应用写作［M］．杭州：浙江大学出版社，2003．

[131] 冯文炳．谈新诗［M］．北京：人民文学出版社，1984．
[132] 冯至．十四行集［M］．北京：解放军文艺出版社，2000．
[133] 顾永棣．徐志摩诗全编［M］．杭州：浙江文艺出版社，1987．
[134] 郭沫若．女神汇校本［M］．长沙：湖南人民出版社，1983．
[135] 洪子诚，刘登翰．中国当代新诗史［M］．北京：北京大学出版社，2005．
[136] 洪子诚．中国当代新诗史［M］．北京：人民文学出版社，1993．
[137] 胡适．尝试集（附去国集）［M］．合肥：安徽教育出版社，2006．
[138] 黄修己，等．中国现代文学作品选［M］．北京：北京十月文艺出版社，1989．
[139] 蓝棣之．现代派诗选［M］．北京：人民文学出版社，1986．
[140] 李方．穆旦诗全集［M］．北京：中国文学出版社，1996．
[141] 李峰．现代应用写作学［M］．成都：四川大学出版社，2008．
[142] 李怡．中国现代诗歌欣赏［M］．北京：高等教育出版社，2004．
[143] 梁仁．戴望舒诗全编［M］．杭州：浙江文艺出版社，1992．
[144] 梁宗岱．诗与真·诗与真二集［M］．北京：外国文学出版社，1984．
[145] 龙泉明．中国新诗流变论［M］．北京：人民文学出版社，1999．
[146] 骆寒超．20 世纪新诗综论［M］．上海：学林出版社，2001．
[147] 牛汉，绿原．白色花［M］．北京：人民文学出版社，1981．
[148] 潘颂德．中国现代新诗理论批评史［M］．上海：学林出版社，2002．
[149] 钱理群，等．中国现代文学三十年［M］．北京：北京大学出版社，1998．
[150] 食指．食指的诗［M］．北京：人民文学出版社，2000 年。
[151] 孙玉石．中国现代主义诗潮史论［M］．北京：北京大学出版社，1999 年。
[152] 孙玉石．象征派诗选［M］．北京：人民文学出版社，1986．
[153] 万夏．后朦胧诗全编［M］．成都：四川教育出版社，1993．
[154] 王家新，等．中国诗歌九十年代备忘录［M］．北京：人民文学出版社，2000．
[155] 西川．海子诗全编［M］．上海：三联书店，1997．
[156] 辛笛，等．九叶集［M］．南京：江苏人民出版社，1981．
[157] 严家炎．中国现代小说流派史［M］．北京：人民文学出版社，1989．
[158] 阎月君，等．朦胧诗选［M］．沈阳：春风文艺出版社，1985．
[159] 杨匡汉，刘福春．中国现代诗论［M］．广州：花城出版社，1986．
[160] 杨义．中国现代小说史［M］．北京：人民文学出版社，2005．
[161] 叶维廉．中国诗学［M］．北京：三联书店，1992．
[162] 于坚．于坚的诗［M］．北京：人民文学出版社，2002．
[163] 余光中．余光中诗歌选集［M］．长春：时代文艺出版社，1997．
[164] 余国瑞，彭光芒．实用写作［M］．北京：高等教育出版社，2002．

[165] 余国瑞．面向21世纪的应用写作理论与教学研究［M］．香港：香港社会科学出版社，1999．

[166] 袁可嘉．论新诗现代化［M］．北京：三联书店，1988．

[167] 袁行霈．中国诗歌艺术研究［M］．北京：北京大学出版社，1987．

[168] 朱光潜．诗论［M］．合肥：安徽教育出版社，1996．

[169] 朱自清．新诗杂话［M］．北京：三联书店，1984．

[170] 朱自清．中国新文学大系·诗集［M］．上海：良友图书印刷公司，1936．

后　　记

编写这部教材的缘起是北京大学出版社同仁的盛情邀约。承蒙黄庆生主任不弃，邀请本人主编《新视野大学语文》。本人在高校任教多年，对高校大学语文教学稍有心得，也忧虑于当代青年学生对中国传统文化的隔膜以及使用汉语语文水平的下降，始终在不遗余力倡导中文系学生恢复阅读“十三经”的学习传统。所以，黄庆生主任的建议正合编者所愿，希望通过该本教材的编写，将本人倡导的汉语教育教学理念进一步推向高校中非中文系专业中的学生，使青年学生能够切实提高汉语文化水平和汉语文学素养。现在教材编写大体告竣，虽不敢说完全实现了初衷，但至少为今后的大学语文教学改革打下了一定的基础。

本教材能够顺利编写完成并出版，首先要感谢北京大学出版社的黄庆生主任，是他的主动约请，才有了本书编写工作的启动。此外，四川新视觉公司董事长敖波先生在组织、联络作者撰写方面起到了重要作用，在此一并致谢。

本教材是多人分章节合作撰写的成果，感谢各位老师在百忙之中抽空参加编写。具体的编写分工如下：

第一章第一节	成都大学：张起
	四川大学：郑春兰
第一章第二节	四川大学：王彤伟、顾满林
第一章第三节	四川大学：刘春卉、杜晓莉
	康定师专：张筠
第二章第一节	成都理工大学：李共力
第二章第二节	四川理工学院：赵修翠
第二章第三节	西华大学：武小军
第二章第四节	四川大学：匡宇
第二章第五节	西华大学：张帆
第二章第六节	四川大学：梁昭
第三章第一节	绵阳职业技术学院：詹放
第三章第二节	重庆师范大学：陈忻
第三章第三节	西华师范大学：赵义山

第三章第四节　　　　　　四川师范大学：陈朝辉、李诚
第三章第五节　　　　　　成都理工大学：朱丽
第三章第六节　　　　　　西昌学院：钟继刚
第三章第七节　　　　　　西南石油大学：喻滨
第三章第八节　　　　　　内江师范学院：曾良
第四章第一节　　　　　　四川大学：李怡、王学东
第四章第二节　　　　　　西南民族大学：徐其超
第四章第三节　　　　　　阿坝师范高等专科学校：贺诗泽
第四章第四节　　　　　　四川农业大学：李峰
第四章第五节　　　　　　四川农业大学：李峰

最后，还要感谢雷汉卿教授、靳义增、梁昭协助本人所做的组织和编辑工作。

书成遗憾生。本书的不足之处一定很多，真诚希望兄弟院校的专家和读者们不吝赐教，以便再版时修正。

曹顺庆

2008 年 5 月 10 日